顧憲成全集

上

[明]顧憲成 撰
王學偉 編校

上海古籍出版社

2021–2035 年國家古籍工作規劃重點出版項目

國家社科基金重大項目「東林學派文獻整理與文獻研究」
（項目編號：19ZDA258）成果

全國高等院校古籍整理研究工作委員會直接資助項目
（批准編號：2018）

整理説明

顧憲成，字叔時，别號涇陽。無錫人。明朝著名思想家，東林學派的創始人之一。謚號「端文」，世稱「涇陽先生」，亦稱「東林先生」。據其子顧與沐、其孫顧樞所編顧端文公年譜記載，顧憲成生於明嘉靖二十九年（一五五〇）八月初七日，卒於明萬曆四十年（一六一二）五月二十三日深夜，享年六十三歲。

一、顧憲成其人

顧憲成，於明萬曆八年登進士第，九年被授予户部主事一職。十五年三月，因激言時政得失，被外調任用，補湖廣桂陽州（今湖南省桂陽縣）判官添註。次年，陞任浙江處州府（今浙江省麗水市境内）推官。十九年，補福建泉州府（今福建省泉州市境内）推官。二十年四月，擢陞吏部考功司主事，同年九月，陞國子監博士，旋即陞驗封司員外郎。二十一年七月，陞驗封司郎中，後又調任考功司、文選司；十一月，因病上書告歸，未獲準許。二十二年，因推選閣臣之事忤旨，被降任雜職，旋即被革職爲民。

顧憲成被革職爲民之後，致力於講學和著書立説。萬曆三十一年，與好友高攀龍（一五六二—一六二六）商議修復東林書院，作爲講習之所。次年四月，修復工程開始。此次工程，不僅修復原有書院樓舍，還重建道南祠，祭祀宋代理學家楊時。楊時（一〇五三—一一三五），字中立，係程顥、程頤之弟子，晚年隱居龜山，世稱龜山先生。東林書院係楊時創辦，原名龜山書院。顧憲成、高攀龍修繕了書院，並就近構建講堂書舍，爲講學研習、學術集會等創造了有利條件。據孫奇逢（一五八四—一六七五）撰理學宗傳載：「城東南故有宋楊龜山東林故址，同邑高攀龍謂之曰：『此地乃造化所留，以待叔時也。』憲成因首倡議，復構講堂書舍焉。集吴、越士，歲一大會，月一小會，條約一宗朱子白鹿洞規，而大旨在教人識性。」之後的十年間，雖然有詔書起任顧憲成爲南京光禄寺少卿，但他上書請辭。此時的他，主要精力在於講學和著書立説。

萬曆四十年五月初，顧憲成在東林書院講學，五月十八日因病返回故居涇里，二十三日病逝，享年六十三歲。崇禎年間，賜謚「端文」，從祀文廟。

二、顧憲成著作

據顧貞觀所編顧端文公年譜述，顧憲成著作情况如下：

萬曆十六年，重定大學。

二十年，作大學通考、大學質言。

二十二年，始作小心齋劄記。

二十五年，作還經録。

二十六年，作質疑編。

二十七年，作質疑續編。

二十八年，作證性編。

二十九年，集五經餘。

三十年，作桑梓録。

三十二年，作昆陵人物志。

三十三年，作麗澤衍。

三十四年，作虞山商語一、二。

三十五年，作寤言寐言。

三十六年，作仁文商語、虞山商語三、南岳商語、經正堂商語、當下繹。

三十七年，作經正堂商語二、識仁答語。

三十八年，刻涇皋八書（合東林會約，及諸商語、大學通考、質言、當下繹等刻之，名八書。後復益以二種，名十書），作明道商語，刻以俟録。吴撝謙彙刻小心齋劄記於金陵。

三十九年，集語孟説略，作志矩堂商語、自反録，刻涇皋藏稿（集生平書、疏、記、序、傳、誌諸文，詳加删訂，手自編次，爲二十二卷）。

四十年，録嘉言、善行二編。

其中五經餘係未完成之作，據顧貞觀在顧端文公年譜述載：「其未就之書，則晚年所集五經餘，及命丁長孺作孔氏淵源録一種。」又説：「五經餘，義例入載西疇日抄，頃忽見高氏書目，復東林公啓久載涇皋藏稿，頃忽入高子遺書。」

明史藝文志對顧憲成的著作情況也有記載，如下：

大學通考一卷，大學質言一卷。[一]

寤言寐言一卷。[二]

桑梓録十卷。[三]

劄記十八卷，東林商語二卷，證性編八卷，當下繹一卷，涇陽遺書二十卷。[四]

[一] 清張廷玉等撰明史卷九十六藝文一，中華書局，一九七四年版，第二三七〇頁。

[二] 清張廷玉等撰明史卷九十七藝文二，中華書局，一九七四年版，第二三八五頁。

[三] 清張廷玉等撰明史卷九十七藝文二，中華書局，一九七四年版，第二四〇四頁。

[四] 清張廷玉等撰明史卷九十八藝文三，中華書局，一九七四年版，第二四二八頁。

顧憲成文集二十卷。[二]

顧憲成文集，係由顧憲成之子顧與沐根據涇皋藏稿增删而成。據顧貞觀在顧端文公年譜述載：「夔州公重刻涇皋藏稿，名顧端文公集，微有增删。」夔州公，即顧憲成之子顧與沐（一五八〇—一六四六），字木之，官至户部郎中、夔州知府。

三、著作存世情況

由王立人主編的無錫文庫第四輯（鳳凰出版社，二〇一一年）收録顧憲成的著作較爲宏富，具體情況如下：

涇皋藏稿二十二卷，據明萬曆刻本影印。

顧端文公遺書，據清康熙三十七年（一六九四）刻本影印。（該刻本被收入續修四庫全書第九四三册，上海古籍出版社，二〇〇二年）

顧端文公大學通考、大學質言、大學重訂，據曹楝亭藏明抄本影印。

大學意、中庸意、大學説、中庸説、語孟説略，據復旦大學圖書館藏清抄本影印。（該抄本被收入續修四庫全書第一六二册，上海古籍出版社，二〇〇二年）

[二] 清張廷玉等撰明史卷九十九藝文四，中華書局，一九七四年版，第二四八六頁。

無錫文庫第四輯的出版發行，對於研究顧憲成的思想，提供了極大的方便，其貢獻非常值得肯定。該輯收録了顧憲成存世著作的衆多善本及抄本，但並未「一網打盡」，四書講義、荆溪商語並未收録。

四書講義，是顧憲成解讀四書部分章節的講義，總計二十二條，中國國家圖書館、日本京都大學人文科學院研究所、東京大學東洋文化研究所、臺灣「中央研究院」文哲所圖書館等均藏有刻本，刊刻年代未詳。清同治十三年（一八七四），顧湘輯小石山房叢書收録此書。

荆溪商語，見於臺灣「國家」圖書館所藏顧端文公集二十卷附録九卷，該文集係明崇禎間馬世奇序刻本，即顧與沐增删涇皋藏稿而成。附録除東林商語一卷、當下繹一卷、虞山商語一卷、南岳商語一卷、志矩堂商語一卷、毘陵商語一卷、仁文書院商語一卷、經正堂商語一卷外，另有荆溪商語一卷，彌足珍貴。荆溪商語，應即明道商語。據顧貞觀顧端文公年譜述載，明萬曆三十八年：「三月，作明道商語。史際明建明道書院於荆溪，手録公商語付梓，並跋其後。」

需要説明的是，無錫文庫第四輯有頁面重印和漏失的情況。如涇皋藏稿第五卷第十葉左半葉影印兩次，即第六九頁上欄左半葉與下欄左半葉影印内容完全相同，而第十一左半葉内容因此缺失，即第六九頁下欄左半葉的原書頁缺失，所缺半葉内容以臺灣「國家」圖書館藏明刻本涇皋藏稿同版書葉配補；第十五卷題鄒忠餘收骨行一文，最後半葉缺失；顧端文公遺書中的自反録部分，最後十三葉全部缺失。

美國哈佛大學漢和圖書館藏有學庸意一册，館藏目録題爲康熙間刻本。該刻本即大學意、中庸意合刻本，卷首有張純修所撰學庸辨題辭。遺憾的是，該藏本最後一葉遺失。

中國科學院圖書館藏有清光緒丁丑（一八七七）重刊涇里宗祠藏板顧端文遺書三十七卷附年譜三卷，此本於一九九五年由四庫全書存目叢書影印出版。此本目録收小心齋劄記、東林會約、東林商語、虞山商語、仁文商語、南岳商語、經正堂商語、明道商語、志矩堂商語、當下繹、大學重定、大學通考、大學質言、證性編、還經録、自反録、桑梓録、寤言寐言（是書與以俟録並入涇皐藏稿）、涇皐藏稿、語孟説略、學庸説、周易集解、銓政記、嘉言編、善行編、年譜，共二十六種。其中，明道商語、大學重定、大學通考、大學質言、桑梓録、學庸説、周易集解、銓政記、嘉言編、善行編後有「嗣刻」字樣。此本每種著作前各有内封，題書名及卷數，各書首葉首行題書名，第二、三行靠上於欄綫處刻「無錫顧憲成叔時」一行；靠下或亦於欄綫處刻「古燕後學張純修重訂」一行，或兩行各刻編訂者鄉里、名氏。

桑梓録、周易集解、銓政記、嘉言編、善行編是否有刻本或抄本存世，尚待發現。

明末清初學者陳名夏所編國朝大家制義，録有顧憲成制義之文，共計四十五篇。國朝大家制義有明末刻本，中國國家圖書館藏。

四、編校説明

編者以「顧憲成全集」之名統編全書並安排卷次，方便閲讀和翻檢。内容編排參照清光緒間所刻顧端文公遺書，並作相應調整。例如，涇皋藏稿單獨成書，無錫文庫將其置於顧端文公遺書之前，編者整理時，將涇皋藏稿置於顧憲成全集中的四書講義之後、顧端文公年譜之前，主要的考慮是突出顧憲成的思想學説，而涇皋藏稿主要是奏疏、書信、序記、題辭、碑銘、傳記等，所以移後。

顧端文公先生年譜原在顧端文公全書卷末，整理時將其置於顧憲成全集最後。補遺增入部分，凡屬顧憲成之作，均插入相同類别目次之後。顧憲成學友、弟子所撰有關顧憲成的奏疏、序文等，一併放入「附録」。

依據的底本及參校本情況如下：

小心齋劄記十八卷，卷一至卷十二以明萬曆三十六年刻本小心齋劄記（以下簡稱「萬曆本」）爲底本，美國國會圖書館藏；卷十三至卷十八以顧端文公遺書（清康熙三十七年刻本，顧憲成孫顧樞輯，曾孫顧貞觀補輯，以下簡稱「康熙本」）顧端文公小心齋劄記卷十三至卷十八爲底本，復旦大學圖書館藏。

虞山商語、東林會約、東林商語、經正堂商語、毘陵商語、志矩堂商語、仁文商語、南岳商語、當下繹、還經録、桒言、自反録、證性編、顧端文公年譜，以康熙本爲底本。

荆溪商語，以明萬曆間所刻顧端文公集二十二卷附録所載爲底本。臺灣「國家」圖書館藏。

大學重定、大學通考、大學質言，以無錫文庫第四輯影印清曹棟亭藏明抄本爲底本。

大學意、中庸意，以無錫文庫第四輯影印復旦大學圖書館藏清抄本爲底本，以美國哈佛大學漢和圖書館藏清康熙間張純修序刻本顧涇陽先生學庸意（美國哈佛大學漢和圖書館藏）爲校本。

大學說、中庸說、語孟說略，以無錫文庫第四輯影印復旦大學圖書館藏清抄本爲底本。

四書講義，以清同治甲戌（一八七四）虞山顧氏校刊小石山房叢書本爲底本。

涇皋藏稿，以無錫文庫第四輯影印明萬曆刻本爲底本。中國國家圖書館、臺灣「國家」圖書館藏。

顧貞觀、顧政均所輯涇皋淵源録，梳理了顧憲成的師承源流，對於學術研究大有裨益，附録書末。所據底本爲上海圖書館藏玉鑑堂無錫先哲遺書史字三〇二四號鈔本涇皋淵源録八卷本。

附録主要收録後人所寫有關傳記、序文等，并標註出處。

底本中出現的通假字、異體字徑改，不出校。人名中的異體字予以保留。避諱字，首次改動出校，再次出現徑改。

古籍中常見的「己」「已」「巳」不分、「戊」「戍」不分、「大」「太」不分、「見」「現」不分、「扌」「木」混用等情況，徑改作本字。小心齋劄記萬曆本的「功夫」一詞，在康熙本、光緒本中刻作「工夫」，均統一作「功夫」，不出校。

以光緒本爲校本時，卷端署名只校第二、三行靠下處所刻内容。

古人引用前人著述，常有不完全遵照原文，或間有省略的情況，整理時仍以引號標示，不强求與原文一致。

古人行文中出於恭敬的轉行挑頭，恢復正常語序。

編校者學識淺薄，敬請方家批評指正。

王學偉　於桂林

二〇二一年二月十六日

顧憲成全集目録

上册

中册

顧憲成全集卷四十一……八一七

顧憲成全集卷四十二……八二九

顧憲成全集卷四十三……八五七

語孟説略……八五七

顧憲成全集卷四十四……九七七

顧憲成全集卷四十五……

四書講義……

顧憲成全集卷四十六……………………一〇四一

顧憲成全集卷四十七……………………一〇五九

顧憲成全集卷四十八……一〇八三

顧憲成全集卷四十九……一一〇九

顧憲成全集卷五十……一一五三

顧憲成全集卷五十九

顧憲成全集卷六十……一三九一

顧憲成全集卷六十一……一三九九

顧憲成全集卷六十二……一四二七

下册

顧憲成全集卷七十 ……………一五九三

顧憲成全集卷七十一

顧憲成全集卷七十二

顧憲成全集卷七十三 …………一六七七

顧端文公年譜 …………一六七七

顧憲成全集卷七十四 …………一七二五

後記

顧憲成全集卷一

小心齋劄記①

劄記題辭②

高攀龍

先生之學，性學也，遠宗孔聖，不參二氏；近契元公，確遵洛、閩。嘗曰：「語本

① 小心齋劄記十八卷，卷一至卷十二以美國國會圖書館藏明萬曆三十六年（一六〇八）刻本小心齋劄記爲底本，以復旦大學圖書館藏清康熙三十七年（一六九四）刻本顧端文公遺書顧端文公小心齋劄記（以下簡稱「康熙本」）卷一至卷十二、清光緒丁丑（一八七七）重刊涇里宗祠藏板顧端文公遺書小心齋劄記（以下簡稱「光緒本」）卷一至卷十二爲校本。卷十三至卷十八以康熙本卷十三至卷十八爲底本，以光緒本卷十三至卷十八爲校本。

② 此篇底本及康熙本均無，據光緒本補。篇名「劄記題辭」四字，在書口處。

體，只『性善』二字；語功夫，只『小心』二字。」又曰：「『心不踰矩』，孔之小心也。『心不違仁』，顏之小心也。」此其學之大旨矣。

先生有絶人之資，其於世也，百家衆技，當無所不臻其妙，而獨以全力用之於學，一切技倆不得而岐之，故其功專。其於學也，百家衆説，當無所不造其微，而獨以全力用之於聖學，一切玄妙不得而岐之，故其學純。於凡五經四書，直從神情血脈，字字咀嚼，故密察不差毫髮。於凡聖賢豪傑，直從皮肉骨髓，人人對勘，故權衡不爽錙銖。

先生曰：「周元公之於道至矣，所以爲之推行其道，使得昌於當時者，程伯子也；所以爲之推明其道，使得明於後世者，朱晦翁也。元公藏諸用，其源深；兩先生顯諸仁，其流遠。」

又曰：「二程與横渠、康節，一時鼎興，氣求聲應，此吾道將隆之兆也。微元公，孰爲之開厥始？流傳既久，分裂失真，有禪而儒，有霸而儒，有史而儒，此吾道將涣之兆也。微晦翁，孰爲之持厥終？元公之功，不在孟子下；晦翁之功，不在元公下。」

攀龍亦曰：「自孟子以來得文公，千四百年間一大折衷也；自文公以來得先生，又四百年間一大折衷也。先生自甲午以來，見理愈微，見事愈卓，充養愈粹，應物愈密，從善如流，徙義如鶩，殆幾於無我矣。」

萬曆壬子秋月，同邑後學高攀龍拜書。

劄記，自辛亥以前，皆先祖端文公存日手定付梓。最後□□一卷，則先伯考、先考壬子秋苫凷中所録，面呈景逸高師鑒閲，續完此段，師楷書記後，原擬以作序言者。是冬，師撰端文公行狀，求墓志於鄒忠介公，因併此入行狀中，而序言尚闕。師曰：「劄記大指，見於始末數言，吾已表而出之。至先生之學直接文公，斯語也，以質鬼神、俟百世可矣，又何必更爲之序也？」今仍録諸簡首，庶見吾祖吾師兩賢，蓋心心相印云。

丙戌冬，孤孫樞稽首百拜謹述。

顧涇陽先生小心齋劄記序

蔡獻臣

涇陽顧先生魁南畿時，筆力議論，與蘇長公相上下。天下人士争慕效之，文體爲之一變。獻臣總角業舉，即知嚮往，今三十年餘矣。先生以銓郎坐諫謫，再起秉銓。復坐置相事，謫且廢也。人望先生，如景星慶雲，非塵寰所有，而先生顧恬然怡然，退而脩明正學於梁溪間。

邑故有東林書院，爲宋楊龜山講學之所，茀廢久矣。先生倡同志興復之。每會遠近縉衿，至者甚衆，無不以先生爲大師。於兹之時，人望先生，更如泰山、北斗矣。

獻臣治兵江陰，每見先生風度沖遠，不覺鄙吝之心都盡。久之，乃得請所爲小心齋劄記。自乙巳溯甲午，蓋是年先生始謫廢也。獻臣讀其書，大抵發「性命、心知」之奥旨，闡孔、孟、周、程之微言，至於老、佛、諸子之異同，朱、王諸儒之得失，亦往往嚴焉。間旁及政治人才，則古今進退之衡也。

蓋先生之學，直窺本原；先生之志，力擔世道；先生之風，千仞高翔；先生之言，百世可俟。信乎一代之宗儒也！醇乎醇者也！

不敏既獲卒業，因屬無錫令林君德衡梓而傳焉。雖然蒼生未嘗忘先生，先生亦未嘗忘蒼生，主爵者虚席先生屢矣。上一日幡然求舊，則大儒之效，先生亦何幸於吾身親見之哉！

萬曆戊申七月之吉，閩同安蔡獻臣體國甫敬書。

小心齋劄記一

門人馮從吾、史孟麟，後學高攀龍、劉元珍仝較[一]

甲午

惟知性，然後可與言學；惟知學，然後可與言性。

伊川先生言：「西銘，原道之宗祖。」愚竊以爲太極圖說，又西銘之宗祖也。蓋西銘止推到生萬物之父母，太極圖說直推到生天生地之父母。學者須於此立腳，方有個究竟處。

朱子曰：「學之爲言效也。人性皆善，[二]而覺有先後。後覺者必效先覺之所爲，乃可以明善，而復其初也。」其訓精矣。愚竊惟「天生蒸民，有物有則」。耳之爲物本自聰，只依他去聽；目之爲物本自明，只依他去視。是即所謂效也。故曰：「歸而求

[一] 此行底本無，據康熙本補。
[二] 「善」，底本誤作「然」，據康熙本、光緒本改。

之，有餘師。」

認得一「性」字親切，即欲一毫自棄，而有所不敢也。故曰：「惟知性，然後可與言學。」認得一「學」字親切，即欲一毫自用，而有所不敢也。故曰：「惟知學，然後可與言性。」

程子每見人静坐，便嘆其「善學」；羅豫章教李延平「於静中看喜怒哀樂未發氣象」；至朱子又曰「只理會得道理明透，自然是静，不可去討静坐」。三言皆有至理，須合而參之始得。

善乎！孟子之言舜也，曰：「舜之居深山之中，與木石居，與鹿豕游，其所以異於深山之野人者幾希。」學人能時時體認此等氣象，消却無限鄙吝。

子之燕居，申申如也，夭夭如也。正是静中妙境可玩。程子曰：「嚴厲時，着此四字不得；怠惰放肆時，亦着此四字不得。」此又分明將聖人一腔精髓拈出，令人就裏認取，有個覿面相逢處也。

「一簞食，一瓢飲」，「有若無，實若虚」，「以能問於不能，以多問於寡」，「犯而不校」，顔子讓盡了天下人，只是不肯讓那兩個人。或問：「那兩個人是誰？」曰：「『舜何人也，予何人也，有爲者亦若是』，是不肯讓個舜。『步亦步，趨亦趨，欲罷不能』，是不肯讓個孔子。」

「仰之彌高，鑽之彌堅，瞻之在前，忽焉在後」，無極而太極也。「博文約禮」，一陰一陽也。「既竭吾才，如有所立卓爾」，陰陽即太極也。「雖欲從之，末由也已」，太極本無極也。周元公曰：「發孔子之藴，[一]教萬世無窮者，顔子也。」知言哉！

朱子曰：「聖門自顔子而下，穎悟莫若子貢；自曾子而下，篤實莫若子夏。」愚竊以爲顔子而下，穎悟莫若曾點；曾子而下，篤實莫若子路。蓋曾點、子路胸中乾浄，充得盡時便是聖人。子貢、子夏似覺黏帶，多與聖人血脈較遠也。

「息邪説，距詖行」，「守先王之道，以待後學」，萬世之心也。舍顔、閔，異夷、惠，而獨願學孔子，萬世之眼也。故曰孟子亞聖。

語人心曰「惟危」，語道心曰「惟微」，又曰「出入無時，莫知其鄉」；語獨曰「十目所視，十手所指」，語「人之所以異於禽獸者」曰「幾希」。讀其言，想見聖賢滿腔子都是一個戰兢恐懼之心。

孔、孟既没，吾道不絶如綫，至宋而始一光。發脈得一周元公，結局得一朱晦翁，

[一] 孔子，周子通書聖藴第二十九作「聖人」。

而二程及張、邵、羅、李諸先生，復相與後先主持於其間，天實命之，以斯文之寄，非偶然也。

二程與横渠、康節一時鼎興，氣求聲應，此吾道將隆之兆也。微元公，孰爲之開厥始？流傳浸久，分裂失真，於是乎有禪而儒者，有霸而儒者，有史而儒者，此吾道將涣之兆也。微晦翁，孰爲之持厥終？韓昌黎謂孟子之功不在禹下，愚謂元公之功不在孟子下，晦翁之功不在元公下。

明道見處極高，便有玄語；伊川見處極正，便有拙語；横渠見處極深，便有艱語；康節見處極超，便有玩語；晦翁見處極實，便有滯語；象山見處極徑，便有狂語。惟元公，其不可及也夫。

太極圖説，元公之中庸也；通書，元公之論語也。上下二千年間，一人而已矣。知元公之深者，前莫如程大中，後莫如朱晦翁。

元公之於道至矣，所以爲之推行其道，使得昌於當時者，程伯子也；所以爲之推明其道，使得傳於後世者，朱晦翁也。元公藏諸用，其源深；兩先生顯諸仁，其流遠。

易曰：「天地絪緼，萬物化醇。」周子曰：「太極動而生陽，動極而静，静而生陰，静極復動。一動一静，互爲其根。」愚謂知天地之所以生萬物，則知太極之所以生天地。周子此數語，模寫絪緼情狀，宛然如畫，真造物傳神手也。

程伯子「識仁」説，晉人有一語可以形容之，曰「超超玄箸」，學者讀之，便應長一格。

程伯子曰「仁者，渾然與物同體」，只此一語已盡，何以又云「義禮智信，皆仁也」？始頗疑其爲贅，及觀世之號識仁者，往往務爲圓融活潑，以外媚流俗，而内濟其私，甚而蔑棄廉耻，決裂繩墨，閃爍回互，誑己誑人，曾不省義禮智信爲何物，猶偃然自命曰仁也，然後知伯子之意遠矣。

吴悟齋中丞謂錢緒山曰：「頃貽書王龍溪，欲其實修實證。求之於言之外也，誠恐此老不察。又求之於言之内，不復向羞惡辭讓是非上用一針，即所謂惻隱者，未免認賊作子，將一傳而此學爲世戒。」予讀而旨之，以爲正與程伯子言仁之旨合。往嘗舉似同署麻明之，明之曰：「中丞公能不認賊作子否？〔二〕」予曰：「君以爲何如？」明之笑而不答。

程伯子曰：「學者須先識仁。識得此理，以誠敬存之而已。」又曰：「學者識得仁

〔二〕「公」，康熙本、光緒本均無。

體，實有諸己，只要義理栽培，如求經義，皆栽培之意。」愚謂以誠敬存之，是收攝保任功夫，以義理栽培，是維持助發功夫，説得十分精密。

羅念庵先生曰：「終日談本體不説功夫，纔拈功夫，便以爲外道。此等處使陽明復生，亦當攢眉。」愚惟近世儒者，莫不以明道識仁説爲第一義。徐而察之，大率要灑脱，要自在，要享用。有以功夫言者，輒曰「不須防檢，不須窮索」，「未嘗致纖毫之力，此其存之之道」。恐明道復生，亦當攢眉也。

程伯子論「克己復禮」。韓持國曰：「道上更有甚克，莫錯否？」伯子曰：「如公之言，乃是説道。『克己復禮』乃所以爲道也。『克己復禮』之爲道，亦何傷乎公之所謂道也。若不『克己復禮』，何以體道？至如公言克不是道，亦是道也，實未嘗離得。」又一日，謂持國曰：「聖賢論天德，謂是天然完全自足之物。若無所污壞，即當直而行之；小有污壞，即當敬以治之。合修治而修治，義也；不消修治而不修治，亦義也。故常簡易明白而易行，必以爲無事修治則過矣。」余始甚愛識仁説，近讀此，更有味乎其言，並爲拈出。

識仁説是悟後語。又曰：「悟後轉覺功夫難，其究也可以入聖。悟後便覺功夫易，其究也率流而狂。」

韓公持國與伊川先生語曰："今日又暮矣。"伊川曰："此常理，從來如是，何嘆爲？"公曰："老者行去矣。"伊川曰："公勿去可也。"公曰："如何能勿去？"伊川曰："不能，則去可矣。"兩轉語，不過數字，每讀之便覺豁然。於此有悟，應不墮生死塹中。

馮東皋謂程伊川曰："二十年聞先生教誨，今有一奇特事。"先生曰："何如？"東皋曰："夜間宴坐，室中有光。"先生曰："頤亦有奇特事。"東皋請問。先生曰："每食必飽。"楊子安問："易從甚處起？"時方揮扇，先生以扇柄畫地一下，曰："從這裏起。"子安無語。後以告尹彦明，且曰："當時悔不問此畫從甚處起。"彦明以告。先生曰："待他問時，只與默然得似個，子安更喜歡也。"子安聞之，遂服。然則伊川若肯參禪，何必在大慧、中峰諸人之下？所謂能之而能不爲者也。

必也"行一不義、殺一不辜而得天下不爲"，方纔利心消盡；必也"遯世不見知而不悔"，方纔名心消盡；必也如孔之所謂"不知老之將至"，如孟之所謂"殀壽不貳"，方纔軀殼心消盡。

"罔之生也幸而免"，生猶死也，聖人蓋曰："人不得草草而生也。""朝聞道，夕死可矣"，死猶生也，聖人蓋曰："人不得草草而死也。"死生之際，大矣哉！

有一鄉之精神，則能通乎一鄉；有一國之精神，則能通乎一國；有天下之精神，則能通乎天下；有萬世之精神，則能通乎萬世。

南海唐仁卿嘗訝余作字潦草，余謝之。昔程伯子作字甚敬，曰：「非是要字好，只此是學。」又曰：「灑掃應對，便是形而上者。」邵堯夫詩曰：「唐、虞揖讓三杯酒，湯、武征誅一局棋。」王龍溪曰：「須知三杯酒亦用揖讓精神，一局棋亦用征誅精神。」又曰：「聖人遇事無大小，皆以全體精神應之，不然便是執事不敬。」余以此知仁卿之意遠矣。

獨居時，能無閑思雜慮否？應事時，能無粗心浮氣否？接物時，能無凡情俗念否？須是自家一一勘過。〔二〕晨起，呼童子視庭中石榴，報曰：「昨日含蕊，今日花大放矣。」余喟然嘆曰：「渠却不虛度了光陰。」

「無可無不可」，是孔子小心處。鄉愿闇然媚世，流俗之所共喜也，而孔子賊之。狂者嘐嘐，流俗之所共笑也；狷

〔二〕「一一勘過」，底本漏一「一」字，據康熙本、光緒本補。

者踽踽，流俗之所共疾也，而孔子與之。即此一個榜樣，便有大功於萬世。

心是個極活的東西，不由人把捉得。虞書所謂「惟危」「惟微」，南華經所謂「其熱焦火，其寒凝冰」，庶幾足以形容之，這裏須大入理會在。試看孔子，豈不是古今第一等大聖？還用了七十年磨煉功夫，方纔敢道個「從心」。試看孟子，豈不是古今第一等大賢？還用了四十年磨煉功夫，方纔敢道個「不動心」。蓋事心之難如此，只有告子最來得易，却又差。

孔子曰：「道之不明也，賢者過之；道之不行也，知者過之。」謂之「過」，孔子分明自以爲不如。孟子曰：「告子先我不動心。」謂之「先」，孟子分明自以爲瞠乎其後。然而孔、孟卒不以彼易此，何也？其必有見矣。學者將爲孔、孟乎？將求勝於孔、孟乎？將求勝於孔、孟，誠非余之所敢知。將爲孔、孟，即孔、孟之訓具在，奈何往往忽而不察，徒然相競，以玄妙直捷爲也？益非余之所敢知矣。願與吾黨共商之。

孟子曰：「告子未嘗知義，以其外之也。」愚又曰：「告子未嘗知仁，以其内之也。」夫仁義，性之德也，合内外之道也，如之何其二之也？

這個心極靈，是是非非，瞞他不得些子。何但我瞞他不得些子，他也不肯爲我瞞却些子。閒居爲不善，則見君子而厭然，胸中不正，則眸子眊焉，直是將五臟六腑，一一呈出與人看，假饒無量惺惺，到這裏都使不着。語曰「心爲明師」，又曰「心爲嚴師」，旨哉！

子路問鬼神、問死，乃「窮理盡性至命」中事，其曰：「有民人焉，有社稷焉，何必讀書，然後爲學？」又「六經註我，我註六經」之説所自出也，此是何等識見！孔子一則曰「未能事人，焉能事鬼」，一則曰「未知生，焉知死」，至乃以佞斥之，其慮深矣。

羅近溪先生曰：「由孩提之不學而能，便可到聖人之不勉而中；由孩提之不慮而知，便可到聖人之不思而得。」此意見得極透，乃宗其説者，因是類，喜言自然，圖做個現成的聖人，[一]則又誤矣。

孟子以「不學而能」點出人心之「良能」，以「不慮而知」點出人心之「良知」，正猶子思子以「喜怒哀樂之未發」點出人心之「中」，蓋謂此等處極難形容，欲人將耳目口鼻四肢一齊放下，認取自家本相原是停停當當，原是玲玲瓏瓏，庶幾憬然有省，不肯將他埋没過去。非謂「學」能障人，却把「良能」來掃之也；非爲「慮」能障人，却把「良

[一]「現」，康熙本同，光緒本作「見」。

知」來掃之也。若作如是解，是必率天下而歸於一，無所事事可爾，失孟子之指矣。

貧而無怨難，富而無驕易。此聖人體貼人情至到之言也。[一] 富與貴，得之不以道，不處；貧與賤，得之不以道，不去。此聖人體究天理至到之言也。

「人不知而不愠，遯世不見知而不悔。」「愠」字、「悔」字當有辨：愠者，是己而非人；[二] 悔者，徇人而忘己。不愠，自反之至也；不悔，自信之至也。愠，生於滿；悔，生於歉。兩者皆從名根來。

「悔」字亦有二義。易曰：「震，無咎者，存乎悔。」此悔從道心發也。若「不見知」而悔，此悔却在「不見知」上起了念頭。既有此念，進則必至於索隱行怪，以求有述；退則必至於半途而廢矣。乃從人心發也，不可不辨。

或問：「『以文會友，以友輔仁』，舊作二句看，近來俱作一句看，孰是？」曰：「以文會友，委是以友輔仁。以友輔仁，却不專靠以文會友。蓋以文會友，特輔仁中一事；以友輔仁，則所指者廣矣。由此言之，作一句看固佳；作二句看，又自有深長之

[一]「貼」，康熙本同，光緒本作「帖」。
[二]「是」，底本、康熙本、光緒本均作「足」，據文意改。

味也。」

嘉靖壬寅，林平泉先生以庶吉士請告還，會唐荊川先生於京口連舟至丹陽，謁陳少陽祠，入門見汪、黄二像踝膝庭下。荊川指謂平泉曰：「宰相之不足恃如此。」拜後，出視祠額，題「宋贈秘閣修撰」。平泉曰：「一秘閣修撰，何加於陳少陽？盍亦書宋太學生，使人興感？」荊川曰：「君言固當，如没高宗悔過之善何？」是日，訪陳氏子孫，出高宗悔過詔書，内云：「朕九年於兹一食三嘆，使萬世而下知朕爲不仁不智之主。」相對感喟：「詔旨諄切若此。」予惟兩先生之説，均於世道有裨。試使當年題曰「宋故太學生贈秘閣修撰」，兩義固並行而不悖也。

陽生於子，而實始於亥。亥之爲言孩也，有向長之意焉。陰生於午，而實始於巳。巳之爲言止也，有向消之意焉。聖人爲扶陽抑陰計，即一製字間，無不着精神也。

或問：「白沙先生云『静中養出端倪』，竊意這個物事妙絶方所，何端倪之可言？」曰：「此處要善看。卓爾者，顔子之端倪也；躍如者，孟子之端倪也。亦曾落方所否？」

或問：「孟子『有命』『有性』二條。」曰：「此爲告子而發，總之是明性善也。」曰：「何也？」曰：「食色性也，告子謂：『性自性，無與於善矣。』孟子特揭『命』之一字以破之，以見性自有在，不得離善而言性也。仁内也，非外也；義外也，非内也。告子謂：『善自善，無與於性矣。』孟子特揭『性』之一字以收之，以見善本固有，不得離性而言善也。故曰：總之是明性善。」曰：「註中一伸一抑之説，何如？」曰：「此語恐尚有商量，君子不謂性，正以其似性非性，實不可冒認爲性，於自家軀殼上求其圓滿也。非曰原來是性，故借命以擠之也。君子不謂命，正以其似命非命，實不可冒認爲命，於自家道理上聽其缺陷也。非曰原來是命，故借性以擠之也，何伸抑之有？」

戰國時，論性家紛紛而起，其與孟子角立者，則惟告子一人。乃其主張食色也，既未免看得性太低，至夷而入於人欲之内，適爲世之徇生者開自便之門。其掃除仁義也，又未免看得性太高，至駕而出於天理之上，適爲世之談空者開玄妙之門。幾何不率天下而禍性也？孟子目擊心惻，悉力推敲，其所主張，特與掃除，因而别食色於性，使彼知向之認以爲真者，究竟非真，其所掃除，特與主張，因而歸仁義於性，使彼知向之認以爲妄者，究竟非妄，於是性之本來面目始見，而告子之説，兩邊俱無安頓處矣。乃荀、楊諸人猶然各立異論，欲翻孟子之案。迄於今，且人人愛説「無善無惡」，至强而附於孟子之案曰「此正性善之本來面目也」。竊恐爲是説者，豈惟誣性？且誣孟子，豈惟誣孟子？且誣告子，其費安排甚矣，尚可與論性乎？

顧憲成全集卷二

小心齋劄記二

乙未

性即理也，言不得認氣質之性爲性也；心即理也，言不得認血肉之心爲心也。

學者第一要憤。語曰：「發憤忘食。」須知只這「憤」字，便做成孔子。皆喫緊爲人語。

聖人不思而得矣，未嘗以「不思而得」概天下也；不勉而中矣，未嘗以「不勉而中」概天下也。是故曰「擇善固執」，曰「博學、審問、慎思、明辨、篤行」，曰「人一己百，人十己千」。且聖人非特不以「不思而得」概天下也，亦未嘗以「不思而得」自處，非特不以「不勉而中」概天下也，亦未嘗以「不勉而中」自處。是故曰「發憤忘食」，曰「好古敏求」，曰「不如丘之好學」。而今開口便説個「不思不勉」，何言之易也？「不思而得」，精神恰在那「得」字上；「不勉而中」，精神恰在那「中」字上。而今要學聖人，須就這裏參取，只説個「不思不勉」，濟甚事？「或生而知之，或學而知之，或困而知之，及其知之一也；或安而行之，或利而行之，或勉强而行之，及其成功一也」。試看這話頭，還是論個得不得，還是論個思不思，還是論個中不中，還是論個勉不勉。

或問：「中庸云：『喜怒哀樂之未發謂之中。』説者以爲『未發之時』蓋指本體而言也，[一]此説似與朱子不同，何如？」曰：「朱子原有兩説，此説即其前一説。朱子曰：人自有生，即有知識，其間初無頃刻停息。然聖賢之言，則有所謂『未發之中，寂然不動』者，夫豈以日用流行者爲已發，而指夫暫而休息，不與事接之際，爲未發時耶？嘗試以此求之，則泯然無覺之中，邪暗鬱塞，似非虚明應物之體，而幾微之際，一有覺焉，則又便爲已發，而非寂然之謂，蓋愈求而愈不可見。於是退而驗之於日用之間，則凡感之而通，觸之而覺，蓋有渾然全體應物而不窮者，是乃天命流行，生生不已之機。雖一日之間，萬起萬滅，而其寂然之本體，則未嘗不寂然也。所謂未發，如是而已。夫豈别有

[一]「之」，底本作「非」，據康熙本、光緒本改。

一物，限於一時，拘於一處，而可以謂之「中」哉？章句所用，乃其後一説也。朱子曰：天命之性，萬理具焉。喜怒哀樂，各有攸當。方其未發，渾然在中，無所偏倚，故謂之「中」。及其發，而皆得其當，無所乖戾，故謂之「和」。又曰：未發之前，不可尋覓；[一]已發之後，不容安排。但平日莊敬涵養之功，至而無人欲之私以亂之。則其未發也，鏡明水止；而其發也，無不中節矣。向來講論思索，直以心爲已發；而日用功夫，亦止以察識端倪爲最初下手處，以故闕却平日涵養一段功夫。使人胸中擾擾，無深潛純一之味，而其發之言語事爲之間，亦常急迫浮露，無復雍容深厚之風。蓋所見一差，其害乃至於此，不可以不審也。朱子以後説爲定，遂以前説爲誤。而近世學者又率以其後説掩其前説，則亦考之不詳矣。愚嘗平心體究，竊以爲兩説不妨並存，非必執一而病一也。陽明先生曰：「只因後儒將『未發已發』分説了，故劈頭説個『無未發已發』。若真知得『無未發已發』，就説有『未發已發』原不妨，原有個『未發已發』在。蓋亦有見於此耳。」曰：「陽明所謂『原有個未發已發在』，果以時言乎？」曰：「觀其下文，以鐘聲爲喻，而曰：『未扣時原是驚天動地，既扣時也只是寂天寞地。』明明點出兩個『時』字了也。」曰：「後儒何故將『未發已發』分説？」曰：「『喜怒哀樂之未發

[一]「覓」，康熙本同，光緒本作「視」。

謂之中，發而皆中節謂之和』，原是子思子分來，不干後儒事。若曰中自爲中，和自爲和，兩者截然各爲一物，即後儒原不聞有此也。爲此言者，將無見己之見太伶俐，見人之見太癡重乎？」

「易有太極，是生兩儀。太極，先天也，未發也；兩儀，後天也，發也。是一説也。夫乾，其静也專，其動也直；夫坤，其静也翕，其動也闢。静，體也，未發也；動，用也，發也。又一説也。然則兩説，於中庸孰當？」曰：「若論中庸本旨，章句爲近。」

或問：「陽明先生『致良知』之説，何如？」曰：「自陽明以來，談良知者，幾且盈天下矣。徐而察之，其於良知似猶在離合之間也。盍徵諸孟子之言乎：『孩提之童，無不知愛其親也；及其長也，無不知敬其兄也。親親，仁也。敬長，義也。』竊惟仁義爲性，愛敬爲情，知愛知敬爲才。『良知』二字，蓋通性情才而言之者也。乃主良知者既曰『吾所謂知，是體而非用』，駁良知者又曰『彼所謂知，是用而非體』恐不免各墮邊見矣。」曰：「有言良知，即仁義禮智之智。又有言分别爲知，良知亦是分别。孰當？」曰：「似也，而未盡也，夫良知，一也。在惻隱爲『仁』，在羞惡爲『義』，在辭讓爲『禮』，在分别爲『智』，非可定以何德名之也。只因『知』字與『智』字通，故認知爲用者，既專以分別屬之；認知爲體者，又專以智屬之。恐亦不免各墮邊見矣。孟子之所謂良知，果若是乎？」

性，體也。情，用也。曰知曰能，才也，體用之間也。是故性無爲，而才有爲；情有專屬，而才無專屬。惟有爲，則仁義禮智，一切憑其發揮，有似乎用，所以説者謂之用也。然遂舉而概諸四端，恐兩下尚不能無毫釐之别。惟無專屬，則惻隱、羞惡、辭讓、是非，一切歸其統率，有似乎體，所以説者謂之體也。然遂指而名之曰性，恐究竟且不免有千里之謬矣。陽明先生揭「致知」，特點出一個「良」字，又曰：「性無不善，故知無不良。」其言殊有斟酌。

乾之彖曰：「大哉乾元，萬物資始。」坤之彖曰：「至哉坤元，萬物資生。」繫辭曰：「乾以易知，坤以簡能。」又曰：「乾知太始，坤作成物。」這是太極兩個大總管，千變萬化，皆由此出。人心之有知能，亦猶是也。

性，太極也。知曰良知，所謂乾元也；能曰良能，所謂坤元也。不慮，言易也；不學，言簡也，故曰：「天人一也，更不分別。」

庚辰，予與南樂魏懋權同舉春官，又同門也，一見如生平歡。已又得閩劉國徵。

於時張江陵擅政，[一]懋權每覩時事乖刺，輒爲憂形於色，且時時過予，兩人相對太息。一日，忽曰：「江陵汰已甚，吾儕又新進，何能爲？盍私諸申座師乎？庶可默回萬分一也。」因約各爲書一通。予既具草，往叩懋權，懋權出其書視予，書曰：「今天下漸不可長者，抑莫甚於人情，事有異有常，而人情有安有駭。天之常，日月星辰，而孛蝕異；人之常，君臣父子，而亂賊異。中國之常，禮樂文章，而左衽異；官使之常，賢智忠良，而憸邪異；政治之常，剛柔正直，而偏詖異。常則安，異則駭，人之情未有不然者也。竊取近一二事較之，或大謬不然。春正月日食，其月月食。夏五月，月再食。秋八月，慧星見。九月，太白經天，三吴大水，無年。子殺父，薊鎮沿邊諸郡，地震累日。椎髻之虜，[二]千百成群，出入塞下，索漢財物，吏不得禁，此皆耳目所不習，非常可異者也，而今且安焉。主事趙世卿疏時政，天子幸不切責，吏部黜以爲長史；御史劉臺言事得罪，天下悲其忠，安福奸民，乘間誣奏之，進士南企仲乞歸終養，聽撫按勘中外諸上書與諸省程録，動稱大臣功德，言不及君，此皆耳目所不習，非常可異者也，

[一]「擅」，康熙本、光緒本作「秉」。
[二]「虜」，康熙本、光緒本作「族」。

而今且安焉。夫安與駭不並行，所安在此，所駭必在彼。孛蝕以爲安，則見日月星辰而駭；亂賊以爲安，則見君臣父子而駭；左衽以爲安，則見禮樂文章而駭；憸邪以爲安，則見賢智忠良而駭；偏詖以爲安，則見剛柔正直而駭。夫人之情，至於常其異，異其常，駭其安，安其駭，此其漸可使長耶？不可使長耶？所關於世道理亂得失鉅耶？細耶？竊以爲宜及今而矯之，尚有可爲，然而矯世之責，實惟門下。門下初舉進士，名在第一。十餘年進拜宰相，位復第一，誠於今日察天下異常之勢，杜人情安駭之漸，慨然身任其事，爲天下國家計，而不復爲己之功名，與他人之富貴，則相業亦在第一無疑。夫人之情，彼或導之，而吾不能矯之，導之過也；不能矯之，亦過也。門下其何辭焉？」予讀之既，喟然嘆曰：「經世之文也。」退而自削其草。

劉國徵書曰：「門生猥以庸愚，謬辱采拔，感念知己，莫效尺寸，深惟夫子取士之意，見在録中，而有懷不言，慚負薦書。竊見夫子位極人臣，遭時明聖，忠厚正直，爲百僚師表，天下欣然，想見治平。而邇年以來，四方多故，災異稠疊，歲朝日食，春夏地數震，江南大水漂湧。秋客星見，慧星縱横河漢，象十日有奇，太白正晝經天。夫日者，君象，衆陽之宗，陽德不明，則不能制陰。陰桀乘之，干紀失常，此皆莫大之變。國徵表爲國，門生不敏，知夫子蓋早以爲憂也。竊以爲朝廷當赫然下求言罪己之詔，不則亦宜減膳徹樂，齋居露禱，以回天怒。而諫官御史亦摭實奏言，切陳闕失，庶幾萬有一可備修省之助。今既數月矣，上下相蒙，恬然不以爲怪，信有如王介甫所謂不足畏之説者，中夜反復，至爲寒心。夫天道神明，災不虚生，今天下子弑父，僕戕主，郡邑榜箠租税，民至析骨易孩而食，自經死者相望。聰明才智之士，業不得致於學較，其計畫未卜何之。俺答土蠻，[一]動擁數十萬，窺我邊疆，人心皇皇，無有固志，天下之元氣，蕭然日索一日。災異之應，爛然可覩矣，而中外上書，動稱述大臣功德，比於舜、禹，於泛然章奏之中，陡入諛語，漫不顧上下，此何怪？其玩視天變而不以聞者，顧門生竊伏思之，未必皆諸人之過。天下無事，士大夫争相慕效，皆欲保爵禄、顧子孫、買田宅，爲逸樂富厚之計。故以官而博言者百不得一，以身而博言者千不得一，以身家破亡之禍而博言者億萬不得一。夫部官趙主事朝上疏而夕即竄諸長沙，[二]則是不能有其官也；劉御史臺之跧伏草野五年矣，而必欲治之罪，則是不能有其身也。且告訐之風漸不可長，株連蔓引，其禍必長，如前日吳中行、趙用賢之徒，恐禍出不

[一]「俺答」，底本作「俺佮」，據康熙本、光緒本改。
[二]「部官趙主事」，康熙本、光緒本作「趙主事世卿」。

測。嗚呼！此英雄之所以垂首，忠諫之所以結舌。夫子以身致太平，豈欲有此？聞之執政大臣，方主國是，未易窺測，而夫子之位適在第三。夫天下之事，非一家私議，故可否相濟，乃謂之和，君臣且然，況於共事之人，所宜協衷一德，以成厥美者。聖莫高於周、召，而猶有不相悦之時，豈可舍社稷安危之計，而顧私家疑忌之嫌哉？且彼其亦未知天下之勢至此極也。意定於先，令制於已，壅蔽久而忠言罔聞也。災異之來，得無堯、湯視與？夫子試略舉言之，未必不竦然易慮者。蓋昔綏和、元光之世，士大夫多流於隨，其究也君命犯而主威奪；元祐、熙豐之世，士大夫多過於激，其究也朋黨成而天下受其禍。伏惟夫子處於不激不隨之間，以應天地神人之望，門生遠方新進之士，不敢徑進其言於君側，而執政之門，又非可遽以言通夫草野。儒生居恒披心腹相口舌者，曰師曰弟子云爾。故昧死以上。」余惟懋權之論正矣，而是書語意婉篤，規諷備至，又有足深繹者，因並録而存之。

聖賢以義利分别君子小人。莊子乃曰「伯夷死名，盜跖死利」，是將那「名」字換這「義」字，義利判然兩途，名利則等耳。如此方纔壓得君子與小人一般，後世敲剥君子者，皆用此法。一字之毒，流禍無窮，假令此老見之，不知以爲何如也？

好名，中人所不免，由中人以上則不屑也，由中人以下則不能也。若乃托於不屑，以蓋其不能，「譬諸小人，其猶穿窬」之類也乎？

胡文定言：「朱子發雖修謹，皆是僞爲。」范濟美應云：「如公輩却是至誠。」文定遜謝云：「某何敢當至誠二字。」濟美戲曰：「子發是僞爲善，公是至誠爲惡。」戲則戲矣，却自有可思也。文中子曰：「惡衣薄食，少思寡欲。」今人以爲詐，我則好詐焉。又曰「吾願見僞静詐儉者」，其意正與此同。

好名一念，上之有礙於天理，是故在善中爲惡；下之有礙於人欲，是故在惡中爲善。世之學者，莫不曰聲色貨利，正何足論？須拔去名根，乃是第一義耳。信乎其第一義也，吾焉得而訛之？雖然彼其所爲深疾夫名根者，果以其有礙於天理乎？抑以其有礙於人欲乎？以其有礙於天理而思去之，則大善也；以其有礙於人欲而思去之，則大惡也。於此含糊而漫爲高論也，夫誰欺？欺天乎？

程伯子曰：「新法之行，吾黨亦有過焉，豈可獨罪安石也？」知此而後可與盡己之性。張思叔問：「鄒志完以極諫得罪，世疑其賣直。」程叔子曰：「君子當於有過中求無過，不當於無過中求有過。」知此而後可與盡人之性。

生而知之，上也；學而知之，次也；困而知之，又其次也。不知而作，則妄人而已矣。蓋世間有一種人，自負聰明，説得去，做得來，便爾前無往古，後無來今，以爲吾性本靈，不消些子依倣；吾性本足，不消些子幫添，只就個中流出，縱横闔闢，頭頭是道矣，豈不甚偉？由聖人觀之，却只是個不知而作，俗所謂杜撰是也。此等人看那多聞而擇、多見而識的，直笑以爲支離瑣碎不足道。由聖人觀之，生知而下，便須數着他，謂之次，正見其可追隨而上，非有判然懸絶之等，故曰：「及其成功，一也。」就兩人較，一邊師心自用，偃然處己於生知之列，究竟反不如多聞而擇、多見而識的，還得爲知之次；一邊視古人無不勝似我，去多聞中參取，視今人無不勝似我，去多見中參取，歉然處己於庸衆之下，究竟却與生知的殊途而同歸。孰得孰失？必有能辨之者。

或問：「説者云：『夫子曰：蓋有不知而作之者，我無是也。』此言良知在我，隨感隨應，自無不知。若乃『多聞，擇其善者而從之，多見而識之』，則是專求諸見聞之末，而已落在第二義矣，故曰『知之次』也。然否？」曰：「此爲專求諸見聞之末者言，誠頂門一針，然而體察孔子當時口氣，似乎不類，何者？孔子自謂無不知而作，今如所云，是孔子自謂無不知也。自謂無不知而作，其辭平，其意虚；自謂無不知，其辭矜，其意滿矣。且多聞而擇，能擇者誰？所擇者何物？多見而識，能識者誰？所識者何物？易言『多識前言往行，以畜其德』，正是這個功夫。若專求諸見聞之末，則程子所訶玩物喪志者耳。是乃知之蠹也，何但落第二義而已乎！」

人言：「利根的，無假見聞；鈍根的，却要借這個開發。」此語恐未盡。利根的，大頭腦已自分明，若肯用「多聞多見」功夫，將來越煉得細膩；鈍根的，須是他心地上掃得空空無一物，方好商量，若便引入見聞中，幾何不弄得昏了。

「孟子道性善，言必稱堯、舜」，此二語當時時三復。試思：説個性，有何不了，又要點出善字來？説個善，有何不了，又要提出性字來？説個性善，有何不了，又要標出堯、舜兩個大聖人來？此中殊有種種苦心，不可只泛然看過。

告子之徒，或以「無善無不善」言性，或以「可善可不善」言性，或以「有善有不善」言性，他們何嘗不自性立宗？但只就各人意思兩下揣摩，故其説往往眩於影響，没個着落，點出善字，正示性有定體，不可以歧見淆也。楊、墨之徒，或以「兼愛」言仁，或以「爲我」言義，或以「兼愛、爲我」之間言中，他們何嘗不自善立宗？但各就自家意思一邊認取，故其説往往滯於肢節，[二]没個頭腦。提出性字，正示善有大原，不可以局見窺也。至於言必稱堯、舜，又何也？若曰：「往古來今，不知凡幾何人，而獨堯、舜

[二]「肢」，康熙本、光緒本作「枝」。

蕩蕩巍巍，共推爲兩至聖也。」試相與誦説一番，有不躍然欣慕者乎？又若曰：「人人此性，人人此善，即人人堯、舜，而獨讓兩聖人。超今邁古，無能步趨其萬一也。」試相與對證一番，有不恍然自失者乎？然則揭示標準，鼓舞嚮往在此；激發秉彝、振起積習在此；策懦爲强，破昏爲明，唤醒一時之醉夢，豁開萬世之心眼在此。孟子之所以反反覆覆爲吾人計，切矣！至矣！盡矣！讀此而不動念，定是麻木漢。[二]

[二]「木」，底本作「末」，據康熙本、光緒本改。

顧憲成全集卷三

小心齋劄記三

丙申

自昔聖賢論性，曰帝衷、曰民彝、曰物則、曰誠、曰中和，總總只是一個善。告子却曰「性無善無不善」，便是要將這「善」字打破。自昔聖賢論學，有從本領上説者，總是個求於心；有從作用上説者，總總是個求於氣。告子却曰「不得於言，勿求於心；不得於心，勿求於氣」，便是要將這「求」字打破。將這「善」字打破，本體只是一個空；將這「求」字打破，功夫也只是一個空。故曰告子禪宗也。

或問：「許行何如？」曰：「其並耕也，所以齊天下之人，將尊卑上下一切掃去，其不二價也。所以齊天下之物，將精粗美惡一切掃去，總總成就一個空。」曰：「如此，許行也與告子一般意思？」曰：「然，只是告子較深，許行較淺。」曰：「何也？」曰：「許行空却外面的，告子空却裏面的。」

告子仁内義外之説，非謂人但當用力於仁而不必求合於義，亦非因孟子之辨而稍有變也。正發明「杞柳桮棬」之意耳，何也？「食色，性也」，原未有所謂仁義，猶杞柳原未有所謂桮棬也。仁内也，非外也；義外也，非内也。各滯方所，物而不通，是故仁義成而性虧，猶桮棬成而杞柳虧也。始終只是一説。

「食色，性也」，當下即是，更有何事？若遇食而甘之，遇色而悦之，便未免落在情境一邊。謂之仁，不謂之性矣。若於食而辨其孰爲可甘，於色，而辨其孰爲可悦，便未免落在理路一邊。謂之義，不謂之性矣。故曰「動意則乖，擬心則差」，告子之指，蓋如此。吾乃知中國之有佛學，非自漢始也。

孔子表章六經，以推明羲、堯諸大聖之道，而萬世莫能易也。朱子表章太極圖等書，以推明周、程諸大儒之道，而萬世莫能易也，此之謂命世。

周元公中行也，程淳公幾之矣，未離乎狂也，程正公未離乎狷也，朱子狂狷之間也。

程伯子曰：「昔受學於周茂叔，每令尋仲尼、顔子樂處，所樂何事。」又曰：「自再見周茂叔後，吟風弄月以歸，有『吾與點也』之意。」又有詩曰：「雲淡風輕近午天，傍花隨柳過前川，時人不識余心樂，將謂偷閒學少年。」此以知伯子之未能盡元公也。程叔子狀伯子曰：「先生十五六時聞汝南周茂叔論道，遂厭科舉之業，慨然有求道之志，未知其要，泛濫於諸家，出入老釋者幾十年，反求諸六經而得之。」此以知叔子之未能盡元公，且未能盡伯子也。

周元公三代以下之庖犧也，當時二程先生親受學於門，猶未能盡元公，則知元公者鮮矣。紹興間，侍講胡康侯，請進二程從祀於先師之廟。乾道間，太學魏掞之請祀二程於學，並不及元公，則知元公者，蓋鮮矣。至於象山陸子，直疑無極之説，出自老子，訟言排之，其門人楊慈湖并詆通書，穿鑿害道，可謂斯文之一厄也。獨朱子與象山反覆辨正，又特爲表章，以行於世，而周子之道焕然復明，且令來者有所持循，因得尋見從上聖賢血脈，其功大矣。

周元公尚矣，明道、晦菴兩先生各有獨到處，未易以優劣論也。

讀慈湖氏之書，則濂溪、明道亦支離矣，不特朱子也。讀釋迦氏之書，則六經、語、孟亦支離矣，不特濂溪、明道也。噫！

慈湖曰：「濂溪云：『元亨，誠之通；利貞，誠之復。』於天下至一之中，忽起通復之異說，穿鑿爲甚。」愚竊以爲更有甚焉。文王於天下至一之中，忽起「元亨利貞」之異說，是穿鑿之宗也；庖羲於天下至一之中，忽起「乾坤坎離，震艮巽兑」之異說，是穿鑿之祖也。此之不問，而獨於濂溪乎求多，何也？慈湖之學，以「不起意」爲宗，試看此等處有意乎？無意乎？皆在慈湖獨知之中，非吾所能懸度矣。

慈湖又曰：「洪範惟言思，未嘗言無思，而濂溪必取乎無思者，是猶未識乎思也。」「思曰睿」，明思未嘗不睿，未嘗不妙，未嘗不神，此不可以有無解，何復取乎無思哉？離思而取無思，是猶未悟百姓日用之即道也。孔子曰：「何莫由斯道也。」周子猶未悟思之即道，思之即無思也。審如是，慈湖之必取乎「不起意」，何也？

大學言「誠意」，論語言「無意」，中庸言「慎思」，繫辭言「無思」，各是一個道理，會得時，又只是一個道理。是故其言誠且慎也，非慮言無者之蕩於空，而借此以實之也；其言無也，非慮言誠且慎者之窒於實，而借此以空之也。若以「不起意」格「誠意」，以「思」格「無思」，此正所謂穿鑿耳。

陽明先生曰：「慈湖不可謂無見，又着在『無聲無臭』上見了。」此語慈湖聞之，亦須首肯。愚謂王泰州即陽明之慈湖也。

五宗昌，而虛無寂滅之教熾矣，所以使天下知有吾儒之道之當來而歸者，周元公也。程、朱没，而記誦辭章之習熾矣，所以使天下知有自心自性之當反而求者，王文成也。

地平天成，萬世永賴，元公其庶乎！一匡天下，民到於今受其賜，文成其庶乎！卓哉！其元公乎！吾始以爲元公也，而今乃知其宛然一孔子也。太極圖說，推明天地萬物之原，直與河圖、洛書相表裏；通書四十章，又與太極圖說相表裏。其言約，其指遠，其辭文，其爲道易簡而精微，博大而親切。是故可以點化上士，可以鍛煉中士，可以防閑下士，未嘗爲吾儒標門户。而爲吾儒者，咸相與進而奉之，爲斯文之主盟，莫得而越焉，未嘗與二氏辨異同；而爲二氏者，咸相與退而各守其宗，莫得而混焉。至矣！盡矣！誠足以考前聖而不謬，俟後聖而不惑矣。陽明先生開發有餘，收束不足，當士人桎梏於訓詁詞章間，驟而聞良知之説，一時心目俱醒，恍若撥雲霧而見白日，豈不大快？然而此竅一鑿，混沌幾亡，往往憑虛見而弄精魂，任自然而藐兢業，陵夷至今，議論益玄，習尚益下。高之放誕而不經，卑之頑鈍而無耻，仁人君子，又相顧徘徊，喟然太息，以爲倡始者，殆亦不能無遺慮焉，而追惜之。此其所以遜元公也。然則朱子何如？曰以考亭爲宗，其弊也拘；以姚江爲宗，其弊也蕩。拘者有所不爲，[二]蕩者無所不爲。拘者，人情所厭，順而決之爲易；蕩者，人情所便，逆而挽之爲難。昔孔子論禮之弊，而曰：「與其奢也寧儉。」然則論學之弊，亦應曰：「與其蕩也寧拘」。此其所以遜朱子也。

王塘南先生曰：「學者以任情爲率性，以媚世爲與物同體，以破戒爲不好名，以不事檢束爲孔、顔樂地，以虚見爲超悟，以無所用耻爲不動心，以放其心而不求爲未嘗致纖毫之力者多矣。可嘆也。」此數語，字字拿着禁處，所謂一棒一條痕，一摑一掌血。

李見羅先生表章大學，特揭出「知止」「知本」兩言，可謂洞徹孔、曾之藴。見羅先生之揭「修身爲本」也，而曰：「原是調元之聖劑，今爲補虚之上藥。」又曰：「一步離身，即走到上帝邊去，亦末也。」可謂深切著明矣。

或問：「當下之説何如？」曰：「『我欲仁，斯仁至矣』，孔子之語當下也。『今人乍見孺子入井，皆有怵惕惻隱之心』，孟子之語當下也。孔子先拈出『欲』字，方纔説『仁至』，是就功夫上點本體；孟子先拈出『心』字，方纔説擴而充之，是就本體上點功

[二]「有所」，底本作「所有」，據光緒本改。

夫。由孔子之説，見在便有下手處；由孟子之説，到底亦無歇手處。孔子説得極切實，孟子説得極圓滿，總總只是要人去做。」

論本體，縱做到幽、厲、蹻、跖，依然無改於初，故曰：「惟狂克念作聖。」論功夫，縱做到堯、舜、周、孔，一毫放鬆不得，故曰：「惟聖罔念作狂。」

文王作六十四卦之象，獨於坎言心，其危微之指乎？

孔子誨子路以「知」，而曰：「知之爲知之，不知爲不知，是知也。」直指本體，當下即了。其誨子路以「敬」，而曰：「修己以安人，修己以安百姓，堯、舜猶病也。」究竟功用到底不了，此最易簡，最廣大，聖門第一義諦也。然則孔子之所以注意於子路可知，而子路之所以爲子路亦可知矣。子思班諸舜與顔之間，孟子班諸舜與禹之間，有以哉！

楊子安侍郎好禪，使其親戚王元致問難於尹彦明，曰：「六經，蓋藥也。無病，安用藥？」彦明曰：「固是，只爲開眼即是病。」每誦斯言，輒爲毛骨俱竦。

唐仁卿曰：「凡事先求己過，聖功也。」又曰：「望重朝紳，不若信於寒微之友；生徒滿天下，不若使閨門之内與我同心。」愚以爲，此惟慎獨者能之。

羅豫章論舜之事瞽瞍，而曰：「只爲天下無不是底父母。」愚讀書見舜命禹，征有苗，及其不服，惟退而誕敷文德，不敢有一毫忿疾於頑之意，直看得天下無不是底人。[二] 孟子三自反篇，援舜示的，有以夫！」

惟看得天下無不是底父母，然後能格頑爲慈，委無不是底父母；惟看得天下無不是底人，然後能化梗爲順，委無不是底人。此舜之所以爲大也。

或問：「易之有訟也，厥義云何？」曰：「有君子之訟，有小人之訟。君子之訟，主於自訟，九五是也；小人之訟，主於訟人，餘五爻是也。自訟是第一個善念頭，故特繫之曰元吉。訟人是第一個惡念頭，故初言不永，二言逋，三言厲，四言渝，上言褫，蓋無往不致其戒焉，聖人之情見矣。」

「萬方有罪，罪在朕躬」，湯之所爲自訟也。「百姓有過，在予一人」，武之所爲自訟也。孔子曰：「聽訟，吾猶人也，必也使無訟乎！」夫惟自訟，然後能無訟也。故曰：「九五，訟，元吉。」

言者往往於當事者求多，人疑其意在沽名。誠有似乎沽名矣，然而實當事者之藥石也。當事者，往往於言者求多，人疑其意在拒諫，誠有似乎拒諫矣。然而實言者

[二]「得」，底本無，據康熙本、光緒本補。

之藥石也。吾以爲此兩人交相警，則交相益；交相尤，則交相損。爲聽言者爲進言者處，必有諸己，然後可以求諸人。無諸己，然後可以非諸人。爲聽言者處，譬則用藥，然期於能去病已耳。若按本草一一而詆之，曰是偏於寒，是偏於熱，此乃爲藥尋病，[一]而非爲病求藥也。何益？何益？

勿謂今人不如古人，自立而已；勿謂人心不如我心，自盡而已。

須是留得赤子的心腸，方可爲聖賢；須是留得書生的滋味，[二]方可爲卿相。

或問：「天下何以太平？」曰：「君相一心，其上也；其次閣銓一心，亦須做得一半。」

董仲舒曰：「仲尼之門，五尺童子羞稱五伯。」此意最見得好，三千七十，其間品格之殊，至於倍蓰，只一段心事，個個光明。提着權謀術數，便覺忸怩，自然不肯齒及他，非故擯而絕之也。

中庸曰：「誠者，不勉而中，不思而得。」此即所謂「生知安行」之聖人，對「學知利

[一]「尋」，底本作「治」，據光緒本改。
[二]「是」，底本無，據光緒本補。

行」「困知勉行」而言也，非曰「不思不勉是誠」，纔涉了思勉，便是僞也。孟子曰：「堯、舜性之，湯、武反之，五伯假之。」將堯、舜與湯、武對言，是安勉之辨；將堯、舜、湯、武與五伯對言，是誠僞之辨。安勉殊途而同歸，誠僞毫釐而千里。若曰「不思不勉是誠」，纔涉了思勉便是僞，即湯、武與五伯亦何以異？而堯、舜且爲絶德矣，吾不敢以爲然也。」

「温故而知新」，這「温」字下得最好。「必有事焉而勿正，心勿忘，勿助長」，極盡此一字形容，忘則冷，助則熱。惟温，乃是一團生氣，千紅萬紫，都向這裏醖釀出來，所謂新也。中庸「尊德性而道問學」條，始之以致廣大、盡精微、極高明、道中庸，終之以敦厚崇禮，可謂十分周整，却於中間點入此一語，更覺活潑潑地。

易曰：「履霜，堅冰至。」蓋言順也。註謂：「順當作慎。」恐不必。順與逆對，人心原來只是一個善，動於欲而後有不善，非其初也，於是或忸怩而不自得，或畏怯而不自堅，四顧躊躕，是非利害交戰而不決，所謂逆也。已而沿習既久，見謂固然，向之忸怩者，且坦然而安之矣。向之畏怯者，且悍然而當之矣。是非在前而不問，利害在後而不覺，所謂順也。是故方其逆也，欲爲理梗，秉彝之良猶在也，因而杜之，於勢爲易，是可得而挽回也。比其順也，通體是欲，無復有爲之梗者矣。强而遏之，於勢爲難，是不可得而挽回也。故曰：「積善之家，必有餘慶；積不善之家，必有餘殃。臣弑其君，子弑其父，非一朝一夕之故，其所由來者漸矣。由辨之不早辨也。」嗚呼！順生於積，積生於漸，此其際，惟己獨知之，而人莫之知也。究而言之，且恐非惟人莫之知而已，亦莫之知也，然則所辨何物，云何能辨？聖人特揭出「早」之一字，其指深矣。若曰「履霜知冰」，便落遲局，竟何補於事哉？

論語記陽貨欲見孔子，孔子不見，歸孔子豚。孔子時其亡，而往拜之。孟子則以爲瞰其亡，味「時」字，渾然天機，真是孔子氣象。下個「瞰」字，便覺有痕跡，亦便是孟子氣象也。

夏間，承黄梅雨水儲之，久而不壞，陽在上也。冬間，井水濁温，取以釀酒，亦久而不壞，陽在下也。陽之貴也，如是。

微子去之，箕子爲之奴，比干諫而死，總只一副心腸，却各自分頭去做，若曰不得於此，或得於彼，不得於彼，或得於此，凡皆多方設法，委委曲曲，爲感悟獨夫計也。可見聖人精神，真是無處不到，如此而卒不悛，方可言命。

讀戰國策，眉頭鼻角，一俯一仰，無非機械，令人大慚。

「由仁義行」的「由」字，即春秋傳「政由甯氏」的「由」字，蓋仁義爲主，而我從之也。行仁義，我爲主，而仁義從之也。孟子自孔子而下，贊舜不一而足，此二語與所謂「善與人同」，所謂「不得乎親，不可以爲人；不順乎親，不可以爲子」，所謂「象憂亦憂，象喜亦喜」，所謂「與鹿豕游，與木石居」，所謂「若將終身，若固有之」，種種皆入微之論，於此亦可想見孟子到處矣。

麻明之問觀人之法於五臺陸公。公曰：「吾嘗試之矣，凡初間説是人負氣，又或曰是執拗，或曰是迂闊，徐而按其後，往往能自樹立，有所成就；凡初間説是人有養，又或曰是最善處事，或曰是最識時務，徐而按其後，往往與俗浮沉，竟至墮落。以此求之，觀人之法，思過半矣。此即孔子進狂狷而詘鄉愿之説，乃知聖人所言，字字靈驗。」予初不識公，及壬辰將北上，適公謝政歸，予往謁之，從容問曰：「明春内計，先生有以見教乎？」公曰：「只要處得四衙門停當，世道污隆，人心向背，都在這裏。」予退而嘆曰：「可謂要言不煩。」四衙門，蓋翰林、銓部、科道云。

顧憲成全集卷四

小心齋劄記四

丁酉

河圖、洛書，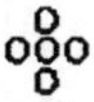爲太極，見「萬物皆備」之象焉；太極圖，○爲太極，見「爲物不貳」之象焉。

周元公太極圖説，已是將造化之妙發揮出來。及讀通書，又有所謂幾者，蓋就動靜之間，指出一點微妙處而言也；又有所謂神者，蓋就動靜之中，指出一點靈妙處而言也。此理儘無窮，儘堪玩索。

性，太極也，諸子百家非不各有所得，而皆陷於一偏，只緣認陰陽五行爲家當。

講學自孔子始，謂之講，便容易落在口耳一邊，故「先行」「後言」「慎言」「敏行」之訓，恒惓惓致意焉。至其自道，則曰：「文，莫吾猶人也，躬行君子，吾未之有得。」又曰：「所求乎子以事父，未能也；所求乎臣以事君，未能也；所求乎弟以事兄，未能也；所求乎朋友先施之，未能也。」又曰：「默而識之，學而不厭，誨人不倦，何有於我？」又曰：「出則事公卿，入則事父兄，喪事不敢不勉，不爲酒困，何有於我？」又曰：「予欲無言。」嗚呼，深哉！

聖人之言，高如天，平如地，其間種種具備，處處圓通，是故見以爲主静，無往而非主静也者；見以爲主敬，無往而非主敬也者；見以爲窮理，無往而非窮理也者；見以爲致良知，無往而非致良知也者；見以爲修身爲本，無往而非修身爲本也者。只看人如何體取。若執一説，以格諸説，則固而已矣。

孔子曰：「述而不作。」又曰：「蓋有不知而作之者，我無是也。」孟子曰：「人之患在好爲人師。」直是點着千古學人膏肓之病。

張子曰：「爲天地立心，爲生民立命，爲往聖繼絶學，爲萬世開太平。」試看此語是何等氣魄！朱子曰：「吾儕講學，欲上不得罪於聖賢，中不誤一己，下不爲害於將來。」試看此語，是何等心腸！

許敬庵先生曰：「今日之學，無有言論可以標揭，惟是一念純誠，力行不懈，則此道自明。」又曰：「近時朋友，各揭宗指，以爲獨得聖學之秘。由乎遠觀之，總與古人訓語等耳。」有明道淑人之志者，願三復於斯言。

或問：「克己、由己，兩『己』字，是同是異？」曰：「克己之『己』，對禮而言也；由己之『己』，對人而言也。本文原自明白，『非禮勿視，非禮勿聽，非禮勿言，非禮勿動』，克己也；『回雖不敏，請事斯語』，由己也，亦不須添一字註腳矣。」

陽明先生之揭良知，本欲人掃除見解，務求自得。而習其説者，類喜爲新奇，向見解中作功課，夫豈惟孤負良知？實乃孤負陽明也。所謂「一法設，一弊生」，蓋立教之難如此。

歲丙戌，余晤孟我疆先生於都下，我疆問曰：「唐仁卿何如人也？」余曰：「君子也。」我疆曰：「何以排王文成之甚？」余曰：「朱子以象山爲告子，文成以朱子爲楊、墨，皆甚辭也，何但仁卿？」已而，過仁卿述之，仁卿曰：「固也，足下不見世之談良知者乎？如鬼如蜮，還得爲文成諱否？」余曰：「大學言『致知』，文成恐人認『識』爲『知』，便走入支離去，故就中間點出一『良』字；孟子言『良知』，文成恐人將這個『知』作光景玩弄，便走入玄虛去，故就上面點出一『致』字，其意最爲精密。至於『如鬼如蜮』，正良知之賊也，奈何歸罪於良知？獨其揭『無善無惡』四字爲性宗，愚不能釋然耳，因爲細析其所以。」仁卿曰：「善！假令早聞足下之言，向者論從祀一疏，尚合有商量也。」

至善者，性也。性，原無一毫之惡，故曰「至善」。陽明先生此説極平正，不知晚來何故却主「無善無惡」？

所謂「無善無惡」，離有而無耶？即有而無耶？離有而無，於善且薄之而不屑矣，何等超卓！即有而無，於惡且任之而不礙矣，何等脱灑！是故一則可以擡高地步，爲談玄説妙者樹標榜；一則可以放鬆地步，爲恣情肆欲者決隄防。宜乎！君子小人咸樂其便，而相與靡然趨之也。

「無聲無臭」，吾儒之所謂空也；「無善無惡」，二氏之所謂空也。名似而實遠矣。是故諱言空者，以似廢真；混言空者，以似亂真。予皆不敢知也。

張陽和太史孜孜好善，自其天性，其於世故，又儘留心。假令得政，當有可觀。

孟叔龍德宇温然，而其中甚介，罷官歸家。中丞仁軒張公饋之一程，亦謝不受，最後書問都絶。宦其地者，欲踪跡之而不得也。

孟叔龍與孟我疆符卿，以道義相切磋。官都下，聯舍而寓。自公之暇，輒徒步過從，飲食起居悉共焉。時人稱爲「二孟」。陽和太史作二孟歌記之。

許司馬敬庵曰：「過張秋，訪孟我疆之廬，盈丈之地，瓦屋數椽，其旁有茅舍倍之。此風味，大江以南所未有也。」

李司馬于田曰：「南樂魏懋權當其爲諸生，便居然有包宇宙，籠古今，亭亭獨立之致。」比成進士，於時，張江陵秉政且十年，威權震世，其勢如火燎原。觸之者，糜爛無餘。士大夫最下者，伺候惟謹，承其餘唾，以爲光豔，其中人則望風茅靡，無所短長。即號爲賢智，亦醇謹自修，保己無過而已，無復敢訟言其非者。公獨恣言極切，每稠人廣坐中，肆口評議，曰某事不宜興革，徒令天下多事耳。曰某也賢，胡以得過？曰某也不肖，胡以驟得某官？[二]曰夫夫也，有相才無相量。聞者縮頸吐舌，稍稍引去。久之，一座盡空，公徐徐步出，索馬乘之去，揚揚如也。魏中丞懋忠曰：「說者以予弟早攻文章，中更尚氣節，不享長年，率引屈左徒、賈太傅爲況。今離騷諸篇，與過秦論、治安策固在也，弟所構製，安可盡同？」第其意氣，頗類魯仲連耳。蓋暴秦之威震於時，仲連以一布衣對新垣衍，力伸大義於天下，其志竟不屈秦下；江陵之權亦震於時，弟以一博士上諸名公書，力伸正氣於天下，其志肯屈江陵下哉？弟嘗有詩

[二]「某」，底本作「其」，據光緒本改。

曰：「從今蹈海惟吾意，金馬焉能更陸沉。」又曰：「一箭功成東蹈海，乾坤合讓魯連狂。」殆自道也。余惟兩君子可謂善言懋權矣，而獨余所窺於懋權，尚自有在。記得乙酉之歲，余爲文哭懋權曰：「足下上必欲堯、舜其君，下必欲堯、舜其民，不爾不以慊於志，故常憂；足下信心而言，信心而行，一切毀譽利害，不以介於胸中，故常樂。」孟叔龍聞而韙之，以爲此懋權實録也。

有語魏懋權曰：「子信可謂直道而行矣。雖然，吾懼其窒也，盍少婉焉？」懋權謝曰：「今天下不缺此一字，何必我？」已述而告余。余曰：「今天下不缺此一字，吾儕却缺此一字。」懋權躍然起曰：「善！」

劉國徵曰：「有人於此自負甚偉，及叩以時事是非，又往往鶻突，何也？」予曰：「人須是一個真。是非之心，人皆有之，何緣迷謬？只以不真之故，不真便有夾帶。是非太明，怕有通不去、合不來的時節，所以須要含糊。少間，又於是中求非，非中求是。久之，且以是爲非，以非爲是，無所不至矣。總總只爲自家開個活路。」

魏懋忠以言事謫，李道甫上疏救之，亦謫。劉國徵聞之，自閩貽予書曰：「言官有人，散曹有人，可令銓衡，無人乎？」其忠告如此。於是懋忠從許州判遷南銓部，道甫從東昌理遷南儀部矣。檢國徵發書之日，恰是越峰孫公爲兩君子啓事之日也。

懋權廣額豐頤，眉目如刻畫，遇事英氣勃發，而居平無疾言遽色，有犯不校。國徵白皙修幹，風神疏朗，稜稜謖謖，不可以一毫非義干，而中實寬然長者，於法皆宜壽。乃懋權僅得年四十二，國徵僅得年四十，竟不知何以也。

但有薄視名節之心，其流必且至於卑瑣而無檢，然而使人得以名節擬我，則亦未離乎血氣也。但有薄視事功之心，其流必且至於孤高而無實，然而使人得以事功擬我，則亦未離乎才技也。是故君子知道之爲貴。

程伯子曰：「東漢人才一變，可以至道。」此語極公。

天下有一分可爲，亦不肯放手，此聖賢事也；天下有一分不可爲，亦不肯犯手，此豪傑事也。

人須是無欲，方得自由自在。只些子未净，凡事便不免左顧右盼，婉轉周旋，惟恐妨礙了這些子，到底這些子未必能如吾意，那許多周旋處都枉了。

憲少時從原洛張師游。師授書，不拘拘傳註，直據其中之所自得者爲説，最善開發人，憲聽之，輒津津有會。一日，講論語「或問禘之説」一章。憲請曰：「惜也，或人欠却一問。」師曰：「何也？」憲對曰：「假令或人於此再問曰：『夫子不知禘之説，何以知「知其説者之於天下也，其如視諸斯乎」？』夫子必自有説。」師喜曰：「作如是觀，方可讀論語。」又一日，講孟子「養心莫善於寡欲」章。師曰：「子意云何？」憲對曰：「竊以爲寡欲莫善於養心。」師曰：「試舉看。」憲對曰：「心是耳目四肢的主人。主人明，不受役於色矣；主人聰，不受役於聲矣。若但向聲色上驅除，是主與奴競。孔子所謂『仁，則吾不知也』。」師喜曰：「能作如是觀，方可讀孟子。」

一日，有客言劍浦李公教其子讀四書只讀白文。憲聞之，甚以爲得。馳告張師，師不答。憲疑焉，師曰：「子知之乎？朱子絶世聰明，却退然自處於章句，一字一訓，若村學究然。蓋欲天下後世三尺之童，亦都曉得聖賢話頭，做個好人，此天地之心也。吾輩如何這等説？」憲曰：「恐畢竟非上智事。」師曰：「昔程叔子座下有學者來問六十四卦，旁一人曰：『皆不須得，只乾、坤足矣。』叔子曰：『要去誰分上使？』其人曰：『聖人分上使。』叔子曰：『聖人分上，一字也不須得。』」已而，李公見舉師語質之，公憮然嘆服。

憲問張師曰：「中庸『尊德性而道問學』，朱子解作『存心』『致知』，不識是子思本旨否？」師曰：「此朱子就自家得力處説。存心即主敬，致知即窮理，神而明之。書之所謂『惟精惟一』，易之所謂『敬直義方』，論語之所謂『博文約禮』，大學之所謂『格致誠正』，孟子之所謂『知言養氣』，都只一樣。若但在字句上吹求，便是葛藤。」

朱子祖周、程，宗張、邵，師延平，淵源最確，所交張廣漢、呂金華，並極一時之選。觀其往來參證，不爲苟同，不爲苟異，其得諸兩先生者良不少矣。獨於象山先生似乎交一臂而失之，以致紛紛之疑，迄今未已。甚者，至詆其好勝。愚不能不爲之扼腕三嘆。

管東翁曰：[一]「朱一變至於程，程一變至於周，周一變至於孔。」又曰：「規欲圓，[二]即以仲尼之圓圓宋儒之方；矩欲方，即以仲尼之方方近儒之圓。」又曰：「窮理不厭旁參，修道必尊孔轍。」皆正論也。過此以往，以俟君子。

唐荆川先生曰：「易六十四卦，卦有吉凶，孔子作大象，俱就吉一邊説，蓋示人直入聖道也。」李見羅先生曰：「孔子贊易，只在『易有太極』一句。」予竊以爲知言。

予讀易，一喜玩六十四卦卦象，一喜玩六十四卦卦名，一喜玩六十四卦卦序。個中意義，隱映流轉，層累無窮，平旦清明，燕居調適，諸緣盡遣，冥心獨會，俄而神情偕來，悠然投合，誠不知「手之舞之，足之蹈之」也。

[一]「管東翁」，光緒本作「管東溟」。下同。
[二]「規」，底本作「見」，據光緒本改。

讀「禮樂征伐」一章，便識得春秋一經全局。讀「誰毁誰譽」一章，便識得春秋一經斷案。

唐荆川先生所著春秋論甚佳，其説本孔子「禮樂征伐」一章來，却似只道得一半，何也？所謂「自諸侯出」、「自大夫出」、「自陪臣出」，凡以責其下也，探本尋源，畢竟又自上之無道始，故曰：「天下有道，則政不在大夫；天下有道，則庶人不議。」言之不足，而再言之，隱然寓無限感慨。凡以諷其上也，責其下，故其辭直而顯；諷其上，故其辭婉而微，聖人之情見矣。春秋論曰：「春秋，王道也。禮樂征伐出於天子，無或有一人之敢横行，作好惡，作威福，是王道也。」余欲竊取孔子之言補之曰：「君君，臣臣，父父，子子，王道也。」如此看，方成一部春秋。然則孟子何以但言「春秋成，而亂臣賊子懼」也？曰：自周之臣子而觀，一十二王，皆君父也；自周之先君而觀，一十二王，亦臣子也。春秋託始於平王，正以其忘君父之讎，爲亂賊首，而治諸侯、治大夫、治陪臣，則以治其從也，可謂深切著明矣。

聖賢鞭策人處，往往有危辭。子貢之非計然、猗頓之徒，明矣。所謂特此心未忘耳。而科之曰「貨殖」，此危辭也，直欲他認做天來罪過，庶幾猛然割舍，就咽喉之下，拚此一刀，不復少有係吝，留下種子，將來乘間竊發，且至於莫可收拾耳。他如子路好勇，便以「君子有勇而無義爲亂，小人有有勇而無義爲盜」警之，使門人爲臣，便以行詐斥之。又如，孟子以樂正子之從王驩爲徒餔啜，以人之受爾汝，士之未可以言而言、可以言而不言爲穿窬，皆此意也。[一]

又曰：[二]「『貨殖』二字，粗看來便粗，細看來便細。粗看來便如計然、猗頓之徒，細看來必如舜之有天下而不與，禹之菲飲食、惡衣服、卑宮室，湯之非富天下，尹之弗顧弗視，孔之飯蔬飲水，[三]顏之一簞一瓢，方是徹底澄清，跳得出這二字也。」

彭更疑傳食，萬章疑受餽，所見極正。孟子評桐宮之事，而曰：「有伊尹之志則可，無伊尹之志則篡。」愚於此亦曰：「有孟子之志則可，無孟子之志則盜而已矣。」

異教家往往好言「父母未生前」，又好言「天地未生前」，却不如中庸只説個「喜怒哀樂之未發」更爲親切。於此體貼，有個消息，即所謂「父母未生前」「天地未生前」者都在其中矣。

[一]「此」，底本作「在」，據光緒本改。
[二]「又」，底本作「天」，據光緒本改。
[三]「之」，底本作「子」，據光緒本改。

「天何言哉」，是「喜怒哀樂未發」氣象。「四時行焉，百物生焉，天何言哉」，到發處依舊是未發氣象也。故曰：「體用一原，顯微無間。」

均之爲君子也，而以廉潔見者，其取忤猶少；以正直見者，其取忤常多，何也？廉潔，惟務守己之是；正直，兼欲匡人之非也。均之爲正直也，而以之取人主之忤者，其獲罪猶自可解；以之取權貴之忤者，其獲罪常至不測。何也？人主惟惡人之咈己，權貴兼慮人之傾己也。

文帝不能富鄧通，武帝不能貴李廣，其命之謂乎？孟宗泣竹得筍，王祥卧冰得魚，其性之謂乎？

「人不知而不愠」，不愠而已；「遯世不見知而不悔」，不悔而已。老子曰：「知我者希，則我貴。」便似多了一層意思。

顧憲成全集卷五

小心齋劄記五

戊戌

有神聖之人，有神奇之人，有神奸之人。何謂神聖？伏羲、神農、黄帝、堯、舜、文王、周公、孔子是也。何謂神奇？佛、老是也。何謂神奸？鄉愿是也。

吾聖人曰：「太極生兩儀，兩儀生四象。」佛氏曰：「迷妄有虚空，依空立世界，想澄成國土，知覺乃終生。」吾聖人曰：「寂然不動，感而遂通天下之故。」佛氏曰：「覺海性澄圓，圓澄覺元妙。元明照生所，所立照性亡。」於此求之，儒、釋幾微異同之辨，可得而識矣。

一日，遊觀音寺，見男女載於道，往過來續，繩繩不已。余謂季時曰：「即此可以辨儒佛已。」季時曰：「何？」曰：「凡所以爲此，一片禍福心耳，未見有爲禍福而求諸吾聖人者也。佛氏何嘗邀之而使來，吾聖人何嘗拒之而使去。佛氏何嘗專言禍福，吾聖人何嘗諱言禍福。就中體勘，其間必有一段真精神，迥然不同處。」曰：「此特愚夫愚婦之所爲耳，有識者必不其然。」曰：「感至於愚夫愚婦，而後其爲感也真；應至於愚夫愚婦，而後其爲應也真。真之爲言也，純乎天而人不與焉者也，研究到此，一絲莫遁矣。」

孔子「終日不食，終夜不寢」，顏子「仰鑽瞻忽」，這其間一副精神，正與釋迦雪山苦行時不差些子。若於此没個回頭，不知走到那裏去了。惟其一則悟「思不如學」，一則得夫子循循善誘，轉入「博文約禮」中來，所以卒成大聖大賢，爲萬世斯文之主也。

有憂世者，有憤世者，有維世者，有矯世者，有超世者，有玩世者，有混世者，有趨世者，有遯世者，有忘世者，其辨只在幾微之間。

季時嘗欲建議請升王文中、周濂溪、程明道、朱晦菴配享，不果。已而忽謂予曰：「是惟濂溪、晦菴兩先生乎？」此語既非蹈襲，又非杜撰，必有説在。

孟子論士列鄉國天下爲三品，愚謂議從祀者亦應倣此。道足以冠一鄉，則祀於一鄉之學宫可也；道足以冠一國，則祀於一國之學宫可也；道足以冠天下，則祀於天下之學宫可也。一日，偶與管東翁及之，東翁以爲然。

或疑程、張氣質之説未透性善，愚竊以爲氣質之説正顯性善耳。夫何故？人之生也，昏明强弱，千萬不齊，自未有氣質之説，人且以是不齊者爲性，概曰：「性善猶在離合之間。」自既有氣質之説，然後知其所以不齊者，氣質也，非性也，即欲諉不善於性，不可得已。故曰：「氣質之説，正顯性善。」

或問：「『不學而能，良能也』，學而能，非良矣；『不慮而知，良知也』，慮而知，非良矣。吾儕須從『不學不慮』起手，方是入聖真路頭。若去學且慮，便成胡、越也。如何？」曰：「此處須要善看，語有之『學而不思則罔，思而不學則殆』，委如所言，孔子非歟？」曰：「然則孟子何以云爾？」曰：「試檢孟子七篇之中，原自説得明白，何必擒定『不學不慮』四字？聊舉其略，今人乍見孺子入井，皆有怵惕惻隱之心，仁也。是不學而能，不慮而知者也，豈不在在圓滿？孟子却又與他拈個『充』字出來，謂之充，即不免學且慮矣。『嘑爾而與之，行道之人弗受；蹴爾而與之，乞人不屑』，義也。是不學而能，不慮而知者也，豈不在在分曉？孟子却又與他拈個『辨』字出來，謂之辨，即不免學且慮矣。若然者孰爲良能？孰非良能耶？孰爲良知？孰非良知耶？」曰：

「然則良能有不能乎？而待學乎？良知有不知乎？而待慮乎？何其説之自相矛盾也？」曰：「非也，良能不學而能，良知不慮而知，天命之謂性也。孩提之童，無不知愛其親，及其長也，無不知敬其兄，率性之謂道也。學而不思則罔，思而不學則殆，修道之謂教也。夫如是，何矛盾之有？且君之言曰『從不學不慮起手』，試味『起手』二字，莫便是學否？莫便是慮否？還以質諸『不學不慮』四字，莫便自相矛盾否？夫如是，又何疑於孟子哉？」

或問：「孟子『人皆可以爲堯、舜』一語，最能撥動人。又有『不學不慮』之説，何也？誠『不學不慮』，又何爲焉？得無悖歟？敢請。」曰：「兩下各有個意思，須各就本文推詳，不須東牽西引。孟子不云乎『自暴者，不可與有言也；自棄者，不可與有爲也』。又曰：『人之有是四端也，猶其有是四體也。』有是四端而自謂不能者，自賊者也。謂其君不能者，賊其君者也。蓋當戰國時，道術陵夷，人心陷溺，其庸庸者無論已。即其自負爲聰明才辨者，亦惟是，相與日夜馳騁於功名富貴之中，曾不省自家性命爲何物。語及仁義，或見以爲奇特，或見以爲玄妙，或見以爲高遠，或見以爲繁難，逡巡四顧，且疑且憚，莫敢承當，甚可怪也。於是孟子特爲他標個『良能』『良知』出來，若曰：你看孩提之童，他何嘗曉得所謂學、所謂慮也，却没一個不曉得愛親；及其長也，他亦何嘗曉得所謂學、所謂慮也，却没一個不曉得敬兄，這愛親敬兄是甚麽？即你向來以爲極奇特、極玄妙、極高遠、極繁難，且疑且憚，莫敢承當之仁義也。却何等平常，何等實落，何等卑近，何等易簡！你將謂學也不能，原來不學自能。你將謂慮也不知，原來不慮自知。於此轉個念頭，必有爲之歡然而踴躍者矣。既不學自能，尚安得曰學且不能；既不慮自知，尚安得曰慮且不知。於此又轉個念頭，必有爲之翻然而振起者矣。夫如是，縱欲自暴自棄自賊，如之何其自暴自棄自賊？此以歆人之必爲堯、舜也，這是一個意思。」曰：「然則言必稱堯、舜，宜也，舍而取證於孩提，何也？」曰：「堯、舜是兩個大聖人，人聞了他的名便驚起來，即去勸他做堯做舜，他且笑以爲迂，置而不理。即去嗔他不如堯不如舜，他且詫以爲苛，受而不慚。於是孟子又特爲標個『孩提』出來，若曰：『你莫認得聖人太高，自己太低。就如世間孩提，那一個不是堯、舜？堯、舜愛親，孩提也曉得愛親；堯、舜敬兄，孩提也曉得敬兄。堯、舜之愛親敬兄，不學而能，不慮而知；孩提之愛親敬兄，也不學而能，不慮而知，你還於此分别得孰爲聖人，孰爲凡人否？我説你原是個堯、舜，你定推讓；我説你原是個孩提，你還推讓否？我將你與堯、舜較量，你便甘心認個不如；[二]我將你與孩提較量，你還肯認個不如否？夫如是，縱欲自暴自棄自賊，如之何其自暴自棄自賊？此以激人之必爲堯、舜也，這又是一個意思。乃知『人皆可以爲堯、舜』一語，看個『爲』字，委是表功夫；看個『可』字，却是表本體。『不學不慮』之説，正代『可』字發明，代『爲』字從臾。總之，多方設法，提撥他上這條路耳。有何悖乎？」

或問：「世之説者，何紛紛也。有以學格不學，有以不學格學；有以慮格不慮，有以不慮格慮，吾請得而折衷之。不學而能，良能也，學所以致其良能也；不慮而知，良知也，慮所以致其良知也。故論本體，即凡人亦不學不慮；論功夫，即聖人亦學且慮，子以爲何如？」曰：「是則然矣，而未盡也。程伯子曰：『聖賢論天德，謂是天然完全自足之物，若無所污壞，即當直而行之。小有污壞，即當敬以治之。合修治而修治，義也；不消修治而不修治，亦義也。』却説得恰好。若執定一邊，孩提之童，無不知愛其親也；及其長也，無不知敬其兄也，他何嘗學何嘗慮？那時節他的良能良知，亦何嘗不致？」

[二]「個」，底本作「做」，據光緒本改。

程伊川先生曰：「泰伯三以天下讓者，立文王則道被天下，故泰伯以天下之故而讓之也，不必革命。使紂賢，文王爲三公矣。」此解最精。泰伯爲太王長子，一旦偕仲雍去而之荊蠻，這事最做得奇。當時人見了，必定大家去推求個中緣故，亦安有不知？即註所謂季歷生子昌，有聖德。太王欲傳位季歷以及昌，亦是當時流傳下來的話。何以云『民無得而稱』？只是據這話頭，一似在太王身上起念，一似在王季身上起念。在太王身上起念，是以父子讓也；在王季身上起念，是以兄弟讓也。這也是十分好了。乃泰伯更有大焉，却是在天下上起念，以天下讓也。以父子讓，以兄弟讓，是將文王做一家公共的文王。就太王、王季看來，泰伯真是至公而無私；就天下看來，猶未離乎私也。以天下讓，是將文王做天下公共的文王；就天下看來，猶曰太王之聖孫，王季之聖子；就泰伯看來，即太王、王季不得而私之矣。這是何等心腸，何等胸次！[一]勘到此處，非惟尋常人不能知，雖賢人君子，亦未必能知也。故夫子特表而出之，[二]以爲民無得而稱，至伊川直將天下二字點破，千載而下，有知己矣。」

[一]「胸次」，底本作「心胸」，據光緒本改。
[二]「特」，底本作「持」，據光緒本改。

「西銘，理一而分殊」，伊川此一語，乃因龜山「兼愛」之疑而發。若執此説，西銘却又泥了。

知，謂識其事之當然；覺，謂悟其理之所以然。朱子生平極不喜人説個「悟」字，蓋有懲於禪門虚頭漢耳。到這裏，又未嘗諱言「悟」也。

人知伯夷是第一冷面的，却不知是第一熱心的，何也？他要人個個做聖賢方歡喜。

朱子釋「心」字，曰：「心者，人之神明，所以具衆理而應萬事者也。」釋「知」字，曰：「知者，心之神明，所以妙衆理而宰萬物者也。」最爲親切。若以意念爲心，照察爲知，未免落第二義矣。

或問心，曰：「莫辨於書矣，『人心惟危，道心惟微』。」曰：「何言乎『人心』『道心』？」曰：「莫辨於易矣。乾，道心也，以其微，故曰『見群龍無首，[二]吉』。坤，人心也，以其危，故曰『利永貞』。」

心，活物也，而道心、人心辨焉。道心有主，人心無主。有主而活，其活也，天下

[二]「群」，底本作「郡」，據康熙本、光緒本改。

之至神也，是謂衆妙之門；無主而活，其活也，天下之至險也，是謂衆禍之門。從道心發來，方是至中至正，至純至粹，至神至妙，方是寂然不動，感而遂通，方是肫肫淵淵浩浩，方是不識不知，方是無聲無臭，方是人生而静，以上不容説。若從人心發來，無論出於惡者，乖剌謬戾，直與道心判爲兩截，即其出於善者，或是偶中，或是硬做，尚與道心隔却幾層，不可不察也。朱子答陳同甫曰：「區區鄙見，常竊以爲亘古亘今，只是一體，順之者成，逆之者敗。固非古之聖賢所能獨然，而後世之所謂英雄豪傑者，亦未有能舍此理而得有所建立成就者也。但古之聖賢，從本根上便有惟精惟一功夫，所以能執其中，徹頭徹尾，無不盡善。後來所謂英雄，則未嘗有此功夫，但在利欲場中，頭出頭没，其資美者，乃能有所暗合。而隨其分數之多少，以有所立，然其或中或否，不能盡善，則一而已。來諭所謂三代做得盡，漢、唐做得不盡者，正謂此也。然但論其盡與不盡，而不論其所以盡與不盡，却將聖人事業，去就利欲場中比並較量，見有仿佛相似，便謂聖人樣子不過如此，則所謂毫釐之差千里之謬者，其在此矣。」愚按：此書剖析得道心、人心最分明，宜玩宜玩。

或問：「世之狹薄程、朱甚矣，以爲是拘儒腐儒云爾，何也？」曰：「吾始者亦頗訝之，及讀莊子，而後釋然也。試舉其略，一曰孔子西藏書於周室，往見老聃，不許。

於是繙十二經以説，老聃中其説曰：『太謾，願聞其要。』孔子曰：『要在仁義。』老聃曰：『仁義，人之性耶？』曰：『然。』曰：『何謂仁義？』曰：『中心物愷，兼愛無私，此仁義之情也。』老聃曰：『夫兼愛，不亦迂乎？無私焉，乃私也。夫子若欲使天下無失其牧乎？則天下固有常矣，日月固有明矣，星辰固有列矣，禽獸固有群矣，樹木固有立矣。夫子亦放德而行，循道而趨，已至矣，又何偈偈乎揭仁義？若擊鼓而求亡子焉。』意夫子亂人之性也。一曰孔子謂老聃曰：『丘治詩、書、禮、樂、易、春秋，自以爲久矣，孰知其故矣，以奸者七十二君論先王之道，而明周、召之跡，一君無所鈎用，甚矣。夫人之難説也，道之難明耶？』老子曰：『幸矣，子之不遇治世之君也。夫六經，先王之陳跡也，豈其所以跡哉？今子之所言猶跡也。夫跡，履之所出，而跡豈履哉？』一曰子貢過漢陰，見一丈人，方將爲圃畦鑿隧，入而井，抱甕而出灌，搰搰然用力甚多，而見功寡。子貢曰：『有械於此，一日浸百畦，夫子不欲乎？』爲圃者忿然作色而笑曰：『吾聞之師，有機械者必有機事，有機事必有機心。機心存於胸中，則純白不備，吾羞而不爲也。』有間，曰：『子奚爲者耶？』曰：『孔丘之徒也。』曰：『子非夫博學以擬聖，於于以蓋衆，獨弦哀歌以賣名聲於天下者乎？汝方將忘汝神氣，墮汝形骸，而身之不能治，而何暇治天下乎？子往矣，無乏吾事。』一曰魯哀公問於顔闔曰：『吾以仲尼爲貞幹，國其有瘳乎？』曰：『殆哉圾乎！仲尼方且飾羽爲畫，從事華辭，以支爲旨，忍性以視民。而不知不信，受乎心，宰乎神，夫何足以上民，彼宜汝與？予頤與？誤而可矣。夫使民離實學僞，非所以視民也。爲後世慮，不若休之。』由此觀之，正與世之非刺程、朱不殊耳，然則孔子且不免以拘儒、腐儒受訶也，又何惑於他？」曰：「吾聞莊子憤悱之雄也，彼見夫儒者之宗孔子，率流而爲拘爲腐，有激乎其言之非情語也。」曰：「是則是，却只道着一半。」

孔子「不知老之將至」，夫何以不知也？孟子「殀壽不貳」，夫何以不貳也？吾儕要透「朝聞」「夕可」消息，須於此究心。

「默而識之」，言悟也；「學而不厭」，言修也；「誨人不倦」，言證也。

淳公少好獵，既受學於元公，自謂已無此好。元公曰：「何言之易也？但此心潛隱未發，一日萌動，復如前矣。」後十二年暮歸，見獵者不覺有喜心，乃知果未。非是功夫十分入微，何能便勘得到此？吾是以知元公之不可及也。

或問：「許魯齋、吴草廬之仕元，何如？」曰：「在魯齋則可，在草廬則不可。」曰：「得非以魯齋生於元地，而草廬故宋人，嘗試鄉校，舉進士歟？」曰：「固是，亦尚有説。考魯齋臨終謂其子曰：『我生平爲虚名所累，不能辭官，死後慎勿請謚，但書

「許某之墓」四字，令子孫識其處，足矣。』此分明表仕元之非得已，又分明認試仕元爲非，愧恨之意溢於言表，絶不一毫文飾也。乃草廬居之不疑，以爲固然矣。故魯齋所自以爲不可者，乃吾之所謂可；而草廬所自以爲可者，乃吾之所謂不可。蓋自其心論之也。」

或問：「微生畝以孔子爲佞，孔子曰：『非敢爲佞也，疾固也。』語極遜順，而又不爲屈。或人以孔子爲不知禮，孔子曰：『是禮也。』語極直絶，而又不爲峻。至王驩以孟子爲簡，而孟子折之，幾於聲色俱厲矣。此程子所以謂其有些英氣也。」曰：「然則宜何如？」曰：「夫禮，朝廷不歷位而相與言，不踰階而相揖也。是恰好語，更不須贅一字。」曰：「此意固好，只是君子也要識時。試看戰國時，還少得孟子這一段英氣否？無論孟子，即如孔子，豈不渾然太和元氣，乃其於季氏八佾，則曰『是可忍，孰不可忍』；於三家雍徹，則曰『奚取三家之堂』；於臧文仲，則曰『竊位』；於臧武仲，則曰『要君』；於子西，則曰『彼哉彼哉』；於今之從政，則曰『斗筲之人』，何凛冽爾爾，莫亦有些英氣否？竊謂程子之説，固自有見，亦須善看，不得執着也。」

温公之釋「格物」曰「扞禦外物」，蓋本論語「克己」之義來，特覺手勢太重耳。乃朱子駁之曰：「是必閉口枵腹，然後可以得飲食之正；絶滅種類，然後可以全夫婦之别也。」朱子之釋「格物」曰「即物窮理」，蓋本中庸「擇善」之義來，特覺局面稍闊耳。乃陽明駁之曰：「是求孝之理於親，求忠之理於君也，幾於不成話矣。」吾不能爲兩先生解也。

原洛張師云：「『見善如不及，見不善如探湯。吾見其人矣，吾聞其語矣』，『言顧行，行顧言』者也；『隱居以求其志，行義以達其道，吾聞其語矣，未見其人也』，『但能言之，不能行之』者也。」看得甚好。

益，以損上益下爲義，乃益之上六，却主於損下；損，以損下益上爲義，乃損之上六，却主於益下。何也？此有二説：就一卦而觀，上者，卦之終也，終則極，極則變，益變必損，損變必益。君子察此，可以慎厥終矣。合兩卦而觀，益之上，即損之初也，故其究亦歸於損；損之上，即益之初也，故其究亦歸於益。君子察此，可以慎厥初矣。

或人以孔子「入太廟，每事問」爲不知禮，孔子以爲「是禮」。或人只論知不知，孔子只論是不是。曰「知」，則有能知者，有所知者，我與禮猶若二；然曰「是」，即我即禮，即禮即我，連這「知」字也没處放着。

或問：「知行是一是二？以爲二者，朱子也；以爲一者，陽明也。孰當？」曰：

「朱子云：『論先後，知爲先；論輕重，行爲重。』陽明云：『知者行之始，行者知之成。』君姑無論知行是一是二，試看兩先生之説是一是二。」

知行之説，大易揭其原，中庸悉其委。試取而參之，或分言，或合言，或單言，或對言，或互言，無所不可，正不須執一而廢百也。

往歲，唐仁卿過訪涇上，語次痛疾心學之説。予曰：「墨子言仁而賊仁，仁無罪也；楊子言義而賊義，義無罪也；世儒言心而賊心，心無罪也。願相與再商焉。」仁卿曰：「楊、墨之於仁義，只在跡上模擬，其得其失，人皆見之。而今一切託之於心，這是無形無影的，何處究詰他？以此相提而論，二者之流害，孰大孰小，相去遠矣。老、莊惡言仁義，吾安得不惡言心乎？吾以救世也。」予目季時云何，季時曰：「仁卿一片苦心，吾黨不可不知，却須求一究竟。」予曰：「只提出性字作主，這心便有管束，孔子自言『從心所欲，不踰矩』，矩即性也，看來當是時已有播弄靈明的了，所以特爲立個標準。」季時曰：「性字大，矩字嚴，尤見聖人用意之密。」予曰：「言心者，作如是解，其亦何疾之有？」[一]仁卿乃首肯。

[一]「予曰：『……其亦何疾之有？』」底本無，據康熙本、光緒本補。

佛法至釋迦一變，蓋迦葉以上有人倫，釋迦去人倫矣；至達磨再變，蓋迦之教圓，達磨之教，主頓而客漸矣；至五宗三變，蓋黃梅以前，猶有含蓄；黃梅以後，法席雲興，機鋒百出，傾囊倒篋，不留一錢看矣。此雲門輩所以無可奈何，而有「一拳打殺，喂却狗子」之説也。或曰：「何爲爾爾？」曰：「他們畢竟呈出個伎倆來，便不免落窠巢，任是千般播弄，會須有盡。」

顧憲成全集卷六

小心齋劄記六

己亥

河圖、洛書，太極居中；太極圖，太極居上。太極無對，中無對，上無對，這兩處恰好放着太極。真是天造地設，如何容得一毫人力安排？

世人於「性善」二字往往信不過，蓋謂自堯、舜至於塗人，其間等級之殊，倍蓰無算，若個個是善，安得懸絶如是之甚？予竊以爲爲此説者，猶就大衆較量而云然耳。苟求其實，尤有可異焉。孟子曰：「人少則慕父母，知好色則慕少艾，仕則慕君，不得於君則熱中。」此一人也。而概論其一生，且判若兩截然，何也？又曰：「存乎人者，豈無仁義之心哉？其所以放其良心者，亦猶斧斤之於木也，旦旦而伐之，可以爲美乎？其日夜之所息，平旦之氣，好惡與人相近也者幾希，則旦晝之所爲，有梏亡之矣。」此一人也。而第按其一日，且判若兩截然，何也？今謂自堯、舜至於塗人，不應懸絶如是之甚，遂疑其有異性，然則此一人也，而倏焉聖人，倏焉塗人，甚者倏焉違禽獸不遠，亦懸絶如是之甚，何也？將少時一性，壯時又另換一性耶？將平旦一性，旦晝又另換一性耶？殆不可解已。

孟子以「不學而能」爲良能，吾以爲「不能而學」亦良能也，何也？微良能，彼其有不能也，安於不能已耳，孰牖之而使學也？孟子以「不慮而知」爲良知，吾以爲「不知而慮」亦良知也，何也？微良知，彼其有不知也，安於不知已耳，孰啓之而使慮也？又曰：孟子以「不學而能」爲良能，吾以爲「學而能」亦良能也，何也？能之入處異，而能之究竟處同，非學不學之所得而岐也。孟子以「不慮而知」爲良知，吾以爲「慮而知」亦良知也，何也？知之入處異，而知之究竟處同，非慮不慮之所得而岐也。

朱子與呂東萊書曰：「子静舊日規模，終在其論爲學之病，多説如此即只是意見，如此即只是議論。熹因與説，既是思索，即不容無意見；既是講學，即不容無議論。渠却云：『正爲多是邪意見、閑議論，故爲學者之病。』熹云：『如此即是自家呵叱，亦過分了，須着邪字、閑字，方始分明，不教人作禪會耳。』」愚謂：「意見對實悟而言，議論對實踐而言。學者不務實悟而務意見，便是落意見，亦便是邪，非必乖刺頗僻，而後謂之邪也。不務實踐，而務議論，便是落議論，亦便是閑，非必支離浮漫，而後謂之閑也。」敢以此補兩先生未盡之意。

或問：「『天下歸仁』，其義云何？」曰：「中庸有之，『考諸三王而不謬，建諸天地而不悖，質諸鬼神而無疑，百世以俟聖人而不惑』，是謂『天下歸仁』。」曰：「朱子云歸，猶與也，然否？」曰：「『考諸三王而不謬』，三王與之矣；『建諸天地而不悖』，天地與之矣；『質諸鬼神而無疑』，鬼神與之矣；『百世以俟聖人而不惑』，百世之聖人與之矣。」

孔子於原壤曰「老而不死是爲賊」，孟子於告子曰「率天下而禍仁義」，此是後人攘斥二氏的公案。莊子言「孔子見老子，退而贊之曰猶龍」，列子言「孔子與商太宰論三皇五帝，獨推西方聖人」，此是後人崇事二氏的公案。蘇穎濱曰：「東漢以來佛法始入中國，其道與老子相出入，皆易所謂『形而上』者，而漢世士大夫不能明也。魏、晉以後，略知之矣。好之篤者，則欲施之於世；疾之深者，則欲絶之於世：二者皆非也。老、佛之道，與吾道同，而欲絶之；老、佛之教，與吾教異，而欲行之：皆失之矣。」李屏山曰：「吾讀楞嚴經，知儒在佛之下；又讀阿含等經，似佛在儒之下；至讀華嚴經，無佛無儒、無大無小、無高無下矣。」凡此又皆近世論三教異同的公案也，學者無主先入之見，虛心參核，必有個真是非湧出來。

按列子云：「商太宰問孔子曰：『夫子聖人歟？』對曰：『丘博識强記，非聖人也。』又問：『三王聖人歟？』對曰：『三王善用智勇者，聖非丘所知。』又問：『五帝聖人歟？』對曰：『五帝善用仁信者，聖非丘所知。』又問：『三皇聖人歟？』對曰：『三皇善用因時者，聖亦非丘所知。』太宰大駭曰：『然則孰爲聖人？』夫子動容，有閒，曰：『丘聞西方有聖人焉，不治而不亂，不言而自信，不化而自行，蕩蕩乎，人無能名焉。』」愚謂此等議論都是平空揑出，借以貶抑儒門聖人，亦以自張面目。若信以爲實然，又因佛氏出自西方，遂從而附會焉，真是癡人前説夢矣。

程子曰：「孟子有功於聖門，不可勝言。仲尼只説一個『仁』字，孟子開口便説『仁義』；仲尼只説一個『志』，孟子便説許多『養氣』出來。只此二字，其功甚多。」愚謂孟子拈出「不動心」三字，其功尤多也。

千古聖學只是個不動心，佛氏也是個不動心。告子透得這個消息，過於楊、墨遠矣，却被孟子一眼覷破，將他根本上病痛，一一指點出來，使後之學者得以曉然於幾微、異同、是非之辨，不至爲他説所惑，走差了路頭，故曰：「其功尤多也。」

儒者言仁，墨氏亦言仁；儒者言義，楊氏亦言義。並欲入而附於吾道之中，特失之偏耳。乃告子栖棬仁義，居然駕而出於吾道之上矣。是故楊、墨之爲害也著而淺，告子之爲害也微而深。韓昌黎謂孟子之闢楊、墨，其功不在禹下。愚謂孟子之闢告子，其功又在闢楊、墨之上也。

明道謂：「佛氏之言，視楊、墨尤爲近理。」伊川謂：「佛說直有高妙處。」朱子謂：「楞嚴經做得極好。」又謂：「佛氏之說，如云：『有物先天地，無形本寂寥。能爲萬象主，不逐四時雕。』如云：『撲落非他物，縱橫不是塵。山河及大地，全露法王身。』如云：『若人識得心，大地無寸土。』看他是甚麽樣見識。區區小儒，怎生出得他手，宜其被他揮下也。」三先生之言如此，不爲不知佛矣。然則何爲而闢之？曰：遡其發端，既與吾聖人尚有毫髮之岐；究其末流，又爲不善學者釀成千里之謬。是安得不重爲之防？況崇佛太過，勢必至於卑孔，業已卑孔，勢必至於土苴名教，猖狂無忌。佛氏而不欲拔衆生於苦海則已，佛氏而欲拔衆生於苦海，應不令其墮此矣。然則三先生者，謂之有功於儒可也，謂之有功於佛亦可也。管婁江曰：「吾嘗謂沙門，程、朱何曾謗佛，謗佛自在汝輩。」亮哉言乎！

或問：「昔王荆公謂張文定曰：『孔子去世百年，生孟子亞聖，後絶無人，何也？』文定曰：『豈無人？亦有過孔、孟者。』公曰：『誰？』文定曰：『江西馬大師、坦然禪師，汾陽無業禪師，雪峰、巖頭、丹霞、雲門。』荆公聞舉，意不甚解。文定曰：『儒門澹泊，收拾不住，皆歸釋氏焉。』公欣然嘆服。乃周元公則謂：『讀一部華嚴經，不如看一艮卦。』又謂：『一部法華經，只消一艮卦可了。』何也？」曰：「文定得儒之淺者也，故優釋於儒；元公得儒之深者也，故優儒於釋。蓋各就其所見而言也。」曰：「然則孰當？」曰：「文定之説，恰好點着世間一種豪傑意中事；元公之説，非是聰明才辨消剥無餘，真從澹泊裏討出滋味來，恐亦未能深信也。」曰：「若是，則文定之所謂過處，即元公之所謂不如處也。」曰：「然。」

人言佛氏只是理會生死，愚謂不但佛氏，即吾儒亦只是理會生死。孔子曰：「人之生也直，罔之生也幸而免。」又曰：「志士仁人，無求生以害仁，有殺身以成仁。」又曰：「自古皆有死，民無信不立。」又曰：「民之於仁也，甚於水火，水火吾見蹈而死者矣，未見蹈仁而死者也。」又曰：「朝聞道，夕死可矣。」孟子曰：「殀壽不貳，修身以俟之，所以立命也。」又曰：「莫非命也，順受其正，是故知命者不立乎巖墻之下。盡其道而死者，正命也；桎梏死者，非正命也。」又曰：「生，我所欲，所欲有甚於生者，故不爲苟得也；死，我所惡，所惡有甚於死者，故患有所不避也。」這都是理會生死。或曰：「味孔、孟兩夫子之言，似看生死甚輕也，何謂理會生死？」曰：「以生死爲輕，則情累不干，爲能全其所以生所以死，而生死重。以生死爲重，則惟規規焉軀殼之知，生爲徒生，死爲徒死，而生死輕矣。然則以生死爲重者，正不免墮生死，而其以生死爲輕者，乃其深於理會生死者也。」

天地全而與之，人全而歸之，是謂仁人；父母全而與之，子全而歸之，是謂孝子。善乎！荆川先生之言之也曰：「生時，一物帶不來，此物却原自帶來；死時，一物帶不去，此物却要還他去。」吾儒之理會生死，蓋如此。

關尹子曰：「若有厭生死心、超生死心，止名爲妖，不名爲道。」夫何故？道，無生死也。有厭生死心，超生死心，則有生死也。吾聖賢於此，却只去盡心而知性，存心而養性，求個仰不愧、俯不怍，及其至也，與天地合德，與日月合明，與四時合序，與鬼神合吉凶。蓋完完全全是一太極，而陰陽五行，都不得而囿之矣。此之謂盡其道而生，盡其道而死，此之謂不以生而生，不以死而死，此之謂理會生死。

又曰：「人身之生死，有形者也；人心之生死，無形者也。衆人見有形之生死，不見無形之生死，故常以有形者爲主，情欲勝而道義微，即其耳目人也，口鼻人也，四肢人也，不過行屍走肉已耳。聖賢見無形之生死，不見有形之生死，故常以無形者爲主，道義勝而情欲微，即其耳目人也，口鼻人也，四肢人也，固已超然與造物者遊矣。而今理會生死，須把這二字勘得明白，然後可。」

朱子疾革，門人請教，朱子曰：「須要堅苦。」是説功夫。陽明疾革，門人請教，陽明曰：「此心光明，亦復何言？」是説本體。惟曾子疾革，謂其門人曰：「啓予足，啓予手。詩云：『戰戰兢兢，如臨深淵，如履薄冰。』而今而後，吾知免夫，小子！」即本體功夫和盤托出矣。

或疑范忠宣好名。忠宣嘆曰：「人若避好名之嫌，則無爲善之路矣。」愚謂：「無善無惡之説行，則人且當避爲善之嫌，不知將如之何而可也。」避好名之嫌，則無爲善之路，難乎其爲君子；避爲善之嫌，却有爲惡之路，便乎其爲小人。

劉先主伐吴，孔明不諫。余始疑之，近讀出師表，乃悟先主之於雲長，是何等君臣。雲長既爲吴所斃，自應復讎，此處只論天理人情，更説不得第二句話。故曰：「鞠躬盡瘁，死而後已。」至於成敗利鈍，非臣之所能逆覩也。

或問：「明道先生云：『新法之行，亦吾黨激成之，豈可獨罪安石？』又云：『青苗可且放過。』何如？」曰：「此君子自反無窮之心也。大凡常人行有不得，一切惟求諸人；君子行有不得，一切惟求諸己。今以青苗一事，舉朝諍之不得，於是而市易、而均輸、而手實、而鬻祠，紛紛相繼而興，意其由激致然，引爲己咎。假令青苗放過，猶然市易；市易放過，猶然均輸；均輸放過，猶然手實；手實放過，猶然鬻祠。諸所爲紛紛，有加無已。又將曰惜也不克杜之於初，致其滋蔓，新法之行，亦吾黨養成之，豈可獨罪安石？故曰：『此君子自反無窮之心。』若不識這個意思，凡事只一味依依阿阿，没些皂白，猥云可且放過，即明道此一語，非惟前之無救於既往，後之無補於方來，而適以爲諂臣媚子，希世取寵之階矣，非吾所知也。」曰：「先生又云：『寧使人謂我啞御史，只是格君心。』何如？」曰：「此亦自有説，史言神宗雅知先生，召對之日，從容咨訪，比二三見，期以大用。每將退，必曰：『頻求對來。』欲常相見耳。一日論議久，日官報午正，先生求退出廷中，中人曰：『御史不知上未食耶？』前後進説，大要以正心窒欲、求賢育材爲先。嘗言：『人主當防未萌之欲。』神宗俯身拱手曰：『當爲卿戒之。』及論人才，神宗曰：『未之見也。』先生曰：『陛下奈何輕天下士？』神宗俯躬謝曰：『朕不敢。』一日極論治道，神宗曰：『此堯、舜之事，朕何敢當？』先生愀然曰：『陛下此言，非天下之福也。』神宗爲之改容。先生之於神宗，投契如此。區區今日上一疏，明日上一疏，曾何足言？此先生所以願爲啞御史也。且史又言，先生在臺中數月間，章數十上，如論君道、論王霸、論養賢、論十事，諸劄子皆經世大策，真可謂上不負天子，下不負所學者。乃先生視之，猶然不免啞御史也，意念深矣。假令知之而有言，言之而有不盡，其厚自刻責，又當何以爲比乎？記得往在都下，同年鍾惟新由樂安令徵拜御史，予謂之曰：『足下何以報聖明？』惟新因舉先生語，予曰：『有先生之志則可，無先生之志則尸也。願足下爲魯男子，何如？』惟新謝曰：『命之矣。』」

朱子讀兩陳遺墨，將荆公皮肉骨髓一一推敲出來，非特説着他癢處，亦且説着他痛處，而於一時諸君子之所評論，又悉爲之究其得失，曲書事理，略無偏執。假令荆公聞之，縱不首肯，未必不心肯也。象山祠堂記却似不免先有個主張荆公的意思横於胸中，便覺抑揚之間，費安排在。

「利」之一字，尋到本源處是義，究到末流處是害，是故以義爲主，利在其中矣；以利爲主，害在其中矣。荆公要做三代事業，却終日津津言利，正緣不識個「利」字。

神宗儘聰明，亦儘有志，已被明道先生撥動，無何却爲荆公引去。明道就根本上提掇，荆公就門面上整頓；明道之對神宗，句句映心，荆公之對神宗，句句爽心。於是明道語及堯、舜，輒謝曰：「朕不敢當。」蓋已稍稍疑其迂。荆公語及堯、舜，則欣然嘉納焉。於是明道日遠，荆公日近；明道日疏，荆公日親。真有如曾子固所謂「合爲一人」者。於是舉天下一切聽其所爲，卒至大壞極弊。雖有善者，亦末如之何也已矣。嗚呼！此天也，非人之所能爲也。

荆公説的是最上第一等道理，即韓、富、司馬諸賢，見不到此也，何其卓也！做的是最下第一等勾當，即桑、孔諸人計不到此也，何其陋也！彼其意以爲如此，然後名利兼收，足以凌跨千古，而卒也兩下掛空，萬事瓦裂，以致君子不得安於朝，小人不得安於野，禍端一開，蔓延靡已，而夷狄且乘之矣。吾閲史至此，未嘗不掩卷三嘆也。

顧憲成全集卷七

小心齋劄記七

庚子

或問：「邇來談學家往往揭一宗指，子獨無之，何也？子亟稱性善，莫便是宗指否？」曰：「吾於此亦頗參之有年矣，參來參去，委不如『性善』二字好。這裏參得一分透，即有一分得力；參得二分透，即有二分得力；參得完完全全，便是聖人。」曰：〔一〕「如何參？」曰：「此事選不得日子，揀不得方向，定不得格式，只要辦一副真精神，隨時隨地都是理會處。孔子曰：『吾無隱乎爾。』只『無隱』二字，分明將性之全

〔一〕「曰」，底本無，據康熙本、光緒本補。

體拈出，教人一個參法也。」

孔子贊周易，删詩、書，定禮樂，修春秋，俱是述而不作。只「中庸」二字是特地拈出，畢竟「中」字還是述，惟添個「庸」字，乃是作耳。由春秋以來二千餘年，諸子百家紛紛競起，都有一種可喜可愕處，能鼓舞人搜求病根。只是無奈何，許多聰明才辯不肯庸。乃知這一字，真是照見天下後世學術之弊。預爲點破，萬兩千斤，十分鄭重，不可草草看也。[二]

或問：「孔子之評韶、武也，伊川先生云：『非是言武王之樂未盡善，言當時傳舜之樂，則盡美盡善，傳武王之樂，則未盡善也。』樂記云：『有司失其傳也。』朱註則云：『舜紹堯致治，武王伐紂救民，其功一也，故其樂皆盡美。然舜之德，性之也，又以揖遜而有天下。武王之德，反之也，又以征誅而得天下。故其實有不同者。』兩説孰當？」曰：「孔子之評，委如伊川所云，爲傳其樂者而發，究竟言之，亦是實話。朱子則又推本言之也。」曰：「何也？」曰：「樂以象成也，試將舜典一篇一一描寫出來，豈不盡美又盡善？試將泰誓諸篇一一描寫出來，安得盡美又盡善也？若作意安排，

[二]「也」，康熙本、光緒本作「過」。

本是反之，却要扮做性之的規模；本是征誅，却要扮做揖遜的格局，則僞而已矣。非特聖人不肯爲，亦不能爲也。故曰『亦是實話』。觀孔子『聞韶』至『不知肉味』，且喟然嘆曰『不圖爲樂之至於斯』，與顏子論爲邦，曰『樂則韶舞』，其所稱『至德』，一則歸諸『三以天下讓』，一則歸諸『三分天下有其二，以服事殷』，意可見矣。」曰：「審爾，得無臣議君乎？」曰：「孔子不直評舜與武，而評其樂；又不直評其樂，而評夫傳是樂者。所言在此，所以言在彼。個中多少含蓄，多少委婉，譬諸水月鏡花，道是真非真，道是假非假，讀者識得時，便見聖人下語，字字化工；識不得，聖人亦任人作何猜度，難與苦苦分疏也。」

中庸於舜曰「必得其名」，於武曰「身不失天下之顯名」，一字之間，不少假借，其嚴如是。此正可與評韶、武之案相參。

善乎，邵文莊先生之言：「『身不失天下之顯名』也，曰『身』，心猶歉焉；曰『不失』，亦險矣哉！於以見孔子之爲是言，一則以武王所遇，不幸而適丁其窮，而重爲悲惋；一則以武王一腔情事，猶幸而得見亮於天下，而聊爲慰解也。」其指精矣。

觀人以言，言可飾也；觀人以行，行可勉也；觀人以心，心可匿也。必也觀其神乎！孟子曰：「存乎人者，莫良於眸子。胸中正，則眸子瞭焉；胸中不正，則眸子眊焉。」又曰：「好名之人，能讓千乘之國，苟非其人，簞食豆羹見於色。」皆以觀其神也。孔子言「視其所以，觀其所由」，而終之曰「察其所安」，亦是此意。

或問：「許行爲神農之言，要人主並耕而治。孟子歷歷稱堯、舜以破之，陳相不辯一言，想亦服了。」曰：「恐未必然，渠必曰神農是個開天辟地的大聖人，奈何讓過了他，只於堯、舜腳下盤旋如此？縱然做得好，亦只成一個小小局面。視今之諸侯王，五十步百步間耳，豈不到底落在『厲民自養』套中？未聞道也。」曰：「不二價，如何？」曰：「孟子言『巨屨小屨同價，人豈爲之』，意謂『精粗同價，人莫爲其精；美惡同價，人莫爲其美』耳。渠必曰：『我正憂夫俗之日靡也，特爲設這個法，使人只爲其粗，莫爲其精；只爲其惡，莫爲其美，以還太古之樸。奈何此意非惟衆人不識，雖孟子亦不識也。』這等議論，儘高儘妙，陳相輩如何不被他動？」

「用九，見群龍無首」，圓之至也。「用六，利永貞」，方之至也。天圓而地方。

或問：「存齋徐公何如？」曰：「可謂救時宰相矣。」問：「五臺陸公何如？」曰：「可謂救時冢宰矣。」曰：「有疑兩公心術欠粹白，然否？」「且如華亭爲亞相時，畏事分宜，至忍恥與之結兒女之親；平湖爲少宰時，適御史丁勺原糾發科場積弊，特疏參劾。此等舉動，亦殊不光明耳。」曰：「此論甚正。兩公俱非庸流，假令聞之，亦應心服。乃其總揆秉銓，實有功於世道。即褊衷妒口，不得而廢之也。」「更有可商量處，華亭爲亞相時爾爾，而識者，皆信其異日必爲名總揆；平湖爲少宰時爾爾，而識者，皆信其異日必爲名秉銓。夫豈聲音笑貌可强而然？吾輩於此，試思二公一段真精神何在？當有省發，不必瑣瑣吹求也。」

秉銓須是心眼合一。自疏菴王公在事，倒瀾已甚；寅所嚴公，不要錢矣，無能有所振作也。二山楊公，一味模稜，久而其術亦窮，人皆厭之。惟宋商丘奉職循理，[一]孜孜在公，可謂有其心矣。陸平湖激濁揚清，風規皎皎，可謂有其眼矣。故識者以爲論執持當推宋，論作用當推陸。在宋，實開反正之漸；在陸，遂收旋轉之功。宋類狷，陸類狂，立峰、心谷兩餘姚，則依稀具中行之概焉。四君子一時後先柄事，世道之福也，皆不得久於其位以去，惜哉！

「仰之彌高，鑽之彌堅，瞻之在前，忽焉在後」，[二]顏子之狀夫子也，得其髓矣。「江漢以濯之，秋陽以暴之」，曾子之狀夫子也，得其骨矣。「宗廟之美，百官之富」，子

[一]「丘」，底本避孔子諱改作「邱」。下遇此類徑改，不出校。

[二]「焉」，底本作「然」，據論語子罕、康熙本、光緒本改。

貢之狀夫子也，得其肉矣。自此以外，大率得其皮而已。然則鄉黨一篇何如？」曰：「皮肉骨髓咸在焉，只看人作何理會。故曰：『二三子以我爲隱乎？吾無隱乎爾。吾無行而不與二三子者，是丘也。』」

天機至巧，儘你如何算計，那算計處，恰爾曲投其機，躲避他不得。人眼至尖，儘你如何彌縫，那彌縫處，忽已早落其眼，哄騙他不得。

或問：「孔子説『性相近』，何等渾融。孟子苦苦争一個『善』字，便死煞了，到底争不過告子。」曰：「然則性無善無惡乎？」曰：「然。」曰：「『人之生也直』，是孔子語否？」曰：「何也？」曰：「孔子不言無直無曲，早已説得死煞了也，何但孟子争不過告子。」曰：「然則『性相近』與『性善』，二語無以異乎？」曰：「善者對惡而言，近者對遠而言，謂之善，所以别於惡；謂之近，所以别於遠。一邊執定是善，一邊執定是近，都是説得死煞了也。奚其異？」曰：「然則孔子言『上知與下愚不移』，孟子言『人皆可以爲堯、舜』，何如？」曰：「爲則堯、舜，困而不學則下愚，兩語正互相發耳，不審子何所疑也？」

問程子識仁説，曰：「程子此一篇，字字從赤心中流出，邇來儒者既已家户而户祝之矣。只是程子全提，今也似乎半提。」曰：「何也？」曰：「仁者渾然與物同體，義禮智信皆仁也，此全提也。今也於『仁者渾然與物同體』，則悉意舉揚；於『義禮智信皆仁也』，則草草放過。識得仁體，以誠敬存之而已，不須防檢，不須窮索，此全提也。今也於『不須防檢，不須窮索』，則悉意舉揚；於『誠敬存之』，則草草放過。若是者，非半提而何？」曰：「既於『義禮智信皆仁也』草草放過，即所謂『渾然與物同體』，亦只窺見得一個儱統意思而已，非真能如程子之所謂『渾然與物同體』也。既於『誠敬存之』草草放過，即所謂『不須防檢，不須窮索』，亦只窺見得一個脱灑意思而已，非真能如程子之所謂『不須防檢，不須窮索』也，是具併其半而失之矣。子謂程子全提，今也似乎半提。愚竊謂程子實提，今也似乎虛提。曰『也』，難道他盡是虛？只是多從便宜處走了。」

或問：「説者云：『伊川、考亭確乎其爲儒宗矣，乃其喚醒人處，似不如象山、陽明也。』然歟？」曰：「此不可以一端求也。自昔聖賢有作，教亦多術矣，或潛移密誘，舒徐委篤，養人性地；或單提直指，明白痛快，發人性光。吾讀論語二十篇，而知孔子之教大都主於養人性地者也；吾讀孟子七篇，而知孟子之教大都主於發人性光者也。謂孔子不如孟子喚醒人，可否？豈惟孔、孟？即曾、思亦然：大學、中庸其明徵也。豈惟曾、思？即周、程亦然：太極圖説，非深心者莫能入也；通書，非易心者莫能入也。至於定性書、識仁説，覽者當下豁如矣。豈惟周、程？即朱、陸亦然。善乎，吾師方山先生之言之也，曰：『朱子之言，孔子教人之法也；陸子之言，孟子教人之法也。』此兩語闡明兩先生之異而同、同而異處，最爲精確。庶幾足以折紛紛之論矣。」

高存之歸予吴康齋先生集，予取而閲之，見日録中有曰：「君子當常喫虧，方做得。」存之字字加圈，爲之惕然有省。再四咀嚼，不能舍去。於是爲之默默自諷曰：「夫子之道，忠恕而已矣，忠恕之道，喫虧而已矣；顔子之道，不校而已矣，不校之道，喫虧而已矣；孟子之道，自反而已矣，自反之道，喫虧而已矣。」如是者久之。已而閲至忠國公石亨族譜跋，先生自署爲門下士，存之書其上曰：「君子不可與小人有緣，蓋亦先生之不幸也。」輒爲之怏怏不樂。過季時，語之。季時曰：「否，不然也，好事者爲之也。」予曰：「何以知之？」季時曰：「吾以先生知先生耳。先生樂道安貧，曠然自足，真如鳳凰翔於千仞之上，下視塵世，曾不足過而覽焉，區區總戎一荐，[一]何關重輕？乃遂不勝私門桃李之感，而事之以世俗所事座主舉主之禮乎？此以知其不然

[一]「荐」，康熙本、光緒本作「薦」。

者一也。且總戎之汰，甚矣。行路之人皆知其必敗，而況於先生？先生所爲堅辭，諭德之命，意蓋若將浼焉，惟恐其去之不速也。況肯褰裳而赴，自附於匪人之黨乎？此以知其不然者二也。」予聞而躍然起曰：「弟此論可謂具眼，大快人意。嘗聞陳白沙先生被召至京，忌者誣其潛作十詩獻太監梁芳，得授檢討。委如所言，康齋爲石亨門下士，白沙又爲梁芳門下士矣。其何以爲兩先生？」

韓昌黎謂：「孟子之功，不在禹下。」以其辨楊、墨也。愚謂如辨割烹、辨瘠環等類，其功亦正不小。何者？自夫前之辨得行，而後吾聖賢之道，昭然如日中天，一切嗜奇好怪之徒，無所施其横議矣；自夫後之辨得行，而後吾聖賢之心，昭然如日中天，一切乞墦登壟之徒，無所容其曲説矣。故曰：「予豈好辨哉？予不得已也。」

或問：「世之詬講學非也，但講者宜講道學，不宜講理學，盍慎諸？」予曰：「道學、理學，何别？」曰：「有物渾成，先天地生，是之謂道，理則其中條件耳，程朱理學也，非道學也。」曰：「審如所云，老子是道學，孔子是理學；告子是道學，孟子是理學。」曰：「何也？」曰：「『失道而後德，失德而後仁，失仁而後義，失義而後禮，失禮而後智』，老子只單提一個道；『生之謂性，仁内也，非外也；義外也，非内也。以人性爲仁義，猶以杞柳爲桮棬』，告子只單提一個性。及觀孔子二十篇，孟子七篇，其於言仁言義言禮言智，何縷縷也，豈不並是條件中物？故曰『老子是道學，孔子是理學；告子是道學，孟子是理學』。」

程伯子曰：「有恁你管得我，有恁我管得你，教人致太平後，某願爲太平之民。」程叔子曰：「學者不可不通世務、天下事。譬如一家，非我爲則彼爲，非甲爲則乙爲。」讀兩先生之言，分明天地氣象。

乾之爲言「健」也，天道也。其在於人，則誠者之事也。而曰「終日乾乾，夕惕若」，是就本體上點功夫，亦分明畫出一個「健」字來。坤之爲言「順」也，地道也。其在於人，則誠之者之事也。而曰「直、方、大，不習，無不利」，是就功夫上點本體，亦分明畫出一個「順」字來。

或問：「程子言：『聖人本天，釋氏本心。』何也？」曰：「『易有太極，是生兩儀』，謂之本天；『迷妄有虛空，依空立世界。想澄成國土，知覺乃衆生』，謂之本心。」

朱子之釋「格物」，特未必是大學本旨耳，其義却甚精。語「物」，則本諸「帝降之衷，民秉之彝」，夫子之所謂「性與天道」，子思之所謂「天命」，孟子之所謂「仁義」，程子之所謂「天然自有之中」，張子之所謂「萬物之一原」。語「格」，則備舉程子九條之説，會而通之，至於呂、謝諸家之説，亦一一爲之折衷焉。總而約之，以四言曰：「或考之事爲之著，或察之念慮之微，或求之文字之中，或索之講論之際。」蓋謂内外精粗，無非是物，不容妄。有揀擇於其間，又謂人之入門，各各不同，須如此方收得盡耳。故惟大聖大賢，不得拘以是法，其次未有不由之而入者也。議者獨執「一草一木，亦不可不理會」兩言，病其支離。竊恐以語末流之弊，誠然有之；以語朱子，過矣。予往見孔子論學詩，自「興、觀、群、怨、事父、事君」，説到「多識鳥獸草木之名」，意頗疑之，以爲瑣屑爾爾，何能不見薄於老、莊諸人？今乃啞然自笑也。并記之，以志予妄。

「惟危」「惟微」「惟精」「惟一」，是從念慮事爲上格；「無稽之言弗聽，弗詢之謀勿庸」，是就文字講論上格。如此看來，即聖人亦不能外是四者。朱子所云，固徹上徹下語也。

陽明特揭「良知」，可謂超然自信，獨往獨來，了無依傍矣。今考年譜，則謂其謫龍場也，日夜端居澄默，以求静一，久之胸中灑灑，因念：「聖人處此，更有何道」，忽中夜大悟「格物致知」之説，寤寐中，若有人語之者，不覺呼躍，從者皆驚。是亦未嘗不從念慮入也。及經宸濠之變，語門人曰：「近來信得『致良知』三字，真聖門正法眼藏。往年尚疑未盡，今自多事以來，只此良知無不具足。」他日，又曰：「當時尚有微動於氣所在，設今處之，更不同。」是亦未嘗不從事爲入也。譜又言陽明始發悟時，以默記五經之言證之，莫不吻合，因著五經臆説。且「致知」二字揭自大學，「良知」二字揭自孟子，陽明特就中提出耳。是亦未嘗不從文字入也。予昔聞季彭山言山陰有黄鼉子，讀書不牽章句。成化、弘治間，儒者守成見，莫之信，惟陽明與之善。又聞陽明遇增城湛甘泉於京師，一見投契，嘗爲文别甘泉，自言少不知學，已出入於釋、老，久之乃沿周、程之説而求焉，岌岌乎仆而復興。晚得交甘泉，而後志益堅，毅然若不可遏。至於門人徐曰仁、陸原静輩，始亦不無牴牾，已而各竭所疑，反覆辨析，而後歸於一。由此觀之，其所商求印證，得之友朋之助發者，當不少矣。是亦未嘗不從講論入也。故夫陽明之所謂「知」，即朱子之所謂「物」；朱子之所以「格物」者，即陽明之所以「致知」者也。總只一般，有何同異？可以忘言矣。

再閲陽明與羅少宰書有云：「凡某之所謂格物，其於朱子九條之説，皆包羅統括於其中。但爲之有要，作用不同，正所謂毫釐之差耳。然毫釐之差，而千里之謬，實起於此，不可不辨。」竊惟朱子平，陽明高；朱子精實，陽明闊大；朱子即修即悟，陽明即悟即修。以此言之，兩先生所以考之事爲之著，察之念慮之微，求之文字之中，索之講論之際者，委有不同處。要其至於道則均焉，固不害其爲同耳。若曰是起千里之謬，至推而比諸楊、墨，試揆諸此心之良知，其果然乎？否也。

薛文清讀書録，似乎句句是見成的，不曾使自家些子意思。只句句從躬行心得中拈出來，便句句是文清的。

韓淮陰登壇數語，便決漢、楚興亡；諸葛武侯隆中數語，便將漢季天下分而爲三。異時按之，毫髮不爽，渠何所憑依，了了如此？看來只是眼清耳。淮陰識得高祖、項籍兩人，武侯識得先主、曹操、孫權三人。

或問：「聞子少時，有晉陵謝省庵令君貽以陽明文粹，子讀而愛之，於是亦遂好言禪。乃今於陽明猶亟稱焉，獨於禪則絶口不言，非直不言而已，察子之意，一似疾之然者，[二]一似厭之然者，一似畏之然者，何居乎？」曰：「是三者皆有之。」曰：「然則向者何爲而好之？乃世之好之者，又何爲一往而不返也？」曰：「這也怪不得他們，委自有動人處，有服人處，難以一筆塗抹。」曰：「何也？」曰：「他們極肯喫辛苦，真是日不坐、夜不眠、渴不飲、飢不食、寒不衣，聞那裏有個善知識，定要去參他，逢山鑿山，逢水截水，便是喪身失命，也不略爲皺眉。幸而摸着個巴鼻，且不肯草草舉揚，

[二]「一似」，底本作「壹似」，據康熙本、光緒本改。本段三「一似」同。

還去藏形斂跡，密切磨煉，如聾如啞，如醉如狂，更不知天地間尚有何事。他辨了這副精神，人如何不服他？且他既辨了這副精神，如何不透出一個奇特的消息來？人如何不被他動？吾儒却只悠悠自在，一月中不知有幾日成得片段，一日中不知有幾刻成得片段。其間稍伶俐的，反向他頷下掠取餘沫，認作自己家珍，横説豎説，曾不慚愧。忽然遇着明眼人，一擊粉碎，濟得恁事，所以遂輸與他。朱子嘗言：『他們有人，我這裏無人以此。』只是他却占了一件便宜。」曰：「何也？」曰：「他們拼得出家，一切都撇，更没個東西與他作對，便自空蕩蕩地。於境常處其逸，要得有個成就也順而易。吾儒日在人倫事物中，有許多情委，合與體貼，有許多變態，合與調停，便自忙碌碌地，[二]於境常處其勞，要得有個成就也逆而難。所以又輸與他。」曰：「他們做便宜的題目，却肯喫辛苦；我們做辛苦的題目，却要討便宜，如何使得？」曰：「誠然，究竟亦只在人耳。進，吾往也；止，吾止也。而今須豎起兩肩，放開兩脚，努力前去。千不休，萬不休，誓做個大大豪傑，莫被他笑。」

吴康齋先生一團元氣，可追太古之樸；羅整菴先生一團正氣，可挽末俗之頽。

[二]「忙」，底本作「芒」，據康熙本、光緒本改。

顧憲成全集卷八

小心齋劄記八

辛丑

説者謂：「孟子道性善則是，而以情徵性，則費分疏。何者？情有善有不善也，我以情之善，徵性之善，而破人之所謂不善，人亦將以情之不善，徵性之不善，而破我之所謂善矣。」誠然誠然，第孟子亦原自道破來，曰：「天下之言性也，則故而已矣。故者以利爲本。」又曰：「今夫水，搏而躍之，可使過顙；激而行之，可使在山。是豈水之性哉？其勢則然也。人之可使爲不善，其性亦猶是也。[一]」直是説得十分明白，

[一]「猶」，底本作「由」，據康熙本、光緒本改。

奈何世之人見水之過顙，不疑水有過顙之性；見水之在山，不疑水有在山之性。獨見人之不善，便疑人有不善之性。其費分疏也，不亦宜乎？

「貧而無諂，富而無驕」，還就人面上檢點；「貧而樂，富而好禮」，却就自心上受用。[一]即此有爲己爲人之别，非但安勉精粗之不同也。[二]

「甚矣，吾衰也久矣，吾不復夢見周公」，當與「鳳鳥不至，河不出圖」條參看，都是説先兆。蓋河圖之出，爲庖羲也；鳳鳥之至，爲文王也；周公之夢，爲孔子也。河不出圖，庖羲之不復作，可知矣；鳳鳥不至，文王之不復作，可知矣；周公不夢，孔子之不得爲周公，可知矣。此所以重有感而嘆也。若就孔子身上論，其家天下，人中國，一念汲汲皇皇，自少而壯，壯而老，猶一日耳，奚其衰？

伊川先生曰：「餓死事極小，失節事極大。」這是斬斷人情，直標天理，乃十分到頭話。頃讀雲間周萊峰先生記言，謂其鄉有金相之母，一村家婦耳，貧而寡居，親鄰再三勸其改嫁，此婦徐答曰：「無煩多説，只拼得乞丐便了。」聞者莫不嘆服。他做的

[一]「自」，底本作「是」，據康熙本、光緒本改。
[二]「也」，康熙本、光緒本作「而已」。

是十分到頭事，却但説得九分話。然而越委婉越見果決，越和平越見真誠。天理人情，兩極其至，依舊是十分到頭話。且説個拚得餓死，苟非鐵石心腸，猶不免逡巡顧望畏難，而中却説個「拚得乞丐」，但廉恥一念未盡澌滅，亦須勉强掙扎，不至破頭露面，甘蹈狗彘之爲。試思區區一村家婦耳，何嘗讀書識字，何嘗講説義理，倉卒酬對，不激不隨，令人再不好開口。此文成所謂「良知」也。

或問：「墨氏言仁，豈能有加於吾聖人之仁？楊氏言義，豈能有加於吾聖人之義？乃被其充塞，何也？」曰：「二氏倒邊做，做得奇，恰有一段精神能動人。吾聖人隨時順應，做得平，也無可喜，也無可驚。人見之只如常，所以收他不住，相率去而之彼。」曰：「試舉看。」曰：「墨氏之仁，至於摩頂放踵利天下亦爲之，是恁麽樣慈悲。吾聖人親親而仁民，仁民而愛物，反若多所分別然。楊氏之義，至於拔一毛而利天下不爲，是恁麽樣清浄。吾聖人立必欲俱立，達必欲俱達，反若多所挽攬然。故曰：『惡紫，恐其亂朱也；惡鄭聲，恐其亂雅也。』豈惟亂之，又能奪之，何者？朱不如紫之艷，雅不如鄭之濃也，『兼愛』之能奪吾仁，『爲我』之能奪吾義，亦猶是耳。」曰：「然則孟子何恃而勝之？」曰：「以暫而言，平不勝奇；以常而言，偏不勝正。暫者，欣厭之妄情，在一時易眩；常者，是非之定理，即萬世莫易。二氏乘其暫，孟子執其常，兹吾道之所以卒伸，而邪説詖行，竟不能與之抗也。」

河圖、洛書，是造化兩篇大文字；八卦、九疇、大學、中庸首篇、太極圖説、西銘，是千古來聖賢六篇大文字。有起頭，有結局，有次第，有本體，有作用，有綱領，有條目，有功夫，有效驗。纔提起，種種色色，都在面前。何等易簡而明白。及貼實理會，自天開地闢，生出無限英豪。憑他如何做，也做不能了；憑他如何説，也説不能了。又何等廣大而精微，嗚呼！至哉！

河圖、洛書是爲造化傳神的，八卦、九疇是爲河圖、洛書傳神的；大學是就人生以後説起的，中庸是就人生以上説起的；西銘是就既有天地説起的，太極圖説是就未有天地説起的。分看來，不相依倣，不相假借，不相凌越，各各自開一局；合看來，實是互相闡明，互相助發，互相攝持，恰好完却天地間一個公共的大勾當也。

問：「陸象山先生曰：『論語多有無頭底説話。』如『知及之，仁不能守之』之類，不知所及、所守者何事？如『學而時習之』，不知時習者何事？非學有本領，未易讀也，是信然矣。第不知當初孔子，何不直與拈出？將其時，及門弟子已自識得，只消教之下手功夫乎？抑亦功夫到後，自然識得，不須預道破乎？將日用見在，無非是物，不得於其間有所揀擇而言之乎？抑亦離聲色，絶方所，更無開口處乎？」曰：「這個意思，須兼看始盡。」曰：「朱子集註於『學而』一章首提個『性』字，次提個『覺』字，俾讀者纔開卷，便曉得個入頭，恰好代孔子拈出了也。」曰：「固是。細看來，且不明白拈出，只把個無頭底説話，聽人自去理會，意味更長。」

利根斷，方能「充無欲害人之心」；名根斷，方能「充無穿窬之心」。

朱子之闢象山，自今日看來，委似乎過當。自當時看來，周子之無極，直透庖犧作易之原；張子之西銘，大闡孔門言仁之指。這都是大頭腦所在，象山兄弟都不以爲然，公言排之，宜其重不滿於朱子也。

或問：「夷、齊賤，桀、紂貴，曾、原貧，季氏富，顔淵殀，盜跖壽，造化亦有謬乎？」曰：「非謬也，正造化之提醒人處也。」曰：「何也？」曰：「夷、齊賤，適成其高，以示賤不足醜也；桀、紂貴，益彰其穢，以示貴不足榮也；曾、原貧，流芳至今，以示貧不足鄙也；季氏富，遺臭至今，以示富不足侈也。顔淵殀，凡語及者，無不欣然，願爲執鞭，以示殀不足憾也；盜跖壽，凡語及者，無不唾而駡之，以示壽不足歆也。然則吾人之所以安身立命，昭昭在富貴貧賤壽殀之外矣。故曰『非謬也，正造化之提醒人處也』。」

鄒孚如司外計，言於太宰栗庵宋公，請刻章二：一曰「真知」，一曰「傳聞」。與諸司約：真知者必黜，黜不當，請受其咎。於是所黜，海内無不稱服者。姜仲文督學陝西，試日，粘片紙卷表，令諸生開報行優爲衆所共與者，如無之，不受卷，以所開多與諮訪同者始獎賞之，於是所獎賞，一方無不稱服者。此二事，皆可以爲法。

或問：「孟子言：『人之所以異於禽獸者幾希。』幾希，何物也？」曰：「只看『幾希』二字，便令人毛骨俱凛，甚於『臨深』『履薄』，且不必討求是何物。」再問。曰：「此有二義，一就念頭上看，一就源頭上看。」曰：「念頭上看如何？」曰：「即本文下二句是也。」曰：「何也？」曰：「『庶民去之，君子存之。』存之則人矣，去之則禽獸矣。『存』與『去』兩者，其間不能以寸，故曰幾希。朱子提出『憂勤惕勵』四字，而曰：『蓋天理之所以常存，人心之所以不死也。』得其指矣，此從念頭上看也。」曰：「源頭上看如何？」曰：「即書所云『惟人爲萬物之靈』是也。」曰：「何也？」曰：「『大哉乾元，萬物資始；至哉坤元，萬物資生。』人與禽獸都從那裏來，有何差殊？其不同者，只是這些子靈處耳。」曰：「何以有這些子不同？」曰：「理同而氣異也。」曰：「這些子，恐亦是理之發竅？」曰：「誠然，第謂之發竅，便已落於氣矣。這個竅，在禽獸僅通一隅，在人可周萬變。自禽獸用之，只成得個禽獸；自人用之，便成得個人。至於爲聖爲賢，與天地並，其究判然懸絕，而其分岐之初，不過是這些子，故曰幾希。朱子曰：

『仁義禮智，人與物異；知覺運動，人與物同。』竊以爲若知覺運動，人如是，鳥獸如是；即仁義禮智，禽獸亦可得而全矣？恐未必然。此從源頭上看也。從源頭上看，便知人絶無可自恃處；從念頭上看，便知人略無可自肆處。吾儕切勿虛擔個人，孤負孟子一片提撕苦心也。」

或問：「『朝聞道，夕死可矣』，何也？」曰：「予實未有聞，何敢言？姑依倣言之，道超乎貧富之外，不以貧富爲豐嗇者也。聞道，則朝而千駟萬鐘，夕而一簞一瓢，可矣。道超乎貴賤之外，不以貴賤爲加損者也。聞道，則朝而三槐九棘，夕而一丘一壑，可矣。知此，則知『朝聞夕可』之說矣。」曰：「有謂『夕死可矣』，猶言死而不死也，然否？」曰：「論理固然，却不必說到此。且如超得貧富，便不見孰是千駟萬鐘，孰是一簞一瓢？若曰『吾自有不貧者存，無須於富』，即胸中猶着個『富』字也。超得貴賤，便不見孰是三槐九棘，孰是一丘一壑？若曰『吾自有不賤者存，無須於貴』，即胸中猶着個『貴』字也，聞道者恐不其然。」曰：「何謂道？何謂聞？」曰：「『道』是公共的，『聞』是獨自的。公共的，我不必乞於人，人不必乞於我；獨自的，人不能與諸我，我不能與諸人。且各去理會，待有個消息，再作商量。」

又曰：「貧賤富貴是眼前事，死生是末後事。其理只一般。若要末後超得過，須是眼前超得過；若是眼前超不過，末後何由超得過？故功夫只在平時。若非死心塌地將軀殼念頭十分洗盡，[一]縱饒你孫、吴之智，儀、秦之辯，賁、育之勇，輸、墨之巧，到這裏都使不着。」

良能，不學而能；良知，不慮而知。所謂性也，説者以爲由孩提之「不學而能」，便可到聖人之「不勉而中」；由孩提之「不慮而知」，便可到聖人之「不思而得」。良是第此，猶就聖人孩提分上説來。若就性上看，應曰聖人之「不勉而中」，恰到得孩提之「不學而能」；聖人之「不思而得」，恰到得孩提之「不慮而知」耳。雖然猶二之也，原來只是一個，没些子界限，何處放個「到」字？故曰：「大人者，不失其赤子之心者也。」

同志聚晤，往往論及初入門功夫，誠切務也。第此處亦難指定耳。纔指定，便未免因藥發病。故必從性地入方穩。無已，則有二焉。一是周元公令程子尋「孔、顔樂處，所樂何事」；一是楊龜山門下相傳，教人静坐，看「喜怒哀樂未發作何氣象」，儘好商量。且不直曰「孔、顔樂事」，而曰「所樂何事」；不直曰「未發氣象」，而曰「作何氣

[一]「死心塌地」，底本作「死心搭地」，據康熙本、光緒本改。

象」。引而不發，語既渾含；圓而不執，機更活潑。在元公，便成就了明道兄弟；在龜山，便醖釀出豫章、延平兩先生來。流及朱子，而斯文爲之一大振，殆非偶然而已。有志者，盍審擇於斯？

予始讀韓昌黎原道，以爲粗之乎，其闢佛者耳。年來體驗，乃知其妙。蓋佛氏説心説性，儘自精微，幾與吾聖人不異。至其單言片語，能使人立地豁然而頓悟，又或汪洋浩蕩，高入九天，深入九淵，能使人没於其中而不得出，更若駕吾聖人而上之然者。即欲闢他，何處下口？惟就人倫上斷置，方纔無辭以解。且既於此無辭以解，即心性之説亦不攻自破，何也？吾聖人以人倫爲實際，其所謂心性，即在君臣、父子、兄弟、夫婦之中；佛氏以人倫爲幻跡，其所謂心性，乃在君臣、父子、兄弟、夫婦之外。在君臣、父子、兄弟、夫婦之中，是謂「體用一原，顯微無間」；在君臣、父子、兄弟、夫婦之外，體用顯微，打成兩截矣。即口口説「一原無間」，其能一原無間乎？否也。論至此，彼亦何説之辭？故闢佛者，只應如是而止。此堂堂之陣，正正之旗，湯、武之師也。若以爲粗之乎？闢佛却是自家這裏將心性另作一物看，適不免走入他圈子中矣，如何闢他？或曰：「釋迦不娶耶輸氏乎？不子羅睺羅乎？曷嘗去人倫？」曰：「此非其本心也，觀其逃父入山，則知之矣。」曰：「即入山，他門亦自有師父、師兄、師弟、師祖、師孫，曷嘗盡去人倫？」曰：「丢却真者，去認假者，正是反常。孟子曰：『天之生物也，[二]使之一本。』而夷子，二本故也，此之謂耳。」曰：「吾所謂本，又有進焉，無極之初，原無一物，自有陰陽而後有男女，有男女而後有夫婦，有夫婦而後有父子，有父子而後有君臣。釋氏欲還人於無極，故特顯無極相耳。子將本陰陽乎？本無極乎？」曰：「此恐未然，君臣因父子而有，而其所以爲君臣者，不因父子而有也；父子因夫婦而有，而其所以爲父子者，不因夫婦而有也；夫婦因男女而有，而其所以爲夫婦者，不因男女而有也。何者？是皆無極中物也。」昔邵堯夫與趙商州論牡丹，謂洛人以見根撥而知花者爲上，見枝葉而知者次之，見蓓蕾而知者下也。如待有君臣，而後知有君臣；待有父子，而後知有父子；待有夫婦，而後知有夫婦，曾不異枝葉蓓蕾之見，而可以語無極乎？程子曰：「『沖漠無朕，萬象森然已具』，此最善言無極相者。」予謂：「萬象森然，依舊沖漠無朕，是即所以顯無極相也。」必棄而君臣，絶而父子，離而夫婦，然後可無極，其一偏枯之物而已乎？由此言之，佛氏而不本無極則已，佛氏而本無極也，其將何辭以解乎？往嘗謂高存之曰：「人言儒佛同體而異

[二]「物」，底本作「佛」，據孟子、康熙本、光緒本改。

用，何如？」存之曰：「體則寂無朕兆，所以易混；用則全體俱呈，所以易別。」予聞之，爲爽然一快。今跡其所易別，核其所易混，信乎心性之説，不攻自破矣。此原道之作似平平無奇，而上下二千年間，闢佛家竟未有尚之者也。曰：「昌黎之於佛，恐尚落影響間。」曰：「固是，却亦正幸其入佛未深耳。如其入之深也，便應向大年、天覺諸人隊裏拈椎弄拂去，何以得稱孔氏之徒？」曰：「亦有入之深，而仍不墮者乎？」曰：「蓋有之矣，吾未之見也，意中只周元公一人。」

或問：「孟子『性命』二條，有分而言之者，有合而言之者，孰是？」曰：「分而言之者，就情識偏墜處提撥；合而言之者，就本原歸一處指點，皆是也。總之，不出『天人』兩字。」曰：「試爲分而言之，何如？」曰：「世人看嗜欲一邊恒重，況口之於味，目之於色，耳之於聲，鼻之於臭，四肢之於安逸，與生俱生，與形俱形，又可喚他是性。恰中其重之之心，便一切引入裏面來，營求無已。孟子却爲轉出外面去，而曰這個有命焉，喚作性不得。蓋在人者，無一不懸於天，莫可强也。世人看義理一邊恒輕，況仁之於父子，義之於君臣，禮之於賓主，知之於賢者，聖人之於天道，時值其常，時值其變，又可喚他是命。恰中其輕之之心，便一切推出外面去，[一]苟且自安。孟子却爲轉入裏面來，而曰這個有性焉，喚作命不得。蓋在天者，無一不懸於人，莫可諉也。此就情識偏墜處提撥也。」曰：「試爲合而言之，[二]何如？」曰：「耳、目、口、鼻、四肢非他，即仁、義、禮、知、天道之所由發竅也；仁、義、禮、知、天道非他，即耳、目、口、鼻、四肢之所由發根也。是故『性也，有命焉』，在人者無一不原於天，極天下之至精而非粗也。外命求性，只在軀殼上認取，徇其粗而遺其精矣，君子不謂性也。『命也，有性焉』，在天者無一不備於人，極天下之至實而非虚也。外性求命，只在造化上揣摩，徇其虚而遺其實矣。君子不謂命也。此就本原歸一處指點也。如此看來，無所不可，何必執着？只有一個意思，當入理會。」曰：「願聞之。」曰：「知其分，便須以命御性，以性立命，無容混而爲一；知其合，便須攝性歸命，攝命歸性，無容岐而爲二。方纔有着落處。不然説分説合，總屬閑談。況又争誰説是，誰説非，何益？何益？」

朱子之最有功於天下萬世者三：一是表章周元公太極圖説，一是作通鑑綱目，

[一]「便」，底本作「更」，據康熙本、光緒本改。
[二]「試」，底本作「誠」，據康熙本、光緒本改。

一是作小學。至集註，則當别論。

「人皆曰予知，驅而納諸罟，擭陷穽之中，而莫之知辟也」，這是認賊作子；「人皆曰予知，擇乎中庸而不能期月守也」，這是認子作賊。自負若彼，顛倒若此，試回頭一顧，能不惘然？然則誤在恁處？曰誤在「人皆曰予知」五字，「舜好問而好察邇言，隱惡而揚善，執其兩端，用其中於民」，曷嘗自以爲知？夫惟不自以爲知，乃其所以爲大知也。

顧憲成全集卷九

小心齋劄記九

壬寅

予一夕夢謁楊龜山先生於崇正書院，拜而請曰：「孔子删述五經，垂訓萬世，尋遭秦火，猶然無恙，所謂天之未喪斯文也。獨禮記一經純駁幾半，似非原經。二程夫子紹明孔緒，何不代爲釐正，補此闕典？」先生曰：「業已釐正矣。」曰：「何以不傳於世？」先生曰：「何嘗不傳於世？」曰：「安在？」先生曰：「大學、中庸是也。」予覺而異之，召季時語焉。季時曰：「此兆甚奇，此論甚確，真千古不易之案也。」一日，又謂之曰：「大學、中庸還爲禮經，五經備矣。周子之太極圖説、通書，朱子之小學，竊以爲可羽翼論、孟，配爲四書，弟意云何？」季時躍然起，曰：「此又千古不易之案也。

弟往在儀曹，擬疏請周子、朱子配享孔廟，未及上，今得兄之論，爲之一快。試以質於世之君子，當必有獲此心之同然者矣。」

易不云乎「知崇禮卑」。通乎周子之太極，可與言知矣，而語其用力之處，一則曰「定之以中正仁義」，一則曰「主静」，又十分平實，是崇者未嘗不肇端於卑也；通乎朱子之小學，可與言禮矣，而語其得力之處，所以格致誠正始此，所以修齊治平始此，又一切該貫，是卑者未嘗不究極於崇也。秦、漢以下，誰能識得這個消息？

周子有之：「易，何止五經之源，其天地鬼神之奥乎？」愚以爲，太極圖説正天地鬼神之奥也。朱子有之：「四子，六經之階梯；近思録，四子之階梯。」愚以爲小學，又近思録之階梯也。

夜來偶思孟子「性命」二條，其指甚精，當與盡心章參看。何者？耳、目、口、鼻、四肢，人見以爲落在形骸，塊然而不神，今曰「性也，有命焉」，是直推到「人生而静以上不容説」處，以見性之來脈極其玄遠，如此不得丢却源頭，認形骸爲塊然之物也，故曰：「知其性則知天。」仁、義、禮、知、天道，人見以爲來自於穆，窈然而不測，今曰「命也，有性焉」，是直反到愚夫愚婦可與知與能處，以見命之落脈極其切近，如此不得丢却見在，認於穆爲窈然之物也，故曰：「殀壽不貳，修身以俟之，所以立命。」嗚呼！

微哉！

書言「人心惟危，道心惟微」，直是八字打開；太極圖説言「無極之真，二五之精，妙合而凝」，即人心道心，又不是截然兩物也。乃孟子論性命二條，實備發其指。是故「性也，有命焉」，蓋就人心拈出道心，以爲舍無極，没處尋二五也。「命也，有性焉」，蓋就道心攝入人心，以爲舍二五，没處討無極也。所謂「妙合而凝」，蓋如此。窮此之謂窮理，盡此之謂盡性，至此之謂至命。非深於天人之故者，其孰能知之？

原憲「克、伐、怨、欲不行」，孔子以爲「不知其仁」。及顔子問仁，却告之「克己」，何也？曰：己是克、伐、怨、欲之根，克、伐、怨、欲是己之枝葉，從枝葉上檢點，方且東支而西吾，方且西滅而東起，何時是了？從根上斬斷，即徹底澄清，一切沾染不得矣。兩下相去，正是天淵，不可同年而語也。

所謂己，非特衆人有之，雖君子亦有之；非特君子有之，雖聖人亦有之。故禹之稱堯，孟子之稱舜，皆曰「舍己」。論語記孔子「絶四」，亦以「毋我」爲究竟。毋者，禁止之辭，以用力言謂之克，以得力言謂之舍。

湯革桀，武革紂，一戎衣而天下大定，此顔子之所謂「克己」也。漢高用三傑，走項籍，而刎之烏江，始成帝業。若但得曹參、樊噲輩，今日下一邑，明日下一郡，紛紛戰争，正未有已時耳。此原憲之所謂「克、伐、怨、欲不行」也。

臺省建言，或不盡實，輒以風聞爲解。考「風聞」二字，出自趙佗。佗據南越稱帝，漢文移書讓之。佗因言：「老夫風聞父母墳墓已壞削，兄弟宗族已誅論，求更號自帝，非敢有害於天下。」蓋借是爲解飾之辭。武氏反唐爲周，知一時人心必不帖然，大開告訐，恣行誅戮，猶以爲未盡，特許御史風聞言事，一麗彈章，不論有無，輕則誅及其身，重則夷及九族，蓋借是爲羅織之計。奈何奉爲聖書，世世遵用，至於今猶莫覺其謬耶？只這二字，塗塞了多少耳目，顛倒了多少是非，喑啞了多少善良，張熾了多少讒慝，此孟子之所謂「實不祥」也。

性，天道也；學，人道也。性原於天，隨其所賦，洪纖高下，各各不殊，本自有定在。昔聖賢之語性，亦自有定也。後人却見謂無定，輒以衆説混之，而性晦。學繫於人，隨其所入，千蹊萬徑，各各不等，本自無定，在昔聖賢之語學，亦自無定也。後人却見謂有定，輒以一説格之而學晦。此無他，總是好奇之過耳！

看來看去，吾人千病百痛，只是欲爲之胎；做來做去，吾人所以趕不上聖賢，只是欲爲之祟。周子特提出「無欲」二字，正從咽喉下着刀，只寸鐵便能殺人，故曰：「拚得性命，方了得性命。」

或問：「『當下』二字，應如何看？」曰：「『發憤忘食，樂以忘憂』，孔子之『當下』也；『非禮勿視，非禮勿聽，非禮勿言，非禮勿動』，顔子之『當下』也；『必有事焉而勿正，心勿忘，勿助長』，孟子之『當下』也。」曰：「這只説得功夫，未是本體。」曰：「憤，是誰憤？樂，是誰樂？勿，是誰勿？必，是誰必？本體功夫，有何定名？總總憑君喚取。」

堯以天下與舜，有諸？此問大奇。二典三謨，經孔子親手删定，這件事載得明明白白，不如洗耳、沉淵之説，出自玩世之徒，寓言以張其高者比，這又是極好的事，不如割烹、瘠環之説，出自阿世之徒，借口以文其奸者比，何須要問萬章？蓋亦見得聖人當此時，方做此事。「揖讓」與「征誅」，都是一個道理流出。非故爲矯激薄其子而厚他人，博個名兒。世間乃有艷慕而依倣之，如子噲、子之之流者，既屬可笑，況以爲可得而與，則亦將以爲可得而取；以爲可得而取，則亦將以爲可得而奪。與而取，順也，猶可言也；奪而與，逼也，不可言也。世間安知無借與之名，文奪之實，以欺天下，天下且受其欺而不覺者？如此亂臣賊子，且接跡而起矣，尤屬可懼。以故特尋這話柄，將來做個疑端，就中一段意思，最爲深至。孟子答得却又大奇，徑將堯、舜放在一邊不説，只説個「天子不能以天下與人」，恰打着萬章心上事。於是萬章就「不能」

二字委曲詰難，一層入細一層，直窮到底。孟子就「不能」二字反覆分剖，一節痛快一節，直透到頭。發出天地間至當不易的道理，闡出古今來未經人道的議論。然後知聖人心事，真如青天白日，非惟不以天下爲重，愛而戀之；抑且不以天下爲輕，藐而擲之。即好事者流，何得執禪繼征誅之跡，妄肆雌黄？然後知天下公器，幽有百神管着，明有百姓管着，非惟天子欲與人而不敢，抑且欲與人而不能。一切奸雄，亦可消却多少癡夢，其有功於世教大矣。

問：「論性者，或以理言，或以氣言，或兼理氣言，何如？」曰：「厥初一氣也。孰主宰是？理也。所謂性，蓋自其主宰言之也。」曰：「如此得無遺氣？」曰：「既曰自其主宰言，便是就氣上點出理來，曷嘗遺氣？吾儕要識性，須從主宰處認取，方有下落。雖曰性不離於氣，亦必知其有不墮於氣者存，而後性之真面目始見耳。若向氣上認取，他這個紛紛紜紜，清濁純駁，千態萬狀，將指何者爲性？」曰：「然則理與氣二乎？」曰：「識得理是氣之主宰，如何分而爲二？」曰：「然則理與氣一乎？」曰：「識得理是氣之主宰，如何混而爲一？」

或問：「陽明云：『一貫，是夫子見曾子未得用功之要，故告之。學者果能忠恕上用功，豈不是一貫？一，如樹之根；貫，如樹之枝葉。未種根，何枝葉之可得？體用一源，體未立，用安從生？謂曾子於其用處，蓋已隨事精察而力行之，但未知其體之一，此恐未盡。』何如？」曰：「惟未知體之一，是以未得用功之要。既未得用功之要，則必未知體之一矣。兩語恐只是一意。」曰：「然則皆是歟？」曰：「曾子平日所潛心處，正在忠恕，何云未得用功之要？有人於此呼之以張，則應必其委是張也；呼之以李，則應必其委是李也。若錯而呼之，有愕然已耳。今曾子隨呼隨唯，何云未知體之一？」曰：「然則皆非歟？」曰：「朱子於此語之下，即繼之曰：『真積力久，將有所得。』却説得恰好。試味之，可以想見曾子一時憤悱心境，乃一貫之告，適在此時，又可以識取夫子當下點化妙手矣。陽明只據體用之説斷置所以，疑其未盡也。」

或問：「因果有諸？」曰：「有之。」曰：「何以聖人不言？」曰：「聖人何嘗不言？」曰：「可得聞乎？」曰：「禹之謨曰：『惠迪吉，從逆凶。』尹之訓曰：『作善，百祥；作不善，百殃。』類而求之，不可殫述也。」曰：「此言見在，不言過去未來也。」曰：「易不云乎：『積善之家，必有餘慶；積不善之家，必有餘殃。』謂之積，則上之推及祖宗，是亦過去也；謂之餘，則下之推及子孫，是亦未來也。」曰：「此吾儒之所謂過去未來，非佛氏之所謂過去未來也。聖人第言其所謂過去未來，不言佛氏之所謂過去未來，何也？今不知佛氏之所謂過去未來，有邪？無邪？」曰：「不知也，請舉所知以質。域中有二大道大法。大道者何？綱常倫理是也。所謂『天敘有典，天秩有禮』，根乎人心之自然，而不容或已者也。有如佛氏之説行，則凡忠臣孝子，皆爲報夙生之恩而來；凡亂臣賊子，皆爲報夙生之怨而來。反諸人心之自然，而不容或已處，吾見了不相干也。於是綱常倫理，且茫焉無所繫屬，而道窮矣。法者何？黜陟予奪是也。所謂『天命有德，天討有罪』，发乎人心之當然，而不容或爽者也。有如佛氏者説行，則凡君子而被戮辱，皆其自作之孽，而戮辱之者，非爲傷善；凡小人而被顯榮，皆其自貽之休，而顯榮之者，非爲庇惡。揆諸人心之當然，而不容或爽處，吾見了不相蒙也。於是黜陟予奪，且貿焉無所憑依，而法窮矣。道窮法窮，雖羲、農、堯、舜復生，無以御天下。由此觀之，佛氏之所謂過去未來，有邪？無邪？無則非吾儕之所當言，有則必至於妨道妨法，非吾儕之所敢言也。子又何疑於聖人哉？」

易言「至日閉關」，書言「恭默思道」，詩言「不顯亦臨」，記言「戒慎不覩，恐懼不聞」，至李延平「教人静坐，看喜怒哀樂未發作何氣象」，又就中點出一個活機，此脱胎換骨語也。揆厥淵源，實自周子之「主静」來。近乃有駁之者曰：「既是未發，有何氣象？」予謂曰：「這是古來一個海上單方，君若信得過，便急急煉服，無論久近，定有靈效；如信不過，且好好珍藏，留待後人，莫得遽爾嗔謗，空爲有識所笑也。」

周子主靜，蓋從無極來，是究竟事。程子喜人靜坐，則初下下手事也。然而靜坐最難，心有所在則滯，無所在則浮。李延平所謂「看喜怒哀樂未發氣象」，正當有在無在之間。就裏得個入處，循循不已，久之氣漸平，心漸定。獨居如是，遇事如是，接人如是，即喜怒哀樂紛然突交於前，亦復如是。總總一個未發氣象，渾無内外寂感之別，下手處便是究竟處矣。

聖賢之論曰無好名，流俗之論亦曰無好名。然而在聖賢，將以成就君子也；在流俗，將以敗壞君子也。兩下用心，直是判然天淵，何得借用？抑有説焉：「若是真君子，只受成就不受敗壞也，何者？堅不磷，白不緇也，此等處，正好自考。」抑又有説焉：「若是真君子，其於敗壞也，無往而不得成就也，何者？他山之石，可以攻玉也。此等處全要自磨。」彼嘵嘵者，安足與之較哉？[一]

「舉直錯諸枉，則民服；舉枉錯諸直，則民不服。」直，明明是君子；枉，明明是小人，亦何待分剖？只覺下個「直」字、「枉」字更有力，何以言之？謂之直，必然是曰是，又能匡人之是；非曰非，又能匡人之非。獨立自信，略無些子依違者。此等人，下面

[一]「較」，底本作「校」，據康熙本、光緒本改。

公論極歸向他，上面人却最容易怪他，所以舉之爲難。謂之枉，必然是可爲非，又能阿人之非；非可爲是，又能阿人之是。曲意求媚，略無些子執持者。此等人，下面公論極鄙薄他，上面人却最容易愛他，所以錯之爲難。是故均之爲君子也，而其品不同。若一味清苦的，樸實的，忠厚的，謹飭的，縱是昏亂之時，還不至盡見廢棄。惟危言危行，敢於犯顔的，縱清明之時，亦往往取忤矣。均之爲小人也，而其等不同。若一味貪污的，虛浮的，苛刻的，恣肆的，縱是昏亂之時，還不至盡見寵任。惟謟言謟行，巧於阿指的，縱清明之時，亦往往被暱矣。乃知概曰用君子，猶未有以見其用之之實也，必至連直者都用，方纔用得徹底，方纔喚得真能用君子；概曰去小人，猶未有以見其去之之實也，必至連枉者都去，方纔去得徹底，方纔喚得真能去小人。聖人下此二字，一則將君子小人之情，推勘到纖毫含糊不得處；一則將時君世主之情，推勘到纖毫矯强不得處，其指精矣。長國家者，誠於此一參證焉。所舉吾所好乎？民所好乎？所錯吾所惡乎？民所惡乎？孰爲直乎？孰爲枉乎？民服乎？不服乎？自應惕然有省，豁然有悟，亦何至忠正是讎，邪媚是孌，棄藥石而懷鴆毒，公然驅而納之危亡之中，而莫之避也？

「啓予足，啓予手」，信口道來，形色天性，全盤擎出。會得時，只此便了，更有何事？會不得，自家身命，尚没個下落，説恁戰戰兢兢？

又曰「啓予足，啓予手」，此六字，言在意中，意在言外，最妙是不説破。如禪門，便説破了；又如俗儒，亦須説破。曾子兩邊不墮，可謂超然，乃知這個話，正是懸手離足的真消息也。

「身體髮膚，受之父母，不敢毁傷」，「父母惟其疾之憂」，「啓予足，啓予手」，此等話愈淺愈深，愈粗愈細，愈近愈遠，愈平愈有旨，須索理會始得。

曾子開口便説個「啓予足，啓予手」，終之曰「而今而後，吾知勉夫」，此四語，首尾呼應，故註云：「言其得免於毁傷也。」意甚分明。邇來説者以爲此，何但免於毁傷？直是證入「無悟無修」「大休歇」境界，永無「如臨如履」之懼耳。所以然者，一緣看得「免於毁傷」四字太草草，一緣看得「戰戰兢兢」太拘束了，也須知「戰戰兢兢」，乃吾性體流行，没些子放鬆處。「如臨如履」，猶所謂「如見大賓」「如承大祭」，而語加嚴切耳，非有所憂患恐懼之謂也。孟子曰：「必有事焉，而勿正，心勿忘，勿助長。」「必有事」，正是「戰戰兢兢」；「勿忘，勿助」，正是「必有事」，如此有何拘束？這便是個大休歇也。陽明答舒國用書有曰：「灑落，生於天理之常存；天理之常存，生於敬畏之無間。」其義精矣，猶屬權説。若分而爲二，然者究其實，灑落原非放縱，乃真敬畏；敬畏原非把持，乃真灑落。如必免於「如臨如履」之懼，方稱大休歇，則是灑落必廢敬畏，敬畏必礙灑落。自古聖賢「憂勤惕厲」，[一]汲汲一生，却成個大勞攘矣。殆不其然，至所謂「免於毁傷」，談何容易。試思造化予我這兩手，豈僅僅要他能提能携而已？與我這兩足，豈僅僅要他能趨能走而已？即爾世間林林總總，誰是毁傷者？須知「免於毁傷」是全歸，全歸是踐形，踐形是盡性。是故必與天地合其德，方纔那與天地同體的無墜無陷；必與日月合其明，方纔那與日月同體的無墜無陷；必與四時合其序，方纔那與四時同體的無墜無陷；必與鬼神合其吉凶，方纔那與鬼神同體的無墜無陷。論至此，又誰是不毁傷者？孟子曰：「事親若曾子者，可也。」予亦曰：「守身若曾子者可也。」味「可」之一字，只愁「免於毁傷」四字了而未了，莫嫌了得這四字，猶有所不足也。

東坡譏伊川曰：「何時打破這『敬』字？」愚謂：「近世如王泰州座下顔、何一派，直打破這『敬』字矣。」

邇來愛舉個「不學不慮」，原是道性善本旨，有何可疑？但當初提這話頭，還有個

[一]「憂勤惕厲」，底本、康熙本均作「憂勤惕勵」，據光緒本改。按周易：「君子終日乾乾，夕惕若厲。」

意思在。蓋緣世間人，惟其悠悠蕩蕩，不肯去學則已，纔去學，便往往走入矜持把捉之中，反將自家的良能遮却；惟其莽莽撞撞，不肯去慮則已，纔去慮，便往往走入揣摩卜度之中，反將自家的良知遮却。有識者憂其然，以爲如是而學，不如無學；如是而慮，不如無慮，故特爲掃而去之。庶幾聞者因而求其所以，自應討出一條正當路頭耳，此其深切爲人處也，雖然亦稍過矣。以矜持把捉爲學，正是不識「學」字，盍亦明告之曰「奚而謂之學可也」？以揣摩卜度爲慮，正是不識「慮」字，盍亦明告之曰「奚而謂之慮可也」？何必懲噎廢食乎？

程叔子曰：「聖人本天，釋氏本心。」季時爲添一語曰：「衆人本形。」意益了了。

尚解悟的，不無露出個脱灑相來；尚修持的，不無露出個莊嚴相來，這是習氣。尚解悟的，聞説脱灑話便喜，聞説莊嚴話便厭；尚修持的，聞説莊嚴話便喜，聞説脱灑話便嗔，這是習情。須盡數抛入大海洋中，莫留些兒影響方好。[二]

[二]「影響」，底本作「影嚮」，據康熙本、光緒本改。

顧憲成全集卷十

小心齋劄記十

癸卯

或問春秋大旨。曰：「春，王正月。」已而又曰：「天王使宰咺來歸惠公、仲子之賵。」曰：「何言乎『春，王正月』也？」曰：「這裏要看一『王』字。孔子嘗言之矣：『天下有道，禮樂征伐自天子出；天下無道，禮樂征伐自諸侯出。』及作春秋，却表出一『王』字來，意豈不曰『禮樂征伐自天子出』即爲有道，『自諸侯出』即爲無道乎？於是而書會、書盟、書聘、書伐，又豈不曰是果『自天子出』乎？抑亦非『自天子出』乎？如此不特亂臣賊子，人人得而誅之者，無所復容，即桓、文輩自詭能爲天子分憂捍難，有功於王室者，亦與亂賊同科，一切假仁假義之説，無所復施矣。這便是孔子撑乾拄坤,變無道爲有道的大規模。」曰:「何言乎『天王使宰咺來歸惠公、仲子之賵』也?」曰:「這裏要看一『天』字。蓋天下有道,非天下自爲有道也,惟王帥之以有道,則有道矣;天下無道,非天下自爲無道也,惟王帥之以無道,則無道矣。故春秋特揆所由,提出一『天』字來,意豈不曰『天下受命於王,王受命於天。能奉天,即是帥之以有道;不能,即是帥之以無道』乎?於是而書『使宰咺』,書『歸惠公、仲子之賵』,又豈不曰是果奉天而行者乎?抑亦悖天而行者乎?循名責實,將無怩然而愧乎!誠知愧,將無惕然而懼乎!誠知懼,將無聳然而奮乎!然後一發念必慎,一施政必慎,而禮樂征伐,悉禀承自天矣;然後諸侯莫敢擅於國,大夫莫敢擅於家,陪臣莫敢擅於室,而禮樂征伐,悉禀承自天子矣。這便是吾夫子旋乾轉坤,變無道爲有道的大機括。故看得一『王』字明白,則知春秋正名定分之書也,所以告天下萬世之爲人臣子者也;看得一『天』字明白,則知春秋端本澄源之書也,所以告天下萬世之爲人君父者也。董子曰:『爲人君父,而不通於春秋之義,必蒙首惡之名;爲人臣子,而不通於春秋之義,必陷簒殺之罪。[二]』得之矣。」

李延平初間是豪邁人,後來琢磨得與田夫野老一般,可謂十分細膩。這便是一

[二]「殺」,底本作「試」,據康熙本、光緒本改。

個最善涵養氣質的樣子。[二]　呂東萊少褊急，一日誦論語「躬自厚而薄責於人」，平時忿懥涣然冰釋，可謂十分果決。這便是一個最善變化氣質的樣子。

子路問事鬼神，子曰：「未能事人，焉能事鬼。」問死，子曰：「未知生，焉知死。」謝上蔡問鬼神有無，程伯子曰：「待説與賢道没時，古人却因甚如此道；待説與賢道有時，又恐賢問某尋。」游定夫問「陰陽不測之謂神」，程叔子曰：「賢是疑了問，是揀難底問。」語上之難久矣，聖賢於此等處急切作何酬付？只將一冷語，微微點綴，[三]道是十分含蓄，却是十分泄漏。使學者驟而聞之，不覺妄想頓撤，窈然喪其翻飛馳騖之心。徐而繹之，又覺意味深長，當下便實實有個理會處。假令是時一意攔截，那邊滿腹疑團，何由打破？不然，而瑣瑣爲之剖析曰如何如何，彼又將以口耳承之曰如何如何，兩下只成個話柄而已，何從討出真消息來？故曰夫子之不告，乃所以深告之也。

或問：「孔子言『不義而富且貴，於我如浮雲』，程子乃言『堯、舜事業，亦如太虚中一點浮雲過目』，輕之甚矣。予竊疑焉，敢請。」曰：「此恐誤看了也。」曰：「應作甚

[二]「是」，底本無，據康熙本、光緒本補。
[三]「點綴」，底本作「點掇」，據康熙本、光緒本改。

麽樣看？[一]」曰：「性，太虚也，求其窮際，了不可得，即兩聖人能做得幾許？故曰『一點浮雲過目』，此正與『堯、舜猶病』之説同。蓋謂堯、舜事業，不足以滿堯、舜之心也。非謂堯、舜之心，置事業於分外，藐焉薄不爲意也。若作如是解，即兩聖人亦枉却一生辛勤，反不如巢、許輩討便宜耳，失程子之指矣。」

又曰：「孔子浮雲富貴，富貴無常，吾性有常，不以無常易有常也；程子浮雲事業，事業有涯，吾性無涯，不以有涯概無涯也。兩下語意，各有所指，説者乃混而一之，即堯、舜事業，僅僅與不義之富貴等，豈不大謬？至無善無惡之説行，且併道德而浮雲之矣。嗟乎！浮雲富貴，見在我之有餘也，得之者，爲能樂聖人之樂；浮雲事業，見在我之不足也，得之者，爲能憂聖人之憂。若見浮雲道德，竊恐既無可憂，又無可樂，其流未有不至於猖狂自恣者也。可不畏哉！可不畏哉！」

象山兄弟不肯濂溪之無極，又不肯横渠之西銘，伊川不肯康節之易，獨朱子一一信而好之，且爲考訂釐正，推明其説，以遺來學，至以此取譏蒙訕，不容於世，曾不爲悔。試看此老，是何等心胸！何等眼界！何等手段！

[一]「甚麽樣」，底本作「恁麽」，據康熙本、光緒本改。

或問：「至誠前知，有待於禎祥妖孽等類乎？無待於禎祥妖孽等類乎？有待，不可言前知；無待，則何所據而知也？」曰：「禎祥，興兆也，非興本也，必有所以興者矣；妖孽，亡兆也，非亡本也，必有所以亡者矣。鬼神於所以處知之，故顯出個禎祥妖孽；至誠於所以處知之，故曰如神，一也。只是禎祥妖孽等類，泛泛觀之，其狀顯，那個不見？細細求之，其情微，那個能見？即如成子受脤一節，成子不知也，成人亦不知也，獨劉子知之耳；又如邾子執玉一節，邾子不知也，邾人亦不知也，獨子貢知之耳。推而上之，蓋有劉子不知，子貢不知，獨至誠知之者矣。況乎福中藏禍，禍中藏神，塞翁之馬，邑人之牛，種種色色，變幻百端，豈尋常智慮所能一一而窺測耶？故至誠不待禎祥妖孽而後知，禎祥妖孽却必待至誠而後能知之也。」曰：「所以處是何物？」曰：「只是一個理。這一個理，徹顯徹微，徹近徹遠，徹常徹變，徹始徹終。不可以象言而象攝焉，洪纖高下，莫能違也；不可以數言而數該焉，往古來今，莫能違也。試看孔子序書，特存秦誓，分明知秦之當繼周而有天下；梁襄王問『天下惡乎定』，孟子答以『定於一』，分明知封建之當廢而郡縣。這等處總只是參得一個理透。此理徹顯徹微，至誠亦徹顯徹微；此理徹近徹遠，至誠亦徹近徹遠；此理徹常徹變，至誠亦徹常徹變；此理徹始徹終，至誠亦徹始徹終。所以洞乾坤於指掌，通混闢於呼吸，既非如陰陽家牽制象數，規規占算之間，徇其有定之粗跡，而迷其無定之圓機。又非如儒生家弁髦象數，概以爲不足憑，執其無形之渺談，而略其有形之實證也。若是者，人莫不詫而奇之。[二]自至誠觀之，猶之權設而輕重自見，度設而長短自見，量設而多寡自見，鑑設而姸媸自見耳，何容心焉？却有一件可詫，自昔國家興亡，當其未然，無有不經人道破者，只其本人反不自知耳。即如今人做一事，其間或利或害，或成或敗，亦無有不經人覷破者，只其本人並不自知耳。及看他人又原明白，如此則人人如神也，不亦異乎？」曰：「此理如何？」曰：「中庸説得極妙了：『至誠之道，可以前知』，不言人而言道，可味可味！蓋言人則至誠之造，非聖人不能當，言道即匹夫匹婦，當其一私不着，便是至誠。既是至誠，便有可以前知之理。恒言云『當局者迷，旁觀者清』，豈不以當局者身在事中則有我，有我則有私，於利害成敗看得重，計慮橫生，所以常迷；旁觀者身在事外則無我，無我則無私，於利害成敗看得輕，脱然不係，所以常清。假令當局者之心，一如旁觀者之心，則亦無有不知者矣。此所謂『至誠之道，可以前知』也。」曰：「然則至誠與衆人何以異？」曰：「衆人前知，只是一個天機

[二]「詫」，底本作「詑」，據康熙本、光緒本改。下同。

偶然露巧，且其爲知也，亦但知之而已。至誠便有作用，無論在位與不在位，可爲與不可爲，到處有一副真精神密密斡旋，[二]非但知之而已也。」曰：「鬼神何如？」曰：「鬼神知其將興，爲顯出禎祥來，凡以鼓之舞之，使之益歆於善也；知其將亡，爲顯出殀孽來，凡以警之懼之，使之改其不善，以復於善也。這便是鬼神的作用，只要人承受得。」

舜言「人心惟危，道心惟微」，是精一語；跖言「何適而非道」，是籠罩語。孟子曰：「欲知舜與跖之分無他，善與利之間也。」舜於其間如此剖析，看毫釐處，便已見有千里之懸，判爲兩路；跖於其間如此儱統，到千里處，尚不見有毫釐之差，混爲一途。然則舜之所以孳孳善，跖之所以孳孳利，又在能辨與不能辨之間而已矣。

史際明曰：「宋之道學在節義之中，今之道學在節義之外。」誠然。予亦曰：「宋之道學在功名富貴之外，今之道學在功名富貴之中。在節義之外，則其據彌巧；在功名富貴之中，則其就彌下。無惑乎學之爲世詬也。」

[二]「斡旋」，底本作「幹旋」，據康熙本、光緒本改。

李卓吾曰：「與其死於假道學之手，[一]寧死於婦人女子之手。」卓吾平日議論，往往能殺人，此語却能活人，吾不得以其人而廢之也。

季時曰：「今人講學只是講學。」予曰：「何也？」曰：「任是天崩地裂，[二]他也不管。」予曰：「然則所講者何？」曰：「在縉紳，只是『明哲保身』一句；在布衣，只是『傳食諸侯』一句。」予爲俯其首。

食色，性也；形色，天性也。兩下認取，性字各自不同，將來比方看，便不是。

自誠明謂之性，自明誠謂之教，此不必深求，只就眼前體貼來便見，何者？觀夫人於有生之初，未琱未琢，滿腔子渾然一真而已。已而有所觸於目焉，便曉得視；已而有所觸於耳焉，便曉得聽；已而有所觸於口焉，便曉得言；已而有所觸於四體焉，便曉得持行；已而有所觸於心焉，便曉得是非可否，這喚做誠明。觀夫人於有生之後，形交物誘，往往不免受琱受琢矣。必其曉然於視也，而後所以主乎視者，實爲我有，能不瞶其目焉；曉然於聽也，而後所以主乎聽者，實爲我有，能不聵其耳焉；曉

[一]「手」，底本作「中」，據康熙本、光緒本改。
[二]「任」，底本作「恁」，康熙本、光緒本作「任」，據改。

然於言也，而後所以主乎言者，實爲我有，能不曠其口焉；曉然於持行也，而後所以主乎持行者，實爲我有，能不曠其四體焉；曉然於是非可否也，而後所以主乎是非可否者，實爲我有，能不曠其心焉；這喚做明誠。「自誠明謂之性」，蓋天命之脈絡本如是，雖聖人無異於途人者，此也；「自明誠謂之教」，蓋修道之究竟當如是，雖途人可進於聖人者，此也。故曰「誠則明矣，明則誠矣」，更無二樣。

釋家有「理障」「事障」之説，便是「無善無惡」的註脚。試看理是甚麽？[一]喚他是障，或以情識認取，或以意念把捉，或以見解播弄，或以議論周羅，則有之矣。却是人障理，非理障人也。

或問佛氏大意，曰：「三藏十二部五千四百八十卷，一言以蔽之曰『無善無惡』。試閲七佛偈，便自可見。」曰：「永嘉證道歌謂『棄有而着無，如舍溺而投火』，恐佛氏未必以無爲宗也。」曰：「此只就『無善無惡』四字翻弄到底，非有別義也。」曰：「何也？」曰：「『棄有』，以有爲惡也；『着無』，以無爲善也。是猶有善有惡也。無亦不着，有亦不棄，則無善無惡矣。自此以往，節節推去，掃之又掃，直掃得没些子剩，都

[一]「甚麽」，底本作「恁麽」，據康熙本、光緒本改。下同。

是這個意頭，故曰此只就『無善無惡』四字翻弄到底，非有别義也。」

「三分天下有其二，以服事殷」，非特文王爲然。書曰：「惟十有三年，大會於孟津。」中庸曰：「武王末受命。」然則十三年以後，文王尚在，安知不爲武王？由十三年以前觀之，武王亦文王也。孟津之會，天與人歸，不得已而應之耳。豈可因是而没其心哉？故概而贊之曰：「『周之德』，只味一『周』字，聖人之意，曉然可見。」

高存之曰：「陽明致良知，即是明明德。」予曰：「然。朱子曰：『明德者，人之所得乎天，而虚靈不昧，以具衆理而應萬事者也。但爲氣禀所拘，物欲所蔽，則有時而昏，然其本體之明，則有未嘗息者。學者當因其所發而遂明之，以復其初也。』即是致良知，一部傳習録只恁地看。」

又曰：「予始讀朱子此條，至『因其所發而遂明之』一語，竊疑之。『明明德』者，直當求之未發之前，何待發而後致力耶？已而悟其不然。此『發』字，乃對『拘』字、『蔽』字言，正本體之明，有未嘗息處。拘且蔽，則不能發，發則氣拘不得，欲蔽不得，忽然迸出也，不可將『未發』『已發』之『發』混看。蓋『未發』『已發』之『發』，是就一念之寂感説，因其所發之『發』，承『有時而昏』來，是就一念之通塞説。兩下不無小異耳。」

良能，不學而能，概以「不學而能」爲良能，又不得；良知，不慮而知，概以「不慮而知」爲良知，又不得。何也？孩提之童，無不知愛親也，及其長也，無不知敬兄也，是固不學而能，不慮而知也；及孩提之童，無不知甘食也，及其長也，無不知悦色也，是亦不學而能，不慮而知也，二者幾無以異矣。然而自愛親敬長充之，則爲聖爲賢，至於與天地同流；自甘食悦色充之，則爲愚爲不肖，至於違禽獸不遠。其究有霄壤之判焉。夫豈得一一而良之？況乎知誘物化，日增一日，則甘食悦色，日熟一日，向之所謂不學不慮者，非惟無益，而反有害；甘食悦色，日熟一日，則愛親敬長，日生一日，向之所謂不學不慮者，絶不見分毫之足恃也。今欲轉生爲熟，轉熟爲生，將必由學而入耶？抑亦可以安然無所用力而致耶？將必由慮而入耶？抑亦可以漠然無所用心而致耶？有志者願細參之。

或問：「程伯子云：『生之謂性，人生而静以上不容説，纔説性時，便已不是性也。』何如？」曰：「伯子此數語，説得最玄。朱子曰：『不容説者，未有性之可言；不是性者，已不能無氣質之雜矣。』又解得最徹，有何可疑？」曰：「吾倩子下一轉語耳。人生而静以上，形氣尚未用事，言性者，正應於此指出源頭，何云不容説？纔説性時，誠不能無氣質之雜矣，乃其不雜於氣質者固自在也，何云不是性？」曰：「請姑借孟子四語發明之，曰『性也，有命焉』，[一]緣人而遡之天，蓋自其超乎形氣之上者而言也，此可以闡『不容説』之指；『命也，有性焉』，推天而屬之人，蓋自其麗乎氣質之中者而言也，此可以圓『不是性』之指。」

或問：「聞之孔門有仁、聖兩宗，然否？」曰：「論語一云『何事於仁，必也聖乎』，一云『若聖與仁，則吾豈敢』。即此觀之，可見孔門委有仁、聖二宗也。」曰：「兩宗從何而分？」曰：「這裏甚難言，姑揣言之。聖，其從太極發根乎？仁，其從乾元發根乎？」曰：「乾元，非太極歟？竊惟孔子贊易，首揭『乾元』二字，正指生天生地之本而言也。朱子僅以四德之仁當之，似只訓及後天之元，未訓及先天之元，埋没了生天生地之本矣。子何以亦云爾？」曰：「是固有説，然而非究竟義也。究竟則生天生地之本，當歸之太極耳。何也？就乾坤言，乾統坤者也。是故舉乾元，便攝坤元，不必舍此別求太極。就乾元、坤元言，總之來自太極者也。是故太極無對，乾元便與坤元相對而成兩，元亨利貞又相對而成四矣。然則太極，敦化也；元亨利貞，川流也。乾元在敦化爲川流，在川流爲敦化，乃先天之後天，後天之先天也。君恐認乾元爲四德之

[一] 「發明之，曰」，康熙本、光緒本作「爲君參之」。

仁，未免埋没了生天生地之本，予又恐認乾元爲生天生地之本，未免埋没了太極也。觀孔子於此將乾元與坤元並提，而繫辭傳特標太極於兩儀之上，亦可知已。故曰：『從太極發根是聖，從乾元發根是仁。』及其至，一也。」曰：「既二之矣，奚其一？」曰：「仁有專言者，有偏言者。專言之仁，無對之仁也，屬乎先天，所以合於聖也；偏言之仁，有對之仁也，屬乎後天，所以分於聖也。個中消息，要在默而識之，非解可及也。〔二〕」

〔二〕「解」，康熙本、光緒本作「思解」。

顧憲成全集卷十一

小心齋劄記十一

甲辰

或問：「孟子道性善，允矣，奈氣拘物蔽何？」曰：「子目能視否？耳能聽否？口能味否？鼻能嗅否？手能持否？足能行否？」曰：「能。」曰：「若是，則誰拘子者？」已而又曰：「子目之於視，能辯妍媸否？耳之於聽，能辯清濁否？口之於味，能辯甘苦否？鼻之於嗅，能辯香臭否？手之於持，能辯輕重否？足之於行，能辯平險否？」曰：「能。」曰：「若是，則誰蔽子者？」曰：「然則曷爲有堯、舜、蹻、跖？」曰：「堯、舜的耳目、口鼻、四肢，便是蹻、跖的耳目口鼻四肢；蹻、跖的耳目、口鼻、四肢，便是堯、舜的耳目、口鼻、四肢。若謂這個一邊生成，只會向好路上去，必不可轉而之邪；一邊生成，只會向乖路上去，必不可轉而之正。是落地時人品便定了。殆不其然！」曰：「畢竟向好路上去便覺難，向乖路上去便覺易，何故？」曰：「難也不難，易也不易，只在子一念間。是故堯自堯也，舜自舜也，蹻自蹻也，跖自跖也，拘自拘也，蔽自蔽也，切莫冤三賴四，自討出路，自誤自家，到做得狼狽了，那時誰替你分疏？又誰聽你分疏？」曰：「然則朱子之説非歟？」曰：「何爲其然也？吾嘗譬之，性是主人翁，氣是客，欲是奴僕。主弱則客强，主闇則奴僕用事，然而主人翁固自在。朱子不云：『本體之明，有未嘗息者』乎？正爲子指點出主人翁。子第從這裏認取，作起主來，所謂『一朝權在手，便把令來行』。縱是甚麽樣的氣質，也應變化；縱是甚麽樣的物欲，也應退聽。至此，豈惟不子拘，不子蔽，且各各出而爲子效疏、附奉、奔走也。努力努力！」

程伯子識仁説至矣，予竊以爲更參諸顏子「欲罷不能」「欲從末由」兩案始盡。[一]何則？學者未能識仁，其功夫猶或有作而有輟，既識得，便覺無可歇手處。即欲不爲之防檢，自不容不防檢；即欲不爲之窮索，自不容不窮索，所謂欲罷不能也。學者

[一]「竊」，底本作「切」，據康熙本、光緒本改。

欲求識仁，其功夫必且有作而無輟，既識得，反覺無可措手處，即欲爲之防檢，這裏却靠不得防檢；即欲爲之窮索，這裏却靠不得窮索，所謂欲從末由也。是故不須防檢，不須窮索，百尺竿頭事也；欲罷不能，欲從末由，百尺竿頭進步事也。個中消息最微，切宜仔細着眼。[一]

伊川曰：「性即理也。」此一語，極説得直截分明，亘古亘今，顛撲不破，却亦有個來歷。書云：「惟皇上帝，降衷於下民。」詩云：「天生蒸民，有物有則。」曰『衷』曰『則』，非理而何？但不如拈出『理』字，尤覺易曉了耳。朱子嘗言：「自程、張氣質之説出，而後諸子紛紛之説息。」予以爲未也。别氣質於性，則性明；溷氣質於性，則性晦，猶在人善看。惟「性即理也」之説出，而後諸子更無所置其喙耳。

官輦轂，念頭不在君父上；官封疆，念頭不在百姓上。至於水間林下，三三兩兩，相與講求性命，切磨德義，念頭不在世道上，即有他美，君子不齒也。

史稱紂資辨捷疾，聞見甚敏，材力過人，智足以拒諫，言足以飾非。因思此等人，若肯回心轉念，要去爲聖爲賢，比諸常人，莫更容易在？惜乎走差了路頭，却做成古

[一]「着眼」，底本無，據康熙本、光緒本補。

今第一大惡。

羅念菴先生曰：「世間那有現成良知？」良知不是現成的，那個是現成的？且良知不是現成的，難道是做成的？此個道理，稍知學者，類能言之。念菴寧不曉得而云爾？只因人自有生以來，便日向情欲中走。見聲色，逐聲色；見貨利，逐貨利；見功名，逐功名。勞勞攘攘，了無休息，這良知却擲在一邊，全然不採。有時覿面相逢，亦漠然不認。久久習熟，那一切後來添上的，日親日近。遂爾不招而集，不呼而應，反似現成。那原初現成的，日疏日遠，甚且嫌其能覺察我，能檢點我，能阻礙我，專務蒙蔽，反成胡、越。於此有人焉，爲之指示本來面目，輒將現成情識，冒作現成良知，這等亂話，豈不自欺欺人？於此又有人焉，提出個「致」字，謂「須着實去致，方得良知到手」。輒又言「良知不慮而知，不學而能，本自現成，何用費纖毫氣力」，這等大話，豈不自誤誤人？其爲天下禍甚矣。念菴目擊心恫，不得已特開此口，以爲如此庶幾聞者驟而笑，徐而訝，已而漸漸省發，證入身來。即今現成的是良知，不是良知原初現成的，即今還留在這裏，還丟在那裏，自將慚愧驚惶，食不安，寢不安，百計圖維，求復故物，於是亡者始可得而存，缺者始可得而完耳。存即存其所未嘗亡，完即完其所未嘗缺，謂是現成良知，可也；以其由亡而存，由缺而完，謂是做成良知，亦可也。直所從言之異耳，無兩良知也。然則念菴言「世間那有現成良知」，正所以激發頑懦，破除狂誕，俾之實致良知也。其有功於陽明，大矣。乃説者反因是疑其未透性也，豈不重孤負哉？

「世間那有現成良知」，猶言「世間那有現成聖人」。但説個「世間那有現成聖人」，人只泛泛聽過，還覺意味短淺；説個「世間那有現成良知」，人定要疑起來。既有疑，便須討出中間緣故。既討出中間緣故，便自住手不得，更覺意味深長也。

心齋一日出遊歸，陽明問曰：「遊何見？」對曰：「見滿街人都是聖人。」陽明曰：「你看滿街人是聖人，滿街人到看你是聖人在。」又一日，董蘿石出遊而歸，曰：「今日見一異事。」陽明曰：「何異？」對曰：「見滿街人都是聖人。」陽明曰：「此亦常事耳，何足爲異？」予惟所以謂「滿街人都是聖人」，正謂「滿街人都有現成良知」爾。念菴却反其説曰：「世間那有現成良知？」今觀陽明於心齋，則以一熱語挑之；於蘿石，則以一冷語掃之。固是陶鑄妙手，亦是稽弊深心。假令是時聞念菴之言，其必喟然嘆曰：「吾與子也。」

就良知論，非特堯、舜是現成的，即桀、紂亦是現成的。然而一邊做了堯、舜，一邊做了桀、紂，何也？吾人須於堯、舜之所以爲堯、舜，桀、紂之所以爲桀、紂處一查，方有省發。且就桀、紂論，非特良知是現成的，即他彌天富貴，亦豈不是現成的？渠謂「祭無益」，謂「暴無傷」，又豈不是要安然坐享現成的？畢竟作何結果也？然則現成足恃乎？不足恃乎？可以觀矣。

告子曰：「仁內也，義外也。」孟子曰：「仁，人心也；義，人路也。」二語何以異？告子曰：「彼長而我長之，非有長於我也。」程子曰：「聖人之喜，以物之當喜；聖人之怒，以物之當怒。是則聖人之喜怒，不繫於心，而繫於物也。」二語何以異？然而出於孟子則是，出於告子則非；出於程子則是，出於告子則非，何也？只緣他認源頭處差耳。

吾於病中得兩神應方。陳惟濬卧病虔州，陽明謂之曰：「病物亦難格。」惟濬曰：「然。」陽明曰：「常快活，便是功夫。」此如豁我以蘇、苓。陳仲醇曰：「天下惟聖賢爲能收拾精神，其次英雄，其次修煉之士。」此如固我以參、朮。吾服之十年餘矣，大有奇效，蓋不特治病而已也。

或問：「陽明先生之『揭良知』，何如？」曰：「此『揭』自是痛快，往往有駁之者，予不敢以爲然也。如曰『分別爲知，良知亦是分別』，似矣。竊謂分別非知，能分別者知也。認分別爲知，何啻千里？恐未有以折之也。如曰『知是心之發竅處，此竅一發，作善由之，作不善由之，如何靠得他作主』，似矣。竊謂知善知惡，是曰良知。假令善惡雜出，分別何在？恐未有以折之也。如曰『所求者既是靈明，能求者復是何物？如以靈明求靈明，是二之也』，似矣。竊謂即本體爲功夫，何能非所？即功夫爲本體，何所非能？果若云云，孔子之言操心也，孰爲操之？孟子之言存心也，孰爲存之？俱不可得而解矣。恐未有以折之也。」曰：「傳習録中一段，却自可疑，録云：『蘇秦、張儀也窺見良知妙用，但用之於不善耳。』陽明言：『良知即天理。』朱子亦云：『良者，本然之善。』若二子窺見這個妙用，一切邪思枉念，都無棲泊處，如之何用之於不善乎？竊恐揆諸『知善知惡』之説，亦自不免矛盾也。嘗考鬼谷子有捭闔篇，捭者，開也，陽也；闔者，閉也，陰也。蘇、張二子，從鬼谷游，恰就這裏窺見個妙處，將來作弄，如遂以此當良知，則何怪乎世之認識神爲良知？又何怪乎世之病良知也？」曰：「陽明看得良知無善無惡，故如此説，良知何病？如此説，恐未能無病，陽明應自有見，恨無從就正耳。」

或問：「人以『無善無惡』四字爲易簡之宗，子以『無善無惡』四字爲支離之祖，何也？」曰：「夷善爲惡，銷有爲無，大費力在。善還他善，惡還他惡，有還他有，無還他無，乃所謂『易簡』也。」曰：「孟子道性善，更不能説性如何樣善，只道得個『乃若其情，則可以爲善矣，乃所謂善也』，可見性中原無處着個善，即今反觀，善在何處？」曰：「公姑無問我善在何處，我且問公，即今反觀，性在何處？」曰：「處處是性，從何拈出？」曰：「如此，我且不必問公性在何處，公試爲我言性與善，是一是二？」曰：「是一非二。」曰：「如此却説恁着不着？更有一問，人言目之性曰明，耳之性曰聰，信乎？」曰：「何也？」曰：「吾欲問公目中何處着個明？耳中何處着個聰？」曰：「能視色之謂明，明非色也。能聽聲之謂聰，聰非聲也。如何覓他着處？」曰：「是矣是矣，公若認善做一件物，有色可視，有聲可聽，會須覓個着處。若知善非色非聲，正應就不見不聞，默默體取，如何説性中無處着個善？請借禪門一個公案爲證。李江州問智常禪師曰：『教中所言，須彌納芥子，渤即不疑。芥子納須彌，莫是妄談否？』智常曰：『人傳使君讀萬卷書，還是否？』曰：『然。』智常曰：『循頂至踵，如椰子大，萬卷書向何處着？』而今若判得這公案，便自了了。」曰：「孟子畢竟不曾説性如何樣善，其故安在？」曰：「體用一原，顯微無間。七篇中，何一句不説這個？識者只嫌漏泄太甚，奚其云？」曰：「固是，但覺不曾指破源頭。」曰：「『盡其心者，知其性也；知其性，則知天矣。』待公究勘到此，再作商量未晚也。」或憮然而退。

或問：「大學之言『獨』也，曰『十目所視，十手所指』；中庸之言『獨』也，曰『莫見乎隱，莫顯乎微』；今之言『獨』也，曰『與物無對』。孰當？」曰：「繹『十視十指』之義，令人欲一毫自恣而不得；繹『莫見莫顯』之義，令人欲一毫自瞞而不得；繹『與物無對』之義，令人欲一毫自褻而不得。皆喫緊爲人語也。」

予往在都下，見許敬菴，便自覺放處多；見李克菴，便自覺輕處多；見孟我疆，便自覺濃處多；見吕新吾，便自覺腐處多；見張陽和，便自覺偏處多；見鄧定宇，便自覺浮處多；見魏見泉，便自覺怯處多；見魏崑溟，便自覺低處多；見劉紉華，便自覺鬆處多；見孟雲浦，便自覺粗處多；見唐曙臺，便自覺躁處多；見趙儕鶴，便自覺局處多；見鄒大澤，便自覺淺處多；見李脩吾，便自覺小處多；見張養沖，便自覺嫩處多。今且二十餘年往矣，果能有瘳於萬分一乎？抑亦猶然故吾乎？日月如馳，衰病交集，静言思之，尚復何待？此予所爲寤寐反覆，而不敢以宴者也。

王荆公操行文章，種種過人，同時諸君子並相推重，其新法至今多採用之。特青苗等事，似涉瑣屑，不無紛擾。則公令鄞時，亦嘗身親試焉，其行之善不善，實存乎人，猶未足重爲公病也。然而宋室之微，實自此始，何也？只是不小心之過耳。象山曰：「初，裕陵得公，問唐太宗何如主？公對曰：『陛下當以堯、舜爲法。』裕陵曰：『卿可謂責難於君。』及委以政，則曰：『須督責朕，使大有爲，勿虚歲月。』曾魯公曰：

『聖知如此，安石宜殺身以報。』公曰：『君臣相與，各欲致其義耳。爲君則自盡君道，爲臣則自盡臣道，非相爲賜也。秦、漢而下，當塗之士，有知斯義者乎？』」是信然矣。試思天變不足畏，祖宗不足法，人言不足恤，秦、漢而下，當塗之士，亦有敢爲斯語者乎？前所云徒托諸空言，了無毫髮之補，後所云乃見諸事實，適爲自專自用者，藉兵而齎糧，又不特禍宋而已。揆厥所由，只是一個不小心，遂做成一個無忌憚，此固千萬世相人國者之炯監也。

朱子揭「格物」，不善用者，流而拘矣，陽明以「良知」破之，所以虛其實也；陽明揭「致知」，不善用者，流而蕩矣，見羅以「修身」收之，所以實其虛也。皆大有功於世教。然而三言原並列於大學一篇之中也。是故以之相發明，則可；以之相弁髦，則不可；以之相補救，則可；以之相排擯，則不可。

嘉靖乙卯，順天鄉試。初場第一題，論語「仁以爲己任，不亦重乎」；第二題，中庸「必得其名，必得其壽」。於是典試官以聞肅皇，問徐文貞曰：「『仁以爲己任，不亦重乎』，下文云何？」文貞對曰：「必得其名，必得其壽。」肅皇大悦。造次酬應，妙捷如此。此老救時手段，亦可以覘其一斑矣。余少時聞客譚文貞立朝事，意不大滿公。已，讀丙寅遺詔，乃始嘆服。近復有語及此段者，益不覺爽然自失也。

或問：「聖人之不勉而中，即孩提之不學而能；聖人之不思而得，即孩提之不慮而知，信矣。論者又以爲不同，何也？」曰：「此亦有説在。」曰：「可得聞乎？」曰：「孩提不學而能，無有所撓之也；聖人不勉而中，則撓之而愈定矣。孩提不慮而知，無有所淆之也；聖人不思而得，則淆之而愈清矣。故不同也。且易言『百姓日用而不知』，詩言文王『不識不知，順帝之則』，這兩『不知』，同乎？不同乎？」曰：「恐不同。」曰：「孩提之不學不慮，易之所謂不知也；聖人之不思不勉，詩之所謂不知也。以此而論，謂之不同也固宜。」曰：「然則於其同，可以識取本體矣；於其不同，可以識取功夫矣。」曰：「如此看，甚好。」

漢太僕杜密以黨禁歸里，同郡劉勝亦自蜀罷歸。密每謁守令，多所陳託，劉勝閉門掃軌，無所干。及太守王昱一日謂密曰：「劉季陵清高士，公卿多舉之者。」密知昱激己，對曰：「季陵位爲大夫，見禮上賓，而知善不薦，聞惡無言，隱情匿己，自同寒蟬。今者尚義力行之賢，而密達之；違道失節之士，而密糾之。使明府賞刑得中，令聞休揚，不亦萬分之一乎？」昱謝之，待密彌厚。余所識崑山兩賢，曰給諫張可菴、儀部諸敬陽，皆心服而敬事之，欣爲執鞭。張大類劉，諸大類杜，各成一局，然可菴有譽無謗，敬陽往往得謗，徐而察其得謗之由，率爲世道人心憤發其不平，因以取忤。熟詢其邑之人，即兒童走卒，無不同聲贊頌，以爲仁人君子。而獨一二忌口，不無異同之論，甚者訟言詆之，造作謗書，騰播遠邇，冀相摇撼。適與丁長孺語及之，長孺云：「崑山人受了敬陽的惠，敬陽却受了崑山人的虧。」相對發慨，究竟亦何損於敬陽？恰好爲敬陽晝出一個獨立不懼圖耳，敬陽又絶不以自多，每向予津津推可菴，歉然遜以爲不及，予謂此正敬陽之不可及處也。尤有不可及處，予嘗一日與敬陽從容語，因曰：「孔子纔説個『質直而好義』，便説個『察言觀色，慮以下人』；纔説個『義以爲質』，便説個『禮以行之，遜以出之，信以成之』，是何意思？」敬陽躍然而起，再三稱謝曰：「君愛我，君愛我，矢當服膺，無負忠告。」此予所謂「尤不可及處」也。

顧憲成全集卷十二

小心齋劄記十二

乙巳

或問性，曰：「不知也。」曰：「請誦所聞，而子裁焉。易曰：『大哉乾元，萬物資始；至哉坤元，萬物資生。』説得極精透。論語曰：『人之生也直。』説得極斬截。又曰：『性相近也。』説得極穩妥。明道曰：『人生而静，以上不容説，纔説性時，便已不是性也。』説得極玲瓏。伊川曰：『性即理也。』説得極實落。子以爲何如？」曰：「精透的，委是精透；斬截的，委是斬截；穩妥的，委是穩妥；玲瓏的，委是玲瓏；實落的，委是實落。却都是書裏載的，眼裏看的，口裏念的，耳裏聽的，若自家於此没個理會處，有何交涉？故曰：神而明之，存乎其人。」

「群居終日，言不及義，好行小慧，難矣哉！」難其違盜賊不遠也。「飽食終日，無所用心，難矣哉！」難其違禽獸不遠也。聖人之鞭策人，未有刻迫如此者。

衛嗣君云：「嚬有爲嚬，笑有爲笑，此語甚可味。試反入身來，吾人日用間，要當視有爲視，聽有爲聽，言有爲言，動有爲動。若率意泛應，了無着落，只成一個孟浪去，是所謂行屍走肉也。」

陸象山讀書，至「宇宙」二字，解者曰：「上下四方曰宇，往古來今曰宙。」遂大悟，援筆書曰：「東海有聖人出焉，此心同，此理同也；西海有聖人出焉，此心同，此理同也；南海、北海有聖人出焉，此心同，此理同也；以至千百世之上、千百世之下，有聖人出焉，此心同，此理同也。」予讀之，殊有省。已而思之，單提個聖人，還覺上下四方、往古來今之間，有些子隔限在，[一]反不如「滿街都是聖人」一言更爽，只是看作奇特，説得驚天動地，便會發狂，究竟不如「人皆可以爲堯、舜」一言，最痛快又最實落，最激昂又最平穩，能使人當下識取自家面目，有勃勃興起，不忍薄待其身之心；又能使人當下識取堯、舜面目，有欣欣向往，不肯自安於不如之意。真造化語也！

[一]「隔限」，底本作「根限」，據康熙本、光緒本改。

予謂季時：「頃讀孔子與子路、子貢評管仲二條，殊可疑。孔子僅於贊禹兩言『無間然』，於贊顔兩言『賢哉』，今於仲亦兩言『如其仁』，且『仁』之一字，生平未嘗漫以許人，而獨許仲，何也？若曰取其功，則亦取其功而已，焉得而遽『仁之至』云？豈若匹夫匹婦之爲諒也？自經於溝瀆而莫之知也。反若不滿於召忽，然者何也？」季時曰：「此恐是齊人張大之辭，而托於孔子耳。舊傳有魯論語、齊論語，或齊論語竄入魯論語中，未可知也。謂出自孔子，似乎不然。」予曰：「弟此意見得極直截，向來費許多氣力，爲兩下分疏，到底分疏不下，展轉葛藤，至此一掃而盡。吾輩只如此看，可見世間只有一條大路，更無旁蹊曲徑討得方便，亦令胸中十分灑落也。」

或問：「孟子道性善是矣，而曰『人之所以異於禽獸者幾希』，無乃但知人性之善，不知物性之善也？」曰：「君謂人與禽獸果無異乎？何以人能由仁義行仁義，禽獸不能；人能爲堯爲舜，禽獸不能乎？且不聞『天地之性，人爲貴』乎？又不聞『天之所生，地之所養，惟人爲大』乎？爲此言者，其亦但知人性之善，不知物性之善乎？而獨於孟子乎吹求也。且人爲貴，則物爲賤；人爲大，則物爲小。此誠判人與禽獸相遠之辭也。玩『幾希』二字，却是表人與禽獸相近之辭也。蓋緣世人期之以聖賢，則愕然而駭，避之而不敢承，既看得自家太卑；〔一〕律之以禽獸，則咈然而怒，推之而不肯受，〔二〕又看得自家太高。故孟子於此不遽言人之異於禽獸，而必推言人之所以異於禽獸，又不顯言人之所以異於禽獸者如之何如之何，而但微言『人之所以異於禽獸者幾希』，使之自思而自悟焉，庶於此識得兩下界限，所争不多。若不肯爲聖爲賢，便應爲禽爲獸；若不肯爲禽爲獸，定須爲聖爲賢，中間更無站立處耳。是則孟子重爲人慮，惟恐其無以下別於禽獸，因拈『幾希』二字，特相悚動。君乃重爲禽獸慮，惟恐其無以上同於人。且礙『幾希』二字，並欲破除兩下用意，正迥然懸絶，安得相提而論？」曰：「畢竟禽獸之性是善非善？」曰：「君姑就孟子所論山水、𤔡麥等處求之，當自有見。」

對朋友之時多，對妻孥之時少，便日益；對朋友之時少，對妻孥之時多，便日損。君以擇相爲要，相以正君爲要，乃其喫緊處，總之不出於用人。唐、虞、三代，莫不由兹，降至戰國，猶有知其義者，蓋古先之流風遺韻遠矣。魏文侯謂李克曰：「先

〔一〕「太」，底本作「大」，據康熙本、光緒本改。
〔二〕「推」，底本作「惟」，據康熙本、光緒本改。

生有言：『家貧思良妻，國亂思良相。』今所置，非成則璜，二子何如？」對曰：「居視其所親，富視其所與，達視其所舉，窮視其所不爲，貧視其所不取，五者足以定之矣。」文侯曰：「先生就舍，吾之相定矣。」李克出。翟璜曰：「聞君召先生而卜相，果誰爲之？」克曰：「魏成。」璜忿然曰：「西河守吴起，臣所進也；君内以鄴爲憂，臣進西門豹；君欲伐中山，臣進樂羊；中山已拔，無使守之，臣進先生。君子之無傳，[一]臣進屈侯鮒。以耳目之所覩記，臣何負於魏成？」克曰：「成食禄千鍾，[二]什九在外，是以東得卜子夏、田子方、段干木，此三人君皆師之。子所進五人，君皆臣之，子惡得與成比也。」璜再拜，願卒爲弟子。此千古君人者論相第一義也。趙烈侯好音，謂相國公仲連曰：「鄭歌者，搶石二人，賜之田，人萬畝。」連諾而不與。烈侯屢問，連稱疾不朝。番吾君謂連曰：「君實好善，而未知所持，公仲亦有進士乎？」連曰：「未也。」曰：「牛畜、荀欣、徐越皆可。」連進之，畜侍以仁義，烈侯逌然。明日，欣侍以舉賢使

[一]「傳」，康熙本、光緒本均作「傅」。
[二]「鍾」，底本作「鐘」，據康熙本、光緒本改。

能。明日，越侍以節財儉用，[一]察度功德，所與無不充。君説，謂連曰：「歌者之田且止，以畜爲師，欣爲中尉，越爲内使，賜連衣二襲。」此千古相人者格君第一義也。漢、唐以來，上未嘗無賢君，下未嘗無良相，試以此按而求之，幾成絶響矣。[二]故特表而出之，以附於孔子録秦誓之義。

或問：「樊遲問仁，子告之『愛人』；問智，子告之『知人』。『愛』則無分别，『知』則有分别。及其未達，又告之『舉直錯諸枉，能使枉者直』，是有分别，正所以成其無分别也。近來説者往往尚渾含而厭分别，將無邊見。竊惟吾性萬善咸備，仁主惻隱，義主羞惡，禮主辭讓，智主是非，此理一色平鋪，只看外面如何感，内面即如何應，何容揀擇？有如尚渾含而厭分别，便掃却是非。既掃却是非，便於所性之中裁去其一也。然則仁義禮俱是，而智獨非歟？竊恐世之所謂分别，猶是支離於事物，玆之所謂分别，乃至支離於心體矣，非吾所知也。」曰：「此爲世之物我障重是非太苛者下一針耳，竊亦願有商焉。當其未感，不見可是，誰與之是？不見可非，誰與之非？謂之無

[一]「財」，底本作「才」，據康熙本、光緒本改。
[二]「絶響」，底本作「絶嚮」，據康熙本、光緒本改。

是非也，不亦可乎？」曰：「可。」曰：「當其既應，是者逝矣，是於何存？非者逝矣，非於何存？謂之無是非也，不亦可乎？」曰：「可。」曰：「當其正感正應，因可是而是之，是不在我也；因可非而非之，非不在我也。謂之無是非也，不亦可乎？」曰：「可。」曰：「允若茲，向者子以爲不可，何也？」曰：「允若茲，惻隱、羞惡、辭讓、是非，何莫不然？今不曰無惻隱，無羞惡，無辭讓，而獨曰無是非，明明貴渾含而賤分別，於所性之中裁去其一也，奚其可？」曰：「孔子不云『無可無不可』乎？」曰：「孔子之意，正謂可以伯夷、叔齊則伯夷、叔齊，可以柳下、少連則柳下、少連，可以虞仲、夷逸則虞仲、夷逸，與時偕行，不主一見，故曰『無可無不可』也。若貴渾含而賤分別，正是有可有不可也，乃得附於孔子乎？」曰：「固也，惟是貴渾含而賤分別，亦屬厚道，似不必過爲吹求耳。」曰：「埋藏君子，出脱小人，都從這裏做出，何云厚乎？」曰：「然則大舜隱惡而揚善，何如？」曰：「善則揚之，惡則隱之，此正渾含中分别，分別中渾含，聖人虚融無我之妙用也。至於舉十六相，擯四凶，且并其惡而揚之，不概爲之隱矣。此又内秘渾含，外現分別，聖人礪世磨鈍之大權也。吾輩於此切宜，隨處體察，不可執一端爲定式也。」予起而謝曰：「此至論也，命之矣。」

或問：「象山先生曰：『夫子問子貢：「女與回也孰愈？」子貢曰：「賜也何敢望

回？回也聞一以知十，賜也聞一以知二。」此又是白着了夫子氣力，故夫子復語之曰「弗如也」。』時有姓吳者在坐，遽曰：『爲是尚嫌少在？』象山因語坐間有志者曰：『此説與天下士人語，未必能曉，而吳君通敏如此，雖諸君有志，不能及也。』然否？」曰：「象山此論，以警世之誇多鬬靡者，則善矣，而實不然，只緣看『一』字、『二』字、『十』字欠活也。蓋此三字乃假借數目，形容見地圓缺之辭。今便實作數目看，因有多少之説。註中『一者，數之始；十者，數之終；二者，一之對也』，[二]方是子貢本旨。故『聞一知十』，無對之知也，了悟也，所謂『一以貫之』者也；『聞一知二』，有對之知也，影悟也，所謂『億則屢中』者也。子貢於此，直是將顔子與自家兩人真面目描出，呈上夫子。今曰子貢尚嫌少在，然則象山尚嫌多在也。尚嫌少在，知『二』誠不如知『十』；尚嫌多在，知『十』反不如知『二』矣。奚其可？總之是看『一』字、『二』字、『十』字欠活也。」曰：「知『十』知『二』，必有個源頭在。陽明云：『子貢多學而識，在聞見上用功。顔子在心地上用功，故聖人問以啓之，而子貢所對，又只在知見上，故聖人嘆惜之，非許之也。』却説得好。」曰：「註中亦自點破，顔子明睿所照，即始見終；子

[二]「中」，康熙本、光緒本作「云」。

貢推測而知，因此識彼。曰明睿，便是從心地上透出來；曰推測，便是從知見上攙入來。正與陽明之説相表裏。第謂『弗如』三語，是聖人嘆惜之，恐又不然。聖人無誑語，説個『堯、舜猶病』，即實實堯、舜猶病；説個『非爾所及』，即實實非爾所及；説個『吾與女』，即實實吾與女。」曰：「『賜也賢乎哉？夫我則不暇。』如之何？」曰：「味語意，與此迥然不同，恐不得援以相證也。」曰：「子貢既未能反到源頭，何爲而與之？」曰：「此自有説，吾輩試默默體察，其於自家，往往只見長處，不見短處，還能自知否？其於人，往往只見他短處，不見他長處，還肯自屈否？這兩個病痛，淪肌浹髓，古往今來，脱得的有幾？乃子貢既能自知，又肯自屈，這是第一好根器，安得而不與？即如顔子之於孔子，步亦步，趨亦趨，既竭吾才，猶以爲從之末由也，只是個自知。其以能問於不能，以多問於寡，有若無，實若虚，犯而不校也，只是個自屈，便依稀趕上孔子。子貢根器爾爾，夫何患不趕上顔子？〔二〕故曰：『弗如也。吾與女弗如也。』言『弗如』，乃所以如之也。」曰：「何不遂將知『十』、知『二』源頭説破，使他好用功？」曰：「看來這件事有個時據，孔子要接引子貢的心腸，恨不立地成聖，却亦忙不得。

〔二〕「夫」，康熙本、光緒本作「又」。

『賜也，汝以予爲多學而識之者與？』『非也，予一以貫之。』到此方説破矣。所謂時也，昔香巖問潙山如何是西來意？潙山不答。一日擊竹有悟，乃稽首遥拜，曰：『若令當時説破，寧有今日？』此意最好，儒家却大段鹵莽在。」

或問：「不思之謂神，不勉之謂化，性體原是如此。聖人之盡性，亦是如此。竊以爲學者起因結果，都應不出『不思不勉』四字，子於此屢有推敲，何也？」曰：「君謂『不思』者，自能不思乎？『不勉』者，自能不勉乎？當必有個來脈矣。君謂『不思』者，貴其不思而已乎？『不勉』者，貴其不勉而已乎？〔二〕當必有個落脈矣。中庸曰：『誠者，不勉而中，不思而得。』誠是來脈，曰『中』、曰『得』，是落脈。要而言之，來脈處即脈落處，此所謂性體也。是故尋着來脈方好入脚。不然縱要『不思』『不勉』如何强得？〔二〕向落脈上勘明，方好駐脚。不然縱能『不思不勉』，〔三〕亦有何用？試看告子『不得於言，勿求於心』，分明是個『不思』；『不得於心，勿求於氣』，分明是個『不勉』。

〔一〕「不勉」，底本作「不免」，據康熙本、光緒本改。
〔二〕「不勉」，底本作「不免」，據康熙本、光緒本改。
〔三〕「縱」，底本作「總」，康熙本、光緒本作「縱」，據改。

如此，告子分明是個聖人。無論孟子，即孔子未到從心時，還須讓他三舍。然而證諸性體，天地懸隔，何也？緣他只認得『不思』『不勉』是性，不認得善是性，竟作空頭帳耳。由此觀之，君將就『不思』求『不思』乎？抑亦就『所以不思』求『不思』乎？將就『不勉』求『不勉』乎？抑亦就『所以不勉』求『不勉』乎？恐不可不一加推敲也。」曰：「信哉！世以『不思』『不勉』爲作聖之因，今子直勘到『不思』『不勉』之來脈處，是因上説因也；世以『不思』『不勉』爲入聖之果，今子直勘到『不思』『不勉』之落脈處，是果上説果也。惟因上説因，乃爲真因，亦惟知真因，乃可與起因；惟果上説果，乃爲真果，亦惟知真果，乃可與結果。然則善言『不思』『不勉』者，未有如子者也。予疑之過矣！過矣！」

或問：「子以『小心』名齋，必有取爾也。乃劄中並未嘗及此二字，曾一處及之，予又不能無疑，敢請。」曰：「吾所言無非此二字，只是不曾牽名道姓耳，試體之便見。」「今試爲我舉所疑。」曰：「『無可無不可』，是孔子小心處。」「作何解？」曰：「可者，因而可之，聖人未嘗敢自有其可也；不可者，因而不可之，聖人未嘗敢自有其不可也。這是恁麽樣小心？若不聞之乎：『君子之中庸也，君子而時中；小人之中庸也，小人而無忌憚也。』『時中』與『無忌憚』只在幾微間耳。予嘗謂鄉黨一篇，章章是個小心圖。末條拈個『時』字，正所謂『無可無不可』也；『吾十有五』章，[一]却是個小心訣。」曰：「何也？」曰：「此章要看第一句『學』字、末一句『矩』字，兩字首尾呼應，最可味。是故謂之『學』，便見雖聖人亦不敢一毫自家主張，知有『矩』而已矣；謂之『矩』，便見雖聖人亦不敢一毫違他主張，知有『學』而已矣。豈不是個小心訣？」曰：「天命云何？」曰：「臣受命於君，子受命於父，人受命於天。不知有君，不可以爲臣；不知有父，不可以爲子；不知有天，不可以爲人。詩云：『小心翼翼，昭事上帝。』此之謂也。」曰：「『小心』是個『敬』。聞之程子之言『敬』曰『主一無適』，謝上蔡之言『敬』曰『常惺惺法』，尹和靖之言『敬』曰『其心收斂，不容一物』，似說得甚精。」曰：「總不出『小心』二字。此二字亦何嘗不精？且執塗之人而告之曰『主一無適』，曰『常惺惺法』，[二]曰『其心收斂，不容一物』，正恐茫然。有如告之曰『小心』，[三]誰不曉了？及其至，即堯、舜猶病。此最易知，最易能，又最無窮盡者也。」曰：「世儒放膽

[一]「吾」，底本作「五」，據康熙本、光緒本改。
[二]「常」，底本作「嘗」，據康熙本、光緒本改。下同。按，上蔡先生語録有「敬是常惺惺法，心齋是事事放下」語。
[三]「之」，底本誤作「子」，康熙本、光緒本作「之」，據改。

多矣，提出這二字，正對病之藥。」曰：「這是百草中一粒靈丹，不論有病無病，都少他不得，而今須要實實調服，莫只把來做個好方子，隨口説過，隨手抄過，却將自家死生放在一邊也。」

或問：「近世好爲新説，即一部四書，幾於另换一番面目。有來語者，予往往收之，何也？」曰：「道理只論是非，不論同異，但於道理無礙，縱横曲直，皆足以爲吾用，何須執一？」曰：「獨於『無善無惡』四字辨之諄諄，何也？」曰：「這是大頭腦所在，如何放過得？」曰：「陽明與錢、王二公，證『無善無惡』之説於天泉橋上，而曰：『汝中所見，我久欲發，恐人信不及，徒增躐等之病，故含蓄到今。』此是傳心秘藏，顔子、明道所不敢言者。今既已説破，亦是天機該發泄時，豈容復秘？及至洪都，鄒東廓、歐陽南野諸門人來謁，請益，陽明曰：『軍旅匆匆，從何處説起？吾有向上一機，久未敢發，以待諸君之自悟。近被汝中拈出，第往淅相與質之，當有證也。』陽明非無見者，何爲云爾？」曰：「此非予之所能知，竊嘗稍涉内典，纔開卷，便都是這個話頭。且無論西土二十八祖、東土六祖，暨五宗諸大善知識，即聲聞影附之流，亦看作家常茶飯一般。乃今贊嘆張皇，一至於此，宜彼之藐視儒門也。」①

① 底本卷末有墨筆題記五行，迻録如左：
此係張宅藏書。先前動筆者爲業師鹿中張先生，中戊子科副榜貢元，學問優長，品行端正，教學一生而終。門人王經國記。
海豐縣後學王經國敬閲一周，時爲乙酉中秋。間或動筆圈一兩句，凡心所未安者，不敢妄動筆。

顧憲成全集卷十三

小心齋劄記十三

丙午

吾讀易，而得「窮理」之説焉。合之，自乾至未濟，同一體也；分之，自乾至未濟，各一用也。不相假借，不相侵越，不相攙和，不相牴牾。窮理者，應作如是觀。吾讀易，而得博約之説焉，乾剛坤柔也，坎實離虚也，艮静震動也，巽伏兑見也。一分而二，體則通貫；二合而一，功則夾持。博約者，應作如是觀。

六十四卦，三百八十四爻，一一都是太極的影神。

或問：「乾之彖言『首出庶物』，乾之象又言『群龍無首』，何也？」曰：「當以中庸爲證。中庸言『天下之至聖』，至於『凡有血氣者，莫不尊親』，是謂『首出』；言『天下之至誠』，至於『苟不固聰明聖智達天德者，其孰能知之』，是謂『無首』。」

文王之八卦，離南坎北，是用河圖。其六十四卦，上經首乾、坤，天地定位也；下經首咸、恒，山澤通氣、雷風相薄也。終坎、離，終既濟、未濟，水火不相射也，是用先天圖。

乾之六爻莫善於潛，然不可擇而趨也；莫不善於亢，然不可畏而避也，惟其時而已矣。故曰：「見群龍無首，吉。」

乾，天道也，其在於人，則誠者之事也，而曰「終日乾乾，夕惕若」，是就本體點功夫；坤，地道也，其在於人，則誠之者之事也，而曰「直方大，不習，無不利」，是就功夫點本體。

論語堯曰篇歷敘堯、舜、禹、湯、武之事，而以孔子之論「五美四惡」繼焉，惟孔子亦曰：「文王既沒，文不在兹乎？」然則道統之説，有自來矣，或者以爲始於孟子，殆非也。

或問程子識仁説。曰：「仁之爲道，最精微，最廣大。孔子贊易，特揭乾元、坤元，而曰『元者，善之長也』，又曰『天地之大德曰生』，其與門弟子言，獨於仁最爲亹亹。至孟子，亦曰『夫仁，天之尊爵，人之安宅也』，可見仁乃五常之首，義、禮、智、信，對他不過。顧其所以爲五常之首者，正以其包却義、禮、智、信也。學者不知求仁，而徒規規焉從事於義、禮、智、信之間，誠不免於粗狹。若知求仁，而遂視義、禮、智、信爲粗且狹，外之而不屑焉。將必有温柔無剛毅，有寬裕無謹嚴，有茹納無分辨，有流通無專一，是乃徇仁之偏，而略其全；襲仁之影，而遺其實。即其所見以爲精者，亦屬渺幽，適足以便人之遁藏，而非真精；其所據以爲大者，亦屬漭蕩，適足以供人之假借，而非真大。是爲仁之賊而已矣。故程子拈出『識仁』二字，欲人尋見自家本來面目，其曰：『仁者，渾然與物同體，義、禮、智、信，皆仁也。』則又欲人尋見仁之本來面目也。其旨深矣。」

知有仁，不知有義、禮、智、信，這仁便是淹搭的，没些子骨氣，亦便非仁之本色；知有義、禮、智、信，不知有仁，這義、禮、智、信，便是硬燥的，没些子生意，亦便非義、禮、智、信之本色。

羞惡失而爲頑鈍，恭敬失而爲脱略，是非失而爲調停，真純失而爲浮漫；羞惡流而爲矯激，恭敬流而爲矜持，是非流而爲傲察，真純流而爲固滯。

善與惡，相爲貞勝，不並立者也。從上聖賢，勤勤懇懇，發明性善，正欲壓倒一「惡」字，今也並欲壓倒一「善」字。壓倒一「惡」字，「惡」字不得出頭；壓倒一「善」字，

「善」字亦不得出頭矣。惡之來也，其萌甚微，賴有善以密消之耳；惡之發也，其力甚猛，賴有善以顯制之耳。誠使善不得出頭，其亦何所不可爲哉？昔宋范純仁，或譏其好名。純仁喟然嘆曰：「人若避好名之嫌，則無爲善之路矣。」竊謂「無善無惡」之説，則人又當避爲善之嫌矣，不知是何路而可也。

如何得無欲？龜山先生門下相傳教學者「看喜怒哀樂未發前氣象」，此爲入門；「富貴不能淫，貧賤不能移，威武不能屈」，此爲升堂；「毋意，毋必，毋固，毋我」，此爲入室。

有欲低，無欲高；有欲垢，無欲浄；有欲軟，無欲剛；有欲煩，無欲簡；有欲忙，無欲閑；有欲險，無欲穩；有欲牽纏，無欲擻脱；有欲凝滯，無欲圓通。個中妙處，難以言述。

早來思「無欲」二字最妙。無欲則虚，虚不窒矣；無欲則清，清不溷矣；無欲則剛，剛不屈矣；無欲則簡，簡不勞矣；無欲則静，静不擾矣；無欲則高，高不俗矣。

衡齊駁物理之説，謂天地萬物都無理可窮，而又力排「人心無理」四字，縷縷殆千萬言。余再三檢繹，竟不知此四字出自誰氏也。

白沙先生以自然爲宗，近世儒者皆宗之，而「不思不勉」之説盈天下矣。不可道他不是，只要識得自然，何也？天理也，行乎天理之不得不行，止乎天理之不得不止，所謂自然也。孟子説得好，所惡於知者爲其鑿也。如知者，若禹之行水也，則無惡於知矣。禹之行水也，行其所無事也。如知者，亦行其所無事，則知亦大矣。禹嘗鑿龍門、鑿伊闕、鑿太行矣，如何反説他不鑿此？其間不爲不多事矣，如何反説他無事？孟子又説得好，曰：「禹之治水，水之道也。」夫如是，禹曷與焉？故其鑿也，乃所以爲不鑿也；其有事也，乃所以爲無事也。此自然之説也。是故不思而得，不勉而中，自然也。未能不思而得，則有思；未能不勉而中，則有勉。其思其勉，都是自家真個要求出頭，不容自已。如有癢要搔，如有痛要護，亦自然也。知「不思不勉」之爲自然，而不知「思勉」之爲自然。此只從思不思、勉不勉處較量，而未及勘到所以思不思、所以勉不勉處也。故湛甘泉又拈出「隨處體認天理」一語，正發明自然之説也。中庸曰：「或生而知之，或學而知之，或困而知之，及其知之，一也；或安而行之，或利而行之，或勉强而行之，及其成功，一也。」一者，何也？正所謂天理也。聖人就後天拈出先天，將人間世許多等級一齊掃蕩，豈不是造化手？

「或生而知之，或學而知之，或困而知之」；「或安而行之，或利而行之，或勉强而行之」。向看作三樣人，今看來只一人身上，便有此三樣。人之言曰：「世間愚夫愚婦，亦個個是生知，個個是安行。」予則曰：「自古大聖大賢，亦個個是學知利行，個個是困知勉行。」須如此看方盡。若只見得一邊，將來不墮安排，必落放蕩，恐於這六個「之」字了無干涉。

或問：「中庸『戒懼』、『慎獨』，是一段事？是兩段事？」曰：「謂之『戒慎不覩』，則無所不戒慎；謂之『恐懼不聞』，則無所不恐懼。已包却『慎獨』在其中矣，而又言『慎獨』者，乃就中點出一個動静關也；如論語言『君子無終食之間違仁』，已包却『造次顛沛』在其中矣，而又言『造次顛沛必於是』者，乃就中點出一個閑忙關、順逆關也。若曰須透過這動静關，然後成得個『戒慎不覩，恐懼不聞』；須透過這閑忙關、順逆關，然後成得個『無終食之間違仁』也。於此看作兩段事，固繆；於此看作一段事，恐亦未能識聖賢喫緊提撕之意也。」

「獨」，内境也，人所不知，最易躲藏；「造次顛沛」，外境也，人所共見，最難矯飾。須要一一自查，不可待人來查我也。

「與物無對」，狀「獨」之爲至尊也；「十視十指」，狀「獨」之爲至危也。其義皆精。惟是「獨知」之説，尤覺親切，而二義亦兼焉。蓋一擲炯然，内不落安排，外不落色相，正所謂「與物無對」。而自心自照，善也無從而著，惡也無從而掩，正所謂「十目十指」。是故專以天命之性爲「與物無對」而言「獨」者，但説得體之渾然莫視莫指處，未説得用之顯然可視可指處，兹乃體中之用，無對之跡，有對之朕，至尊而至危者伏焉，其於防閑最難，一則可懼；專以肺肝之見爲「十視十指」而言「獨」者，但説得用之顯然與物爲對處，未説得體之渾然與物無對處，兹乃用中之體，無指視之人，有指視之我，至危而至尊者臨焉，其於覺察最易，一則可喜。此予所以重有味乎「獨知」之説也。

告子曰「不得於言，勿求於心」，孟子却要知言；告子曰「不得於心，勿求於氣」，孟子却要養氣；告子不論得不得，只論求不求，孟子不論求不求，只論得不得。今人只要掃去「求」字，正告子一脈，却不肯認個不得，此又出告子下矣。

或問：「朱子云：『心者，人之神明，所以具衆理而應萬事者也。知者，心之神明，所以妙衆理而宰萬物者也。』何以不屬宰物於心，屬應事於知？」曰：「此自有説在。心與知，一而二、二而一者也。心統性情，具衆理，性也，心之體也，知則在體中爲用，故以妙衆理言之；應萬事，情也，心之用也，知則在用中爲體，故以宰萬物言之。如此體認，可見此老下語十分精密，真是一字不可移動。」

或問大學。曰：「曾子不云乎：『夫子之道，忠恕而已矣。』一部大學只如此看。」

曰：「何也？」曰：「誠意、正心、修身，忠也；齊家、治國、平天下，恕也。格物，其入門也；至善，其極則也。物格，則知致矣。知本之如何而爲本，則知何以盡己之性；知末之如何而爲末，則知何以盡人之性。於是意可誠，心可正，身可修，家可齊，國可治，天下可平，而至善在我矣。故曰：『吾道一以貫之。』」

學而不厭，忠也；誨人不倦，恕也。孔子一生精神血脈，等閒爲曾子拈出。大學一書，只是因而寫成。

只看本末二字，血脈自然貫通；只看本末二字，條理自然明白。

謂之本，便該着末；謂之末，便跟着本。如何分得？然而謂之本，便不可以末視之矣；謂之末，便不可以本視之矣。如何混得？

墨子徇末而忘本，非明德之親民也；楊子徇本而遺末，非親民之明德也。子莫執中，又將本末作平等看，非至善之明德親民也。楊、墨知分殊，不知理一；子莫知理一，不知分殊。其失均也。

墨子悲絲，楊子泣岐，子莫躊躇，二子之間這一腔精神十分懇切，渠何嘗不要誠意、正心、修身？亦何嘗不要齊家、治國、平天下？只緣本末上未曾參透，其流便至無父無君，孟子且推而等諸洪水夷狄。「差之毫釐，謬以千里」，豈不信哉？此大學之格物，所以爲入門第一義也。

且無論楊、墨、子莫，聖如伯夷，也只成得一個清聖；如柳下惠，也只成得一個和聖；如伊尹，也只成得一個任夫，何故？只緣格物上有些子未徹在。故曰：「智譬則巧也，聖譬則力也。」由射於百步之外也，其至，爾力也；其中，非爾力也。

或問：「理與氣一乎？」曰：「形而上者謂之道，形而下者謂之器。」曰：「然則理與氣二乎？」曰：「一陰一陽之謂道。」

有味乎孟子尚友之説，此中一段精神，便須直透到天地初分，萬物初生之時；有味乎孟子立命之説，此中一段精神，便須直透到天地未分，萬物未生之時。

或問：「孟子云：『盡其心者，知其性也。』似從性上得手。下條先言『存心』，後言『養性』，又似從心上入手，何也？」曰：「心有爲也，性無爲也。論本體，有爲者必須得無爲者爲之張主，故知性乃能盡心；論功夫，無爲者必須得有爲者爲之效靈，故存心乃能養性。横説是一樣，竪説是一樣，要看得圓。」

顧憲成全集卷十四

小心齋劄記十四

丁未

「無善無惡」四字，上之，收了一种高曠的人；下之，收了一種機巧的人。惟存下中行收他不得，只是此種人最少，不比那二種人多。又有一種庸常的人，亦收他不着，只是没用處，不比那二種人都有一段精神聳動得人。以故彼之勢日强日熾，此之勢日孤日微，不知將來何所底止耳。章文懿公曰：「學術去程、朱未久又大壞，必須真聖賢出，方能救得知言哉！」

或問：「子有惑於『無善無惡』之説也，易不云『無咎無譽』乎？禮不云『無非無儀』乎？」曰：「『無咎無譽』，坤道也，乾則否；『無非無儀』，婦道也，丈夫則否。」

祁夷度明府與予商「無善無惡」之説。曰：「此與『無聲無臭』何如？」予曰：「畢竟是同。」他日，過吴門，再舉此話。予曰：「向所云尚有個因緣在。」往雲間錢肇陽謂予曰：「子於『無善無惡』亟擯之，何於『無聲無臭』又信之？」予曰：「公以爲兩言同耶？」肇陽曰：「同。」予曰：「『無聲無臭』，儒宗也；『無善無惡』，釋宗也。如『無善無惡』有加於『無聲無臭』之上也，誠宜以『無善無惡』爲宗矣，如其同也，又何必舍『無聲無臭』而艷他宗乎？況乎『無善無惡』，須借『無聲無臭』作註脚，而後分明；『無聲無臭』，却不待取證於『無善無惡』也。由此觀之，兩言亦有辨矣。吾儕宜何從焉？」故肇陽之言同，將以「無聲無臭」伸「無善無惡」也；予之言同，將以「無聲無臭」掃「無善無惡」也。此意稍有不同，會須道破，試爲質諸海門先生，何如？」

鄒孚如曰：「二氏之學，賢者務之，務之非也，其遺世累，離情欲，不可廢也；亦惟賢者闢之，闢之非也，必其遺世累，離情欲，乃能闢也。」此語最平。

或問：「朱子於『格物』添一『理』字，陽明於『致知』添一『良』字，將無蛇足？」曰：「知原是良，物原是理。兩先生特與拈出耳，奚其添？」

羅近溪以顔山農爲聖人，楊復所以羅近溪爲聖人，李卓吾以何心隱爲聖人。何心隱輩坐在利欲膠漆盆中，所以能鼓動得人。只緣他一種聰明，亦是有不可到處。耿司農擇家童四人，每人授二百金，令其生殖。内有一人，嘗從心隱問仙，因而請計，心隱授以六字曰：「一分買，一分賣。」又益以四字曰：「頓買零賣。」其人尊用之，起家至數萬。試思心隱兩言，豈不至平易至巧妙？以此處天下事，可迎刃而解。假令正其心術，固是一有用才也。

子桑、原壤是一路人，孔子一可之，一賊之，何故？子桑離塵絶俗，孤行一意，方諸汶汶者流，相去遠矣，特不可以治天下國家耳。聖人安得而過疵之？至如原壤，母死而歌，滅理傷教，不可訓也。故特借其「夷俟」一節，深致「外之」之意焉。其曰「幼而不遜，長而無述」，猶爲有隱乎云爾，亦寬之使其可受，庶幾一旦省悔，非但曰「親者無失其爲親，故者無失其爲故」也。聖人於予奪之際，輕重低昂，一毫不爽，而用意忠厚又如此，於此可以得待異端之法。

天生大聖、大賢、大豪傑，都把個極難的題目放在他身上，着他處置，個中有兩個大機栝。一是要他磨礲鍛煉，抑而能振，晦而能章，淆而能澄，撼而能定。四顧惟谷，逼出全副真精神；一身如餘，掃盡諸般閑伎倆。譬諸徂徠之松、泰華之栢，其爲大風烈日之所披鑠，嚴霜凍雪之所摧剥，不知凡幾，而姿彌蒼，質彌古，昂霄聳壑，嫩色全除，故能歷千百年不凋，爲萬木長也。夫如是，然後可以言「盡己之性」。一要他曉得世間人情，委有許多變態；世間事幾，委有許多險阻。即有不盡如吾意者，務設身處地，詳爲籌而寬爲待，不以己長格物，不以不幸窮人，不以一瑕掩瑜，不以怙終厭棄，精思熟計，瀝肝剖腸，時操時縱，時張時弛，先後重輕，曲中肯綮。譬彼大醫王，其於一切病情，如身爲百草，向各人五臟六腑中穿過一番，無所不洞見；其於一切藥性，又如身爲諸病人，向百草中穿過一番，無所不諳悉。故能起死回生，造化在手也。夫如是，然後可以言「盡人之性」。孟子曰：「天之將降大任於是人也，必先苦其心志，勞其筋骨，餓其體膚，空乏其身，行拂亂其所爲，所以動心忍性，增益其所不能。」此只就貧賤一項人説，而今看來，即富貴一項人，亦自有種種憂患，如堯之洪水，舜之三苗，湯之夏臺，文之羑里，又如伊尹之桐宫，周公之東山，以及諸葛武侯之於漢，狄梁公之於周，郭汾陽之於唐，李忠定、文信公之於宋，何莫不然？乃知困之進人，不論有位無位，只要人自識得個中機栝，不蹉過耳。若進則優游巖廊，當憂不憂，當懼不懼，徒然擁高爵，飽厚禄，以明得志；退則優游泉石，了無一事足攖其念。其於世之理亂安危，亦如秦人之視越人，漠不相關，果天棄我耶？抑我棄天耶？君不知此爲何等人也？省夫省夫！

留侯原是世外人，只緣一片熱心未斷，却走入世上來。其所相與稱知己者，依舊是世外人，一切大關係處都共商量。初年椎擊始皇於博浪沙中則滄海君，晚而定太子則商山四皓，又如談兵則黄石公，談玄則赤松子，此其際微矣。韓、彭輩何足以知之？

一日，偶與座客評儀封人、晨門、荷蕢、荷篠、接輿、長沮、桀溺七人優劣，仲兄曰：「儀封人、晨門爲優。」客曰：「何？」曰：「此兩人，不卑小官，還有不忘天下意思。」一座稱善。

伯夷似偏在約一邊，再失之，則楊朱而已矣；柳下惠似偏在博一邊，再失之，則墨翟而已矣。子莫似於博約之間調停取巧，[一]自以爲不偏，而卒歸於偏也，再失之，則鄉愿而已矣。

矯氣質以從義理，是聖賢路上人；矯氣質以從流俗，是鄉愿路上人。上之不能純於義理，下之不肯同於流俗，是狂狷路上人。

問：「程子云：『善，固性也；惡，亦不可不謂之性也。』何如？」曰：「此專以氣質言耳，然而氣質非性也。以氣質爲性，是旁論，非正論也。程子蓋嘗喻之於水，以

[一]「子莫」，底本作「莫子」，據光緒本改。

爲清固水也，濁亦不可不謂之水也，是則然矣。但借水喻性，須點出『性』字，方纔明白。試曰：『清，固水之性也；濁，亦不可不謂之水性也。』其可乎？孟子亦嘗喻之於水曰：『人性之善也，猶水之就下。人無有不善，水無有不下。今夫水搏而躍之，可使過顙；激而行之，可使在山。』誠按而爲之説，曰就下，固水也；過顙在山，亦不可不謂之水也。』是則然矣。試曰：『「就下」，固水之性也；「過顙在山」，亦不可不謂之水之性也。』其可乎？以此論之，安得指氣質爲性？」

或問：「孟子性善之説，人多援易中『繼之者善』爲證，不知『繼』如子之繼父，繩繩一脈，因子可以見父也。謂子即是父，則非矣。」予曰：「若只説眼睛、耳朵、鼻頭、口嘴上較看，委是父子亦不同。若勘到這個血脈，豈但父子，即路人也一般；豈但路人，即仇讎也一般；豈但仇讎，即禽獸草木也一般。雖欲覓些子異處，不可得。」

或問：「甲謂乙曰：『中庸云「道也者，不可須臾離也」，易云「百姓日用而不知」，孟子云「終身由之而不知其道」，則吾人渾身是道，論語何又云「誰能出不由户，何莫由斯道也」？』乙曰：『公自錯看了。』曰：『應如何看？』乙曰：『誰人出不由户？誰人不由斯道？』子以爲然否？」予曰：「果如乙所云，聖人説他何用。」

或曰：「善自性也，而性非善也。謂善爲性，則可；謂性爲善，則舉一而廢百矣。」予曰：「也只是廢得一個惡，何須過慮？」

言性者，不曰善則曰惡，不然則曰有善有惡，又不然則曰可善可惡。告子一齊撇下，單單道個「無」字，何等脱灑！當是時，孟子開口便説仁義，進而與王侯卿大夫言，以此；退而與門弟子言，以此。肫肫懇懇，不憚强聒，率以不遇，曾無少悔。告子乃曰「以人性爲仁義，猶以杞柳爲桮棬」，直是看得如此等閑。味其語意，居然狹小，孟子以爲是何足與語最上第一極則云爾，何等超卓！却不知道個中埋藏無限嵺嶢也。

據戴記大學，有結語曰：「此謂知本，此謂知之至也。可見格物只是知本，知本只是修身，致知者只是知修身爲本。三言一義也。」

李見羅先生性善編，專爲陽明「致良知」之説而作，其見卓矣。但「致良知」三字，何嘗不是誠？使人人肯致良知，便人人是個聖賢，亦有何害於天下？惟是陽明以「無善無惡」爲性，則亦以「無善無惡」爲良知，此其合商量處也，見羅較勘到此，可謂洞見病根。至於反覆辨良知不可爲體態，落第二義矣。

朱子之格物，陽明之致知，俱可别立宗。若論大學本指，尚未盡合。要之，亦正不必其盡合也。

李見翁表章大學，特揭出「知止」「知本」兩言，可謂洞徹孔、曾之藴。若曰「至善是體，明德亦屬用；修身是本，心、意、知、物亦屬末」，似又主張太過矣。

或問：「格物之說，紛如聚訟，孰爲定論？」曰：「『致知在格物，物格而后知至，此謂知本，此謂知之至也』。此四個『知』字，是同是異？」曰：「安得有異？」曰：「如此，格物之説昭然明矣。故王心齋曰：『自天子以下三條，是釋致知格物之義。』陽明表章古本，近日李見羅特揭『修身爲宗』，都不肯照大學原解，未審何也。」

胡廬山曰：「二氏止明心，未嘗盡心；止見性，未嘗盡性。」愚不敢知，至曰「聖人先天而天弗違，後天而奉天時」，「二氏先先天而後後天」，却自有見。雖然既已先先天而後後天矣，彼所明者何心？所見者何性哉？

胡廬山少好攻古文辭。歐南野謂曰：「夫藝，達於道，故游焉；而不溺志，役於藝，故局焉。而胥喪子，盍早辨之？」廬山聞之，矍然始有發憤刊落之意。及其晚而著衡齊八篇，王弇州爲序，猶疑其修詞之過。信乎，熟處難忘也！

或問：[一]「顔子，孔門第一人，及問爲仁，僅告之『四勿』，何也？」曰：「君莫草草看了，這是儒門一個莊嚴法。」曰：「請示之。」曰：「『非禮勿視』，是爲顔氏莊嚴這

[一]「或問」，底本、光緒本均作「或爲」，據文意改。

眼；『非禮勿聽』，是爲顏子莊嚴這耳；『非禮勿言』，是爲顏氏莊嚴這口；『非禮勿動』，是爲顏子莊嚴這四體。如此，即顏子一身，如水晶宫瑩徹玲瓏，不復可以形色求矣，如何草草看得？」

顧憲成全集卷十五

小心齋劄記十五

戊申

世人往往喜承本體，語及功夫，輒視爲第二義。孔子當時却只任功夫，故曰：「若聖與仁，則吾豈敢？抑爲之不厭，誨人不倦，則可謂云爾已矣。」究竟爲何以不厭誨？何以不倦？個中消息，最爲微細。説「聖」、説「仁」，聰明才辨之士，猶可覓些奇特，呈些玄妙，逞些精采，弄些伎倆。只推勘到這裏，一切都使不着。然則孔子之所謂功夫，恰是本體；而世人之所謂本體，高者只一段光景，次者只一副意見，下者只一場議論而已矣。故曰「正惟弟子不能學也」，此語甚可味，下一「正」字，更自躍然。

泛泛看來，聖與仁地位峻絶，高而難攀，「爲不厭」、「誨不倦」，日用平常，卑而易企。及入細體貼，何謂聖、何謂仁，還是個名耳。「爲不厭」、「誨不倦」，乃其實也，誠能「爲不厭」、「誨不倦」，更有甚聖與仁？如其不能，更説甚聖與仁？公西華曰「正惟弟子不能學也」，明明將聖與仁真面目和盤托出矣，讀者切勿等閒抹過。

子貢曰：「學不厭，知也；教不倦，仁也；仁且知，夫子既聖矣。」公西華也是這意思，只覺比子貢更提掇得人心動。

自中庸言，「不思不勉」之謂聖，而説者率謂須從「不思不勉」入門，方是作聖真血脈，其指精矣。予讀論語「若聖與仁」章，尤有滋味，夫何故教人以「不思不勉」入聖？則凡有待於思且勉者，便逡巡畏縮，不敢向前，且待分諉其責於資禀。教人以「不厭不倦」入聖，則凡有厭者，明是我自家厭，那個令我厭？凡有倦者，明是我自家倦，那個令我倦？更無推託處也。或曰：「惟不思不勉，所以不厭不倦。」予曰：「這也泥不得，『終日不食，終夜不寢』，曷嘗無思？『庸德之行，庸言之謹』，曷嘗無勉？這其間正可想見聖人一段孜孜亹亹、纏綣不能已的真精神，有何厭且倦乎？故於『不思不勉』處『不厭不倦』，夫人可能於思勉處『不厭不倦』，非聖人不能也。吾輩應於此密密自查，方有進步。」

或問：「中庸云：『誠者不勉而中，不思而得，從容中道，聖人也。誠之者，擇善而固執之者也。』所謂善，非他，即不思不勉者是也。擇善，擇此而已；固執，執此而已。敢請正。」曰：「就人而論，有思而得，有不思而得；有勉而中，有不勉而中。就善而論，原是個渾然的物事，其不思不勉，亦何待言？更有一説，就善而論，本自無失，不須曰得；本自無差，不須曰中。就人而論，却未可便以不思不勉爲善也。不思而得，不勉而中，乃爲善耳。且所謂『不思不勉』，亦未可只在不思不勉上求，還有個源頭在，須是這個渾然的物事，完完全全没些子虧欠，然後拈來，是道自能不思而得、不勉而中耳。若不尋着源頭，要去求個不思不勉，如何做得成？縱做得成，也是硬作主張，告子便是如此。『不得於言，勿求於心』，豈不是學聖人之不思？『不得於心，勿求於氣』，豈不是學聖人之不勉？緣他源頭上錯了，只認得不思不勉是性，不認得善是性，遂有千里之謬。

看來喫緊只在認性。識得時，不思不勉是率性，思勉是修道，總是聖人一脈；識不得時，不思不勉是忘，思勉是助，總與自性無干。

「不思不勉」，是現成話，須要求其來歷處與其下落處。「誠者，不勉而中，不思而得」，試看那「誠」字，便知來歷；看那「中」字、「得」字，便知下落。要之，來歷處即其下落處，亦非有二也。

謂之善，定是不思不勉；謂之不思不勉，尚未必便是善。故特點出「得」字、「中」字，此指甚精，不可不察。

須知這物事用不得一毫安排造作，又須知思勉學慮，正與安排造作相反始得。而今混作一樣，所以兩邊費許多説話。洪範不云「思曰睿，睿作聖」乎？中庸不云「不敢不勉」乎？至論語且云「未之思也」，又曰「不敢不勉，何有於我」，乃知「思勉」二字，尚未易承當，況可一筆勾銷也？

子路問成人題目甚大，孔子分二款告之，一則曰亦可以爲成人，一則曰亦可以爲成人，却反説得小了。展轉求之，不得其故。一日，擬議及此，高存之曰：「此恐是子路商論人物之語，非爲自家發問也。」予聞而豁然。蓋子路心甚雄，氣甚壯，眼甚高，孔子恐其看得當時人太低，責備當時人太過，就把眼前略有名目的人告之，喫緊只在「文之以禮樂」耳。次之，又只説到「見得思義，見危授命，久要不忘平生之言」，如是而已，大率責己當重以周，責人當輕以約。味個「亦」字，兩意俱含於其中。就子路言，即前條所指「成人」；就春秋時言，即後條所指「成人」。取節焉可矣，豈必種種求全？故概曰：「亦可以爲成人。」一以示向上一路，尚自有在，會應進而求之，勿草草自盡；一以廣爲善之門，但大節無虧，便留得本來面目，足以障衰世之狂瀾，不致滔滔日下也。其旨深，其慮遠矣！

或問：「孔子與子張論『前知』，而曰：『殷因於夏禮，周因於殷禮。』蓋直直拈出天地間亘古亘今不可磨滅的道理，做個把柄。至精亦至確矣！却又言及所損益，何也？竊疑既有損益，誰能知之？」曰：「謂之損，第有所裁定，而非革也；謂之益，第有所增定，而非創也。非革非創，則亦因也。試觀自周而後，爲秦爲漢，爲晋爲南北朝，爲隋爲唐，爲五代爲宋，按其大規模，誰能外禮別有建立？考其細節目，誰能外禮別有商量？至其所謂禮，又誰能外唐、虞、三代別開一局也？可見前知之道，總收在這三個字內。這三個字，又只收在這一個字內。」曰：「暴如秦，悖如隋，彼亦惡知禮乎？」曰：「此所以不再世而滅也。然則此一字，非惟該貫常變，統攝經權，且並治亂興亡之故，都不能出其範圍矣。聖人之前知，其簡易神妙，有如是夫！」

「禹，吾無間然矣」，「禹，吾無間然矣」。一言之不足，而再言之，恰好映出禹一段事。蓋鯀殛而禹興，自禹觀之，胸中無限彷徨，無限悽惻，無限虧欠，其菲飲食，惡衣服，卑宫室，分明是痛父之辜；過自貶損，其盡力溝洫，分明是幹父之蠱；過自勞瘁，至其郊，鯀配天，致孝致美，又分明表平成之功有所從來，不敢擅爲己有。庶幾蓋父之愆云爾。自孔子觀之，禹之用心如此，其所爲無限彷徨，正是天理之至；其所爲無限悽惻，正是人情之至；其所自認無限虧欠，正是没些虧欠處也。故歷舉其事言之，而始終以「無間然」贊焉。試於此默默玩味，即千載之下，猶不能不令人吁嗟而感嘆也。嗚呼微哉！

又曰：「禹有間，當父子之窮也；湯有慚，當君臣之窮也；周公有過，當兄弟之窮也。然而有間者卒歸於無間，有慚者卒歸於無慚，有過者卒歸於無過，則是聖人之善處遇，而遇不能窮聖人也。故曰：『天下之變，不常；聖人之常，不變。』」

人謂堯以天下與舜，據吾意，直是堯以舜與天下耳。或曰：「何也？」曰：「試想舜得天下，還有增益也無？」曰：「被袗衣鼓琴，若固有之，無增益也。」曰：「試想舜不得天下，還有減損也無？」曰：「飯糗茹草，若將終身無減損也。試想天下得舜，還有增益也無？不得舜，還有減損也無？」曰：「堯以不得舜爲憂，將必以得舜爲樂。憂者，憂天下之無所托；樂者，樂天下之有所托也。可見當是時，天下休戚安危，全在舜身上。舜視天下甚輕，天下視舜却甚重，這個損益似不小小。」曰：「如此看來，信乎堯以舜與天下，非以天下與舜也。」

或問：「臣有弑君，子有弑父，而孔子懼，孔子之春秋成，而亂臣賊子懼。起局在此，結果亦在此。蓋以君父匡臣子，非以臣子匡君父也。子曰：『君君、臣臣、父父、子子。』方成一部春秋，若兼而責之然者，將孟子之見不及是歟？」曰：「何爲其然也？如執一『弑』字，春秋只治得三十二人而已，餘皆宴然無恙；如執『臣子』二字，春秋只治得諸侯、大夫、陪臣而已，却尋那個作主？且陪臣懼必還政於大夫，大夫懼必還政於天子。假令是時天下無道，猶夫故也，誰爲受之？吾見禮樂征伐依舊自諸侯出，頃之依舊自大夫出，頃之依舊自陪臣出，誰爲收之？非所以撥其亂而反之正也，如何成得一部春秋？」

或問：「莊子曰：『盜亦有道焉。妄意室中之藏，聖也；入先，勇也；出後，義也；知可否，知也；分均，仁也。五者不備，而能成大盜者，未之有也。』程子曰：『天下無一物無禮樂，且如盜賊，至爲不道，然亦有禮樂，蓋必有總屬，必相聽命，乃能爲盜。不然則叛亂無統，不能一日相聚而爲盜也。』其言將無同乎？」予曰：「程子之説，深明禮樂之必不可斯須無；莊子之説，則以見聖、勇、義、智、仁，都是亂天下之具，欲一切掃之而不有。兩下用意，正自相反。」

「性猶杞柳也」，豈不彷彿「寂然不動」之説？「性猶湍水也」，豈不彷彿「感而遂通」之説？「不得於言，勿求於心；不得於心，勿求於氣」，豈不彷彿「内者不出，外者不入」之説？只是頭腦上欠明，便一切俱錯。

以善養人，是一團生機；以善服人，是一團殺機。生人者人亦生之，殺人者人亦殺之，天之道也。

或問：「聖學不落意，大學却言『誠意』，何也？」曰：「如好好色，無作好也；如惡惡臭，無作惡也。奚其落？」

林平泉先生云：「臨海金一所、僊居應容菴，二人以道義相友善。金既謝事家居，應復起用，詣金言别。金曰：『君此出，他日回來，要將一照樣應容菴還我兩人。』」竟保晚節。予自甲午三月别許少微於春明門，至丙午秋少微出江右，約予會於芙蓉湖上，劇談移日，予見其爲國爲民一念，津津不減當年，喜曰：「今日依然是春明門許少微，他年再晤，須還我芙蓉湖許少微也。」少微笑曰：「男兒進德修業，會應日新，若只吴下阿蒙，何顔相見？」予爲擊節嗟賞。此又百尺竿頭進步語矣。

「千槌萬鑿出名山，烈焰光中走一番。粉骨碎身都不怕，只留清白在人間。」此詠石灰詩也。「一條黑路兩人忙，未説相看鬢已霜。我去彼來何日了，虧他扯拽過時光。」此詠鋸木詩也。二詩不知何人所作。每誦前一詩，便覺志意竦拔，一切無能震撼我者。每誦後一詩，便覺萬緣都消，一切無能沾染我者。言近指遠，其是之類夫？

予謂伍容菴曰：「陽明之言良知，信之乎？」曰：「信之。」曰：「陽明之言無善無惡，信之乎？」曰：「不敢信也。」予曰：「何？」容菴曰：「心既無善，知安得良？」即其言亦自相悖矣，奚而信？」

伍容菴雅不滿於王文成，多所責備。予疑其過，獨其謂：「奉命處置思、田事，竟以病不候代而歸，行至南安而卒，恐於死生之際，尚未了了。」即文成聞之，當亦心服。

顧憲成全集卷十六

小心齋劄記十六

己酉

「太極無聲無臭，有何方所？乃河圖、洛書，説者指其中爲太極。至周子作太極圖，又特標太極於上，何也？」曰：「這是假象以顯理。易六十四卦，以二五爲中，以初爻、三爻、五爻爲陽之正位，以二爻、四爻、上爻爲陰之正位，其義亦猶是也。」書不云乎「允執厥中」，此可以照河圖、洛書之指；易不云乎「形而上者謂之道，形而下者謂之器」，此可以照太極圖之指。

渾然不偏曰中，超然不偶曰上。模寫道妙，莫精於是。

始，予閲太極圖而疑之，河圖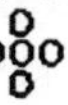爲太極，周子標○爲太極，近於老氏之所謂「有

物混成」；河圖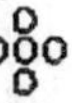居中，周子標○居上，近於佛氏之所謂「惟吾獨尊」。論者謂周子與東林、鶴林兩禪師友，而是圖也，實淵源於陳希夷，其説倘亦有自乎？已而知其非也。蓋周子標○爲太極矣，而其「兩之」爲陰陽也，即繫○於陰陽；「五之」爲水、火、木、金、土也，即繫○於水、火、木、金、土。是混者不嫌於析也，何也？混之以爲體，析之以爲用，體用本一原也。老氏却曰「失道而後德，失德而後仁，失仁而後義，失義而後禮，失禮而後智」，將無於體用之間自生揀擇？即所云「有物混成」，亦歸之儱統而已耳。周子標○居上矣，而其次之以水、火、木、金、土也，即繫水、火、木、金、土於○，是上者不離於下也，何也？「形而上謂之道，形而下謂之器」，道器本一貫也。佛氏却曰「迷妄有虚空，依空立世界。想澄成國土，知覺乃衆生」，將無於道器之間自生取舍？即所云「惟吾獨尊」，亦歸之孤亢而已耳。由此觀之，周子之爲是圖，正以匡二氏也，其指微矣。

「形而上者謂之道，形而下者謂之器」，形而上下之間者謂之心。朱子曰：「心，比性，微有跡；比氣，則又靈。」説得極細。

用九，無首，是以乾元入坤元，蓋坤者，乾之藏也；用六，永貞，是以坤元承乾元，蓋乾者，坤之君也。

太極，超形氣之上。曰乾元，便不免落於氣矣；曰坤元，便不免落於形矣。是故以太極爲主，方能從先天出後天；以乾元爲主，恐未必不溷後天作先天也。此處最宜慎辨。

只是這個分而爲四，則曰：「元者，善之長也；亨者，嘉之會也；利者，義之和也；貞者，事之幹也。」孟子「仁義禮智」之説本此。分而爲二，則曰：「乾元者，始而亨者也；利貞者，性情也。」周子「誠通誠復」之説本此。於是合而爲一，則曰：「乾始能以美利利天下，不言所利，大矣哉！」繼之曰：「大哉乾乎！剛健中正，純粹精也。」又將七個字形容一個字，聖人發揮道妙，曲暢旁通，何嘗執着些子！

孟子曰：「必有事焉而勿正，心勿忘，勿助長也。」此是千古妙詮。明道程子曰：「『鳶飛』、『魚躍』一段，子思喫緊爲人處，與『必有事焉而勿正，心勿忘，勿助長也』之意，同活潑潑地。會得時，活潑潑地；會不得，只是弄精魂。」白沙陳子曰：「『舞雩』三三兩兩，正在『勿忘勿助』之間。曾點些兒活計，被孟子一口打併出來，便都是『鳶飛』、『魚躍』。」此是千古妙解。雖然如此不已，不知且説到甚麽處去也，却被朱子掃得光光淨淨，其言曰：「孔子只説個『先難後獲』一句，便是這話，後來子思、孟子、程子爲人之意轉切，故其語轉險，直説到活潑潑處耳，豈不十分平實，十分穩妥？」蓋兩先生善發，真是全體提得起；朱子善收，真是全體放得下。故兩先生之説，大有功於孟子；朱子之説，又大有功於兩先生。余列而著之，俟同志者參焉。

「必有事」，是「先難」。曰「正」、曰「忘」、曰「助」，總從利心來。此孔子之所謂「獲」也。病標有三，病根則一。拔其根却，標不勞而治矣。是故孟子之言曲而盡，孔子之言約而精。

内典，推佛爲生天生地之聖人。按湯誥有曰：「惟皇上帝，降衷於下民。」予以爲非特「降衷於下民」，實乃降衷於天地。此所謂生天生地之聖人也。

太極，生天生地之本；陰陽，生天生地之具。上帝者，全體太極，統攝陰陽，生天生地之主也。

朱子之教，裁撿賢知一邊人居多；陸子之教，振起愚不肖一邊人居多。子思述夫子之意作中庸，標個「中」字，是合賢知、愚不肖，都招而入其範圍；加個「庸」字，却專爲賢知而發。此無他，誠以能亂吾道者，不在愚不肖，而在賢知，則天下之最可慮者，惟此人；然而能寄吾道者，亦不在愚不肖，而在賢知，則天下之最可望者，亦惟此人。故等其過於不及，而並匡之者，欲其知己之地分僅在愚不肖之列，必將恍然自失，不能不思所以退而矯其偏。甚其過於不及，而特匡之者，欲其知己之墮落，反在愚不肖之下，必將悚然内懼，不能不思所以進而求其中。聖賢之惓惓爲賢知計如此，真是十分苦心。

或問：「程子言：『周茂叔窮禪客。』何也？」曰：「二程遺書云：『明道少時喜與禪客語，欲觀其所學淺深。』伊川云：『天下至忙者，無如禪客。』又云：『釋氏善遁，纔窮着他，便道我不爲這個。看此可識『窮禪客』三字之義。』近有引用其語者，却於中間增一字，曰：『周茂叔乃窮禪客。』殆失之矣。」

儒家之有朱子，其詩家之有杜工部乎？讀工部集，洪纖濃淡，淺深肥瘦，新陳奇正，險易巧拙，無不具備。遡而上之，自兩漢而魏，而晋，而六朝，沿而下之，自中唐、晚唐而五代，而宋，而元，無不兼包，且言理則近經，言事則近史，尤爲傑出，所獨稱大家。然而具眼者率謂：「自詩人來，未有此老。」相與推爲詩聖。至輕俊之流，亦往往摘瑕索瘢，執其一句一字而彈射之。要之，益以見其大也。知此可與論朱子矣。若象山，便是個李太白也。

「朱子闢禪矣，閱禪書却多；陸子近禪，自其資有暗合處耳，閱禪書却少。」又曰：「惟其閲之多，故其闢之也率中肯綮；惟其閲之少，故以禪呵之者不能得其心服。」或曰：「何以見朱子闢禪之中也？」曰：「朱子云：『佛學至禪學大壞。』只此一語，五宗俱應下拜。」

文中子曰：「佛，聖人也，其教西方之教也，中國則否。軒車不可以適越，冠冕不可以適胡，古之道也。」説者以爲古今論佛，惟此最當似矣。愚竊謂：「充佛氏之慈悲，行之中國，亦安見其泥？若其離君臣、絶父子、棄夫婦，即夷狄亦未嘗胥而從之也。烏在其爲西方之教哉？」却有一處説得好：「程元問：『三教何如？』曰：『政惡多門久矣。』曰：『廢之何如？』曰：『非爾所及也。』」大自可味。

章子厚赴召，別吴山端。端請入方丈，茶罷。端曰：「且爲愛護佛法。」公云：「不興不廢，愛護佛法也。」却是宰相語。

余弱冠時，好言禪。久之，意頗厭，置而不言。又久之，耻而不言。至於今，乃畏而不言。羅近翁於此最深。及見其子讀大慧語録，輒呵之。惟管東翁亦曰：「吾於子弟輩，並未曾與語及此，誠畏之也。」噫嘻！寧但應爲自家子弟輩畏之而已矣？

甚矣，子思之善言道也，曰：「夫婦之愚，可以與知焉，及其至也，雖聖人亦有所不知焉；夫婦之不肖，可以能行焉，及其至也，雖聖人亦有所不能焉。」既就無知無能中拈出有知有能處來，又就有知有能中，窮到無知無能處，可見這個物事，要埋没他也埋没不得，要覷定他也覷定不得，要抛撇他也抛撇不得，要拏住他也拏住不得。直令愚者智，聖人反愚；不肖者賢，聖人反不肖。抑何神妙不測至此也？却又非子思鑿空駕説，故意作弄，一一是眼前實事實話。

釋氏談心談性，人皆詫以爲奇，畢竟還費了許多話頭，怎如中庸此一條，不過四十五字，却説得如此宛轉，如此玲瓏，如此含蓄，如此變化，如此圓滿。是故欲表道之無内，因特徵夫婦之不知不能，而闡其可知可能；欲表道之無外，因特徵聖人之所知所能，而闡其不知不能。一似愚不肖出聖人之上，聖人出愚不肖之下，抑揚顛倒，可喜可愕。讀者試讀到「夫婦之愚可知，夫婦之不肖可能」，憑他何如人，也應欣然踴躍，精神焕發一番；試讀到「聖人亦有不知，聖人亦有不能」，憑他何如人，也應茫然自失，意氣收斂一番。此真子思子喫緊爲人處也。

吾儒以理爲性，釋氏以覺爲性。語理，則無不同，自人而禽獸，而草木，而瓦石，一也。雖欲二之，而不可得也。語覺，則有不同矣。是故瓦石未嘗無覺，然而定異乎草木之覺；草木未嘗無覺，然而定異乎禽獸之覺；禽獸未嘗無覺，然而定異乎人之覺。雖欲一之而不可得也。今將以無不同者爲性乎？以有不同者爲性乎？孰是孰非，可以立決矣。

朱子曰：「仁未嘗不覺，而覺不可以名仁。」此語極精。至羅文莊，又曰：「覺非特不可以名仁，且不可以名智。」則益精矣。彼認覺爲性者，恐非究竟義也。

世方以「無善無惡」附會性善，方本菴獨以性善掃除「無善無惡」，直狂瀾之砥柱也。本菴又言：「『下學而上達』，當味這『下』字，因發明下人、上人之義，最爲警策。」余退而思之，以爲會得翁之所謂性善，則知聖人與塗人同有，不容視之太高，餒焉畏而遜者；會得翁之所謂下學，則知塗人與聖人同有，不容視之太卑，肆焉藐而玩者。蓋提撕吾黨之意，於斯至矣。其可負諸？

又曰：「本菴慮世之離善求性者之眩於無，而言不變難也；又慮世之離性求善者之滯於有，而言知變難也。於是舉而齊之性善，其指淵乎微矣。性善，原道自孟子，更請以孟子證。夫『道一而已矣』，是點出性善頭腦；仁、義、禮、智四端，是鋪出性善眉目。四者變，一者不變，何其與本菴言如合符節也！看來總不出此理。此理參得到時，二氏百家是處，自然一一囊括；其似是而非處，自然一一粉碎，而何畏乎？千百世之下，自然不差些子，而又何俟乎安排比擬爲哉？易言『盡性至命』，本之窮理，而本菴亦於此惓惓三致意也。有以夫！有以夫！」

學者聰明未必如古人，議論常欲勝古人；行事未必及古人，自處常欲過古人。以故下稍往往没收煞。

近來有一習氣，操觚者但於左、馬諸家摸擬得一言半語，便傲然自以爲古文，其視韓、柳、歐、蘇蔑如也；談道者但於禪、玄兩家剽掠得一知半解，便傲然自以爲妙悟，其視周、程、張、朱蔑如也。嗟嗟，彼操觚者無論也，乃談道者亦然，何哉？

近作一熱心事，適有巨室之僕爲梗，竟做不成，而被冤者更罹荼毒，殊以自悔。既而思之，人間世儘多不平，如何一一管得？却又啞然自笑也。書之，以志予過。

有一個刻意作家，家未成而卒，人曰：「惜也，正好經營。」又有一人，家既成而卒，人曰：「惜也，正好享用。」余聞之嘆曰：「此正造化提醒人處也。」人曰：「何也？」「兩下都落空，竟有何用？吾輩須就自家照顧一番，看這裏經營享用的是甚麽，還不落空否？有用否？不可只將他人評論，後來只惹得人嘆一口氣也。」

顧憲成全集卷十七

小心齋劄記十七

庚戌

史際明曰：「天下有君子，有小人。君子在位，其不能容小人，宜也，至於并常人而亦不能容焉，彼且退而附於小人，而君子窮矣；小人在位，其不能容君子，宜也，至於并常人而亦不能容焉，彼且進而附於君子，而小人窮矣。」此深識世故之言。愚謂君子之窮，小人之幸，天下之禍也；小人之窮，君子之幸，天下之福也。有世道之責者，其尚審於早而慎於微哉。

予謂伍容菴曰：「林居録中，盛推申相國居鄉懿行良信，要之特其小者耳，尚有大佳處。」容菴曰：「何？」予曰：「魏見泉侍御條陳時事，中及科場積弊，且謂大廷之試，閣臣爲讀卷官，凡閣臣之子，須俟去任後，方可與試。」張蒲州不悦，將有處分。予因請於相國曰：「近來直言之士不乏，相國亦率能優容，但科場之事，鮮有摘及者，以此爲執政，所諱不敢犯手也，今獨見泉奮言之。比得嚴旨，各各袖手旁觀，獨户曹李脩吾抗疏救之。竊以爲此兩人方是真能直言，相國能於此兩人優容，方是真能優容，願熟思之。」相國曰：「君言固是，第此事有張先生主裁，吾不得而與也。」予怏怏而退。已而，見泉、修吾俱調外。無何，張蒲州憂歸。相國謂予曰：「向所言魏、李二君，欲爲一處，何如？」予喜曰：「老先生發此一念，天地鬼神亦來呵護矣。」時與姚江孫越峰同在選司，因入言之。越峰曰：「昨正商諸申相國。」相國欣然曰：「是吾心也。」予曰：「今方推新堂翁、楊二老，想旦夕到任耳。」越峰曰：「若待此老到任，而後推人，皆歸美此老，没却相國一片心矣。」予曰：「此老長官妙用，非予所及也。」即日具疏，見泉得南吏部，修吾得南禮部，一時翕然稱相度焉。而見泉尋進光禄丞，比修吾考滿至京，相國復爲言諸吏部，擢山東僉憲，馴至大用。初，予目擊江陵横政，偕魏崑溟奏記相國，勸其從中匡救。相國閲之點頭，徐曰：「兩君之意美矣，還須善藏其用，勿得草草。」相國一日入閣，張江陵問曰：「聞新進士有三元會，知之乎？每日取邸報，遞相評騭，自以爲華衮斧鉞俱在其手，此皆貴門生也。」相國曰：「不知也，是爲誰？」江陵因舉予及魏崑溟、劉纫華三人以告。蓋予三人並舉鄉試第一，故讒者從而爲之辭云。相國笑曰：「皆迂腐書生耳。」江陵發問時，意甚不平，至是稍解。已而相國得政，次第推轂，予與崑溟入吏部。此等事，皆近世所希覯也。

又曰：「非特申相國，即王婁江，亦自有佳處。」丁亥大計，何司空名在拾遺中，遂訐憲長辛慎軒。陳給諫兩參之，而意歸重於辛。蓋有所承望而然也。予過婁江公，語及之，且問陳給諫之疏是否，公曰：「適貴堂翁、楊二老極口贊之，以爲佳。」予曰：「如此，老先生亦必以爲佳矣，乃疏末猶慮有推刃於腹者，何也？言官論一總憲亦是常事，何必弄此機關？無乃欲蓋彌張，計此君胸中有未帖帖處耳。」公曰：「執政之體，只不當主，使言官以行其私耳，亦不得禁之，使不言也，且辛總憲有何好處？察君之意，壹似右辛而左何，然得無偏乎？」予曰：「今不須論人，只論事，便屬不妥，若被拾之人一一尋個對頭，聚訟紛紛，有何了期，非政體也。」公不悦而罷。越六年，辛總憲物故，其子來請謚。婁江謂予曰：「畢竟此老何如人？應與謚乎？」予曰：「此朝廷大典，自有公論在，非小臣所知。」已而，禮部採輿論與謚，婁江聽之弗禁也。蓋亦悟向日之非云。又予司選時，太僕寺缺少卿，堂翁陳心老問曰：「當用何人？」予以山東大參王太初對，陳心老曰：「善。」遂以語諸婁江公，公不可。越數日，予以他事往謁，公迎，謂曰：「近細詢之，太初果佳士也，便須用之。」於此可謂無成心矣。使能充是心，其所建立，當有可觀，何至叢紛紛之議哉？[一]

丙戌秋，予入京補官。婁江王相國謂予曰：「君家居且久，亦知長安近來有一異事否？」予曰：「願聞之。」相國曰：「廟堂所是，外人必以爲非；廟堂所非，外人必以爲是。不亦異乎？」予對曰：「又有一異事。」相國曰：「何？」予曰：「外人所是，廟堂必以爲非；外人所非，廟堂秘以爲是。」相國笑而起。

何司空許辛總憲，四御史皆降官。衆議譁然，以爲有主之者。予因具疏言之，且及向來種種時弊，欲執政公卿庶僚各務自反。已而，奉旨外謫。陳雨亭司寇謂王婁江曰：「顧勳部一疏説得最公，何以見譴？」婁江曰：「渠執書生之言，徇道旁之口，安知吾輩苦心？」司寇曰：「是則然矣，竊恐書生之言當信，道旁之口當察，勳部個中苦心，似亦不可不知也。」婁江默然。司寇退而以語趙定宇太史，太史爲予述之。予曰：「鄙人惟知自反而已，此外非所知也。」

歲丙申之冬，選部唐仁卿請告而歸，訪予於涇里。予問曰：「國事近何如？」仁

[一] 此段後底本與光緒本皆有五行空白，疑少一節。

卿曰：「他皆無足慮，所慮者一人耳。」予問：「爲誰？」仁卿曰：「沈繼山司馬也。必亂天下。」予笑曰：「君子一言以爲知，一言以爲不知，願勿草草。兄姑待之，司馬旦夕歸矣。」仁卿曰：「司馬外結政府，内結權璫。方當用事，何云歸也？」予曰：「所結政府爲誰？」仁卿曰：「張新建。」予曰：「司馬與新建同年也，又同與江陵奪情事，後先被罪去，其情誼自別於泛然之交，第司馬骯髒自喜，必不爲新建用。新建今猶次輔耳，一旦得政，此兩人終非好相識。至欲結權璫，非用賄不可，司馬將何所取資？」仁卿曰：「自有代爲之賄者。」予曰：「此等奇論從何處來？都下所相與何人？恐不得不分任其過也。今姑無論吾輩，只看司馬行徑何如，更應了了。」仁卿懷疑而別。越數日，司馬果得旨歸。仁卿自途中貽予書，謝曰：「向者吾失言，吾失言。」昨道檇李，詢此老居鄉作何狀，市井細民無不同聲賢之。乃知長安紛紛之論，真是可笑，矮人觀場，隨人悲喜，吾又以自笑也。」仁卿可謂無成心矣。鄒南皋書趙定宇先生傳後曰：「趙學士没，其弟與諸子屬傳，草成，黯然魂消。」門人曰：「先生慟乎？」予曰：「此非子所知。」曰：「得無以苦肉計慟耶？」曰：「苦肉計，丁丑冬事，癸未以後，視苦肉更甚。荷聖恩賜環，置之生地矣，吾等心如水之平也。故設詞波之如鼓之無聲也，故陽爲擊之。俾不得一日安其位，視六年時，又更甚。」先生曰：「不去，必不令完名，卒若左券。」嗚呼！抑知夫司馬之時，視先生之時尤甚，即去後且不令完名也，吾是以重有感於仁卿，爲之喟然三嘆，而追記其語。

或問予曰：「子言陸五臺冢宰有旋轉之功，將無太過？」予曰：「若説旋乾轉坤，委未易言。然而我皇上臨御以來，所用冢宰凡數人，大率皆執政之冢宰耳，非皇上之冢宰也。中亦有頗知自立者矣，而極重難反，率不能跳出這窠巢。獨五臺公眼高膽壯，遂能正統均之體，破久沿之套，收旁落之權，振積衰之習。到任數日，外轉一大干清議之御史，而奸邪爲之奪氣；内擢一公論共推之給舍，而端良爲之生色。及大計群吏，務在表廉貞，懲貪恣，獎恬退，抑奔競，其夤緣入臺省者，即見任，一切屏黜，於是仕路廓然一清。於是天下始知公論之不可犯，各思矞矞自濯。立峰孫公、心谷陳公繼之，相與遵其遺軌，而加之以慎。於時郎官王秋澄、鄒大澤、劉健菴、劉用齋、趙儕鶴、孟雲浦、麻十洲、李元沖輩，莫不朝夕砥礪，殫精白而應之，無敢以私干者，諸君子誠賢哉！要其開端之功，實自五臺，不可誣也。以致執政耽耽側目，後先剪除，不遺餘力，空署而逐，至再至三，甚而逐及升任之章衡陽，逐及回籍之黄□□，甚而空四司而逐無留焉，卒亦無如之何。迄於今，雖不能如三公在事時，而流風餘韻尚有存者。試看錢給事、張御史，竟不免外轉。免外轉矣，又不免内察。姚給事文蔚，欲得一南冏卿，[一]費多少委曲，卒之部不與，而旨從中出。視陳海陽久玷公評，楊海豐猶力爲護持，俾偃然完京卿之壁而歸，且爲調王弘陽光禄於南，謫吴徹如比部於外，以謝之者，相去迴然矣。揆厥所由，一綫之脈，來自五臺，不可誣也。然則謂五臺旋乾轉坤，固不得只就銓政。按而求之，辛卯以前是一局，辛卯以後是一局，要亦自成一乾坤，自具一旋轉也。

陸平湖嘗語人曰：「吾做冢宰可一年，李漸菴可二年，曾見臺可三年，陳心谷可半年而已，其他即十年可也。」人問其故，公曰：「未須説破，異日當自知之，此老天自有眼。[二]」

吾邑周儆菴先生樸茂簡重，有古人風，對客終日，並無一閑話。只此大是難事，庶幾先進於禮樂者歟？

王仲山題其廳曰：「居官者不知有家，盡職而已；居家者不知有官，守分而已。」

龍崗施公洞爽豁達，不立城府。其爲吾郡，剖決如流，公庭常閒可設雀羅。性好

[一]「冏卿」，底本作「同卿」，據光緒本改。
[二]「老天」，底本、光緒本均作「老大」，據文意改。

士，嘗浚玉帶河，建龍城書院，選諸生之秀者，躬課之，是科舉於鄉者甚衆，至今科甲不絶。吾邑孫少宰最所賞識，果大魁天下。武進周嵩河，自童儒中拔之，廉其貧，爲之行聘江陰曹氏，即少宰之内家也。吉服升堂，鼓吹而遣之，已而亦取高第。嵩河，名道昌，改名鋐。其他不可枚舉云。

沈太素少年魁南宫，文名大噪，夷陵王少芳慕之，託所知求其窗稿，太素謝却之。予曰：「何必乃爾，得無已甚。」太素笑曰：「小人不可與作緣。」予嘆服不已。

予問伍容菴曰：「人言寧夏之變，不逮確齋魏公，必不能平，信乎？」容菴曰：「然。」時予在兵部，見魏公報疏，言於堂翁曰：「國家設制府，正爲有急得以調發也。魏公當此大變，視若小警，既不聞躬擐甲胄，星馳赴討，又不聞移檄各鎮，協力進攻，第云已遣人持牌諭之矣。此事恐魏公不能了，須擇可代者，以備緩急之用。」弗聽。自此但抄塘報，漫無石畫，最後徑請罷兵防秋，豈所謂老將智而髦及之耶？顧以前時延緩功，受上賞，予抗疏云。

或謂予曰：「近有議鄒太史掘藏隕名者，潘雪松尚寶云：『此偶然應跡耳。泗山道大，原無利心，何足爲累？』子以爲何如？」予曰：「此不可責雪松，雪松是爲『無善無惡』之説所誤耳。」

邵文莊云：「願爲真士夫，不願爲假道學。」薛方山先師質之曰：「真士夫即真道學也，假道學即假士夫也。」誠然誠然，而文莊之意遠矣。

客言：「某某周游講學，到處爲人。居間所遺金錢常滿，人多譏之，却有一段可敬處。」余曰：「何也？」客曰：「渠隨手輒盡，未嘗汲汲立生産爲子孫計。跡若爲利，實乃超然於利之外也。」余曰：「若見盜而富者乎？」客駭而問曰：「何也？」曰：「此輩大都亦隨手輒盡，未嘗汲汲立生産爲子孫計也，今將曰是超然於利之外也，而賢之乎？」客曰：「若是，其甚歟！」曰：「一則取諸白晝，一則取諸昏夜；一則出於高談性命之士，一則出於饑寒無知之民。以此觀之，彼爲盜者，猶或有可原也，何謂已甚乎？」

顧憲成全集卷十八

小心齋劄記十八

辛亥

或問：「世之論者，有謂學當重悟，有謂學當重修。孰是？」曰：「學不重悟則已，如重悟，未有可以修爲輕者也，何也？舍修無由悟也。學不重修則已，如重修，未有可以悟爲輕者，何也？舍悟無由修也。」曰：「然則悟修雙提，可乎？」曰：「悟而不落於無，謂之修；修而不落於有，謂之悟。」曰：「吾聞諸爾瞻鄒子之言曰：『無故提一悟字，已屬謎語；又提一修字，亦屬疑情。』如何？」曰：「此是活語，不可作死語看。作死語看，依舊是謎語。依舊是謎語，更無轉身處矣。如禪門説個『即心即佛』，已而又説個『非心非佛』，最後又言：『憑他非心非佛，我只是即心即佛。』這是一句話？兩句話？三句話？須自家有個分曉，莫被他瞞過也。」

玉池問：「念菴先生謂：『知善知惡之「知」，隨發隨泯，當於其未發求之。』何如？」曰：「陽明之於良知，有專言之者，『無知無不知』是也；有偏言之者，『知善知惡』是也。陽明生平之所最喫緊，只是『良知』二字，安得遺未發而言？只緣就大學提宗，並舉『心』、『意』、『知』、『物』，自不得不以心爲本體。既以心爲本體，自不得不以『無善無惡』屬心。既以『無善無惡』屬心，自不得不以『知善知惡』屬良知。參互觀之，原是明白。念菴恐人執用而忘體，因特爲拈出『未發』。近日，王塘南先生又恐人離用而求體，因曰：『知善知惡，乃徹上徹下語，不須頭上安頭。』此於良知並有發明，而於陽明全提之指，却似均之契悟未盡也。」

近世率喜言「無善無惡」，及就而即其旨，則曰：「所謂無善，非真無善也，只是不着於善耳。」予竊以爲經言「無方無體」，是恐着了方體也；言「無聲無臭」，是恐着了聲臭也；言「不識不知」，是恐着了識知也。何者？吾之心原自超出方體、聲臭、識知之外也。至於善，即是心之本色，説甚着不着？如明是目之本色，還説得個不着於明否？聰是耳之本色，還説得個不着於聰否？又如孝子悦在得親，不得則不可以爲子，須千方百計求盡子道，還可説莫着於孝否？如忠臣悦在得君，有不得則不可以爲臣，須千方百計求盡臣道，還可説莫着於忠否？昔陽明遭寧藩之變，日夕念其祖母岑與其父龍山公不置，門人問曰：「得無着相？」陽明曰：「此相如何不着？」快哉！斯言足以破之矣。

管東溟曰：「凡説之不正而久流於世者，必其投小人之私心，而又可以附於君子之大道者也。」愚竊謂惟「無善無惡」四字當之，何者？見以爲心之本體原是「無善無惡」也，合下便成一個空見，以爲「無善無惡」只是心之不着於有也，究竟且成一個混空，則一切解脱，無復掛礙。高明者入而悦之，於是將有如所云，以仁義爲桎梏，以禮法爲土苴，以日用爲緣塵，以操持爲把捉，以隨事省察爲逐境，以訟悔遷改爲輪迴，以下學上達爲落階級，以砥節礪行、獨立不懼爲意氣用事者矣；混則一切含糊，無復揀擇，圓融者便而趨之，於是將有如所云，以任情爲率性，以隨俗襲非爲中庸，以閹然媚世爲萬物一體，以枉尋直尺爲捨其身濟天下，以委曲遷就爲無可無不可，以猖狂無忌爲不好名，以臨難苟免爲聖人無死地，以頑鈍無耻爲不動心者矣。由前之説，何善非惡？由後之説，何惡非善？是故欲就而詰之，彼其所占之地步甚高，上之可以附君子之大道，欲置而不問，彼其所握之機緘甚活，下之可以投小人之私心，即孔、孟復作，其亦奈之何哉？此之謂以學術殺天下萬世。

或問於塘南王先生曰：「人有言：『無心於名與利者，大丈夫能之；無心於道與行者，非聖人不能。』其信然歟？」曰：「理固有之，非所以訓也。此兩轉語大妙，可味可味。只是尚有説在，何也？道與行，天理一邊事；名與利，人欲一邊事。兩下判若霄壤，却總總道個『無心』，須就裏討個分曉，方没病痛。是故『正其誼不謀其利，明其道不計其功』，所謂無心於名與利也，至於爲謀利而正誼，爲計功而明道，則有心矣；『不思而得，不勉而中』，所謂無心於道與行也，至於得必以思，中必以勉，則有心矣。以此言之，其無心同，而其所以無心異。一是别真於僞，教人從真上立根；一是别性於反，教人從性上歸宿。此非特理實如是，兼亦可以爲訓也。若把兩個『無心』混作一樣用，吾見在高明之士，則視道與行爲塵垢粃糠，如名與利之不足以益人，概從擺脱；在圓融之士，則視道與行爲徽纆桎梏，如名與利適足以累人，悉與破除，而無忌憚之中庸出矣。此非特不可以爲訓，兼亦無如是理也。敢以此申先生未盡之指。」

或問：「王文成言：『當初學問，也只在行誼上檢點，覺是拘泥，而外人同聲賢之。自龍場驛以後，磨煉既深，性體始見，雖不規規於事爲，胸中覺得瀟灑，而人多不取。譬之人身外面無恙，而腹中作痛，强自含忍，人亦謂其無恙也。至污穢一口吐出，胸中寬快，而人反憎厭之。』其説然歟？」塘南先生曰：「理固有之，非所以訓也。

此兩轉語大妙，可味可味。只是尚有説在，何也？跡上無瑕，心上有瑕，鄉愿行徑也，前一段所言是也；跡上有瑕，心上無瑕，狂者行徑也，後一段所言是也。文成蓋曰：『與其完完全全，人人道好，做個假中行，寧其疏節闊目，行不掩言，做個真狂者耳！』此非特理實如是，兼亦可以爲訓也。雖然跡可見也，心不可見也，倘於其可見處縱横顛倒，無所不爲，有過而詰之，輒去而逃之。於其不可見處以自解曰：『吾第求無愧此心而已，跡非所計也。』甚而爲之張皇其説曰：『知我者希，則我貴也。』又曰：『進此一步，方透毀譽關也。』其爲世道禍不小矣，此非特不可以訓，兼亦無如是理也。敢以此申先生未盡之指。」

惲瑶池問：「本朝之學惟白沙、陽明爲透悟。陽明不及見白沙，而與其弟子張東所、湛甘泉相往復。白沙『静中養出端倪』，陽明『居夷處困，悟出良知』。『良知』似即『端倪』，何以他日又闢其『勿忘勿助』？」曰：「陽明目空千古，直是不數白沙，故生平並無一語及之。至『勿忘勿助』之闢，乃是平地生波。白沙曷嘗丢却『有事』，只言『勿忘勿助』？非惟白沙，從古亦並未聞有此等呆議論也。大率近來儒者往往借人起個話頭，隨而自標其見，按實求之，半成戲論耳。須知『無善無惡』却是個空鐺。」

當春秋時，出一孔子，即春秋之天地萬物，便覺陡然有神，究竟亦全得了孔子氣力；當戰國時，出一孟子，即戰國之天地萬物，便覺陡然有神，究竟亦全得了孟子氣力。

又曰：「且無論孔、孟大聖大賢，即如唐武后時，是何世界？賴有個狄梁公，還成個唐，即唐家之天地萬物自在，天下人心亦只知有唐，不知有武后也。宋徽、欽北狩時，是何世界？賴有個李忠定公，還成個宋，即宋家之天地萬物自在，天下人心亦只知有宋，不知有金人也。」

又曰：「且無論狄、李兩個大豪傑，即如宮之奇在虞，晋不敢伐；季隨在梁，楚不敢侵。二國雖小，亦自有他的天地萬物在，只其間有個人，便撑定了。吾輩於此，不必拘執一局，須是大開胸襟，另具手眼，就裹看出個意思來，『中和』『位育』之説，越覺分明，又不是陳同甫貶抑三代下就漢、唐，推尊漢、唐上配三代的話頭也。」

又曰：「譬諸大家巨族，當其盛時生得人，既好際遇，又好德業聞望，安富尊榮，烺烺炳炳，直是十分精彩。此如達而在上，君相的中和位育也。及其衰也，變故紛出，門庭蕭然，却幸生得個好人，服習詩書，敦行禮義，故時家風，奮身整頓，略不墜落，亦何愧大家世族。此如窮而在下，匹夫的中和位育也。故知自家而國，而天下，命脈都在人。又知中和位育，乃世間公共擔子，不可謂那個有分，那個没分，安設藩籬也。然則吾輩今日一嚬一笑，一語一默，在在與天地相對越，在在與萬物相往來，何容兒戲？」

孔子所以有功於天下萬世，是提出一個「學」字，其所以闡明這學，是點出一個「好」字；孟子所以有功於天下萬世，是提出一個「性」字，其所以闡明這性，是點出一個「善」字。

耿庭懷遺予書曰：「頃晤史玉池太常，相與慨斯道之不明、學術之多岐，欲推一人爲正宗，意者其明道乎？」予答之曰：「意者其元公乎？元公圓宗也，明道頓宗，伊川漸宗也。」庭懷不以爲然，復遺書言之。予復答之曰：「明道之推，孰曰不宜？而僕言必稱元公者，以爲畢竟元公是師，明道是弟子也，今亦不必深論。即如元公令明道尋孔、顔樂處，所樂何事？而明道却曰：『自再見周茂叔，吟風弄月以歸，有「吾與點也」之意。』等閒轉入曾點樂處矣。尋得孔、顔樂處，其究也可以入聖；尋得曾點樂處，其究也率流而狂。此見明道之未齊於元公也。又如明道少好獵，自謂今無此好。元公曰：『何言之易也，但此心潛隱未發，一日萌動，復如前矣。』後十二年，暮歸見獵者不覺有喜心，乃知果未也。明道不知自家胸中事，元公乃知明道胸中事，明道不免失之十二年之後，元公乃能得之十二年之前，非洗心藏密之極，何以及此？此又見明道之未齊於元公也。舉此二端，元公之所以爲元公，明道之所以爲明道，大略可覩矣。故曰：『畢竟元公是師，明道是弟子也。』來教『尋樂』之説，一似啞謎，明道大段露出頭腦。又謂：『今日佛氏之盛極矣，單言片字，剔透世人心靈。世人以此翕然赴之，奈何吾黨終日株守章句，甘拜下風，如保家者，盡喪其先世明珠寶玉重藏，而徒守其敝廬荒田也？』可謂幹蠱人哉！吾黨誠欲大興吾道於今世，必先有以深服佛氏之心而收之笠；欲服佛氏之心而收之笠，必先有以洞開吾道之門而示之宗；欲開吾道之門而示之宗，非推尊明道不可，言言都是。然而僕非遺明道不推也，推元公即是推明道，推明道而不及元公，猶之推子淵而不及孔子，所以推之者似淺耳。將謂『定性』『識仁』等説，有加於無極、通書之上乎？據鄙意，無極、通書，真儒家之明珠寶玉，而『定性』『識仁』等説乃明珠寶玉發光處也。於發光處識取明珠寶玉則可，遂認此光爲天下之至妙，至妙没却明珠寶玉則不可。故元公，三代以下之庖犧也。論道於三代以下，不認得元公，猶之論道於三代以上，不認得庖犧。中庸所謂『半途』，此耳。欲釋氏之服，恐未能也。來教又謂『尊周必明圖，明圖必立教』，將以陰陽五行、男女萬物爲教乎？抑必借上一圈而爲教也。上一圈者，將以太極爲教乎？將并無極、太極而兼言之乎？竊意此等處，圖説盡自曉了，不必作何擬議。若欲進而求其精義之所在，又須以平心體之，深心入之，方能漸次湊泊，有非擬議可得而及者。門下且看這一圈，與庖犧一畫有異同否？此乃悟徹先天，超然有會於象數名言之表，就手描來，全身盡露，上下千古，覺得河之圖、洛之書亦若爲之一新，幾於重開混沌矣。至論聖學，單提『無欲』二字，何等斬截！何等徑浄！何等超脱！向所云孔、顔樂處，意其在此。此無極真脈路也。亦可謂明明指出頭腦，不但啞謎而已。故僕以爲宜推元公。元公而下，前無如明道，後無如紫陽。爲偏漸仔細推敲，定不如元公之圓也。今欲上不溺於空寂，而又下不局於株守，舍元公奚宗焉？

「五十而知天命」，孔子，一天也；「知我者其天乎」，天，一孔子也。是以兩下互爲知己。吾輩試於此一查生平知己何在？若知己是甲一項人，即我亦便是甲一項人；知己是乙一項人，即我亦便是乙一項人。莫得放過。

鄉黨一篇，乃是門人到處體察，到處描畫，恰如章章寫出小心圖，末章拈出「時」字尤妙。可以仕則仕，可以止則止，可以久則久，可以速則速，時也。時未至，聖人不敢先也；時既至，聖人不敢後也。

「心不踰矩」，孔子之小心也；「心不違仁」，顔子之小心也。語本體，只是「性善」二字；語功夫，只是「小心」二字。

先大人於壬子年即不幸棄世，則兹辛亥劄記，殆絶筆也。今玩末條幾段，若舉向來小心齋秘密義，特爲標出，似了案究竟語，豈將棄世一識耶？追憶舊聞，先大人十五齡時，嘗題其壁曰：「讀得孔書纔是樂，縱居顔巷不爲貧。」先大父見而笑曰：「子欲爲孔、顔耶？」迺今末條，仍以孔、顔爲證，前後若符節云，則是先大人一生祈嚮，一生詣造，亦從可知矣。

男與渟、與沐謹識。

顧涇陽先生小心齋劄記後序①

林宰

梁溪顧涇陽先生，以銓曹郎抗疏，載起載謫。最後復坐置相事，削籍歸耕。倡正學東林，雅集同志，講性命倫常之奥，提躬經世之方，參互訂正，抽關發覆。一時遠近衿紳慕趨之若流水，奕奕環橋者，無不解頤折角。海内士耳先生名，如祥麟威鳳，可望而不可攀。

而宰以邑令，獲瞻光霽，私其龍門，時時假簿書之隙，追陪皋比，所聆緒論非一，虚往實歸，不翅飲江河而滿其腹也，亦滋有厚幸矣。宰既從先生都講，更得其所爲小心齋劄記者，受而卒業。則先生自甲午謫居來，十年薖軸，手自論著，或機鋒送難，或韋弦自惕，闡苞符之靈樞，抉洙、泗之心印。深言之刺肩，淺言之近帶；大言之周八極，細言之入無間。其反覆於性善一言，辨老、佛之同異，衷楊、王之得失，盡抛習氣習情，而不欲以「無善無惡」開天下以虚蕩之門。真所謂一棒一痕，一摑一血者。

① 此篇康熙本、光緒本未載，原在底本卷十二後，現移至此。

蓋先生之學，禘孔而郊孟，祖周而宗朱。有宋儒之實踐，而融其拘；習近儒之灑脱，而汰其蕩。寧獨濂、洛之功臣？抑亦姚江之諍友。而不標宗門，不逞意氣，不喜鈎名弔詭。既爲僞道學立隄防，復爲真氣節樹模楷；既以點化上根，復以鍛練下士。令省覽者竦心汗顙，憬然而不敢私是非。其爲求時針砭，不已大乎？

先生習言曰：「官輦轂，念不在君父；官封疆，念不在百姓；林下水間，講求切磨，念不在人心世道。即有他長，君子不齒。」嗚呼！此先生所以教人者，亦先生所以自勵也。師世覺民，其可一日無先生？天其有意斯文乎？吾知先生真儒作用，必不以東林老也。

兵憲蔡公，文章事業，天下斗山，於先生臭味針芥，其孳孳明道淑世，如拯焚溺而開龍瞶，意復不減先生，故序是編而公之剞劂。宰復以讎校之役，續貂附蠅，私其千里，又滋有厚幸矣。

萬曆戊申孟秋之吉，錫山令金浦林宰拜手撰。

顧憲成全集卷十九

虞山商語①

虞山商語上　丙午仲夏[一]

① 虞山商語以中國國家圖書館藏明萬曆刻本虞山書院志卷七教主顧先生（題下有「名憲成，號涇陽，文選司郎中」小字一行）爲底本，以臺灣「國家」圖書館藏明崇禎刻本顧端文公集虞山商語（以下簡稱「崇禎本」）、復旦大學圖書館藏清康熙三十七年刻本顧端文公遺書顧端文公虞山商語（以下簡稱「康熙本」）、清光緒丁丑重刊涇里宗祠藏板顧端文公遺書虞山商語（以下簡稱「光緒本」）爲校本。底本無虞山商語題，據崇禎本、康熙本、光緒本補。底本卷端有「門人史孟麟、孫森仝録」一行。上、中、下分卷據諸校本。

[一] 「丙午仲夏」，底本、康熙本均無，據崇禎本、光緒本補。

門人史孟麟、孫森仝録[一]
古燕後學張純修重訂[二]

茂才周伯欽問「天命之謂性」一章。先生曰：「這一章書，喫緊處只在『天命』二字。當周之末，百家並興，各各開壇樹幟，立個教門，他也説如何則天地萬物各得其所，如何便不得其所，却不曉得何者是道；他也説如何是道，却不曉得何者是性；他也説如何是性，却不曉得何者是他源頭。各從自己意見揣摩，如墨氏見得仁一邊，便認『兼愛』做道，將『兼愛』做教；如楊氏見得義一邊，便認『爲我』做道，將『爲我』做教。怎知這個都不是性之本色，縱竭盡一生精神，成就了一個家當，亦只是陰陽五行活計。至其識取路頭，趨向不差者，又往往株守方隅，局而未圓，闇而未耀。於以寡尤寡悔，則有餘；於以究竟極，則宣暢光明；爲吾道出一臂之力，則不足。凡皆由源頭上含糊未了也。故子思子特揭而告之曰『天命之謂性』，一以示在門墻之外者，俾就此體勘，討出個真面目來，庶不至東撈西摸，妄起爐竈，誤己誤人，以學術殺天下；

[一] 此行崇禎本作「門人史孟麟輯録」，康熙本作「門人史孟麟録」，係題下小字，光緒本作「陽羨門人史孟麟録」。
[二] 此行底本、崇禎本均無，據康熙本、光緒本補。

一以示在門墻之内者，俾知自家原有個大來歷，便須尋個大結果，不復以眼前小小境界爲安身立命之地，而從上聖賢後先授受一脈，永不患於失其傳矣。試看中庸一書，始之以天，終之以天，中言知天，言配天，言如天，言其天，不一而足，豈不深切著明？故曰喫緊處只在『天命』二字。」

問：「天命，『命』字如何看？」先生曰：〔二〕「『命』字有以主宰言者，有以流行言者。以主宰言，這命是命脈之命；以流行言，這命是命令之命。」曰：「此『命』字宜何從？」先生曰：〔三〕「這是就流行處指出主宰説，中庸原有個註腳。『維天之命，於穆不已』，蓋曰天之所以爲天也。天之所以爲天，即人之所以爲人也，更無二物。」

問：「『道也者，不可須臾離也，可離非道也』，有言道是不該離的，人定要不離他方可；有言道原不離人，人即欲離之而不可得也。孰當？」先生曰：〔三〕「由前一説，豈不鞭着功夫？但覺多了一個轉念，恐未能貼得本體；由後一説，豈不點着本體？

〔一〕「先生」，底本無，據康熙本補。
〔二〕「先生」，底本無，據康熙本補。
〔三〕「先生」，底本無，據康熙本補。

但覺説得太見成了，恐未免鬆却功夫。予嘗反而驗之此心，與道合即安，與道離即不安。竊意中庸所謂可不可，正指此心安不安處而言也。試想這念頭於何而來，於何而究結，[一]便識得本體矣；識得本體，[二]便識得功夫矣。故學者從前一説發根，將來必流而拘；從後一説發根，將來必流而縱。[三]惟從這念頭發根，自然不愁你不戒慎，不愁你不恐懼，有何安排？既無安排，有何作輟？既無作輟，有何覩不覩、聞不聞？既無覩不覩、聞不聞，有何走漏？如此然後兩下病痛都不犯着，如此然後本體即功夫，功夫即本體，乃天命之真消息，率性之真機緘，修道之真法程也。程伯子曰：『「鳶飛魚躍」一段，子思喫緊爲人處，與「必有事焉而勿正心」之意，同活潑潑地。會得時，活潑潑地；會不得，只是弄精魂。』予謂子思這一條先拈出『可不可』三字，纔説戒慎恐懼，又是必有事焉。而勿正心的把柄，縱你有會得有會不得，這個却自常常會得，只一切依他本來戒慎恐懼，都是鳶飛魚躍。此尤子思喫緊爲人處也。噫嘻！

[一]「於何而究結」，康熙本無。
[二]「識得本體」，康熙本作「又想這念頭於何而究結」。
[三]「縱」，康熙本作「蕩」。

微矣！」

問：「戒懼、慎獨二節，有作一項説者，有作二項説者，孰是？[一]」先生曰：[二]「兩説皆是。[三]要而言之，一固一也，二亦一也。今只要理會他立言本指，蓋戒慎不覩，恐懼不聞，是全體功夫。『慎獨』二字，乃[四]就中拈出一個關鍵而言也。如易言『極深』，又言『研幾』。書言『安止』，又言『惟幾』。又如論語言『君子無終食之間違仁』，更没滲漏處了，却又言『造次必於是，顛沛必於是』，都是把人最易墮落處提破，須到這裏，一一如平時，[五]方纔果無滲漏也。譬如人家兒子出路，父母分付他一路小心，便完了事，却又絮絮忉忉，早晚要如何，寒煖饑飽要如何，陸行遇着險阻、水行遇着風波要如何。就旁人看來，何不憚煩？非但旁人，便是那兒子，不經過利害的，亦安知不疑老人家這等過慮，不知此正父母的心腸也。聖賢爲人的心腸，真不減父母

[一]「孰是」，康熙本作「未審孰是」。
[二]「先生」，底本無，據康熙本補。
[三]「兩説」，底本無，據康熙本補。
[四]「乃」，康熙本作「則」。
[五]「一一如平時」，康熙本作「一切拏得定」。

之於子，所以有許多隄防，有許多轉折。吾儕却只要説儱統話，遇此等處便謂支離。出於孔子以上，猶代爲之分疏；出於朱子以下，即公然直斥其謬，此亦無異驕子之笑田舍翁矣，豈不可痛？」

問：「慎獨，『獨』字註解作『獨知』。近時説者謂：『獨，性體也，與物無對，故曰獨。』孰當？」先生曰：〔一〕「道理甚活，憑人如何體取。即曾、思二子之言『獨』，〔二〕其指亦已微有不同了。若就文句上看，『莫見莫顯』之説，似精於『十視十指』『與物無對』之説，又似精於『獨知』，却不可便如此較量，疑曾子之見不如子思，朱子之見不如今人也。即如伏羲作易，只是一奇一偶，孔子却點出『太極』二字，周子又從『太極』點出『無極』二字。就文句上看，『太極』二字似精於『一奇一偶』，『無極』二字，又似精於『太極』，却亦不可便如此較量，疑伏羲之見不如孔子，孔子之見不如周子也。吾輩今日只要自家身上用得着，便是第一義。」

〔一〕「先生」，底本無，據康熙本補。
〔二〕「二子」，底本無，據康熙本補。

問：「『喜怒哀樂之未發謂之中』，所云『未發』，以時言乎？以本體言乎？」先生曰：〔一〕「兩説都有個至理在，不必執定。往嘗與晉陵徐儆弦先生論及此，儆弦曰：『道無動静，而心有寂感，須要分合看。』此義甚圓。會得時，紛紛之辨，都爲剩語矣。〔二〕」

問：「『中和位育』，以理言乎？以事言乎？」先生曰：〔三〕「這是實理實事，只不要看得遠了。即如今日吾輩共聚一堂，仰瞻聖像，肅然起敬，相與稽首拜下，依次班列，齊齊整整，並無一人敢亂走一步，並無一人敢亂出一聲。非但吾輩，至於左右奔走，及諸方往來環立之人，亦個個凝目看吾輩有何動作，個個傾耳聽吾輩有何提唱，平日許多閒思妄想，都無處着。即此便是吾夫子一段精神，歷幾千餘年，儼然未散。即此便是吾夫子之中和位育也。又不要看得自家小了，試思自言子北學於孔子以來，邑中能發此願心者有幾？自邑有言子祠以來，凡莅兹土者，誰不過而參禮？大略只是了故事而已。上下楊、王兩公之間，其能加意表章者有幾？獨庭懷耿侯寤寐羹墻，鋭

〔一〕「先生」，底本無，據康熙本補。
〔二〕「往嘗與晉陵徐儆弦先生論及此，……都爲剩語矣」，底本無，據諸校本補。
〔三〕「先生」，底本無，據康熙本補。

然仰止，爲之新其廟貌，爲之闢其講堂。又遡厥淵源，特揭願學孔子，爲標群邑之衿紳，及諸父老子弟而會講焉，相期以聖賢事業。此等舉動，豈不超出尋常萬萬？而今而往，實實以身倡之於上，凡列斯會者，實實以身應之於下，一番合并，一番感發，一番闡明，一番淬礪，日積月累，無厭無倦。務令兩下精神薰蒸融液，通而爲一，便可與吾夫子通而爲一；與吾夫子通而爲一，便可與天地萬物通而爲一。此即吾輩之中和位育也。這都是實理實事，願各努力，無孤勝會。[一]」

茂才趙元之問：「『人莫不飲食也，鮮能知味也』，如何？」先生曰：「程伯子有一言說得好：『他人喫飯，從脊皮上過；我喫飯，從肚裏去。』又有一言說得好，或謂司馬温公解中庸，遇有疑遂止，伯子曰：『何疑？』曰：『人莫不能飲食也，鮮能知味也。』伯子笑曰：『我將謂從天命之謂性便疑了。』記者以爲謔語，非也。以爲謔語，便是『人莫不飲食也，鮮能知味也』一個公案。」

又曰：「『道之不明也，我知之矣，賢者過之，不肖者不及也。道之不行也，我知之矣，知者過之，愚者不及也。』已是將世間病痛一切拈出。『人莫不飲食也，鮮能知

[一]「此即吾輩之中和位育也。……無孤勝會」，底本無，據諸校本補。

味也』，只是就上文咨嗟慨嘆一番。人人在道之外，却又人人在道之中；人人在道之中，却又人人在道之外。乍讀之，令人恍然自失，無辭以解。徐按之，令人四顧彷徨，欲一息自安而不得，言有盡而意無窮，真堪喚回醉夢。」

孝廉張延卿、張盛胤、張君可、程鉉吉、翁兆吉、戴鳳伯，明經楊庭立、宋汝建赴書院會文，舉首題「顔淵問仁」一條爲問，先生曰：「顔子是聖門第一人，孔子告顔子是聖門第一諦。所謂『克己復禮』，概而言之，只是個『遏人欲，存天理』，豈不明白易曉？而今却要知得：己是人欲之最微最細處，儘有富貴能不淫，貧賤能不移，威武能不屈，及勘到這裏，還剩下許多渣滓掃不盡；禮是天理之最微最細處，儘有家庭莫不稱孝，宗族莫不稱弟，鄉黨莫不稱忠信廉潔，只勘到這裏，便現出許多參差對不過。故克己復禮乃功夫之最微最細處也。既是最微最細，如何下手？却又提掇得十分痛快。謂之『克』，直是一刀兩斷，絲絲見血，没些子遲回，没些子計較，没些子包裹，没些子牽纏。謂之『一日克己復禮，天下歸仁焉』，[一]直是當下圓滿，物物回春，没些子空缺，没些子遮攔，没些子停留，没些子涯際。且曰：『爲仁由己，而由人乎哉？』直

[一]「天下歸仁焉」，底本作「天下歸仁」，據論語、康熙本改。

是把柄在手，超超獨上，没些子等待，没些子假借，没些子倚靠，没些子幫貼，非天下之至敏，其何以與於此？此聖門爲仁第一局也。」

問：「明道識仁説何如？」先生曰：〔一〕「孔門弟子每每問仁，亦是要識仁的意思，孔子却只教他爲仁，未有不爲而識，未有不識而爲，豈是兩個塗轍？第爲以修言，識以悟言，爲則功夫便在眼前，行住坐卧，無一刻可違；悟則須是這功夫積累到久，忽然透出。有時百方求之而不得，有時不求而反得之。及其得之，又須密密保任，方有受用。『一日克己復禮，天下歸仁』，悟境也。自一日之前，至一日之後，却只是一個修，更無别法。」問：〔二〕「從來論學，皆以知爲始。伊川亦曰：『必先明諸心，知所往，然後力行以求至。』若不知，爲個甚麽？」曰：「知，一也，有就用力言者，有就得力言者。就用力言，體驗省察之謂也，正是修上事，此在初入門，便應着緊，無容些子含糊；就得力言，融會貫通之謂也，纔是悟上事，到此地位，真自不須防檢，不須窮索，有非初入門可躐希者。是故有修無悟，必落方所，非真修也；未修求悟，只掠光景，

〔一〕「先生」，底本無，據康熙本補。
〔二〕「問」，底本作「曰」，據康熙本改。

非真悟也。明道云：『學者須先識仁。』竊敢申之曰：『能爲仁，方能識仁。』何者？下學乃所以上達也。明道又嘗有『對塔説相輪』之喻最好，試取而參之，其於識仁之指，思過半矣。」

太學孫子桑問：「『天下歸仁』，説者以爲『八荒皆我闥』之意，是否？」先生曰：〔一〕「是。」問：〔二〕「朱子云：『歸猶與也。』如何？」曰：「亦是。往嘗有人疑及此，謂予曰：『顔子自克自己，自復自禮，一日之間天下何從知之，而遂與之。』予曰：『姑無論天下，子信得顔子能克己復禮乎？』曰：『信得。』曰：『然則顔子仁人乎？』曰：『仁人也。』曰：『子認得顔子否？』曰：『顔子去此二千餘年矣，何從認得？』曰：『子未認得顔子，又去之二千餘年，今且與其爲仁人也，乃不肯天下之仁顔子乎？』頃之，其人又曰：〔三〕『爲仁只是爲己，不重效驗，何計天下與不與也？』予曰：〔四〕『聖人看

〔一〕「先生」，底本無，據康熙本補。
〔二〕「問」，底本作「曰」，據康熙本改。
〔三〕「其人」，底本無，據康熙本補。
〔四〕「予」，底本無，據康熙本補。

得我與天下是一個，子却看得我與天下是二個。〔一〕』」子桑曰：「如此體會『八荒皆我闥』之意，不言而已躍然矣。」

茂才朱藎卿講「君子素其位而行」一章，周伯欽講「道不遠人」一章，徐長發講「鬼神之爲德」一章，李伯槱講「君子之道費而隱」一章，既畢，庭懷耿侯曰：〔二〕「試與發明一番，何如？」先生曰：「已各各發明矣，今只要各各就自家身上發明，便是第一章要認取個『素』字，第二章要認取個『庸』字，第三章要認取個『誠』字。謂之『素』，便着不得一毫色相，吾能超出色相乎？謂之『庸』，便弄不得一毫意見，吾能超出意見乎？謂之『誠』，便攙不得一毫情識，吾能超出情識乎？至於第四章，尤説得活潑潑地，愚可與知，不肖可與能，吾得以不知不能自諉，安然處愚不肖之下乎？聖人且有不知有不能，吾得以有知有能自滿，傲然據聖人之上乎？『語大天下莫能載』，吾得無不免爲天下所載乎？『語小天下莫能破』，吾得無不免爲天下所破乎？『鳶飛天，魚躍淵』，吾得無自纏自縛，仰慚鳶而俯慚魚乎？如此細細理會，自然有個進處，乃所謂發明也。」

〔一〕「却」，底本無，據康熙本補。
〔二〕「庭懷」，底本無，據康熙本補。

顧憲成全集卷二十

虞山商語中 丙午季秋[一]

海虞門人孫森録[二]
古燕後學張純修重訂[三]

文學俞仲濟問曰:「『吾十有五而志於學』一章,往在東林有説未竟,請畢其旨。」先生曰:「這章書,是吾夫子一生年譜,亦便是千古作聖妙訣。試看入手一個『學』,得手一個『矩』,中間特點出『天命』二字,真是血脈準繩,一齊俱到。曰志、曰立、曰不惑,修境也;曰知天命,悟境也;曰耳順、曰從心,證境也。即入道次第,又纖不容躐

[一]「丙午季秋」,底本無,據諸校本補。
[二] 此行底本、康熙本均無,據光緒本補,崇禎本作「門人孫森輯録」。
[三] 此行底本、崇禎本均無,據康熙本、光緒本補。

已。」良久，又曰：「須知提這『學』字，萬兩千斤；提這『矩』字，千斤萬兩。夫何故？提這『學』字，乃與人指出一大路，以爲由此，雖愚者可進而明，柔者可進而强，但一念克奮，自途人而上，個個做得聖人，此吾夫子所以曲成天下萬世於無窮也；提這『矩』字，乃與人指出一定則，以爲到此，雖明者有不得自用其明，强者有不得自用其强。但一絲稍歧，任他殊能絶行，總總猶是門外漢，此吾夫子所以範圍天下萬世於無窮也。昔謝上蔡講『師冕見』一章而曰：『一部論語，只恁地看。』予於茲亦云。」

問：「何謂知天命？」先生曰：「吾夫子用了四十餘年功夫，方纔知得。吾儕自省，十五時能如夫子之志否？三十時能如夫子之立否？四十時能如夫子之不惑否？如何便要説這個話？縱説得，亦屬戲論，將焉用之？」曰：「請言其彷彿。」曰：「這是吾夫子下學而上達的地頭。生平許多積累功夫，至此不覺一透，恰如人在平地，陡然摶扶摇而上，翱翔九霄，高覽遐矚，曠焉改觀，俯視塵寰，形形色色，恍若另换一番精彩。蓋前此猶屬凡界，至此乃屬聖界矣。前此猶見天自天、我自我，至此知我其天，知天其我，俯仰上下，兩稱莫逆矣。[一]前此猶混於林林總總之中，至此太虛爲徒，獨

[一]「莫逆」，底本作「莫迎」，據康熙本改。

往獨來，超然無對矣。這是知天命的影子，彷彿而可求者。會得時，亦便可長一格，必欲進而求其如之何而爲天命，又欲進而求其如之何而爲知，須各人自去尋討，[二]予不能知也，又何敢作戲論？第有一件可疑，却合着想『知天命』至矣，尚有何不了？再要十年功夫方纔『耳順』，二十年功夫方纔『從心』。據常情看，『知天命』是神化上事，『耳順』『從心』是自家身子上事。兩者較之，『知天命』似深，『耳順』『從心』似淺。據吾夫子説來，則『知天命』在先，『耳順』『從心』在後，無乃將深作淺，將淺作深。」曰：「可得聞乎？」曰：「予亦不能知也。竊嘗億之説個天命，似涉眇茫，吾夫子定要一一從自家身子上打透，方肯作準。蓋眇茫處可假，自家身子上不可假，只勘到自家身子上，便見其間有多少要融化處，未必能盡融化；有多少要調伏處，未必能盡調伏。如何喫你籠罩得去？縱是説玄説妙，説得天花亂墜，這所在還露出本相，如何喫你紐揑得來？今且把『下學而上達』一語再加尋繹，益自分曉。」曰：「何也？」曰：「離『下學而上達』，則認天命在耳目心思之外；即『下學而上達』，則認天命在耳自心思之內。認天命在耳目心思之外，則求之愈遠而愈超特，亦以其超特也，反得以施其播弄；認

[二]「尋討」，諸校本均作「理會」。

天命在耳目心思之内，則求之愈近而愈平常，亦以其平常也，更無所容其矯飾。論至此，安知深之不爲淺，淺之不爲深也？是故必六十才彀到耳順，甚言即形即天命之難也！必七十才彀到從心，甚言即心即天命之難也！可見吾夫子下學而上達，及其上達，依舊在下學裏磨礱鍛煉。所以修則真修，悟則真悟，證則真證，而爲中庸之至也。」

問：「合心與耳目口鼻衆形而成人。專言心，心統形也；專言耳，何居？」先生曰：「此無他，[一]舉一以見其餘爾。」曰：「固也，惟是『耳順』二字下得最奇，乞爲一闡。」曰：「當與『從心』參看。從耳所聽不踰矩，耳斯順矣；從心所欲不踰矩，心斯順矣。耳順，而小體之性盡矣；心順，而大體之性盡矣。往予弟季時曾商及此，其言曰：『天人本無二，何緣隔礙？緣二障耳，一是形障，一是心障。』形有方所，是極實的物事，易於凝滯，要其所以爲形，本之天命之散而成用也，其亦何嘗不虛也？耳順，則有方所者悉歸融化，實而能虛，不局於有矣。心無方所，是極虛的物事，易於走作，乃其所以爲心，本之天命之聚而成體也，其亦何嘗不實也？『從心所欲不踰矩』，則無方

[一]「此無他」，康熙本作「此無異故」。

所者悉歸調伏，虛而能實，不蕩於無矣。如此，然後形通極於心，而形非血氣之形；心通極於性，而心非情念之心。如此，然後徹皮徹肉，[二]徹骨徹髓，活潑玲瓏，四通八達，純是一副神理流行發現。如此，然後造化在我，萬物生身，此知天命之符也。」

問：「或言：『目以精用，口鼻以氣用，惟耳以神用；目有開闔，口有吐納，鼻有呼吸，惟耳無出入，釋氏謂之『圓通』。觀耳順，聽以神也，無復好醜揀擇矣。』然否？」涇陽曰：「人之一身，惟心以神用，餘皆不離乎以形用也。故孟子以心爲大體，耳目口腹爲小體。今作如是分別，將以耳爲大體，耳目口鼻爲小體矣，恐不甚妥。至謂『無復好醜揀擇』，猶宜善看，若不善看，非一概掃除而成空，必兩下平等而成混，其誤不小。且委如所云，將耳獨順，而目口鼻皆逆矣，恐甚不妥也。」曰：「畢竟『順』字作何解？」曰：「也不必求奇。孟子有云『若決江河』，又云『四體不言而喻』，即此亦可得其意也。」曰：「心大體也，奚其障？」曰：「就衆形而言，心爲之主；就心而言，矩爲之主。『人心惟危，道心惟微』，於此勘得不清，將微者愈微，危者愈危。方寸之間，

[二]「徹」，底本作「澈」，據諸校本改。

没個主人翁在，東西南北，四望茫如，不知走向甚麽處去了也。[一]是故馭形之難，其難百千；馭心之難，其難千萬。今亦不必他求，但玩『從心所欲不踰矩』一言，自了然矣。」曰：「然則心與矩，一乎？二乎？」曰：「以爲二，何得言『從心所欲不踰矩』？以爲一，何必言『從心所欲不踰矩』？非二非一之間，率爾不辭，必受人駁，[二]默體而自得之可也。」

問：「耳順，不思而得也。繫之六十；從心，不勉而中也；繫之七十，吾夫子之所以致此，非一朝一夕之故矣。而近世王泰州一派，率以不思不勉提人，何也？」先生曰：「吾原其所以，一則謂性體自然，欲人識取本來面目；一則謂人之從事於學者，往往失之支離膠擾。故特以此破之耳。其説夫豈不美，而意固有在也。或乃泥而不察，[三]遂謂初入門便須不思不勉，則是耳順從心可坐而致矣，得無言之易歟？」曰：「此非始於近世也。『孩提之童，無不知愛其親也；及其長也，無不知敬其兄

[一]「甚麽處」，底本作「恁麽」，據康熙本改。
[二]「駁」，底本作「破」，據康熙本改。
[三]「或乃」，底本作「若」，據康熙本改。

也。』孟子言之矣，則是人人不思而得，人人不勉而中也，將亦疑其言之易歟？［一］」曰：「此却各自有説。［二］孟子又嘗言之矣：『人少則慕父母，知好色則慕少艾，仕則慕君，不得於君則熱中，大孝終身慕父母』。是知聖人不落情誘，渾是本體用事。［三］孩提未涉情誘，亦渾是本體用事也。［四］若乃回遡，孩提境界已過，外之未必無紛然可眩之物交，［五］仰攀聖人境界尚遥，内之未必有澄然不緇之定宰，却只説個不思不勉，幾何而不誤事？」曰：「是則然矣。『今人乍見孺子入井，皆有怵惕惻隱之心』，『嘑爾而與之，行道之人弗受；蹴爾而與之，乞人弗屑也』。可知孩提境界雖過，有不過者存；聖人境界雖遥，有不遥者存。將焉假思勉？」曰：「此體人人具足，何容泯没？當其卒然而感，突然而應，介然而有覺，種種善端，一日之間，不知凡幾發見。如君所舉，孰曰不然。然而明於此，或暗於彼；通於前，或塞於後，甚者顧盼之，頃便已轉徙

［一］「疑其」，底本無，據康熙本補。
［二］「各自有説」，康熙本作「另有説在」。
［三］「渾」，康熙本作「純」。
［四］「渾」，康熙本作「純」。
［五］「未必」，康熙本作「不能」。

更換，飄忽不能自持，此正石火電光的消息，[一]如何算得帳？聖人却步步是真，説的亦字字歸真。真者何？無虧欠之謂真，無滲漏之謂真，無間斷之謂真。是故自十五至六十，但其間有一時一處待思而得，即其他時他處都不思而得，亦不敢遽以耳順自命，不似而今看不思而得如此之易，便相率而輕言不思也；[二]自十五至七十，但其間有一時一處待勉而中，即其他時他處都不勉而中，亦不敢遽以從心自命，不似而今看不勉而中如此之易，便相率而輕言不勉也。[三]夫輕言者有虧欠，冒認爲無虧欠；有滲漏，冒認爲無滲漏；有間斷，冒認爲無間斷，此不知學之過也。君向來讀『十五而志於學』一語，作何理會？」曰：「敢問？」曰：「吾夫子天縱之聖，是恁麽聰明？恁麽力量？當其少小之時，便迥然不凡了。只憑他心上儘自會得來，不須如何尋索；儘自做得去，不須如何安排。率此而往，豈不簡便直捷？豈不脱灑自在？豈不快活受用？又焉事汲汲皇皇以學爲也？及十有五忽發一念，這個還是杜撰，我這裏還有個

[一]「此正石火電光的消息」，康熙本作「這正是電光石火的消息」。
[二]「便」，底本無，據康熙本補。
[三]「便」，底本無，據康熙本補。

矩在。所謂『矩』，乃是一個天然恰好的方法，極純粹又極平正，[一]極微奧又極莊嚴，極周詳又極穩貼。竅乎人心，著乎日用，分布乎事事物物，端的枝枝相對，葉葉相當。要增些子，也無所容其增；要減些子，也無所容其減；要那移些子，也無所容其那移。若不明明研究，細細體貼，密密持循，緊緊收攝，綿綿保任，但靠自家意見作主，任自家意氣發揮，無乃「從心不從矩」，於是乎有學。學則一點一滴，俱不容草草抹過矣。然而求之也，未能至之也；即之也，未能安之也。無乃從矩不從心，於是乎學之十五不已而三十，三十不已而四十，四十不已而五十，五十不已而六十，六十不已而七十，閱如是之歲月，萃如是之精神，殫如是之劬勞，歷如是之階級，方纔表裏精粗打成一片。從心便是從矩，從矩便是從心，隨其所欲，無之而不可耳。説者謂宋儒庶幾『不踰矩』，而未必其『從心所欲』；近儒直是『從心所欲』，而未必其『不踰矩』。此評最確。予亦曰吾夫子十五以前，可謂『從心所欲』而未必『不踰矩』，十五以後，可謂『不踰矩』而未必『從心所欲』。『從心所欲，不踰矩』，雖吾夫子，[二]非至七十不可。

[一]「純粹」，康熙本作「精粹」。
[二]「雖」，康熙本作「即」。

然則近儒之所謂『不思不勉』，縱其得之，恐只是吾夫子十五前之『從心所欲』，而以望七十之『從心所欲』也，正相萬里。若其失之，是且爲顏、曾諸人之『從心所欲』，而以望吾夫子十五前之『從心所欲』也，亦相千里矣，尚安望其能恪守吾夫子之矩而不踰哉？[一]故曰此不知學之過也。非惟不知學之過，實不知矩之過也。是故聖人不思而得，今也略得而貴不思，[二]且就以不思爲得聖人不勉而中；今也略中而貴不勉，且就以不勉爲中，宜乎其輕言之也。」曰：「然則王泰州一派非歟？」曰：「予不敢概以爲非也，只是泥不得耳。當知昔之患，多患於拘，於法應用解脱；今之患，多患於蕩，於法應用防檢。此補偏救弊，一時操縱之微權也。夫惟齊之以『從心所欲不踰矩』一案，而後防檢非拘，解脱非蕩，兩下各有取裁，一切顛撲不破矣。此大中至正、萬世不易之定衡也，吾儕須合而參之始得。」

王惟懷問：[三]「聞講『吾十有五』章，[四]歸重『學』字、『矩』字，此意如何？」先生

[一]「尚」，康熙本作「又」。
[二]「貴」，康熙本作「標」。
[三]「王惟懷」，底本無，據康熙本補。
[四]「聞」，底本作「問」，據康熙本改。

曰：「只因而今喜頓而薄漸，動以爲當下即了，[一]無修無證，所以特表章這『學』字出來。[二]又因而今喜圓而憚方，[三]動以爲一切皆是無拘無礙，所以特表章這『矩』字出來。[四]却不是故意妝造，[五]實乃吾夫子生平本色語。[六]」曰：「如此體取，[七]委覺有味。」曰：「猶未也。試再味這『學』字，可見吾夫子一生只做學生子，未嘗敢做老先生；再味這『矩』字，又見吾夫子直做了古今來第一老先生，便收盡了古今來無數學生子。只此二字，吾夫子全體精神和盤托出。[八]他人縱竭力形容，終不如吾夫子之自道也。」

[一]「當下」，康熙本作「合下」。
[二]「特」，康熙本作「特特」。
[三]「憚」，康熙本作「惡」。
[四]「特」，康熙本作「特特」。
[五]「妝」，康熙本作「裝」。
[六]「生平」，康熙本作「當年」。
[七]「體取」，康熙本作「體認」。
[八]「吾夫子」，底本無，據康熙本補。

虞山商語下 戊申季春[一]

海虞門人孫森録[二]
古燕後學張純修重訂[三]

性善解[四]

顧先生曰：「楊食我初生，叔向之母聞其號也，知必滅其宗；越椒之生也，子文以爲大慼，知若敖氏之鬼不食也。或者據此以爲，人性合下便有不善的。却不知這是個相法，[五]只管得禍福，管不得善惡。難道此兩人孩提時全不曉得愛親？及其長

[一]「戊申季春」，底本無，據康熙本補。
[二]此行底本、康熙本均無，據光緒本補，而「孫森」誤作「孫林」，據前二卷卷端改，崇禎本作「無錫顧憲成著」。
[三]此行底本、崇禎本均無，據康熙本、光緒本補。
[四]此標題底本無，據康熙本補。康熙本此卷二題下内容與底本顛倒，且惟此卷不分段。
[五]「顧先生曰：『……却不知這是個相法，……』」，康熙本、光緒本作「座中有言：『孟子道性善固是，至或人言有性善，有性不善，其説亦不可廢，如楊食我之生，叔向之母聞其號也，知必滅其宗；越椒之生也，子文以爲大慼；知若敖氏之鬼不食，蓋合下已定矣。』顧先生曰：『這是個相法，……』」。崇禎本與康熙本、光緒本大體相同，惟「若敖氏」作「若放氏」，「蓋合下已定矣」作「蓋合下便已定矣」。

也，全不曉得敬兄？且如比干之剖，夷、齊之餓，蹻、跖之壽，杞、檜之顯達，彼工於相者，必能預知之。總之禍福邊事耳，亦何與於善惡而據以證性？況如裴公度之還帶，竟登相位，宋公郊之渡蟻，尋掇大魁。即禍福之權，還自善惡操之。可見性能轉相，不爲相轉也。安得泥相而疑性？」

又曰：「就一人論，謂只是一個性，孰不信之？通衆人論，知愚賢否，千態萬狀，有許多般樣，執謂只是一個性，[一]鮮有不疑者。乃予所疑，不特在衆人，第據一人細加校勘，亦多可疑，何則？始終是善，上知而已；始終是惡，下愚而已。乃其間蓋有少而馴良，壯而放恣者焉，又有壯而修檢，老而頹落者焉，分明兩截人也，不似乎有兩個性耶？此猶自一生言也。蓋有旦而清明，好惡與人相近，晝而牿亡，違禽獸不遠者焉，不似乎一日之間，亦有兩個性耶？此猶自一日言也。蓋有方以爲是，俄以爲非；方以爲非，俄以爲是。理欲公私交戰而不決者焉，不似乎一念之間，亦有兩個性邪？然則當其善也，孰爲取去不善的，另換個善來？當其不善也，孰爲取去善的，另換個不善來耶？此何以解也？就如所謂下愚，信不移矣；所謂自暴，信不可與有言矣；

[一]「執」，崇禎本同，康熙本、光緒本作「孰」。

所謂自棄，信不可與有爲矣。然而此等人，教他看自家是非，果然一切糊塗；教他看別人是非，又無不了了也。豈遇別人性便善，遇自家性便不善耶？抑或爾我對局，兩下較論，其是其非，亦必十分顛倒。試憑空泛論，天下古今之所共是，未有不以爲是者也；天下古今之所共非，未有不以爲非者也。豈泛論時性便善，較論時性便不善耶？講學之會，此等人平時必且指而笑之。乃今一堂之上，雍雍濟濟，試引而進之在列。渠見大家端坐，亦必端坐；見大家拱讓，亦必拱讓。雖欲放出些無賴，自然惶恐不敢也。豈入此門性便善，出此門性便不善耶？又如瞽瞍與象，頑則頑矣，傲則傲矣，然而底豫允若，即向之捐階揜井者也，豈其有兩個瞽瞍耶？忸怩鬱陶，即向之琴朕弤朕者也，豈其有兩個象耶？更有可異者，盜賊至無耻矣，然而未有不畏人知者，或呼之盜賊，未有不怫然怒者，誠以爲不可爲耶，孰强之爲？誠以爲可爲耶，孰令之怒？吾不能爲之解也。非惟吾不能爲之解，彼亦不能爲吾解也。如此說來，只一人亦有許多般樣，因而謂有許多般性也，如何通得？」

或問：「若然，則何爲而有善不善？又何爲而爲善者常少，爲不善者常多？」曰：「此無他，故只爲人生墮地，有這軀殼便有欲。欲一也，分而爲二：一曰名，一曰利。名是賢知一邊人障，利是愚不肖一邊人障。語云：『利場相逐如蠅，名場相競如虎。』自非於此參得透，[一]拿得定，斬得斷，掃得淨，自家做得主張，那個能不落二障中？是故有當於名則爲之，有當於利則爲之，不暇問其是善與否也。無當於名則不爲，無當於利則不爲，不暇問其是不善與否也。[二]夫如是，又何惑乎？爲善者常少，爲不善者常多也。今不察其所以常少之故，而但據其常少之跡，遂疑人性之善者常少；不察其所以常多之故，而但據其常多之跡，遂疑人性之不善者常多，使人借性諉責，使性代人受過，如之何而不少者愈少，多者愈多也！」

又曰：「孔子曰『性相近也』，[三]此『近』字對『遠』字而言，只作『同異』二字看。如中庸曰『道不遠人』，試思人與道是一個是兩個？而第曰『不遠』，可無泥於『相近』之說矣。假令性中果有不善與善對，應曰『性相近也，又相遠也』，這『習』字何處放着？」

[一]「欲一也，……自非於此參得透」，康熙本作「有欲便有歆羡，有歆羡便有馳求，有馳求便有期必，有期必便有繫戀。强者眈眈相競如虎，弱者營營相逐如蠅。是非於此參得透」。

[二]「自家做得主張，……不暇問其是不善與否也。」，康熙本作「自家做得主。縱然見了善，明知是一條好路，他恰出來做對頭，百方攔阻，不愁你不退縮；縱然見了不善，明知是一條乖路，他恰出來做牽頭，百方引誘，不愁你不依順」。

[三]「又曰：『孔子曰「性相近也」……』」，康熙本作「若然，性只是一個了，孔子如何説『性相近』？曰：『若是兩個，又如何説「性相近」？……』」。

問：「孔子曰：『惟上知與下愚不移。』所云『不移』，果何指也？[一]」曰：「若以性言，即上知原不曾多却些子，即下愚原不曾少却些子，移個甚麽？若以習言，生於齊則齊語，生於楚則楚語，如何移不得？若以氣質言，人一己百，人十己千，愚必明，柔必强矣，如何不可移？王文成曰『只是不肯移』，最是。」曰：「何以見之？[二]」曰：「只看下個『移』字便見，是就人分上説；下個『不』字更好。是故上知之不移，上知不也，非有或使之者也；下愚之不移，下愚不也，非有或尼之者也。意甚分明。」曰：「註云：『美惡一定，非習能移。』然否？」曰：「此恐未妥。謂之上知，正以其必不習於惡，非曰習於惡，猶不移而善也；謂之下愚，正以其必不習於善，非曰習於善，猶不移而惡也。」曰：「適言下愚亦有善端發露，何如？」曰：「此是他本來面目，澌滅不盡處，畢竟少間便消散了，何曾習得？」

問：「有疑孟子道性善偏了，惟孔子這三句説得最渾全，然否？」先生曰：「孔子既言『性相近』，又言『習相遠』，正恐人誤認相遠者爲性也；又言『上知下愚不移』，正恐人

[一]「問：『……果何指也？』」，康熙本作「曰：『上知與下愚不移。』性耶？習耶？氣質耶？」。

[二]「何以見之」，底本作「何也」，據康熙本改。

誤認不移者爲性也。如此看來，下二句總是發明首一句。孔、孟之指，同歸於道性善，有何偏全之可言也？吾人欲超凡入聖，須於此真真信得，勿生二三之見而後可。」

識人説[一]

顧先生曰：「明道先生曰：『學者須先識仁。』此語最是喫緊爲人。愚竊以爲，欲識仁須先識人。[二] 何謂人？若説那目能視、耳能聽、鼻能嗅、口能言、手能持、足能行的便是人，世間林林總總，誰不是人？若説那個不是人，除却目能視、耳能聽、鼻能嗅、口能言、手能持、足能行之外，又於何處尋個人？」

一友曰：「仁者人也，識仁便識人，何須他求？」先生曰：「然，但問君此語是從

[一] 此標題底本無，據康熙本補。康熙本識人説在性善解前。
[二] 「顧先生曰：……欲識仁須先識人」，康熙本作「吾輩相聚輒曰講學，人亦指目之曰講學，且問講個甚麽，莫是要做個人否？既要做個人，定要識得個『人』字方可」。

書上看得來？〔一〕是從身上體得來？〔二〕若從身上體得來，〔三〕即曰『義者人也，禮者人也，智者人也，信者人也』，亦何所不可，而必曰『仁者人也』？〔四〕若從書上看得來，與君何干？願再一思之，畢竟如何謂之人？〔五〕」

友曰：「願領教。」先生曰：〔六〕「天職覆，地職載，日月職照；春職生，夏職長，秋職收，冬職藏；鬼神職吉凶。各司其事，不能相兼。至於既能覆又能載，既能照又能生能長，能收能藏，能吉能凶，人實兼之。是人比天地、日月、四時、鬼神更全了。孔子云：〔七〕『人能弘道，非道弘人。』道乃生天生地，生日生月，生春生夏，生秋生冬，生

〔一〕「一友曰：……先生曰：『然，但問君此語是從書上看得來？……』」，康熙本作「有告于者曰：『孔子云：「仁者人也。」程子云：「學者須先識仁。」可見識仁便識人，何用他求？』予應之曰：『君此語是從書上採取得來。……』」。
〔二〕「體」，康熙本作「體點」。
〔三〕「體」，康熙本作「體點」。
〔四〕「而必曰仁者人也」，康熙本無。
〔五〕「願再一思之，畢竟如何謂之人」，康熙本作「告者唯唯而去。此案竟未曾結，今願大家相與一思之端的，如何謂之人？」又，以下三段底本亦與本段連屬不分段，現據文意分段。
〔六〕「友曰：『願領教。』先生曰」，康熙本無。
〔七〕「孔子云」，康熙本作「語有之」。

鬼生神的，猶必待人而後弘，是人比道更靈了。這個人真是與物無對，何可第從書上看，不於自身上認取？[一]且如爲令的，認得令是一縣父母，自然把一縣百姓休戚放在身上；爲守的，認得守是一府公祖，自然把一府百姓休戚放在身上。又如爲子的，見了父親母親，自然有許多相愛的意思出來；爲弟的，見了哥子，自然有許多相敬的意思出來。只緣他認得是父母是哥子也，若不認得，便與路人一般，有何相關？而今做個人，若不認得如何是人，便看自家亦與路人一般。目也憑他視，耳也憑他聽，鼻也憑他嗅，口也憑他言，手也憑他持，足也憑他行，一切綫索都被他牽，自做主張不起。如此而生，謂之醉生，如此而死，謂之夢死，成恁麽人？願大家再一思之。[二]

良久，友復請先生教。先生曰：[三]「萬物芸芸，或爲禽，或爲獸，或爲草木，其類多矣，幸而得爲人。爲人矣，又幸不爲女而爲男，人蓋有落地而亡者矣，有襁褓而亡者矣，有僅曉一二三四五而亡者矣，[四]今又幸而長大。長大矣，又幸不生於東夷，不

[一]「何可第從書上看，不於自身上認取」，康熙本作「何可鹵莽相看，不自認取」。
[二]「願大家再一思之」，康熙本作「願大家相與再思之」。
[三]「良久，友復請先生教。先生曰」，康熙本無。
[四]「五」，底本無，據康熙本補。

生於西戎，不生於南蠻，不生於北狄，而生於中國。生於中國矣，又幸不爲農，不爲工，不爲商賈，而讀書。讀書矣，又幸遇賢侯，倡明大道，[一]儼然揭最上第一義而授之，直欲相携相引，與開闢以來諸大聖大賢頡頏千載之間，豈不十分造化，抑有懼焉？邢恕不嘗受業程子之門乎？胡紘不嘗受業朱子之門乎？去而作權貴鷹犬，至敢於反噬兩先生，不復知人間廉耻事，則有講學之士，不如不講者矣。申屠嘉蹶張武夫耳，及其爲相，檄召鄧通，坐而折之，至於免冠徒跣，頓首出血不止，凜然有古大臣風采。孔光以明經爲帝師，而媚事董賢，[二]望塵迎拜，且前且却，輿隸羞而唾之，恬不爲意，則有讀書之士，不如不讀者矣。金日磾爲漢名臣，而李陵、衛律輩靦顔降虜，骨落窮荒；余闕爲元忠臣，而劉整、吕文焕輩，反面助讎，流毒族類。彼夷名而華行，此華名而夷行，則有中國不如戎狄者矣。楊子雲先新篡漢而死，可以不爲新大夫玷辱身名；褚彦回先齊篡宋而死，可以不爲齊司徒污穢青史。少而修之，老而毁之，則有長年不如短造者矣。魯敬薑之爲母也，丈夫中能擬其識者幾何？桓少君之爲婦也，丈

[一]「倡」，康熙本作「介」。
[二]「媚」，底本作「婿」，據康熙本、光緒本改。

夫中能擬其行者幾何？夏侯令女之爲嫠也，丈夫中能擬其守者幾何？奉天竇氏之爲姊妹也，丈夫中能擬其烈者幾何？則有男子不如女流者矣。虎狼明於父子，蜂蟻明於君臣，鶺鴒明於兄弟，雎鳩明於夫婦，而人也往往蔑倫悖紀，爲世詬焉。百穀善於養生，百藥善於療病，而人也往往恣睢暴戾，爲世蠹焉，則有萬物之秀，不如禽獸草木者矣。豈不十分孤負？」

友唯唯，請先生終教。先生曰：「總之，只有兩路：識得如何是人，便成個人；不識得如何是人，便不成個人。喫緊處却又只在一個『識』字也。」曰：「然則遵何道而識之？」先生曰：「只要辨一副真精神而已。請以事喻。[一] 昔宋朱壽昌生七歲，[二] 父守雍出其母劉氏嫁民間，母子不相知者五十年。壽昌行四方求之不已，飲食罕御酒肉，與人言輒流涕。熙寧初，棄官入秦，與家人訣，誓不見母不復還。行次同州，避雨於逆旅，忽有老婦冒雨拾薪而歸，因傷而嘆息曰：『吾兒壽昌安知母今日如

[一]「友唯唯，……先生曰：『只要辨一副真精神而已。請以事喻。……』」，康熙本作「凡此皆平日所嘗聞於父兄師友者，敬爲諸君子誦之。總而論之，只有兩路：識得如何是人，便是人；不識得，便不是人。此『識』之一字，尤各人喫緊自爲處也。然則遵何道而識之？曰：『這要辨一副真精神。請借兩故事爲喻。……』」。

[二]「宋」，底本無，據康熙本補。

是？』壽昌聞語驚愕，進前恭問，果其母劉氏也。又如近日滇中趙重華，方七歲，父廷瑞棄其諸生出，游歷十七年，音問不通。重華壯且冠，日夜欷歔而號，已而喪其母，竭力營葬，又嫁其姊與妹，請路郵於郡太守而出。當是時，宗族姻黨並危言沮之，重華不聽，徑去，榜其背曰『萬里尋親』，復繕寫里系及父年與貌數千紙，所歷州郡都會，輒爲榜之宫觀街市間。久之，無所遇，行至毘陵，復被盜攫其資，所遺獨路郵一通。一日，抵横林，忽一老僧杖錫而前，問曰：『子何來？』重華具以告僧，曰：『汝胸所囊者何？』曰：『路郵。』輒出以示僧，僧笑曰：『汝父猶未死，客無錫南禪寺，汝第往。』囑同行道人導之。老僧忽不見，重華且驚且喜，遂偕道人往，則其父廷瑞果在焉。且夫時之相去，遠者至五十年，近者幾二十年，如此其懸絶也；地之相去，東西南北，不知所定，如此其遼廓也。今也渺茫而索之，卒如券而獲之，跲頓而求之，忽造次而逅之，何也？緣兩人一副真精神，足以格天地，貫日月，破金石，而泣鬼神。是故若啓若翼，若將若迎，不意之中，巧相湊合，如此其奇也。况吾輩原來是人，非若壽昌之於母，重華之於父，猶分形骸也。縱或不無沉淪汩没，究竟沉淪汩没者亦是我，非張三李四也，何曾與之有一刻離却也；縱或不無飄泊流蕩，究竟飄泊流蕩者亦是我，非天涯海角也，何曾與之有一指隔却也。君若[一]辨得一副真精神如兩人，何憂不識？願大家努力。[二]」

[一]「君若」，康熙本作「誠能」。
[二]「何憂不識？願大家努力」，康熙本作「然何憂不識乎？願大家相與三思之，各各努力，某也請執鞭以從」。

附録[一]

方先生 名大鎮，號魯岳。兩浙巡鹽，戊申三月按虞山

屬吏耿橘録

方先生以望日謁先賢於虞山書院。……十九日，先生復至書院，顧涇陽、徐端銘、史玉池、高景逸相會於有本室，坐定。先生曰：「無善無惡之説，子輿氏非之。陽明又曰『無善無惡者，性之體』，性故以無爲體乎？此宗旨關係正要商量。」

玉池曰：「性本無惡，渾然至善，則善者其體也，若併善而無之，則是無性矣，只寂然不動，感而遂通，是善言性者。若云静無而動有，又云體無而用有，謂之静無，猶可謂之體，無體何可謂之無？」

涇陽曰：「今人咸謂性屬先天，而善屬後天，蓋以『繼之者善』。如子之繼父，不可謂即子是父，安可謂即善是性？不知父子並非兩脈，則善性亦無兩體，人只爲寂感

[一] 節録自底本同卷，「附録」二字係編者所加。

上起見，因而分有分無，終非實義。故静無非無，以其未感而謂之無也，動有非有，以其既感而謂之有也。」

玉池曰：「『有』字即在無邊説，『無』字即在有邊説。無矣而又加以『無』之一字，則無者便墮於空虛寂滅之界；有矣而又加以有之一字，則有者皆形色枝葉而盡失本體矣。」

先生曰：「謂爲體無，固非；謂爲静無，亦非。譬之樹然，未發達時静也，既發達後動也，安可謂有根而無苗？」

玉池曰：「喜怒哀樂之未發，如果無也，不言未矣。」

涇陽曰：「發而皆中之節，此節爲是發前已有，爲復發後始有？如發後始有，豈能皆中？如發前已有，則胞胎未生便有之矣，安得謂非善乎？不善處，皆緣感入，不關性出。」

先生首肯。

茶畢，出坐講堂，諸生以「君子不重不威」「聖人吾不得見」「孟子道性善」三書質正。

先生顧問諸縉紳曰：「聖人於忠信之外，更有學否？」

玉池曰：「聖人曰：『不如丘之好學也。』似更有學在。」

先生曰：「孔子繫易之乾曰：『忠信，所以進德也。』可見乾體只是一個忠信。聖人自强不息，與天地同體也，只是一個忠信，故曰『主忠信』。忠信是學問大頭腦，忠信便能有恒，有恒便可以爲善人、爲君子、爲聖人，看來忠信就是作聖根基。」

先生又問：「爲學畢竟先有厚重器識，然後可主忠信否？」

景逸曰：「是個厚重的，必是個忠信的，内外元非二物。」

李明鰲先生曰：「四者平乎説去，不必分次第先後。」

先生首肯。

又曰：「『毋友不如己』者，[二]不如己，不但是非僻之人，即有學問，而志不投、道不同便是異端，便不可與友。『過則勿憚改』，一『憚』字，多少逡巡；一『勿』字，多少勇猛。」

又曰：「恒不可單認作生質。易恒卦説：『天地之道，恒久而不已。』聖人恒以一德，天地、聖人只是一個恒，看來有恒就是入聖階梯。」

李明鰲先生曰：「有恒，是忠信的人纔能有恒。若不忠信，便是虚假，虚假總是

[二]「友」，底本作「有」，據論語改。

外面裝點，終非可繼之道，所以難乎有恒。」

先生曰：「然。」

又問諸大夫：「『亡而爲有』三句，畢竟在恁麼上見？」

涇陽曰：「在學問上見。」

先生曰：「然。誠無思也，無爲也，亡而爲有，三項毛病全是一『爲』字，爲與無爲正相反。」

先生又問諸大夫曰：「『約而爲泰』與『君子泰而不驕』，何以異？」

玉池曰：「『泰而不驕』，非爲泰也。爲泰便是驕，毫釐之差，相去千里。」

先生曰：「然。」

又曰：「三章原無二義，忠信即是恒德，恒德就是性善。如孟子此章以性善爲主，便把堯、舜、文王、周公、顔淵次第其中，何等有味！」

景逸曰：「『性相近也，習相遠也』，説相近，可見性善。若不善，那得相近？性無染，習則有染，所以相遠，原非本性。」

涇陽曰：「上智只是不移於惡，不是上智其性獨善；下愚只是不移於善，不是下愚其性獨惡。若上智肯移則惟聖，罔念作狂；若下愚肯移則惟狂，克念作聖。」又曰：「有一人之身而好歹不同，有一日之内而好歹不同，又有今日做不好的事，而明日做好的事，又有平旦之氣自好，而日中又不好。若是生成不好，如何有好？若是氣質本異，如何愚必明、柔必强？可見這東西原在那裏，人自有離合，本性無離合。就如虎狼之性自全，他的發竅止是仁；螻蟻之性自全，他的發竅止是義。人爲萬物之靈，豈可不完其性？」

玉池曰：「人性本善不須説，但習是個險途，學者第一當慎習。」

先生曰：「然。且看論語首章劈頭便説個『習』字，聖人以性爲習，衆人以習爲性，以性爲習則性完，以習爲性則性失，故曰：『性相近也，習相遠也。』習可不慎哉！」

諸生王宇春問曰：「習必從耳目薰染間起，桀、紂之爲不善無論矣，若堯、舜之於朱、均，何嘗一日不教之以善，其耳目間何所薰染而不肖若是？」

邵濂問曰：「楊食我之生聞者，即知其有滅族之聲，此習又豈胞胎中即帶得來者？」

先生曰：「前日不云乎？天雨一也，而江湖盆盎各各受之不同。今若以清凈之物受水則水清，以污濁之物受水則水濁。朱、均、食我根氣昏濁，所以雖有本性，以昏濁之氣溷之，終不得清。下愚不移，此類是也。但學者只當信性之善，不得於言下生疑。如人但要識取天雨本一，不必從江湖盆盎中求雨。前日諸生講孝弟，今日講忠信，只此便是千古聖賢學脈，更不必遠求，求孝弟，求忠信，性善在是矣，各須努力。」

顧憲成全集卷二十一

東林商語①

東林商語上

同邑諸門人録[一]

① 東林商語甲辰至戊申以臺灣「國家」圖書館藏明崇禎刻本顧端文公集東林商語爲底本，以復旦大學圖書館藏清康熙三十七年刻本顧端文公遺書顧端文公東林商語（以下簡稱「康熙本」）爲校本。上、下分卷據康熙本，底本原以甲辰至丙午爲一卷，丁未、戊申爲一卷，但無「上」、「下」字樣。東林商語己酉以康熙本爲底本，以清光緒丁丑重刊涇里宗祠藏板顧端文公遺書東林商語（以下簡稱「光緒本」）爲校本。

[一] 此行底本無，據康熙本補，係題下小字，光緒本作「同邑門人安希范録」。

無錫顧憲成著[一]

甲辰 計十則

論語曰：「群居終日，言不及義。好行小慧，難矣哉。」又曰：「飽食終日，無所用心，難矣哉。」

人生天地間，日子不是胡亂度的，屋不是胡亂住的，飯不是胡亂喫的，朋友不是胡亂搭的，話不是胡亂説的，事不是胡亂做的。這個心，極靈極妙，不是胡亂丢在一邊的。今有人於此群居終日，只弄些閑口舌，鬬些小聰明；又有人於此飽食終日，更不用些心，做些勾當。我替他計算，他意中還過得去否？將來還得個好結果否？聖人不以顯言數之曰「當如何，當如何」；亦不以直言斷之曰「無如之何」，而但曰「難矣哉」，所以使之惕然反求而自悟也。誠能惕然反求而自悟，即欲須臾安之，有不可得，而況終日乎？如其不能，即以此終身，猶且茫然罔覺，悍然罔顧，而況終日乎？此聖人之意也。蓋一字之間，含蓄無窮，似微而顯，似婉而直，雖千言萬語，何以加之？其

[一] 此行康熙本、光緒本作「古燕後學張純修重訂」。

垂警深矣。

細玩此二條，聖人應是重有所感而發。蓋當時人見孔子與群弟子講於杏壇之上，非先王之法言不言，非先王之法行不行，多疑其迂拙，且以腐儒目之。那言不及義、好行小慧的，却囂然自以爲伶俐，見孔子汲汲皇皇，忘寢忘食，略無休暇，多嗤其勞苦，至以戮民擬之。那飽食終日無所用心的，却飄然自以爲撇脱，曾不知迂拙者極是穩當，伶俐者反落險塗，勞苦者到底安閑，撇脱者竟何歸着？是則流俗之所謂難，聖人之所謂易；流俗之所謂易，聖人之所謂難。其見真天淵之隔也。吾儕試各思之，當與人群時，免得言不及義，好行小慧否？當不與人群時，免得無所用心否？如其免得，幸甚；如免不得，其與人群也，便須斷送了一夥的性命。即不與人群也，亦須斷送了自家一生的性命。此聖人所以深爲之危也。

再玩此二條，不可泛泛看他。如泛泛看他，便如世間浮游浪蕩子一般，此等人，聖人何須齒着他？當知「群居終日，言不及義，好行小慧」，是有作有爲的學問；「飽食終日，無所用心」，是無作無爲的學問。蓋學之多岐，千萬不等，而總其大都只有兩端。高則空寂，卑則功利，如是而已。聖人恐人失脚其中，一一爲之點破。孟子闢楊、墨，比之洪水、夷狄、猛獸，本要形容他直恁地横，反覺得楊、墨不是尋常人。孔子只輕輕下一二語，將世間種種聰明奇特各圖以其學鳴者，無高無下，都收入個中，却把他品題得如浮游浪蕩子一般。那種種聰明奇特一切掃盡，更没些兒氣焰。即使兩人者聞之，亦當啞然自失。此真聖人距詖息淫妙手也。

論語曰：「君子食無求飽，居無求安，敏於事而慎於言，就有道而正焉，可謂好學也已。」

學有本領，有規矩繩墨。無求飽，無求安，本領也；敏事慎言，就正有道，規矩繩墨也。未知學，人要看他規矩繩墨；既知學，人要看他本領。本領不清，食便要求飽，居便要求安，滿腔子都是俗腸，何緣得有佳處？縱去敏事，也只是意氣上激作；縱去慎言，也只是脣吻上照管；縱去就有道而正，也只是影響上步趨。其與不學者，亦何以異？故聖人往往就此與人磨勘，曰：「士志於道，而耻惡衣惡食者，未足與議也。」曰：「士而懷居，不足以爲士。」於是見顏子之簞瓢陋巷，則賢之；見子路之衣敝緼袍，不耻與狐貉者立，則美之。又往往以此磨勘自家，曰：「飯蔬食飲水，曲肱而枕之，樂亦在其中矣。」曰：「富而可求也，雖執鞭之士，吾亦爲之。如不可求，從吾所好。」至孟子，亦曰：「堂高數仞，榱題數尺，我得志弗爲也；食前方丈，侍妾數百人，我得志，弗爲也。般樂飲酒，[一]馳騁田獵，後車千乘，我得志，弗爲也。」何其謹嚴如此？諦觀自古及今，其間懷才負智，鋭然以英傑自命者，比肩而是。究竟實能大有建立的，亦寥寥可數。揆厥所由，大都爲「安飽」二字誤却。然後知聖人之言，直將人間世一個公共貼身病根拈出。吾儕應須痛與刮除，不留纖芥方可。丁長孺講「富與貴」一章甚好，曰：「聖賢無討便宜的學問，學者若跳不出『安飽』二字，而猶妄意插脚道中，此正討便宜的學問也。」

或曰：「食而求飽，飽焉止矣，未至乎食前方丈也；居而求安，安焉止矣，未至乎千門萬户也。[二]聖人何必過爲之防？」曰：「人心如太虛，纖翳稍着，便爲全體之累，如何論得分數？況乎充一求飽之心，勢不至食前方丈不饜；充一求安之心，勢不至千門萬户不饜。涓涓放海，星星燎原，自應謹其微耳。」曰：「情念百端，獨舉是兩者何？」曰：「以其切於人爲日用之所不能免也。是故於此無染，一切無染矣；於此有染，一切有染矣。切宜細細檢點，連根拔去，不可漫將大話駕過也。」

[一]「般」，底本及康熙本均作「盤」，據孟子改。
[二]「千門萬户」，康熙本作「堂高數仞」。

論語曰：「民之於仁也，甚於水火。水火，吾見蹈而死者矣，未見蹈仁而死者也。」

鄒公寅出所著「民之於仁」章講義視予，意最真切，予因問在座諸君子：「孔子明言『志士仁人有殺身以成仁，無求生以害仁』，何云『未見蹈仁而死者也』？」或曰：「死而成仁，即死猶不死耳。」予曰：「論理固然，非事實也。合得理，合不得事，聖人之言將無墮於空？」或曰：「此變耳，不可以爲常也。」予曰：「常與變，人世所時有。合得常，合不得變，聖人之言將無墮於偏？」曰：「然則註説非乎？」曰：「這也泥不得。」曰：「然則云何？」曰：「味孔子語意，正謂世人有求生以害仁，無殺身以成仁也。」曰：「試舉看。」曰：「水火，生生之具，人之軀命所關也；仁，生生之理，人之性命所關也。論真心，性命重而軀命輕；論凡心，性命輕而軀命重。於是向軀命一邊走，則熙熙而來，攘攘而往，無不竭蹶以趨，至於犯危冒險，公然以其身納諸罟擭陷穽之中，略不顧惜。向性命一邊走，則乍而作，乍而輟。纔遇些利害，便逡巡却步，千思萬算，要他拼却這身子去做，他如何肯。故曰『水火，吾見蹈而死者矣，未見蹈仁而死者也』。蓋深嘆人之悠悠云爾。記者得其意，下文即繼之曰：『當仁不讓於師。』蹈仁而死，言勇也；當仁不讓，亦言勇也。內不見身之可愛，天下更尚有何物足以掛礙我者？以此蹈仁，方纔脚根十分牢實，這條路方纔走得到。外不見師之可讓，天下更尚有何人足以牽制我者？以此當仁，方纔肩頭十分堅硬，這條擔方纔勝得起。」

「志士不忘在溝壑，勇士不忘喪其元。」孟子此二語，正與「蹈仁而死」同指。蹈仁何必死？志士何必在溝壑？勇士何必喪其元？只是辨得這片心，便一直做去，更無回頭轉腦、半上半落耳。象山先生云：「我這裏是鼎鑊刀鋸的學問。」即此意也。乃或自命曰「仁實不能不以生死繫念」，自命曰「志實不能不以在溝壑繫念」，自命曰「勇實不能不以喪其元繫念」。彼其意，豈非欲兩全而無害？卒之，時會不常，事變叵測，往往至於免不得死，又成不得仁；免不得在溝壑，又成不得志；免不得喪其元，又成不得勇，將無兩失之也。故曰：「以金注者昏，以瓦注者明。」

矜伐

自高曰「矜」，上人曰「伐」。就兩字分看如此，其實一也。

「矜」字從「矛」，「伐」字從「戈」，人心中如何容得這個物事？

又曰：「『矜』字左從『矛』，右從『人』；『伐』字左從『人』，右從『戈』。乃人我角立之象，其究也，亦兩傷焉。」故自高者，非特自戕賊已也，人亦隨之矣；上人者，非特戕賊人已也，我亦隨之矣。昔程伯子論『忠恕』二字，曰：『充得去時，天地變化草木蕃；充不去，天地閉，賢人隱。』愚於『矜伐』二字亦曰：『克得去時，天地變化草木蕃；克不去，天地閉，賢人隱。』」

程子曰：「仲尼只説一個『仁』字，孟子開口便説『仁義』出來。」孔子透體是仁，孟子透體是義。

乙巳　計八則[一]

子曰：[二]「吾嘗終日不食、終夜不寢以思，無益，不如學也。」周聖因舉此一章爲問，衆請究其説。予曰[三]：「此文義不難曉，却拈出來作商量，此意殊令人有省。孔子嘗言：『學而不思則罔，思而不學則殆。』兩下病痛一般，

[一]「八則」，康熙本作「七則」，闕麗澤衍一則。底本前四則、康熙本前三則皆不分段。
[二]「子」，康熙本作「論語」。
[三]「予」，康熙本作「先生」。

今獨抽一邊説，且以身所經歷爲證。心是萬事萬物之主，何所不統；思是心之官，終日不食、終夜不寢以思，何所不了。乃曰：『無益，不如學也。』此在吾輩，各自反而參之。」史際明曰：「古人以心爲嚴師，又以師心自用爲大戒。於此參得分明，當有會處。」

麗澤衍

東林大會自去歲甲辰十月始，至今歲乙巳九月再尋盟焉。吴、越之間一時諸同志翩翩駢集。於是中丞懷魯周公、直指淇園楊公、觀察虚臺蔡公並移檄授餐，邑侯平華林公，復偕庠師全初單公、敬齋王公日造而臨之，禮意殷洽。不肖憲等相顧躍然以喜，又悚然以懼。喜者，喜不見擲於諸君子；懼者，懼無以稱塞當路之明德也。退而作麗澤衍以請益。

易曰：「麗澤，兑。君子以朋友講習。」又曰：「兑，説也。」兑爲澤，兩澤相麗，互相滋益，生氣津津，有説道焉。此造化以自然之兑示人也。君子觀其象而以朋友講習，講是研窮討論功夫，習是持循佩服功夫。曾子曰「以文會友」，言講也；曰「以友輔仁」，言習也。朋友講習，互相滋益，生理津津，有説道焉。此人心本然之兑，恰與造化同符也。請衍其説。自古未有關門閉户、獨自做成的聖賢，自古聖賢未有離群絶類、孤立無與的學問，所以然者何？這道理是個極精極細的物事，須用大家商量方可下手。這學問是個極重極大的勾當，須用大家幫扶方可得手。故學者惟其無志於道則亦已耳，幸而有志於道，定然尋幾個好朋友，并膽同心，細細參求，細細理會。未知的，要與剖明；已知的，要與印證；未能的，要與體驗；已能的，要與保持。如此而講，如此而習，講以講乎習之事，習以習乎講之理。一意敦修，兩下交發，緝熙庚續，循環無間。於是礙者通、混者析、故者新，相推相引，不覺日進而高明矣；於是怠者起、斷者聯、生者熟，相漸相磨，不覺日進而光大矣。於是群一鄉之善士講習，即一鄉之善，皆收而爲吾之善，而精神充滿乎一鄉矣；群一國之善士講習，即一國之善，皆收而爲吾之善，而精神充滿乎一國矣；群天下之善士講習，即天下之善，皆收而爲吾之善，而精神充滿乎天下矣。其悦當何如哉？有難者曰：「人倫有五：君喜臣起，是君臣相悦也；父慈子孝，是父子相悦也；夫唱婦隨，是夫婦相悦也；兄遜弟恭，是兄弟相悦也。單舉朋友講習，何居？」曰：「固也，惟是君臣、父子、夫婦、兄弟各有專主，而朋友則無所不攝；君臣之義、父子之親、夫婦之别、兄弟之序，各有專屬，而講習則無所不貫。況事變之來，千頭萬緒，儘有上不可言於君親，中不可言於兄弟，下不可言於妻子，而獨可從容擬議於朋友者。人情之蔽，千態萬狀，儘有上之君親莫能諭、中之兄弟莫能諭、下之妻子莫能諭，而獨朋友能因機轉移者，論至於此，然後知非朋友無以成其君臣、父子、夫婦、兄弟，非講習亦無以成其朋友也。非徒然也，君臣之相與也，以敬勝；父子、夫婦、兄弟之相與也，以愛勝。勝則偏，偏則弊，亦必以朋友之道爲之調燮乎其間，乃克有濟。故夫都俞吁咈，則君臣之朋友也；義方幾諫，則父子之朋友也；『鷄鳴』『昧旦』，則夫婦之朋友也；『伯氏吹塤，仲氏吹篪』，則兄弟之朋友也。於是以敬勝者，因而有以聯之肅然相臨而不至於相隔；以愛勝者，因而有以維之歡然相款而不至於相昵。於是君而君，臣而臣，父而父，子而子，夫而夫，婦而婦，兄而兄，弟而弟，穆穆熙熙，分願各足。天壤快事，信無以加於此矣。」不肖等目擊龜山先生東林書院蕪廢多年，有概於中，賴當道主持修復。竊嘗僭顔其前曰「麗澤」，蓋取諸兑，左右題以「樂道人善」「願聞己過」兩言，乃就講習中舉其至切要者，揭而標之，時用觀省。謂之「樂」，必有一段踴躍鼓舞，油油不能自已之意；謂之「願」，必有一段祈求冀望，喁喁不能自已之意。是又取諸兑之説也。今幸諸先生長者不我遐鄙，儼然貺臨，東林草木，亦爲欣欣生色。伏乞提之命之，匡之直之，輔之翼之，俾不肖等得以對彛訓、奉楷模，講之習之，永佩無斁。是舉，龜山先生道南之緒，一旦焕然而復光也；是舉，一堂之上，前後左右，人人與聞大道之要也。所以功德我東林遠矣，其說當何如哉？詩云：「人之好我，示我周行。」敢以爲諸先生長者祝。又云：「中心藏之，何日忘之。」敢以爲諸先生長者報。

高存之問：「子曰：『行己有耻。』又曰：『巧言、令色、足恭，左丘明耻之，丘亦耻之。匿怨而友其人，左丘明耻之，丘亦耻之。』夫宗族稱孝，鄉黨稱弟，此士之上品，而夫子獨以『行己有耻』爲首耻。心是人人有的，而巧言、令色、足恭，匿怨友人，往往以爲無妨，不以爲耻。世人所耻，乃在惡衣惡食、衣敝緼袍與狐貉並立等項。惟夫子、左丘明獨以此爲耻，可見人之所耻，又各不同。孟子曰：『人不可以無耻』。耻之於人大矣，敢問何以爲『行己有耻』？望明教之。」

孔子之告門人多矣，獨與子貢論士提出一「耻」字，乃是爲千萬世人起死回生。存之發此一問，且謂「人之所耻，各有不同」，又恐人於生死路頭認差了也。這個「耻」，來自丹田，通體透過，極有精神，極有氣力。人若動了這念，真是無堅不入，無銳不破，只看所耻何在耳。所耻在不賢不聖，道德不如人，究不到賢且聖不肯干休，苟不到賢且聖不肯干休，處心積慮，便只知有是非，那一切利害如何遏捺得他？此是長養天理種子也，生路也；所恥在不富不貴，榮華不如人，究不至富且貴不肯干休，苟不至富且貴不肯干休，處心積慮，便只知有利害，那一切是非如何管束得他？此是長養人欲種子也，死路也。中庸曰：「知恥近乎勇。」正謂兩下所恥不容並立，不賢不聖之恥，存於胸中，即有不富不貴之恥，登時粉碎，何處安頓？不富不貴之恥，存於胸中，即有不賢不聖之恥，登時粉碎，何處安頓？知恥者於此辨得清楚，只有不賢不聖之恥，更無不富不貴之恥也。孔子嘗自言其爲人也「發憤」，憤與恥，同一血脈。恥者，憤之根；憤者，恥之用。憤要發，恥要知。發得時，一憤便成孔子之聖；知得時，一恥便通孔子之憤。此等精神，直是十分精神；此等氣力，直是十分氣力。竟其分量，豈僅僅宗族稱孝、鄉黨稱弟、賢於硜硜一項人而已哉？吾輩試各猛省，還能宗族稱孝否？還能鄉黨稱弟否？如其能之，猶爲行己有恥之次；如其不能，去之千里矣！嗟乎！古之士，以賢於硜硜一項人而已爲恥；今之士，至求其爲硜硜而不可得。有過而詰之，則曰：「吾非不能，吾不屑也。」内以欺己，外以欺人，偃然自處於稱孝稱弟之上，曾不少遜焉。此正市井駔儈者流耳，尚何所用恥耶？存之曰：「何以行己有恥？」愚竊謂有恥必自知恥始，知恥必自知學始。吾輩今日於此相與聚頭商量，相與切心理會，汲汲皇皇，如饑如渴，實轉死回生一大機緣也。珍重珍重！

高存之又問：「論語記『子所雅言，詩、書、執禮』，『子罕言利與命與仁』，『子不語怪、力、亂、神』。竊惟聖人所罕言、所不語，必有深意；所雅言，決非詞章記誦，資人口耳。津津拈出，必有一段懇切爲人至意。後人纔説詩、書、執禮，往往以爲尋常無奇，忽而不察。聖人何不慮天下後世厭忽不察，乃區區於先民尋常之訓，守而不失如此？望明教之。」

吾夫子贊易，敘書，删詩，正禮，修春秋，總是一個脈絡，而獨雅言詩、書、禮也，豈不似乎或含或顯，或秘或泄，分作兩樣？曰利曰命曰仁，各是一個端緒，而均之其罕言也；曰怪曰力，曰亂曰神，各是一個機緘，而均之其不語也，豈不似乎公私莫辯，邪正莫别，混作一樣？且所雅言如此，所罕言、所不語如彼，又豈不似乎株守尋常，櫝藏妙密，而於門弟子有隱也？竊嘗思之矣，學者之侈虚馳而忽真修也久矣，寧卑無高，寧淺無深，寧近無遠，寧庸無奇，庶幾其知返乎？此一説也。雖然是猶有高卑淺深、遠近庸奇之見也，究竟即卑即高，離卑無高；即淺即深，離淺無深；即近即遠，離近無遠；即庸即奇，離庸無奇。即之者，一之也，取之日用而有餘；離之者，二之也，求之渺茫而不足。此又一説也。故曰：「下學而上達。」又曰：「庸德之行，庸言之謹。」所以提撕天下萬世至矣。此吾夫子之意也。至於記者之意，又不可不察。記雅言，所以立的；記罕言不語，所以樹防。且其記罕言也，本欲表夫子之罕言命與仁也。至於罕言利，凡稍有識者皆能之，亦何待夫子？却將個利來與命與仁配列而爲三。其記不語也，本欲表夫子之不語神也，至於不語怪、力、亂，凡稍有識者皆能之，亦何待夫子？却將個怪、力、亂來與神配列而爲四，意若曰：「世之好言命、好言仁者，方自以爲識貫天人，怎知恰與好言利者等？世之好語神者，方自以爲心通造化，怎知恰與好語怪、好語亂、好語力者等？」其薄之甚矣。於以見吾夫子之雅言，乃所以爲高爲深，爲遠爲奇。而其言聖人之罕言，語聖人之不語者，反所以爲卑爲淺，爲近爲庸也。此記者之意也，其所以發吾夫子之藴至矣。謝上蔡問鬼神有無，程伯子曰：「待説與賢道没時，古人因甚如此説？待説與賢道有時，又恐賢問某尋。」游定夫問陰陽不測之謂神，程叔子曰：「賢是疑了問，是揀難的問。」而其開示來學，則曰：「盡性至命，必本於孝弟；窮神知化，必由於禮樂。」嗚呼微矣！由洙、泗以來，凡幾千百年，玄談奥論，汗牛充棟，[一]求其善繼吾夫子法門者，舍兩先生，夫誰與歸？

孟子曰：「鷄鳴而起，孳孳爲善者，舜之徒也；鷄鳴而起，孳孳爲利者，蹠之徒也。欲知舜與蹠之分，無他，利與善之間也。」

凡做人，須於起頭處便着精彩。有一生之起頭，則一生之吉凶悔吝係焉；有一日之起頭，則一日之吉凶悔吝係焉。古者八歲入小學，十五入大學，一生之起頭也；鷄鳴而起，一日之起頭也。這都是緊關所在，不得草草。善乎孟子之推言之也，曰：「孩提之童，無不知愛其親者；及其長也，無不知敬其兄也。」是就一生起頭處，推出一個源頭，令人直直認取當初帶下的心。至此曰「鷄鳴而起，孳孳爲善，舜之徒也；鷄鳴而起，孳孳爲利，蹠之徒也」，是就一日起頭處，推出兩個路頭，并令人密密勘破後來攙上的心。誠能認取原初帶下的心，那攙上的自然無所掛搭；誠能勘破後來攙上的心，那原初的自然無所混淆，庶幾可保必爲舜，不爲蹠矣。此真吾人喫緊第一步也。愚請贅以兩言，一曰：「起處一正，便無往不正，縱或有時而斜，亦屬偶誤，容易

[一]「棟」，底本作「揀」，據康熙本改。

滌除；起處一斜，便無往不斜，縱或有時而正，亦屬偶合，容易消散。是故趨未定者，願其審幾之早也。」一曰：「一生不過百年，一日不過百刻。少未幾而壯矣，壯不能復轉而少；壯未幾而老矣，老不能復轉而壯。旦未幾而晝矣，晝不能復轉而旦；晝未幾而夕矣，夕不能復轉而晝。是故時已過者，願其回頭之早也。」念哉念哉！

就常情看，一念之善，未必甚有益；一念之不善，未必甚有損。孟子却曰：「這一邊便是從古來衆口贊揚的至聖，那一邊便是從古來衆口唾罵的劇盜。」是將小處説做大。有人於此驟而譽之以舜，必愕然驚曰：「天下之生久矣，曾見幾個舜來，我何敢望他？」驟而詬之以跖，必憤然怒曰：「天下之生久矣，曾見幾個跖來，我何至便與他一樣？」孟子却曰：「兩下所争不多，只在利與善之間。」是將大處説做小。將大處説做小，所以教人之慎其始；將小處説做大，所以教人之思其終。讀者亦曾貼身一理會否？

吉人之惟日不足，正是孳孳爲善；凶人之惟日不足，正是孳孳爲利。孟子又就上提出「鷄鳴而起」一語，更覺十分警策。「人心惟危，道心惟微」，正是利與善之分。孟子又就中點出一「間」字，更覺十分細膩。

人只有善惡兩路。既曰「孳孳爲善，舜之徒」，應曰「孳孳爲惡，跖之徒」可也。舍曰惡而曰利，反覺放寬一步，何也？人本有善而無惡，亦本好善而惡惡，棄所有而殉所無，違所好而趨所惡，夫豈其情？只緣他起了一點利心。凡事但問孰是便我者，遂向前；孰是不便我者，遂退後，更不暇問善惡耳。既不暇問善惡，自然善一邊少，惡一邊多，久之且移其好於惡，移其惡於善，至於有惡而無善矣。故爲惡者爲利之標末，而爲利者爲惡之根本也。與其禁之於標末，不若禁之於根本。所以「舍曰惡而曰利」也，辭若平而意更切矣，此孟子救正之苦心也。他日，又曰：「求則得之，舍則失之，是求有益於得也，求在我者也。求之有道，得之有命，是求無益於得也，求在外者也。」求在我，孳孳爲善之謂也；求在外，孳孳爲利之謂也。如此則有益，如彼則無益。以見利之不可必求也。再考梁惠王以利國問，則爲言利之必至於危國，而繼之曰：「未有仁而遺親、義而後君者也。」宋牼以不利説秦、楚，則爲言利之必至於亡人國，而繼之曰：「未有君臣、父子、兄弟仁義相接而不王者也。」豈不謂孳孳爲善，不求利而利自至？孳孳爲利，利未得而害且隨之？以見利之必不可求也。大率「利」之一字，人人最易，誤人最酷。故提出個「善」字，與「利」對言，是將本心開發他；提出個「命」字，與「利」對言，是將造化攔截他；提出個「害」字，與「利」對言，是將禍患竦動他。如是，庶幾其有省乎？此又孟子挽回之苦心也。嗟乎！一善一利，我自爲之；

舜芳跖穢，我自當之；吉凶禍福，我自嘗之。乃至費聖賢許多計慮，許多説話也。讀是而不動心，真麻木漢。

丙午 計九則

顔淵喟然嘆曰：「仰之彌高，鑽之彌堅；瞻之在前，忽焉在後。夫子循循然善誘人，博我以文，約我以禮，欲罷不能。既竭吾才，如有所立卓爾，雖欲從之，末由也已。」

此章乃顔子深有得於夫子，而極其形容之辭。通篇只是一意，不必分「先難後獲」看。蓋「仰之彌高」，是欲仰之而無由也；「鑽之彌堅」，是欲鑽之而無由也；「瞻之在前，忽焉在後」，是欲瞻之而無由也。顔子以爲這豈是夫子没個好方法與我？「博我以文」，一些子也不少；「約我以禮」，一些子也不多。可謂循循善誘矣，又豈是我不肯着實體會？「博我以文」，即文即我也，雖欲不爲之「博」不得；「約我以禮」，即禮即我也，雖欲不爲之「約」不得。可謂「既竭吾才」矣，畢竟無如之何也。是所謂父不得而傳諸子，子不得而受諸父也，而教窮；是所謂知之所不得而知，能之所不得而能也，而學窮。越近越遠，越親越疏，不亦「仰之彌高」乎？不亦「鑽之彌堅」乎？不亦

「瞻之在前，忽焉在後」乎？故曰：「如有所立卓爾，雖欲從之，末由也已。」反覆玩味，分明將吾夫子一片「神無方、化無體」的境界信口吐出。而記者特以「喟然嘆」三字發端，又分明將顏子一片「默不能含、語不能泄」的境界信手拈出。嗚呼！微哉！

「博文」是開拓功夫，「約禮」是收斂功夫。只此兩言，括盡入道竅門。即博而約，即約而博，頓宗也；由博而約，由約而博，漸宗也；博自我博，約自我約，時而出之，了無方所，圓宗也。以博格約，以約格博。見其合，則疑分之者之爲破碎；見其分，則疑合之者之爲顢頇，孟子之所謂「執一」也。

「博」、「約」二字，憑人如何看。看得活時，千經萬典都在這裏。予偶讀易而悟耳，試舉其略。乾、坤，一闔一闢也；坎、離，一虛一實也；震、艮，一動一靜也；兑、巽，一見一伏也，皆可作「博」、「約」註疏。引而伸之，自一卦至六十四卦，無不具有斯理也。

太極渾然，何博何約？自其動而生陽，動極而靜；静而生陰，静極復動。於是千變萬化，紛然而出，錯雜不齊。惟聖人全體太極，由此而下，皆在紛然不齊之中，或偏於陽，或偏於陰。偏於陽者，能放而不能收；偏於陰者，能收而不能放。博文約禮，所以爕理陰陽，還歸太極也。千病萬病，總之只此兩病；千方萬方，總之只此兩方。

至於斟酌先後，調劑重輕，存乎人之自審而已。

問：「陽明先生博約説何如？」曰：「試舉看。」曰：「説云：『文也者，禮之見於外者也；禮也者，文之存於中者也。文顯而可見之，禮也；禮微而難見之，文也。』又曰：『文散於事而萬殊者也，故曰博；理根於心而一本者也，故曰約。是故約禮，必在於博文；而博文，乃所以約禮也。』然否？」曰：「子疑之乎？」曰：「疑之。」曰：「何疑？」曰：「傳習録言：『理只在此心。譬之樹木，心便是根，許多條件便是枝葉。須先有根，然後有枝葉。不是先尋了枝葉，然後去種根。』可見功夫全在根上。如博約説，功夫却全在枝葉上矣，盍曰博文必在於約禮？而約禮乃所以博文也，其可乎？」曰：「這疑得極是。據愚見，『博我以文，約我以禮』二語渾成，原自明白，更不須代爲安排布置，翻入支離去也。」

「雖欲從之，末由也已」，意若曰：「使回而得從夫子，不知又見何等境界也！」所以狀夫子之不可測量如此也」；「吾見其進，未見其止」，意若曰：「使回而天假之年，不知直造到何等境界也！」所以狀顔子之不可測量如此也。故知顔莫如孔，知孔莫如顔。千載而下，猶可想見其當時相與之際也。

論語曰：「興於詩，立於禮，成於樂。」

此章當與「志道」章參看。曰道曰德，曰仁曰藝，循其名，似乎有精粗；曰志曰據，曰依曰游，核其功，似乎有深淺。聖人恐人泥而不察，分而爲二，故於此合而言之。蓋志道者，自發自心，鋭然有以自奮，是不待詩而興者也。其次，習於詩而興焉，即游藝亦志道矣。據德者，自信自心，凝然有以自守，是不待禮而立者也。其次，習於禮而立焉，即遊藝亦據德矣。依仁者，自得自心，怡然有以自適，是不待樂而成者也。其次，習於樂而成焉，即游藝亦依仁矣。如此看來，何精何粗，何深何淺，總來只是一個。

孟子曰：「孔子登東山而小魯，登太山而小天下。故觀於海者難爲水，遊於聖人之門者難爲言。觀水有術，必觀其瀾。日月有明，容光必照焉。流水之爲物也，不盈科不行；君子之志於道也，不成章不達。」

座中問：「此章大指何如？」予曰：「只是八個字：眼界欲空，脚跟欲實。」薛仲子聞而善之。一日，問曰：「這是舊説？這是新説？」予曰：「都忘之矣。」

丁未 計七則

雲間張侗初太史過覝東林，出弦歌樓記會示予，予讀之有省，以億測請正。[一]

記曰：

丁未孟冬望夕，予同年錢用章讌會講諸公於虞山弦歌樓，而令公耿侯爲之主。先是，侯以重九會書院學道堂，既别去，諸公懷侯之教也。至十月乃復尋會，會畢，用章觴而樂之。是夕也，集江以南諸同志曁邑之士大夫，凡四十餘人，賓筵雅飭，四座清爽，山光在牖，月影在簾，觴詠恬怡，譚麈霏霏，清音自和，不以絲竹，邑之士大夫喜曰：「美哉！悦而群君子之至於斯也已。」又喜曰：「美哉！南方之雝雝者，與樂而止，和而有禮，王教之盛也！」時余亦覩其美焉，則諗於邑士大夫曰：「斯樓之集也，虞山之教至精微者也。賓不能以告之主，令不能語於堂之人。今夫講學者，傳聖人之精神者也。衆人執講學以求聖人，而聖人之精神不傳，則或於觴詠嘯遊之間

[一]「雲間張侗初太史過覝東林，……，以億測請正」，康熙本作「雲間張侗初過東林，出所撰弦歌樓記請正」。

而傳之，然而知之者鮮矣。何則？[一]猶之乎一堂之講學也，衆人以爲義理在聖人所傳之書，其講明分析在明道者之口與吾之耳，而於吾所講之人了不相干，[二]則聖人之精神何時而傳乎？此時不認取，則既以爲今日未言及克己，明日未言及主静，而自己當下之聖脈遂絶矣。故吾以爲不如觴詠遊嬿之間可傳也。今夫言學問者，言克己也，主静也。而兹樓之集二者靡不有焉。深杯綢繆，高譚浹洽，樂矣！主賓之間，誰爲束縛？而乃恂恂動乎情，止乎禮也。杯則杯，箸則箸矣，此時有操存乎？無操存乎？何以一人而及四十餘人？無不然也。四方之群而至者，貌不習也，坐之一室而飲之酬之，遺其形骸耳目而歡然，群油然無戾焉。此時爾我分别之私待克乎？不待克乎？若當此克之，容着力乎？不容着力乎？且無論集者之爲學道人也，即奔走而趨事者，誰不欣欣覩主賓之盛，滿樓之歡洽而毬然無厭斁矣乎？此誰爲操之存之而克之也？故曰：『兹集也，虞山之至精微者也。』雖

[一]「何則」，底本作「則」，據康熙本補。
[二]「所講」，康熙本、光緒本作「聽講」，語義不同。

然不能知也，知之則滿樓皆聖，此非誑言也。有聖人之體也，不待操存而自静，不待克而自廓然。其大同觴詠嘯遊，皆真静也，皆萬物一體之初也。此時假令着一操存克己之想，舉手皆恣睢，滿目皆胡、越矣。故曰：『聖人之體，只此在也。』主賓之間，能知此一段性體透露處，急認取所與譏之人。能認取所譏之人，則一堂講學，口答耳聽，莫不皆是，特人處處自見，刻刻常新已爾。故曰：『先天一畫，總是水流物生；當下工夫，只在吟風弄月。』見得便見，知得便知。各人飲酒，各人果腹，到得無主無賓，一齊大醉。此時弦歌樓上，宛然聖堂，却不曾減得用章甕頭一滴酒也。令公深於道而不得以傳，會之人諸賓懷令公之教，而不得有言以告令公。非無言，難言也。夫與會者紀之，亦幾於多言也已矣。是月廿有四日記。[一]

[一] 張侗初弦歌樓記康熙本較底本删改甚夥，現將康熙本所載弦歌樓記逐録於左，以資參考：

丁未孟冬望夕，余同年錢用章譏會講諸公於虞山弦歌樓，庭懷耿侯爲之主。江以南諸同志暨邑之士大夫凡四十餘人，賓筵雅飭，清音自和，月影在簾，山光在牖。余起諗於衆曰：「斯集也，虞山之教至精微者也。今夫講學者，傳聖人之精神者也。衆人執講學以求聖人，而聖人之精神不傳，則或於觴詠譏遊之間而傳之，然而知之者鮮矣。何則？猶之一堂之講學也，衆人以爲義理在聖人所傳之書，其講解分析（轉下頁）

侗初此篇指點當下，[一]可謂最親切。其喫緊爲人處，却在「認取」二字。蓋必如是，纔有個分曉，不至草草混過也；又在「處處自見，刻刻常新」二語，蓋必如是，纔有個歸着，不至明明放過也。可謂最周匝矣。有語予曰：「孔子猶曰『操則存』，兹云『不待操而存』；顔子猶曰『克己』，兹云『無己可克』。將孔、顔出於今人下乎？其操也，無乃騎驢覓驢；其克也，無乃揠肉做瘡乎？」曰：「此是活語，不可作死語看。若

（接上頁）在明道者之口與吾之耳。而於吾聽講之人了不相干，則聖人之精神何時而傳乎？此時不認取，將誤以爲今日未嘗言克己，明日未嘗言主静，而自己當下之聖脈遂絶矣。故吾以爲不如觴詠遊讌之間可傳也。今夫言學問者，言克己也，主静也。而兹集靡不有焉。深杯綢繆，高談浹洽，樂矣。而恂恂然動乎情，止乎禮。此時有操存乎？無操存乎？何以一人而及四十餘人？無不然也。此時爾我分别之私待克乎？不待克乎？若當此克之，容著力乎？不容著力乎？且無論集者之爲學道人也，即奔走趨事者，誰不欣欣覩主賓之盛，滿樓之歡洽而巹然無厭斁矣乎？此誰爲操之存之克之也？故曰兹集也，虞山之教至精微者也。雖然不能知也，知之則滿樓皆聖，此非誑言也。有聖人之體也，不待操存而自静，不待克而自廓然其大。同觴詠讌遊，皆真静也，皆萬物一體之初也。此時假令著一操存克己之想，舉手皆恣睢，滿目皆胡、越矣。故曰：『聖人之體，只此在也。』主賓之間，能知此一段性體透露處，急認取所與讌之人。能認取所與讌之人，則一堂講學，口答耳聽，莫不皆是，在人處處自見，刻刻常新已爾。故曰：『先天一畫，總是水流物生；當下工夫，只在吟風弄月。』見得便見，知得便知。各人飲酒，各人果腹。到得無主無賓，一齊大醉，此弦歌樓上，宛然聖堂，却不曾減得用章甕頭一滴酒也。

[一]「侗初此篇」，康熙本作「此記」。

作死語看，既不待操，又何待認？既無可克，又何可取？一切俱成矛盾矣，非侗初指也。」曰：「意者，孔『操』顔『克』是功夫。侗初所言是本體歟？」曰：「似也，而未盡也。竊以爲這只是本體的影子，却正是功夫的樣子。」曰：「何謂本體的影子？」曰：「惟兹弦歌樓之會，個中消息，信至精至微矣。要其所爲至精至微者，果因兹樓而有乎？抑不因兹樓而有乎？子試爲我參焉。」曰：「難言哉！將謂因兹樓而有，則主人能建之，何以不能爲客子語之？客子能登之，何以不能爲主人語之？且未會之先，既會之後，又安在也？吾固不得而知也。將謂不因兹樓而有，則凡耳遇之而成聲，孰非弦歌？凡目遇之而成色，孰非山光月影？凡口得之而成味，孰非用章甕頭酒？精精微微，潑天撒地，所在狼籍不少，何獨於兹樓乎？津津侈之，吾亦不得而知也。難言哉！曰審爾借是認取本體可矣，若執是認取本體，其與擊盤爲日，撚指爲月者，亦何以異？故曰這只是本體的影子。」曰：「何謂功夫的樣子？」曰：「孟子之言『必有事也』，曰『勿忘勿助』。夫忘者，弛之而怠惰，蔑用其心者也；助者，張之而亢厲，過用其心者也。子試爲我再參焉，諸君子之雍雍於兹會也，還着得個怠惰否？」曰：「着不得怠惰。」曰：「還着得個亢厲否？」曰：「着不得亢厲。」曰：「昔白沙先生嘗言：『舞雩三三兩兩，正在勿忘勿助之間。』今如子云：『弦歌樓三三兩兩，亦正在勿忘勿助之間。』引而伸之，獨居猶是，造次猶是，顛沛猶是，即孟子之所謂『必有事』也。孟子之所謂『必有事』，即孔子之所謂『操』，顔子之所謂『克』，侗初之所謂『處處自見、刻刻常新』也。何必曰『孰爲有待，孰爲無待』，作分别相？故曰：『這正是功夫的樣子。』億測如斯，未審莽得侗初宗旨莽不得侗初宗旨，須索更爲我下一轉語，[一]方許再登弦歌樓也。」

附録[二]

高存之曰：[三]「『影子』一語，點破不做工夫的假本體；『樣子』一語，提醒不識本體的差功夫。」此義甚精，非億測之所能及也。[四] 昔王龍溪問佛氏「實相幻相」之説於陽明，[五]陽明曰：「有心俱是實，無心俱是幻；無心俱是實，有心俱是幻。」龍溪曰：

[一]「未審莽得侗初宗旨莽不得侗初宗旨，須索」，康熙本作「侗初須」。
[二]此標題康熙本無。
[三]「高存之」，康熙本作「書竟，舉似高存之，存之喜」。
[四]「此義甚精，非億測之所能及也」，康熙本作「先生此論直説盡，諸人汗牛充棟，其味余言益精」。
[五]「昔」，底本無，據康熙本補。

「有心俱是實，無心俱是幻，是本體上說功夫；無心俱是實，有心俱是幻，是功夫上說本體。」正可與存之所言參看。或疑焉，予曰：「請再證諸陽明，陽明曰：『不覩不聞是本體，戒慎恐懼是功夫。』又曰：『戒慎恐懼是本體，不覩不聞是功夫。』」未達。予曰：「凡說本體，容易落在『無』一邊。陽明所云『無心俱是幻』，景逸所云『不做功夫的本體』也。今曰『戒慎恐懼是本體』，即不覩不聞，原非是『無』，所云『有心俱是實』，此矣。凡說功夫，容易落在『有』一邊。陽明所云『有心俱是幻』，景逸所云『不識本體的功夫』也，今曰『不覩不聞是功夫』，即戒慎恐懼，原非是『有』，所云『無心俱是實』，此矣。如此看來，何等分明！」曰：「然則影子之云，幻相也；樣子之云，實相也。於本體，則以幻顯實；於功夫，則以實掃幻，兩意亦互相發也。」予曰：「然，君可謂能得之言語之外矣。」假令有人於此過而詰曰：「既是本體的影子，曷云功夫的樣子？既是功夫的樣子，曷云本體的影子？」即予亦何辭以對？

有友從弦歌樓來，謂予曰：「『樣子』『影子』之說良善，第意中尚未能盡了，[一]請爲我重宣之。」予曰：「請借子爲證。子試想未上此樓之前，與在此樓時，意思何

[一]「了」，康熙本作「釋」。

如？」曰：「不同。」曰：「子試想既下此樓之後，與在此樓時，意思何如？」曰：「不同。」曰：「覺得那時意思好？」曰：「覺得在此樓時意思好。」「委如侗初太史所言曰：『如此看來，這意思恰是十分正當處，豈得不謂之「樣子」？雖然，何其與前後不相應也，可見這意思只是霎時間的事，容易消散，豈得不謂之「影子」？』」友曰：「然則『樣子』之云，專據見在而言也；『影子』之云，通照過去未來而言也。命之矣！」

讀侗初張太史會中語略[一]

侗初記東林會語請正，略曰：[二]

東林會上，諸先達屬不佞講，不佞遜謝良久，謹答曰：鄙見竊謂今日之會須要認取源頭，方許滿堂聽講。若認得真，法法都活，句句都靈也。不佞竊見會講就座之始，最可認取當下工夫。夫先達教語未發，後進疑難未陳，四座寂然，各有主宰，此時諦觀氣象若何？若説一念不生，將四座等於木偶

[一] 此標題康熙本無。
[二] 「侗初記東林會語請正」，底本無，據康熙本補。

土梗，云何有言即聞，有問即應？靈體固不應寂也。若説念起會上，此際作何念乎？影未來而先造影，影從何來乎？是礙虛也。若説静俟先達之教以豁我心靈，則我之心靈竟付於先達之口，又逐於我之耳乎？若説尋求妙義，思索疑端，以答會上傾耳之意，[一]則此尋求思索，先自擾擾，可謂性靈乎？即發揮問辨，不幾馳逐光景、了故事乎？此際氣象最宜認取。若自己做得主宰，則此氣象所謂百萬軍中出奇應變，寂然不動；若自己做不得主宰，便是行伍小卒，聽命金鼓，衆進而進，衆退而退，將自己性命隨波逐流。一生聽講，不曾聽得一句，亦大可惜。世間書院會講，作興甚難，幸遇此會，便是一息千古，切莫錯過。須各各認取本體，真如明鏡光光爍爍，並無夾帶，並無倚靠，胡來胡照，漢來漢照。胡漢非我，胡漢皆我。若言無影不照，便是頑銅；若言未影先照，便於鏡上妄添丹彩。添一分丹彩，却礙一分光明也。[二]得道之人，神高於聖賢，而處下於輿隸，我自光明，別無倚靠。被四

[一]「傾耳」，康熙本作「傾聽」。
[二]「真如明鏡光光爍爍，……却礙一分光明也」，康熙本無。

表，格上下，蓋天蓋地，開闢一人，言言皆自我性中流出，不經耳目，不貸知見，到此即「見賢思齊，誦讀尚友」都用不着。所謂神高於聖賢，既信得本體光明，與皂厮養同是光明，愚夫不識不知，信口説來，皆我本體靈印。故曰：「舜好善而好察邇言，直是真見本體，[二]無毫釐增減處。」所謂慮下於輿隸，講學之會的是如此，是之謂各人一段大光明，各人一段真秘密。會中先達，提醒人詳矣。總不離此當下工夫，作學人一生受用也。

詳繹此篇，恰如向各人五臟六腑中，在在穿過一番，把他東馳西騖諸般安排計較的妄情盡數抄破，正是要爲各人顯出本來面目也。本來面目何在？曰既云本來面目，何所不在？即篇中已大段説明了也。予往時在會下，只要看座上諸公作何舉動，諸所提唱作何分付。既退，猶然默默，追惟今日，某公能覺我宿夢，某公能療我沉痾，復一一自參自按。有時當大暑中，通身凛如寒冰；有時當大凍中，通身熱如焦火，且不知作何究結。而今讀至「神高於賢聖」、「慮下於輿隸」二語，更恍然忽自失也。顧大家就此切身體會，透出一個消息來，庶幾實實有受用處，不枉這番合并耳。若逐隊

[二]「直」，底本作「真」，據康熙本改。

而來，逐隊而去，漫曰「如是如是」，回家只剩得一雙空手，何益何益？

知味[一]

座中講「人莫不飲食也，鮮能知味也」二句，[二]高存之曰：「此所謂當面蹉過也。」予爲之悚然，因曰：「今日之會，正是當面的，個中何味不具？能不蹉過否？予聞水潤下，潤下作鹹，鹹能消，可以破堅；火炎上，炎上作苦，苦能勁，可以持脱；木曲直，曲直作酸，酸能斂，可以攝浮；金從革，從革作辛，辛能爽，可以豁滯；土稼穡，稼穡作甘，甘能平，可以劑於過不及之間而約之中。今日之會，既爾肅肅，又爾彬彬；既爾融融，又爾泄泄。一舉動，莫不凝目而視也；一談論，莫不傾耳而聽也。寧無有入焉而消，可以破吾心之堅者乎？寧無有入焉而勁，可以持吾心之脱者乎？寧無有入焉而斂，可以攝吾心之浮者乎？寧無有入焉而爽，可以豁吾心之滯者乎？寧無有入焉而平，可以劑吾心之過不及而約之中者乎？在各人自味之而已。予嘗一日散行至

[一]「知味」，康熙本作「中庸：『人莫不飲食也，鮮能知味也。』」。
[二]「『人莫不飲食也，鮮能知味也』二句」，康熙本作「此二句」。

圃中，見園丁墾土藝菜。適童子摘二李以進，因命以其一勞園丁，園丁仰口承之，予莞爾而笑。園丁曰：「小人何知？只這果兒須下了喉，入了腹，方是小人的。」於時不覺心動。命再以其一勞園丁，園丁謝曰：「請大人留用，如何只管别人，不管自家？」於時又不覺心動。今日之會，倘然當面蹉過，得無反爲園丁笑？抑予亦徒言之耳，又得無「只管别人，不管自家」如園丁所云也？退而追記其語以自惕。

讀琴川耿明府示生死説[一]

按：孟子曰：「養生者不足以當大事，惟送死可以當大事。」註以事親言。海門周公曰：「此章之意，蓋指自養自生，自送自死。孟子嘗言『養生喪死無憾』，而禮記中亦有『送死』之語，皆不爲事親言。」莊子曰：「吾以萬物爲齎送。」此送之説也。是故夕可没寧，吾知免夫。吾今庶幾皆送死之道，到此方大事了畢。故曰：「可以當大事」。語云「蓋棺事乃定」，亦近此意。侗初張太史曰：「人須生能死得，死能生得，方會了生死。」自夫子言生

[一]「讀琴川耿明府示生死説」，康熙本作「孟子曰：『養生者不足以當大事，惟送死可以當大事。』」，且本則不分段。

死，而後之言者獨孟子。夫子曰：「朝聞道，夕死可矣。」又曰：「未知生，焉知死。」孟子却恐人錯認了生是形生之生，真要人死得一番過來，方謂之知生，方謂之聞道，故曰「養生不足以當大事，惟送死可以當大事」。人若在肢體心知上認個生，便如所説養口、養耳、養目、養四體，雖件件有個節制道理，都是養其形生之生，不是養其不生之生，不足以了此一件大事。直要把此形生殻子斷送過，了無一些兒倚靠，方謂之了此一件大事。耿明府聞而善之。於是座中諸君子各以其説遞相參證，明府一一條答之，萃成一編，緘而示予。予不能更有所加也，漫題數字，聊爲蛇足云爾。[一]

[一] 此篇康熙本較底本删改甚夥，姑將康熙本此篇内容迻録於左，以資參考：

向日，周海門嘗言：「此指自養自生，自送自死，非指事親。如莊子曰：「吾以萬物爲齎送。」此送之説也。是故夕可没寧，吾知免夫。吾今庶幾皆言人生，到此大事始了。侗初在虞山舉似耿侯庭懷，謂：「人須生能死得，死能生得，方會了生死。孔子言「朝聞夕死」，又「未知生，焉知死」；孟子却恐人錯認了生是形生之生，真要人死得一番過來，方謂之知生，方謂之聞道，故有此論。人若在肢體心知上認個生，便如所説養口、養耳、養目、養四體，雖件件有個節制道理，都是養其形生之生，不是養其不生之生，不足以了此一件大事。直要把此形生殻子斷送得過，了無一些兒倚靠，纔謂之了。」侯因與座中諸君子各相參證，條答成編，緘以示予，予不能更有所加也。

予弱冠時，[一]遇玄客授四語曰：「若要生此身，除非死此心。此心若不死，此身安得生？」爲之擊節稱善。今讀耿明府所與諸君子往復生死説，更憬然有省，敢反而賡之曰：「若要生此心，除非死此身，此身若不死，此心安得生？」不識可作是編註脚否也？

又[二]

予既已復耿明府，尋默念曰：「此猶是對治法，非究竟法，執對治爲究竟，其去道也遠矣。然則如之何？」曰：「須是『生死』二字一齊放下。」「如之何能一齊放下？」曰：「有個源頭在。易不云乎：『窮理盡性，以至於命。』窮理，便識得生死；盡性，便了得生死；至命，便造得生死。如此且無生死可言。而所謂『一齊放下』者，亦成剩語矣。若曰：『那個是生？那個是死？那個死的要他生？那個生的要他死？』恰好墮生死中也。」異日尚當就明府結此一案。[三]

[一]「予」，康熙本作「憶」。
[二] 此標題康熙本無。
[三]「異日尚當就明府結此一案」，康熙本作「異日尚當就正結此公案」。

顧憲成全集卷二十二

東林商語下

同邑門人安希范録[一]
古燕後學張純修重訂[二]

戊申 計十六則

讀錢漸菴先生空説請正[三]

[一] 此行底本、康熙本均無，據光緒本補。
[二] 此行底本無，據康熙本、光緒本補。
[三] 此標題康熙本無。

雲間錢漸菴以空説請教，其略曰：[一]

弟子有問予曰：「佛氏説『空』，宋儒闢之，得否？」

予曰：「夫子稱顔子屢空，豈其與佛氏之空有以異乎？」

弟子曰：「空等也，有闢之，有稱之，弟子固不知其解。第空而加之屢者，曷故？」

予曰：「此是顔子之空未盡也。若空盡，即是太空之空，何必云屢？云屢者，謂顔子此時未到心齋坐忘之境，猶有時而不空，即所謂『三月不違』。三月之外不違，未可必也。」

弟子曰：「聖門之『空』與佛氏之『空』，一乎？」

予曰：「此以語末學支離纏擾之徒，誠爲駭聽。若細思，當自得之。」

弟子曰：「佛之空，老之無，儒者所深病，而子云云彼老氏之無，亦無妨於聖門之旨耶？」

予曰：「周濂溪無極而太極，朱子力辨其説云：『無極之無，與老氏之

[一]「雲間錢漸菴以空説請教，其略曰」，底本作「説曰」，據康熙本改。底本「空説」未分段，爲便於閲讀分段。

無相去千里。』夫周子無極之無，固無議矣，乃老氏之無。究其實，歸於玄牝。玄者無也，而牝則有生生之意焉，亦何嘗離有無而二之也？論者不深究無之説，而漫然議其無當，恐亦不足服老氏之心。然則佛氏之空，亦從可知已。蓋佛氏之空，非果空也，以空爲空，便是頑空，即佛氏亦不取。」

弟子曰：「請聞空之旨。」

予曰：「夫子『毋意、毋必、毋固、毋我』，空耶？非空耶？『無可無不可』，空耶？非空耶？無論心境静時，湛然澄然，乃謂之空，即應事接物間，涉而不有，過而不留，無纖毫渣滓得與其間，[二]豈不謂之空？中庸一書到百辟其刑，天下治平，終歸不顯，終是篤恭，非空而何？蓋堯、舜事業至巍煥之極，若一着有心，便是不空，五伯假之，只是出之有意，此心不空耳。故曰：『堯、舜事業一點浮雲過太虚，言其空之至也。』人之心體，猶兩目然，目中瓦礫屑固着不得，金玉屑亦着不得。倘曰我力爲善而以所爲善事置胸中，便是金玉屑矣，可乎？不可乎？竊見世人好爲名者終日營營，了無息念，固無

[二]「渣滓」，底本作「查滓」，據文意改。

足論，乃亦有真心爲善，上爲國，下爲民，如漢、宋之黨，豈非君子乃執着一説而不肯俯心降氣，員融其間，終是其心體不空也。只如韓、范、富、歐，上殿相争如虎，下殿不失和氣，果能不執成説，亦庶幾乎空之一節矣，惜乎！其他未盡然也。故夫空之説，不獨可以見性，且可以禔身，可以莅官，可以理國理天下，此豈一於墮空者耶？佛家有云：『終日喫飯，未嘗咬着一粒米；終日穿衣，未嘗掛着一絲頭。』得無與『行所無事』之説合乎？世儒不將佛氏之書反覆參究，而第見『空』與『寂滅』字面，遂謂與吾儒相背，力肆詆排，此何以令佛氏首肯也？」

弟子曰：「子之論『空』，然矣。乃孟子云『萬物皆備於我』，則性體又得無是實乎？」

予曰：「惟『空』乃能實，性體所以不實者，只爲私意横據於中。憧憧往來，而萬理隨之亡耳。若心如太虚，然太虚中形形色色，何所不有？故曰强恕而行，求仁莫近。恕者，去私之方也。仁則萬物原備者無一不備矣。故

曰『有主則虛』，又曰『有主則實』。虛與實，一體也。」[二]

竊惟空是狀吾性之不墮於有，[三]實是狀吾性之不墮於無。空與實，一物而兩名者也。儒者以實自居，以空歸佛，委非通論。第當論其所謂「空」者，或同或異，何如耳？然而論至於此，又非須臾可了。今姑以兩言剖之，果異耶？固應置之，不待執我

[二] 此篇康熙本較底本删改甚夥，姑將康熙本此篇内容迻録於左，以資參考：

弟子有問：「佛氏説『空』，宋儒闢之，得否？」

予曰：「夫子稱顔子屢空，豈其有異空而加之屢者？顔子之空未盡也。若盡，即是太空之空矣。」

弟子曰：「聖門之『空』與佛氏之『空』一乎？請問其旨。」

予曰：「夫子『毋意、毋必、毋固、毋我』，『無可無不可』，中庸一書歸到不顯篤恭。堯、舜事業只一點浮雲過太虛，空之至也。人心猶兩目然，目中瓦礫屑固着不得，金玉屑亦着不得。倘以所爲善者置胸中，便是金玉屑矣。竊見世人好名，終日營營，固無足論，乃亦有真心爲善，如漢、宋之黨，君子執着一説，不肯圓融，終是其心體不空也。空之説，可以見性，可以提身，可以理國理天下。佛家云：『終日喫飯，未嘗咬著一粒米；終日穿衣，未嘗掛著一絲頭。』得無與『行所無事』之説合乎？世儒將佛氏力肆詆排，何以令其首肯也？」

弟子曰：「子之論『空』，然矣。乃孟子云『萬物皆備於我』，則性體又得無是實乎？」

予曰：「惟『空』乃能實，性體所以不實者，只爲私意横據於中。憧憧往來，而萬理隨之亡耳。若心如太虛，形形色色，何所不有？故曰『有主則虛』，又曰『有主則實』。虛與實，一體也。」

[三]「竊惟」，康熙本作「愚謂」。

之所謂「空」，格彼之所謂「空」，果同耶？但明吾之所謂「空」，而彼之所謂「空」自不能外矣，亦不必借彼之所謂「空」，證我之所謂「空」也。未審然否，敢請正。[一]

翁以「無善無惡」爲空乎？愚竊惟言空莫辨於中庸矣。然而始之曰「喜怒哀樂之未發謂之中」，則是所空者，喜怒哀樂也，非善也；終之曰「上天之載，無聲無臭，至矣」，則是所空者，聲臭也，非善也。夫善者，内之不落喜怒哀樂，外之不落聲臭，本至實，亦本至空也。又欲從而空之，將無架屋上之屋，疊床下之床也。故篇内曰明善，曰擇善，曰得一善，數致意焉，非强人增其所本無，直恐人闕其所本有耳。若曰不當以善事置胸中，勿置可耳，并善而株連之，是懲噎而斷喉，非但廢食已也。至於執着一説，不肯俯心降氣，竊恐真爲國爲民者，當不如此。此正不免墮入惡道去，何善之云？未審然否，敢請正。

金玉瓦礫之喻，驟閲之，似爲有見；再檢之，殊覺不倫。然而千百年來，聰明伶俐漢都被他瞞過，何也？夫善者，指吾性之所本有而名之也；惡者，指吾性之所本無

[一]「未審然否，敢請正」，康熙本作双行小字註云：「以下與漸菴諸書，間有録入他處者，因『空』『無』二字先生力辨非一次也」。

而名之也。金玉瓦礫，就兩物較之，誠若判然。若就眼上看，金石瓦礫均之爲惡也，非善也，以其均之爲眼之所本無也。取所本無，喻所本有，非其類矣。竊意借眼喻性，即如所云，喜有喜時的眼，怒有怒時的眼，以此爲善惡之比，猶屬第二層事，等於告子湍水東西之説，況今擬諸金玉瓦礫，有何干涉？然則當何如？曰性以善爲體，猶眼以明爲體。此體萬象咸備曰實，此體纖塵不着曰空。所謂一物而兩名者也，厭有崇無，妄生分别，總爲性體之障耳。未審然否，敢請正。

昨翁謂孟子原未嘗直指性善，只道情善耳。據其言求之，豈不信然！第其所以如此者，正謂性微而情顯。微者難見，顯者易見，爲未知性人設方便耳。若自知性者觀之，且不待取徵於情也，況可認其只道情善，[二]又可泥其未嘗直指性善，别生擬議耶？敢請正。

孟子曰：「乃若其情，則可以爲善矣。」乃所謂善也，蓋因用以顯體也。愚欲於此作一轉語，曰：「乃所謂性，則無不善矣。」乃所以善也，蓋因體以知用也。昔邵堯夫與趙商州論洛中牡丹，趙曰：「先生洛人也，知花爲甚。」堯夫曰：「洛中以見根撥而

[二]「情善」，底本作「性善」，據康熙本改。

別花之高下者爲上，見枝葉而知者次之，見蓓蕾而知者下也。」通乎此，可與言性矣。未審然否，敢請正。

翁謂性體虛明湛寂，善不得而名之。以善名性，淺之乎其視性矣。竊意善者，萬德之總名，虛明湛寂，皆善之別名也。名曰清虛湛一則得，名曰善則不得。十與二五有以異乎？將無淺之乎其視善也？若曰「善者，對惡而名」，即無之於有，虛之於實，明之於暗，湛寂之於紛擾，亦均之對而名者耳。未審然否，敢請正。

孟子不特道情善，且道形善。所謂形色，天性是也。性之虛明湛寂，不待言形，則不免重滯矣。由孟子言之，都是虛明湛寂的，何者？以肉眼觀，通身皆肉；以道眼觀，通身皆道也。象山每與人言「爾目自明，爾耳自聰」，亦是此意。然則知性者，尚不必掃去形，别求虛明湛寂，乃應掃去善，别求虛明湛寂乎？敢請正。

單以無惡言性，固自直截分明；單以無善言性，宛轉說來，亦自分明。惟概善惡而歸之無，竊恐始也一切脱略以見卓，卒也兩下鶻突以藏偷。於是天下所謂善，獨不謂善；天下所謂惡，獨不謂惡。其流之弊，有不可勝言者，非但區區議論之得失而已也。未審然否，敢請正。

說者皆謂：「孔子曾問禮於老子，何嘗闢老子？」然而「以德報怨」一語，實出道德經，其意主於平等冤親，正與「無善無惡」之説相表裏。觀孔子之答或人，一則曰「何以報德」，一則曰「以直報怨，以德報德」，其亦何嘗草草放過也？試令老子聞此語，還肯服否？孔子不能服老子，而欲儒者服佛氏，此必不得之數也。吾儕只論道理何如耳，豈計其服不服哉？且佛氏之空，果與吾儒不異，乃其棄家入山，等三綱五常於聲色貨利，一概而掃之，何也？亦還能服儒者之心否？敢請正。

又

奉教而歸，取所賜性學總論讀之，大都翁之言性也，無則并善亦無，有則并惡亦有。又謂虚明湛寂者性，圓活流動者亦性，故遇善即能爲善，遇惡亦能爲惡。於是愚之惑也滋甚。已而讀至人心道心之辨，乃始釋然。其説曰：「人心無定也，道心有定也。性，道心也。心如水，性即水之澄徹處，凡水之渾濁者，不得而比之也；心如鏡，性即鏡之明瑩處，凡鏡之昏暗者，不得而比之也。」味斯言也，可見純乎善，不雜乎惡。「道心也」，何也？「道心有定也」，能爲善，亦能爲惡。人心也，何也？「人心無定也」。翁而以人心爲性也，即告子諸人之説，吾且不能奪之矣；翁而以道心爲性也，尚何疑於孟子之所謂善哉？敢請正。

再讀漸菴先生會語

漸菴會語略云：[一]

有問陽明先生「無善無惡」之説，予曰：「性體寂然湛然，固是無惡，然善亦不可得而名，故云無善。無善無惡，正所謂至善也。」曰：「告子以無善無不善論性，孟子便謂其率天下之言而禍仁義，今之説，得無與告子同乎？」予曰：「正不與告子同。告子無善無不善云者，直視性爲渾然一物，原無仁義在其中，故有杞柳桮棬之喻。若乃陽明無善無惡之云，正謂性體虚瑩湛寂如太空。然太空中無一物障礙，亦無一物不化生其間，吾性四端，萬善測之，不見其形，涵之自有其理。所謂天下之大本，即在未發之中，此之謂也。若執性，指之曰此爲仁，此爲義，此爲禮、智、信，孰是仁、義、禮、智、信而可執着爲？有如孝己執一孝，尾生執一信，便害了多少事。舜之所以不告而娶，與夫堯不能舉之十六族而舉，堯不能誅之四凶而誅，俱從自家一點虚明中變化出來。尚執曰：『娶可無告乎？堯之賢否？是非豈不善而

[一]「漸菴會語略云」，底本作「會語云」，據康熙本改。

我可顛倒爲乎？』則是便爲善所礙矣。故夫善不可執，正謂性體虛瑩，原無善不具，而亦原無善可名也，豈與告子無善無不善之説同乎哉？夫子告子路『好仁、好智、好信、好直、好勇、好剛』，皆示以不學之蔽，正恐人之執着仁、智等爲善，而欲學以反其虛明之初也。願知道者察之。〔一〕

善是仁、義、禮、智之統體，仁、義、禮、智是善之條件。書曰「善無常主」，是以條件言；中庸曰「擇善而固執之」，是以統體言。條件之善不可執，統體之善又何嫌於執也？雖然亦就字面上擬議而云爾，會得時，言仁即性之全體在仁，言義即性之全體在義，言禮即性之全體在禮，言智即性之全體在智，有何剩欠？若認定是一偏之物，孔門不以仁爲宗乎？孟門不以義爲宗乎？程門不以敬爲宗乎？王門不以良知爲宗

〔一〕此篇康熙本較底本删改甚夥，姑將康熙本此篇内容逐録於左，以資參考：

陽明先生無善無惡之説與告子不同。告子視性爲渾然一物，原無仁義在其中。若陽明正謂性體虛瑩湛寂，四端萬善，測之不見其形，涵之自有其理。若執性，指之曰此爲仁，此爲義，此爲禮、智、信，執是仁、義、禮、智、信而可執着爲？有如孝已執一孝，尾生執一信，便害了多少事。舜之所以不告而娶，與夫堯不能舉之十六族而舉，堯不能誅之四凶而誅，俱從自家一點虛明中變化出來。故夫善不可執，正謂性原無善不具，而亦原無善可名也。夫子告子路「好仁、好智、好信、好直、好勇、好剛」，皆示以不學之蔽，正恐人之執著仁、智等爲善，必務學以反其虛明之初也。知道者察之。

乎？豈皆秘其全不以示人耶？竊恐此説亦不必執也。至引孝己、尾生爲證，蓋疑孝己爲孝所害，尾生爲信所害。據鄙意，還是孝爲孝己所害，信爲尾生所害耳。未審然否，敢請正。

仁、智、信、直、勇、剛，皆美德也。孔子不曰六德六蔽，而曰六言六蔽，極有斟酌。六言猶六字，蓋所謂名目云耳。好而不學，只是好個名目，中間實落道理，並未入心體究。於此而執，正行則泥；於此不執，旁行則流，所以有蔽。可見蔽由「不好學」生，非「好德」生。好德非蔽，徒好德之名目，乃蔽也。學之爲貴如此，然則學何在？曰在明善。

陽明之無善無惡，與告子之無善無惡不同，向來亦曾有是説。仔細推敲，畢竟不免費個轉語，便不自然，今姑無論。假如有人於此揭「兼愛」爲仁宗，而曰：「我之『兼愛』，與墨氏之『兼愛』不同也。」揭「爲我」爲義宗，而曰：「我之『爲我』，與楊氏之『爲我』不同也。」翁還肯之否？程伯子云：「凡立言，無使知德者厭，無德者惑。」今必援孟子之所力擯，還而翻孟子之案，得無犯此二病乎？敢請正。

又

蒙翁指示，業條列以請。已伏而思之，古之言性也，出于二。夫既謂之性，安得有二？當是各人認取處不同耳。出于一，純乎太極而爲言也；出于二，雜乎陰陽五行而爲言也。書曰：「惟皇上帝，降衷於下民。」詩云：「天生蒸民，有物有則。」蓋皆就陰陽五行中拈出主宰，所謂太極也。以其渾然不偏曰衷，以其確然不易曰則。試於此體味，可謂之無善無惡乎？可謂之有善有惡乎？可謂之能爲善亦能爲惡乎？是故以四端言性，猶云是用，非體；即以四德言性，猶云是條件，非統體。縱諄諄然遍人而榜示之曰善，還在可疑可信之間。惟知「帝衷」「物則」之爲性，不言善而其爲善也昭昭矣。且以無言性，直無到善，其無也荒；以有言性，直有到惡，其有也雜，縱爲之妙其形容曰「虛明湛寂」，還在若離若合之間。惟知「帝衷」「物則」之爲性，不言「虛明湛寂」而其爲虛明湛寂也昭昭矣。之兩者，宜何從焉？緣此處是吾人一大頭腦，又是當今論性家一大公案。遂不覺其瑣瑣，惟翁始終，不吝裁正是荷。

子曰：「誨汝知之乎？[一]知之爲知之，不知爲不知，是知也。」

頃赴虞山之會，座中有問「誨汝知之」一章，應之曰：[二]「此言知在心不在聞見，乃易簡直截最上第一義也。『是知也』與『是禮也』，一般全要看一『是』字。」僉曰：「然。」至舟中，忽覺胸中未大穩在。[三]既抵錫，晤高存之復商確，語次忽流出一機，因曰：「昨所講似是而非，正墮不知爲知之中了也。」存之曰：「何？」予曰：「聖人遇何等人，便識他有何等病；識他有何等病，便下何等藥，節宣補瀉，毫髮不爽。今把提醒子貢的話頭，移在子路身上，便不着拍。試看子路與子貢行徑，是一樣是兩樣？」存之曰：「恐不同。」予曰：「然。子貢專在聞見上着力，故聖人特以『多學而識』挑之，爲他掃去。子路却非瑣瑣要廣見聞者，觀其言曰：『有民人焉，有社稷焉，何必讀書，然後爲學。』可見只是他心粗，信口便説，不肯沉潛理會耳。竊以爲泛泛看來，偏物而知則難。知的曉得是知，不知的曉得是不知。似易，雖愚夫皆可與能。細細看

[一]「子曰：『誨汝知之乎？……』」，康熙本作「論語曰：『由，誨汝知之乎？……』」。
[二]「頃赴虞山之會，座中有問『誨汝知之』一章，應之曰」，康熙本作「先生虞山之會，座中有問此章大指，應之曰」。
[三]「忽」，底本無，據康熙本補。

來，知的曉得是知，則易；不知的曉得是不知，却難，雖賢者亦多錯過。且如子見南子，必有個該見的道理，在子路本不知也，却便不悦。又如論衛政先正名，必有個該正的道理，在子路亦不知也，却便以爲迂。至於佛肸之召，則曰：『子之往也，如之何？』公山弗狃之往，則曰：『末之也已。』壹似通達世故，諳練人情，胸中了了，無待商量擬議然者，此正『不知爲知之』也。孔子見其每事爾爾，要一一救正他，如何救正得許多？故特向他頂門下一針，曰：『誨汝知之乎。』所謂『知之』云者，非可憑空胡亂杜撰，非可臨時造次主張，須是我這裏光光浄浄，一切呈出本相，没些子遮蓋。在那知不知處，清清楚楚，一切還他本相，没些子鶻突在，乃所謂知之耳。故曰：『知之爲知之，不知爲不知，是知也。』若但任自家意思，見以爲如此，便道如此；見以爲不如此，便道不如此。自汝視之，横説豎説，無所不可，何等惺惺。自有識者視之，都是紐捏支吾也。註云『子路好勇，蓋有强不知以爲知者。』因此向來俱説知之便認個知之，不知便認個不知，莫得自欺。竊意子路是直的人，恐不至强不知以爲知，瞞心冒認，還是那知不知處，未能一一曉然耳。這等看來，『知之爲知之，不知爲不知』，兩『爲』字須貼着首句『知之』兩字説，方有下落。如註説，似乎推深了一步，却不曾打着子路真痛癢。即子路聞之，亦未必肯心服，是反放鬆了一步也。蓋子貢之病，病在泛濫，則欲其反到約處，討個歸宿，無泥枝葉而忘本根。子路之病，病在鹵莽，則欲其反到實處，討個端的，無徇影響而迷真際。症候不同，用藥亦別。故夫子於子貢之『多學而識』既非之，於子路之『何必讀書』又佞之，一操一縱，各有攸當，使必桎梏見聞，概與破除。只是個死方子，如何活得人？盍再徵諸『不知而作』章，『不知而作』正犯了『不知爲知之』的病。『多聞而擇，多見而識』，亦便是『不知而作』的藥。緣此等人，方務作聰明，好自用見，謂就手拈來，頭頭是道，偃然以上知自處，遂不免墮坑落塹去。諺云：『扒得高，跌得低。』此輩是也。所以特特爲下這一劑，使之虚心平氣，做些鈍根的功夫，庶幾退步處即進步處耳。謂之『知之次』，蓋對『生知』而言，其始入門，不能無殊，總之是一家人，可追隨而上，非有判然懸絶之等。故曰：『及其知之，一也。』今人將這『次』字説得壞了，以爲專求諸見聞之末，比於玩物喪志，審爾是乃知之蠹也。吾夫子安得輕以『知之次』與之？且不觀夫子之自道乎，曰：『我非生而知之者，好古敏以求之者也。』曰：『吾嘗終日不食，終夜不寢以思，無益，不如學也。』凡此皆吾夫子身親經歷過來，特拈出示人，其意蓋與『不知而作』章互發。是則雖聖人，猶然做次等事也，況其他乎？乃欲獨信自心，舉聞見而一空之，竊恐『徇内遺外』，其弊亦與『徇外遺内』等，究竟脱不得『不知爲知之』五字也。」存之曰：「如此校勘，這五字應是世間通病，其幾甚微，其害甚大。吾輩切宜猛省，不可只去子路身上吹求。」予曰：「善。初謂『是知也』與『是禮也』，皆直指本體之辭，今看來，又須識得『入太廟，每事問』，乃真『不知爲不知』者。於此認取『是』字，方悟并功夫亦攝於其中，方悟這話頭極易簡又極精密，極直截又極周緻，極能開發人又極能磨練人。展轉玩繹，真覺意味無窮耳。苟不求其所以，但見聖人曰『是』，亦隨聲而和之曰『是』。夫豈特草草看了這『知』，抑且草草看了這『不知』，以爲最上第一義，吾夫子其首肯乎否也？」

又

或問：「『知之爲知之，不知爲不知，是知也。』『多聞，擇其善者而從之，多見而識之，知之次也。』説者以爲一求諸内，一求諸外，兩下正相反。今合而言之，何也？」曰：「這裏各有個意思，患人之專徇聞見也，故以爲兩下正相反，欲其無舍心而逐物。患人之專掃聞見也，故合而言之，欲其無師心而自用。會得時，實並行而不悖也。看來『知之次』，『次』字甚活，乃可上可下之辭。陽明以爲第二義亦是，第下語覺稍重耳。蓋『良知』無待聞而知，見而知有待。有待者，安得不讓無待者爲第一義？究竟聞而知的，即不聞而知的；見而知的，即不見而知的，原無二物。況多聞而擇，便不落多聞；多見而識，便不落多見，其亦何嘗非第一義也？陽明只要人識取頭腦，故於此特致抑之之意。庶幾聽者因而發深省耳，切莫錯認。」曰：「何謂『可上可下』？」曰：「識得頭腦，這個知便是德性之知，直透向上一層去；不識得，這個知只成得聞見之知而已，行不免流入下一層去矣。如此理會這『次』字，何等含蓄！大能陶鑄人。在彼，執一說以相格者，或失則蕩，或失則支，均之未達吾夫子之圓指也。」

己酉 計十則

門人宛陵蕭思似請曰：「昨承老師述『學者須先識仁』一段公案，看來『先識仁』三字最好。曰：先在此，則餘皆後矣。今之學者有二項：一則謂仁未能遽識，我且防檢，我且窮索，然防檢窮索皆非求識仁之功，仁終無由而識，如宋黃勉齋以下諸公是也，或非程、朱原旨；一則謂我既已識仁，不須防檢窮索，又少了以誠敬存之一段功夫，便至於放縱無忌，如顏山農以下諸公是也，恐并非姚江原旨矣。此須用一個譬喻，師冕是個瞽者，及階及席，皆須一一詔告，惟恐跌失，此即防檢窮索之說也。若遇明眼人，則階席皆贅語矣。然恃其眼明，便至於跳躍謔浪，罵坐亂席，可乎？此以誠敬存之一段功夫，又不可少也。然則防檢窮索，何以曰非求識仁之功？蓋曰階、曰席，非無裨於瞽者，却不是醫瞽的方子。若欲瞽者復明，必須金針撥轉瞳人。故竊謂學者未能識仁，須如盲者不忘視，汲汲皇皇，求良醫，問良方，苟遇良醫，一撥便轉開眼，以後自無待一一詔告矣。老師，今之良醫也，敢問其方。」

師冕一喻甚佳，伯穀更欲覓金針乎？此是伯穀懷中物，何假於僕？無已，則有一焉。西銘是已。明道極推西銘，以爲這一篇文字言仁已備，不必再添蛇足。「識仁」數語，只是點化他若還天自天，地自地，人自人，我自我，與西銘對印不來，這話亦没處安頓。故西銘者，識仁之指南也。孔子與顏子論仁，特提『克己』二字，正是此意，顏子聞之，遂直任曰：『回雖不敏，請事斯語。』彷彿便有喟然一嘆光景，蓋金針到手矣。」

又請：「此間同志者，惟一徐寰中。寰中云：『真識仁，未有不誠敬者；真誠敬，未有不識仁者。』又云：『防檢窮索，即是誠敬，或亦是求識仁之功。』不肖細勘程子之言，直是一字動移不得。若説真識仁者，未有不誠敬，只合説個要識仁便了，何必加之以誠敬？若説真誠敬者，未有不識仁，只合説個要誠敬便了，何必先之以識仁？若曰防檢窮索即是誠敬，何云不須，而又以誠敬存之？若曰即是求識仁之功，何不直云先防檢窮索，而又云先識仁？即如原憲所謂『克、伐、怨、欲不行』，亦是防檢窮索之意，夫子何不許其爲求仁之功？此等處正好商量。蓋世有識仁而不誠敬者，亦有誠敬而不識仁者，程子實見有此兩等人，故爲是雙救之法。若必欲混而一之，恐失程子立言之意矣。管見如斯，伏乞開示。」

程子識仁篇本旨，委如伯穀所言，却不必因而病寰中之説也，亦各言其意耳。若論今日喫緊處，只是要識仁，頃已因貞菴兄有所附商，幸爲下一轉語，乃可更端而求竟也。「原憲」一章，近來偶有窺測，以爲「吾不知」三字下得最妙，此是夫子要原憲自參自證。若曰所謂「克、伐、怨、欲不行」果冰消凍解，徹底澄浄，了無粘帶乎？謂之仁可也。抑亦僅僅從念慮云，爲間掃除而已乎？則拔本塞源，尚自有在，謂之仁不可也。此是隱微獨覺中事，他人如何知得？只此一語，夫子所以提醒原憲最活最玄，又最深切。而所謂仁者，亦昭昭乎滿盤托出矣。

程子曰：「質美者，明得浄，渣滓便渾化，[二]其次惟莊敬以持養之。」此即柬中所列二項人，防檢窮索，又其次也，當是困知勉行一項人。及其至，一而已矣，何弊之可言？愚所指，乃是一種圓融脱落，自由自恣，而託之於不須防檢，不須窮索，且冒然自以爲識仁者也。大都此事，其本領只要辨一副真精神，其功夫却隨人自家斟酌，其竅妙則在有意無意之間。昔張旭學草書，一日見公孫大娘舞劍，豁然大悟。夫舞劍何與於草書也？精神到處，所見無非是物耳，不得擬定一塗轍也。知此，則知所謂大光明矣。如何如何？

又請，西銘「仁者以天地萬物爲一體」只一句已道盡，老師謂：「今日喫緊處，只是要識仁。」則一切閑言語可置勿辨，誠然誠然，但仁從何識？豈獨從西銘可入？即如中庸「道洋洋乎發育萬物，峻極於天」，此是何物？非仁體耶？如此看來，仁決非軀殼中物明矣。奈何世人泥方寸之竅爲心，於此防檢，於此窮索，止欲拘囚於此竅之中，令人不得活潑潑地，安能與物同

[二]「渣滓」，底本作「查滓」，據文意改。

體？譬之月映萬川，川中所見皆月之影，非真月也。人心亦是如此，今人各藏一心者，乃心之影，非真心也。程子又言「人須自識其真心。」「識真心」即識仁也。但此仁不泥軀殼，却亦不離軀殼。「醫家以手足痿痺爲不仁」，程子謂「此言最善名狀」，嘗見世人自號識仁，而形容枯槁，肢體痿痺，與常人無異，則仁尚不能貫吾身，又安能貫萬物耶？如此，則識仁亦不中用矣。至於識仁之功，無往非是，豈獨學書？因舞劍而悟，如張横渠聞驢鳴，趙清獻聞雷鳴。庭草盆魚，風吹草動，凡目之所見，耳之所聞，孰非悟門？老師所謂「精神到處，所見無非是物」者，是也。「原憲」章「吾不知」三字，看得甚妙，不肖於「克己」章近亦有窺測，夫子不曰勝而曰克者何？蓋五行有相生相克之義，生者此物，克者亦此物。己未克則爲私己，己一克即爲公己，故又曰爲仁由己，非別有一己也。譬如冰與水，非二物，凝之即冰，融之即水。蠡測如此，老師以爲如何？

愚謂「識仁」自西銘入，是説源頭。既是説源頭，即大學首一章便是曾子之西銘，中庸首一章便是子思之西銘。推類言之，不可勝窮。而獨舉横渠之西銘，何故？此則又以血脈言也。於稽是時，明道、横渠兩先生相與紹明絶學，共以孔門言仁之指爲第一義。及西銘一出，明道見之，不勝契合，一則曰：「訂頑之言，極純無雜，秦、漢以來所未見。」一則曰：「訂頑立心，便可達天德。」一則曰：「西銘，顥得此意，只是須得子厚如此筆力，他人無緣做得，孟子以後未有及此。得此文字，省多少言語。要之，仁孝之理備於此，須臾不於此，便是不仁不孝也。」一則曰：「充得盡便是聖人。」一言之不足而再言之，再言之不足而反覆言之，深嘉樂道，津津無已，真如所謂「若己有之」，「不啻若自其口出」者，故曰天地之用皆我之用。可見明道、橫渠兩先生分明是一個人也。愚向讀識仁篇，大約只憶到「不須防檢，不須窮索」而止，頃因商及，復取原文讀之，至曰「訂頑意思，乃備言此體，以此意存之，更有何事？必有事焉，而勿正心，勿忘勿助長也，未嘗致纖毫之力，此其存之之道」，不覺躍然喜曰：「原來明道此篇實承西銘而言，爲西銘作結局，予特偶合耳。」可見西銘、識仁分明是一篇文字也。此愚所謂血脈也。向使橫渠無西銘之作，明道自應有説，定不舍修而專言悟；又使橫渠有西銘之作，明道輒援一説以覆之，則亦不足以爲明道矣。欲識仁，不可不於此著眼也。今曰：「西銘只『仁者以天地萬物爲一體』一語已道盡。」又曰：「『識仁』豈獨從西銘可入？即如中庸『道，洋洋乎！發育萬物，峻極於天』，此是何物？」若然者，將引而伸之，展轉發明耶？抑亦曰：「是不過古人成説，泛而視之耶？」如其展轉發明，似不應如此下語；如其泛而視之，是豈惟孤負横渠？亦且孤負明道。是豈惟兩先生一片喫緊爲人之心一筆抹過，無處更開得口？亦且自家於此不免草草混過，孤負了伯穀矣。愚故特推本兩先生當年一力擔負，與其後先倡和之意，表而出之，以俟高明裁焉。

「防檢窮索」四字，其義原活，即如書言「檢身」，易言「窮理」，亦何莫非聖功？故愚嘗謂：「『仰之彌高，鑽之彌堅，瞻之在前，忽焉在後』，乃是真窮索；『非禮勿視，非禮勿聽，非禮勿言，非禮勿動』，乃是真防檢。」特程子之意，原未曾説到此，不必强爲附會耳。至云「世人泥方寸之竅以爲心，於此防檢，於此窮索，止欲拘囚於此竅之中，安能與物同體？」則豈惟非求識仁之功？抑且是求識仁之障。豈惟有所不須？抑且有所不可。恐與程子之所謂防檢窮索，又隔一層矣，當是師冕一喻爲妥。又有説焉。神明不測曰心，自未始有物之先，至既始有物之後，莫非這個爲之主宰，而實統會於人。自人而言，循頂至踵，莫非這個周流貫徹其間，而特發竅於方寸，所謂神明之舍也。是故就軀殼上看，似乎此竅亦藏在一身之中；就主宰上看，實舉一身都藏在此竅之中。凡目之視，耳之聽，口之言，手之持，足之行，無所不該攝焉。雖謂莫大於方寸，而一身爲小可也。豈惟一身？凡天之高，地之厚，萬物之衆，亦無所不該攝焉。

雖謂莫大於方寸，而天地萬物爲小可也。何也？是神明之舍也。然則此竅何嘗不浩蕩蕩？何嘗不活潑潑？其拘其囚，人自拘自囚耳，此竅何嘗拘人囚人哉！即如伯穀所舉，子厚之驢鳴，閲道之雷鳴，與夫庭草盆花，種種色色，孰非悟門？信矣。畢竟這個從何透出？彼其驢鳴也，直驢鳴已耳；其雷鳴也，直雷鳴已耳；庭草盆花，直庭草盆花已耳，夫孰不聞且見之？其因而發悟者，有幾也？畢竟這個從何透入？較勘到此，似不必執方寸爲小，而别求大處也。善乎，伯穀之言之也曰：「仁不泥軀殼，而亦不離軀殼。」愚則曰：「此竅正不離軀殼，而亦不泥軀殼者也。」何也？是神明之舍也。是故以其不離軀殼，謂之心之影，可也，是萬川之月也；以其不泥軀殼，謂之真心，可也，是天上之月也。存乎人之認取何如耳。伯穀試更參之。

向蕪記中説「克己」，「己」字恰與尊見合，竊喜有所印正。乃伯穀謂「克己」，「克」字即五行相生相克之克，却似未大妥。須知「克」字下得極精神，這便是旋乾轉坤手段，全全是太極用事。故曰：「一日克己復禮，天下歸仁焉。」到此便是乾清坤寧境界，渾然成一太極了也。若五行相生相克，只是陰陽活計。且生而克，克而生，兩者循環無窮，正未免落起滅相，此等行徑，其與今日勝一私，明日勝一私，相去無幾耳。幸再詳之。冰水之喻，其説頗長，尚俟面竟。

門人婁東徐鳴皋請，略曰：「鳴皋竊謂真識仁者，未有不以誠敬存之者也。掃却誠敬，非真能識仁者也。孟子曰：『夫仁，亦在乎熟之而已矣。』程子云：『不須防檢，不須窮索。』此熟境語也。安得爲恣肆誣罔者之藉口？至識仁，而以誠敬存之，即工夫，即本體。無檢索，而實無不檢索也。防檢窮索，未免着意。故伯穀以爲非識仁之功耶？雖然工夫未能純熟，即稍着意，何妨由着意以至於無意，渾然仁矣。先爲不着意，以縱其意，則賊仁之大者耳。」

附呈致蕭思似書，略曰：世有識仁而不誠敬者，此其識仁無有是處。如射者已見紅心，而不能命中；其見紅心，無有是處。亦有誠敬而未識仁者，要之不識仁。不獨防檢窮索之非是，即其誠敬無有是處。如瞽者倚杖，僅免顛躓耳，其終日矜持，無有是處。以原憲之「克、伐、怨、欲不行」，而不知其仁，此可證防檢窮索之非也。以曾點之童冠皆春，而不免爲狂，此可爲識仁未真者證也。

所條識仁說，可謂曲盡大都。程子此篇專要與人點出悟境，又要與人點出化境，故説得如此直截，更不拈動第二義，防檢窮索盡與破除。若爲求識仁者言，恐應自有説也。雖然，仁是何物？誠敬又是何物？識者何人？存者又是何人？倘遇葱嶺兒孫，且不免架屋疊床之訶矣，又豈但防檢窮索可掃而已乎？

嗚皋東林歸，再請，略曰：仲夏一會，以俗冗促還，至今恨緣法之淺。不肖向時惡尚通者之裂繩壞檢，而斤斤守紫陽法程，既又疑其拘而固也，稍欲以圓活濟之，迨久而知惡其通，疑其拘者，皆妄也。間嘗爲之説曰：「士誠希聖，始依乎方，究歸於圓，方而漸圓之，圓而方出之，如是而身心纔有安放，學問纔有頭腦。」不肖雖工力未至，竊望而趨之，更頂禮而冀垂弘誨焉。溽暑之中，再煩垂問，即此一念，啓我實多。竊以爲今日既拈識仁，只須求識仁，便是諸方圓、體用、誠敬、防檢、窮索之推敲，似宜暫置，而仁未易識也。程門每教人讀西銘，意在斯乎？夫何故一體之謂仁？西銘分明是個一體圖。「天地之帥，吾其性」，「天地之塞，吾其體」，二語又分明將一體源頭拈出也。試看世人尚有不識此身是何物者，誰能識得此身之所自來乎？尚有不識父是父、母是母者，誰能識得乾坤之爲吾父母乎？尚有識不得兄是兄、弟是弟者，誰能識得四海九州之皆吾兄弟乎？非惟世人，吾輩試就自家反而觀之，果能内捐軀殼，外剖藩籬，有以異於彼乎？抑亦分爾分汝，自私自利，無以異於彼乎？將來一一參取明白，其於「識仁」思過半矣。夫如是，自能誠敬，自能防檢，却不落防檢相；自能窮索，却不落窮索相；自能時方時圓，不落方圓相矣。

又請。一日而再承札教，如獲兩珠。此珠原來在我，幸師指示其處，乃知所從摘取耳。師既以求識仁爲今日喫緊，又拈出西銘仁體，而參之「克己」及「克伐」章，「吾不知」三字遂令盲瞽眼目頓豁。伯穀所云「金針撥轉師」之謂耶？抑尚有説，孟夫子曰：「行之而不著焉，習矣而不察焉。」程子亦曰：「人有篤學力行而不知道者。」夫曰行，曰習，曰篤學，曰力行，不可謂非躬修實踐矣，而猶曰「不著」「不察」「不知道」。然則若何而謂之著且察耶？若何而爲道？又若何而爲知耶？不知道，無論霍光之忠，王祥之孝，雖才如諸葛武侯，行如司馬温公，先儒猶以爲特資器之超，而未可語於聖學也，然則道之不可不知也。倘亦與「先須識仁」之旨互發歟？抑「識仁」「知道」，别無兩項歟？幸明教之。

只是一個珠。行而著，著此；習而察，察此；識仁，識此；知道，知此。仁字親切，道字弘大，其實一耳。却有一語欲問，自孟子有是「終身由之而不知道」之説，而吴草廬遂將百代殊絶人物，如諸葛武侯、司馬温公，概而夷諸「不著」「不察」之中，至於今，且謂：「人之於道，但有不知，更無不行矣。」此其説，非不亦自有見？及考孔子，特不任「生知」，却未嘗不任「學知」也。獨於「行」之一字，恒若歉歉然，曰「躬行君子，吾未之有得也」，曰「所求乎子臣弟友之未能也」，曰「德之不修，學之不講，聞義不能徙，不善不能改，是吾憂也」，曰「出則事公卿，入則事父兄，喪事不敢不勉，不爲酒困，何有於我也？」，豈聖人反有不行，落庸衆之後歟？將聖人之所謂行，與世之所謂行，尚有辨歟？然則所謂但有不知，更無不行者，或亦非定論歟？高明以爲何如？

顧憲成全集卷二十三

經正堂商語①

昆陵諸門人録

古燕後學張純修重訂[一]

初，宜諸歐陽公會士紳於經正堂，發問曰：「程子云：『灑掃應對，便是形而上者。』作何理會？」在座莫應，未及竟其説。頃諸友會文東林，予出論語「師冕」章課

① 經正堂商語以臺灣「國家」圖書館藏明崇禎刻本顧端文公集經正堂商語爲底本，以復旦大學圖書館藏清康熙三十七年刻本顧端文公遺書顧端文公經正堂商語（以下簡稱「康熙本」）爲校本。

[一] 此二行底本無，據康熙本補。康熙本「昆陵諸門人録」一行爲題下小字。

之，而啓新錢先生適圖續經正堂之會，予憬然有省於歐陽公之言。[一]及閲諸友文，大率都是形容聖人仁體，予進而謂之曰：「此義誠精，第此等事，亦何待聖人？設遇師冕於此，當其及階，夫子曰『階』，衆人亦必曰『階也』；當其及席，夫子曰『席』，衆人亦必曰『席也』；當其皆坐，夫子曰『某在斯，某在斯』，衆人亦能曰『某在斯某在斯也』。何獨見夫子如此，便着許多形容？」諸友曰：「然則云何？」曰：「仁體，聖凡所同。所異者，衆人行不著習不察，聖人著而察也。不著不察之謂器，能著能察之謂道。子張一問之功於是爲大。」曰：「若是，孔子然之，足矣。」又曰：「固相師之道，何也？」曰：「世間有二種人，一種是庸下的，既已不著不察無論矣；其一種是賢智的，自謂能著能察，却往往於此生出一般意見將來播弄，擎拳舞掌，大驚小怪，便有無限不穩。須知這個道理，亘古亘今只是如此，没些子奇特。當時及門之徒，往往疑孔子有隱，這等处俱當面蹉過，其去不著不察幾何？故子張特爲設問提醒之，然而子張才高意廣，最容易落玄妙窟中去。孔子此答，又所以提醒子張也，其指精矣。昔陽明有

[一]「頃諸友會文東林，……予憬然有省於歐陽公之言」，康熙本作「後諸友會文，先生命題論語「師冕」章課之，時啓新錢先生適續舉經正堂之會，先生入座，復舉宜諸之言」。

門人董蘿石，一日出游而歸，曰：『今日見一異事。』陽明曰：『何異？』對曰：『見滿街都是聖人。』陽明曰：『此常事耳，何足爲異？』亦此意也。予又聞謝上蔡與朱子發講此章而曰：『一部論語，只恁地看。』竊謂豈惟一部論語？千經萬典都恁地看。若不恁地看，階只是個階，席只是個席，某某只是個某某，與我何干？管見如斯，不審有當於歐陽公發問之指否？」幸有道裁焉。

蔣中復講「六言六蔽」章，有謂予曰：「如何是好學？」予默然，久之，乃曰：「孔子言之矣，『不遷怒，不貳過』是也。」曰：「這事孔子獨以歸之顔子，且繼之曰『不幸短命』，曰『今也則亡』，曰『未聞好學者也』，表得十分鄭重，何可輕言？」予曰：「固是，第究其實，所謂『不遷怒』，也只是個不動氣；所謂『不貳過』，也只是個不自是。初非甚高難行之事，孔子所以反覆感嘆，正謂顔子人人可做，却人人不肯做，而非以是爲絶德也。吾輩且去做一做，看如何。」

問孟子「盡心」章，曰：「此章首條先提出一『心』字，後提出一『天』字，中間提出一『性』字，此意當理會。」曰：「願聞其説。」曰：「『心』字、『天』字，是當時兩個學問宗旨；『性』字，則孟子宗旨也。」曰：「何也？」曰：「爲切近之説者類言心，心何嘗不可爲宗？然而心之所以爲心，非血肉之謂也，應有個根柢處。性，是已，舍性言心，其究也必且墮在情識之内，粗而不精。爲玄微之説者類言天，天何嘗不可爲宗？然而天之所以爲天，非窈冥之謂也，應有個着落處。性，是已，舍性言天，其究也必且求諸常人之外，[二]虚而不實。故孟子特以一『性』字攝之，以爲於此知得何精何粗，何虚何實，總總在這裏；於此不知那個唤做心，那個唤作天，兩下披離，都無把柄矣。此七篇之中，言性最爲喫緊也。」曰：「存心養性事天，何如？」曰：「存心所以養性，養性所以事天，並不是兩段事。」曰：「殀壽不貳，何如？」曰：「此亦只就存養處指出個關頭，適史際明講『樊遲問仁』章，可證『居處恭，執事敬，與人忠』，即存心養性；『雖之夷狄，不可棄也』，即『殀壽不貳』。語云：『金用火試。』凡聖賢論學，必要勘到關頭，此是試人的火也。」曰：「事天立命，如何分别？」曰：「也分别不得。且如舜『祇載見瞽瞍，夔夔齋慄』，事天也；至於『瞽瞍允若』，便是立命矣，所謂父不得而子也；又如周公聞流言避居東，事天也；至於成王感悟郊迎，便是立命矣，所謂君不得而臣也。又曰事天者，『後天而奉天時』，天即我也；立命者，『先天而天弗違』，我即天也。其實一也。」

[二]「常人」，底本作「當人」，據康熙本改。

問：「孟子道性善，言必稱堯、舜，云何？」曰：「道性善，是説本體；稱堯、舜，是説功夫。性，個個是善，何嘗負人？人不能個個做堯、舜，却負了性。此孟子所以深責成於人也。」曰：「註云：『稱堯、舜以實性善。』是否？」曰：「要實性善，當於『乍見孺子入井之怵惕，嘑蹴之弗屑，爾汝之勿受』，人人同然處徵之。如以堯、舜實性善，則亦將有以不堯不舜實性惡者矣，[一]恐未妥也。」曰：「自『楚反』至末，云何？」曰：「都是反覆發明這二句。夫道一而已矣，這『道』字要仔細看。孟子生平論性，只説得惻隱、羞惡、辭讓、是非，推而上之，只説得仁、義、禮、智，並不曾説源頭。此『道』字却正是源頭，乃生天、生地、生鬼、生神的物事。下二條，一言疑畏不可有，一言瞑眩不可無。這事似難非難，似易非易。見以爲難，便生怯心，試看我是這耳目口鼻，聖人也只是這耳目口鼻；我不曾少却些子，聖人也不曾多却些子。如何説着聖人便驚慌起來，甘心退讓？只横這念在胸中，一切喑啞了，如何擡得頭起，豈不自慢自家？故曰『疑畏不可有』。見以爲易，便生怠心，試看古來聖人，一生兢兢業業，猶自有不滿意處，中間還歷了許多險阻，許多憂患，敲磨摧剥，用了許多功夫。若只悠悠自在，不

[一]「不堯不舜」，底本作「不堯不堯」，據康熙本改。

去喫些苦辣，便要無災無難，做個聖人，世間有這等便宜事否？即爾是聖人，比我反費力，我比聖人反省力了，世間有這等顛倒事否？豈不自哄自家？故曰『瞑眩不可無』。總總看來，道一是就發脈處尋出一個來歷，使人識取本體，究竟『道性善』之指；疑畏瞑眩，是就下手處剖出兩個機緘，使人識取功夫，究竟『稱堯、舜』之指。故曰：『反覆發明這二句。』豈但如是？一部孟子，都是發明這二句也。」

毘陵商語①

問「志於道」章。先生曰：「『志道』三句，與『興詩』三句，合而『游藝』句，又包得詩、禮、樂也。」語次，指講堂中曰：「我們今日在此，正是游藝。藝，形而下；道，形而上。無處不是藝，却無處不是道。着於藝，則藝只是藝；游於藝，則藝皆是道。『游』字之意，徹上徹下，雖堯、舜治天下，也是游藝。」

問「天降大任」章。先生曰：「孟子就順逆兩途提醒人。順境，倒有一個死幾在裏面；逆境，倒有一個生幾在裏面。然天生賢聖，必把一個難題目與他，逆多而順少，聖賢遇了難題目，倍有精神，亦不爲難題目困倒。」[二]

孟子議論，往往無中生有，絶處逢生，極能喚醒人。試讀「舜發於畎畝」章，「苦心志，勞筋骨，餓體膚」，最恒情之所拂鬱而難堪也，却爲指而示曰「如是者，可以動心，

① 毘陵商語以臺灣「國家」圖書館藏明崇禎刻本顧端文公集毘陵商語爲底本，以康熙本所附毘陵商語爲校本。

[二] 前二段底本無，據康熙本補。

可以忍性，可以增益不能」，於以鼓舞而振興之，令人即欲苟自怠棄而不肯；「入則無法家拂士，出則無敵國外患」，最恒情之所狎玩而易恃也，却爲指而示曰「如是者，國恒亡」，於以恐懼而悚惕之，令人即欲肆無忌憚而不敢。於是又總而申之曰：「然後知生於憂患而死於安樂。」何其深切著明也！且夫佛氏之言死生，人以爲至精矣，必曰過去何如，未來何如，瞻前顧後，牽纏不斷。孟子只就見在一念，八字打開，這邊是生，那邊是死，豈不十分斬截？至拈出個「知」字，尤是生死一大關頭也。人能於此透過，自不愁了不得生死，而又何用許多葛藤爲哉！

荆溪商語①

程伯子曰：「學者須先識仁。」愚謂：「讀孟子『一鄉之善士』一章，便識仁矣。」仁者何？善是也。善者何？性是也。這個物事，在鄉滿鄉，在國滿國，在天下滿天下。前乎千百世之既往，後乎千百世之方來，無不具也，無不貫也。只緣人於此看不清，拿不定，任軀殼馳驁，遂分了人我，任氣運推盪，遂分了古今，所以釀出兩般病來。一者對今人，則争而不讓；一者對古人，則讓而不争。何也？今人近也，近則嫌於相形，易生勝心，於是自視常高，視人常卑，往往喜凌而駕其上，莫肯遜而下也，如何成得個友？古人遠也，遠則疑於不相及，易生畏心，於是自視常卑，視人常高，往往甘伏而處其下，莫肯攀而上也，如何成得個尚友？由前唤做「争而不讓」，屬氣盈，犯了虚憍的病；由後唤做「讓而不争」，屬氣歉，犯了虚怯的病。二病互根，百症雜出，宜乎？我自我，人自人，今自今，古自古，所在隔絶，竟成孤立也。孟子因特爲細細點

① 荆溪商語以臺灣「國家」圖書館藏明崇禎刻本顧端文公集荆溪商語爲底本。

破，曰一鄉之善士，斯友一鄉之善士，便見我與一鄉同體；曰一國之善士，斯友一國之善士，便見我與一國同體；曰天下之善士，斯友天下之善士，便見我與天下同體；曰以友天下之善士爲未足，又尚論古之人，便見我與古人同體。夫既同體，有何差別？既無差別，有何計較？既無計較，有何餘欠？既無餘欠，在我者，有何所加於彼着個勝心？在彼者，有何所加於我着個畏心？夫如是，是故衆之所争，我獨不争，爲能以一己之精神，通一世之精神，而不爲軀殼所障；衆之所讓，我獨不讓，爲能以一世之精神，通世世之精神，而不爲氣運所局。恰將仁之全體和盤呈出矣。試以參伯子之説，豈不了了？愚又聞象山先生讀書至「宇宙」二字，解者曰：「上下四方曰宇，往古來今曰宙。」豁然有悟，遂援筆書曰：「宇宙即吾心，吾心即宇宙。」又曰：「東海有聖人出焉，此心同此理同也；西海有聖人出焉，此心同此理同也；南海、北海有聖人出焉，此心同此理同也。以至千百世之上下有聖人出焉，亦無不同也。」試以參孟子此章，更益了了矣。吾輩幸各反入身來，密密印證一番。何如？

萬曆庚戌三月，顧憲成書於明道書院。

志矩堂商語①

金沙諸門人録

古燕後學張純修重訂[二]

問顏淵、季路侍一章。曰：「讀此章，當看聖賢之用心處。聖賢與常人原無差別，究竟天地懸隔，緣他用心處不同也。何以不同？常人滿腔是軀殼念頭，聖賢滿腔是一體念頭。常人於自家身上即一絲一粟便要犯着吝字，即片善寸長便要犯着驕字放不下，聖賢直是放得下。故曰：『願車馬，衣輕裘，與朋友共敝之而無憾。願無伐善，無施勞。』常人於别人身上一切痌瘝痛癢，都如秦、越相遇放得下，聖賢直是放不下。故曰：『老者安之，朋友信之，少者懷之。』兩下用心，豈不判然相反？程子曰：『子路求仁，顏淵不違仁，孔子安仁。』自有此案。説者皆謂：『子路不如顏淵之大，顏

① 志矩堂商語以臺灣「國家」圖書館藏明崇禎刻本顧端文公集志矩堂商語爲底本，以復旦大學圖書館藏清康熙三十七年刻本顧端文公遺書顧端文公志矩堂商語（以下簡稱「康熙本」）爲校本。

[二] 此二行底本無，據康熙本補。康熙本「金沙諸門人録」一行爲題下小字。

淵又不如孔子之自然。』誠是確論。愚竊以爲既同不在軀殼上起念，便同唤做仁，這裏只明道先生好如此説，吾輩恐没閑功夫這等較量，不如且就自己與一聖二賢校量一番，老者安乎？朋友信乎？少者懷乎？能爲孔子否？也無論孔子。善無伐乎？勞無施乎？能爲顔子否？也無論顔子。車馬輕裘與朋友共乎？敝無憾乎？能爲子路否？也於此有少分相應，便去推贊孔子也，是委見得孔子好處，不是虚奉承；便去品騭淵、路也，是委見得淵、路差等處，不是漫揣度。[一]如其不然，急須反而一思，彼一聖二賢，何以爾爾？我何以不爾爾？病根安在？自今當作何料理？庶幾慚愧驚惶，日不安食，夜不安寢，有個翻身處耳。」又曰：「古來師友，聚處並不空過，一嚬一笑，一言一動，各各互相觀摩，互相取益。子路説個『車馬輕裘，與朋友共，敝之而無憾』出來，委似看作一好事。及聞顔淵説個『無伐善，無施勞』出來，必且爽然若失，坐進一格矣。意中又以爲孔子當更有異焉，故特起而問曰『願聞子之志』，及孔子説個『老者安之，朋友信之，少者懷之』出來，非惟子路又爽然若失，連顔淵亦坐進一格矣。乃知孔子不孤負淵、路，淵、路不孤負孔子。吾輩須於此細細體貼，將身作證，方不孤負

[一]「漫揣度」，底本作「浪猜度」，據康熙本改。

一聖二賢，方不枉讀這章書也。」

問知行。曰：「這要活看。看得活，或以知爲先，或以行爲先，或以知行爲一，或以知行爲二，一一都是。若執定，一一都非。中庸曰：『自誠明謂之性，自明誠謂之教，誠則明矣，明則誠矣。』可謂曲盡。」曰：「『誠明』、『明誠』，云何？」曰：「誠者，不勉而中，不思而得，誠明也；誠之者，擇善而固執之，明誠也。誠者，言乎其本體也；明者，言乎其發竅也。誠在渾淪未判之先，明在渾淪既判之後。自誠明謂之性，由先天出後天也；自明誠謂之教，由後天入先天也。」薛玄臺曰：「看來論本體則以誠爲主，論功夫則以明爲主。」曰：「最是。總而論之，知行之説，易著其原，劈頭便推出兩個大知行，使人識個來歷，『乾以易知，坤以簡能』是也；中庸詳其委，結局亦推出兩個大知行，使人識個究竟，『天下之至聖，天下之至誠』是也。」曰：「『至聖』、『至誠』，何以分知行？」曰：「聖者，通明之稱，故權以知屬之。至聖，通明到十分極處也。[一]然而知本虛也，就知言，知那虛的，直是説不出，因借實處形容，特於有臨、有容、有執、有敬、有別表之曰：『見而民莫不敬，言而民莫不信，行而民莫不悦。』且終之曰：

[一]「至聖」，底本作「至誠」，據康熙本改。

『凡有血氣者，莫不尊親。』皆以象其實也，何也？實則顯而易知也。誠者，不貳之稱，故權以行屬之。至誠，不貳到十分極處也。然而行本實也，就行言行，那實的直是説不盡，因借虛處形容，特於經綸立本知化，表之曰：『肫肫其仁，淵淵其淵，浩浩其天。』且終之曰：『苟不固聰明聖知達天德者，其孰能知之？』皆以象其虛也，何也？虛則微而難窺也，原是一個人，却分作兩個説，蓋必如此交互發揮，方見全身耳。」

座上諸公，次第各講書一章，訖將散，諸子復群詣吳安節、錢啓新、諸景陽三先生前，[一]懇各再講一章。三老以命予一承三老之意，謂之曰：[二]「連日講的，是紙上的書，今却請講諸君身上的書。紙上的書，我門展開便好講；諸君身上的書，須是諸君自家拈出方可商量。」皆起問曰：「何也？」予曰：「敢問諸君，今日之來是爲要做時文？是爲要做人？」皆曰：「要做人。」予曰：「若是爲做時文，個中意見，議論委是無窮，懸河之口也説不了，罄南山之竹也寫不了。諸君津津求益，端不爲過。若是爲做

[一]「諸子復群詣吳安節、錢啓新、諸景陽三先生前」，底本作「聽請諸君復群詣吳安老、錢啓老、諸景老前」，據康熙本改。

[二]「三老以命予一承三老之意，謂之曰」，康熙本作「三老以讓先生，先生顧諸子言曰」。

人；正不消多，古來求道之士，投師訪友，奔走四方，眠食不遑，只是從一言半語上有個領會處，便把來做個根基，就此體察，就此培養，就此持循，就此充拓。到得究竟時，千條萬緒都在這裏，更無滲漏。緣這個物事真是語大莫載，語小莫破，一針一綫，無不全體具足。故一處通，則處處皆通；一處塞，則處處皆塞。只看我作何承當耳。若今日尋些好説話放在耳朵裏，明日又尋些好説話放在耳朵裏，又明日又尋些好説話放在耳朵裏，及要體入身來，覺得甲説的也是，乙説的也是，不知用那一句好，久之，頭緒多端，意念雜沓，一句也用不着。反疑他人説得不分明，剖析得不詳細，又思量去東問西問。問了歸去，過却幾日，二四五六，還復如舊。牽牽纏纏，不覺被他盤到老。所謂『雖多，亦奚以爲』也。記得宗杲云：『如載一車兵器，逐件取出來弄，弄了一件，又弄一件，便不是殺人手段。我只有寸鐵，便能殺人。』朱子愛其語，嘗以語門人。又記得侯司徒霸遣使奉書於嚴子陵，子陵呼侍者報之，口授二語曰：『懷仁輔義，天下悦；阿意順旨，要領絶。』侍者曰：『如斯而已歟？』子陵曰：『買菜乎？求益也。』每誦此語，輒爲悚躍。況今連日所講，不爲不多，就中撮取，只安節先生『見過自訟』一言儘彀了『無己』，啓新先生所舉下條『好學』二字便是。生民未有的聖人，亦從個中做出來。吾輩若要跳在這個聖人上頭去，所不敢知，如其不然，且將這二字去做，做得完滿，再來計較，未晚也。諸君若謂既如此聖賢，何用説許多？則又有説聖賢正見人千般百樣，各各有偏處，亦千般百樣説在這裏，憑他採用。譬諸素問、難經等書，將人間病痛一一發明根由，一一設處方子，看他有何病痛，便用何方。若説了一邊，遺了一邊，如何醫得十方人？諸君於此五日矣，但講説間有打着心頭動處，切勿放過。這個是自家真性命，要須凝精聚神，時時覷着，在在守着。偶遇事變紛亂，只提起這個，那紛亂的自會定疊；偶遇情欲粘帶，只喚起這個，那粘帶的自會擺脱。這便是一個海上單方也。抑予又有説焉，程伯子曰：『舉業不患妨功，只患奪志。』所以奪志者，一是寫在紙上，便要人道好，此名心也；一是童生要秀才，秀才要舉人，舉人要進士，此利心也。方寸之中，着此兩端，一俗人耳，即舉業亦恐不能工矣，是做時文與做人兩失之也。倘能專意本領，朝參夕證，無非是事，一切名利並不掛上眉端。吾見胸次清虛，義理自爾昭著；意思閑雅，天機自爾活潑。以此讀書，必能一一透入聖賢之心；以此作文，必能一一寫出聖賢之心。内外精神，一以貫之而無遺矣，是做時文與做人兩得之也。諸君於此宜何居？光陰易邁，因緣難值，予行矣。願各努力，他年再過，當令諸公刮目相待，無復作吴下阿蒙也。珍重珍重！」

顧憲成全集卷二十四

仁文書院商語①

古燕後學張純修重訂[一]

吾郡鄭太初儀部，初令嘉禾，建仁文書院以課士，士蒸蒸起。歲戊申正月之六日，予過其邑，訪岳石帆伯子，時且晡，諸茂才聞之，偕詣石帆，第邀予往會。遂與石帆，暨令弟儀部石梁、孝廉石龍及沈孝廉汝訥、高孝廉明水

① 仁文書院商語以臺灣「國家」圖書館藏明崇禎刻本顧端文公集仁文書院商語爲底本，以復旦大學圖書館藏清康熙三十七年刻本顧端文公遺書顧端文公仁文商語（以下簡稱「康熙本」）爲校本。

[一] 此行底本無，據康熙本補。

偕往。[一] 則楚中楊行素先生，已先至矣，予進而伏謁。先師適，郡博文麓屠君，抑吾吴君亦次第至於是，列左右而侍焉。諸茂才各歌詩一章，敲金戛玉，遞相倡和，濟濟如也。予退，謂石帆曰：「今日覩洙、泗威儀矣。」會中有所商確，憶而存之，庶幾藉手求針砭於諸君子云。太初，名振先，武進人；行素，名坦，孝感人；文麓，名稿，寧國人；抑吾，名宗魯，南靖人。石帆，名元聲；石梁，名和聲；石龍，名駿聲；汝訥，名士龍；明水，名斗光。[二] 諸茂才，曰沈氏太和，曰沈氏致和，曰李氏晉，曰高氏尚志，曰張氏文鋕，曰楊氏瑞枝，曰仲氏景亨，曰張氏昌運，曰陸氏周行。其續集者，不能悉記。予少讀論語問「天命之謂性」。曰：「這是吾人一個大頭腦所在，應細入理會。」予少讀論語至『禘之説』，註云：『王者既立始祖之廟，又推始祖所自出之帝，祀之於始祖之廟，而以始祖配之。』忽有省，爲之掩卷，躊躕者久之。世間無貴無賤，那個不有所自出，始祖猶可尋求。那所自出的爲誰？何姓何氏？向來都説某是夏之所自出，某是商之所

[一]「遂與石帆，曁令弟儀部石梁、孝廉石龍及沈孝廉汝訥、高孝廉明水偕往」，底本作「石帆遂與其弟儀部石梁、孝廉石龍及沈孝廉汝訥率予赴之」，據康熙本改。

[二]「明水，名斗光」，底本無，據康熙本補。

自出，某是周之所自出，今看來還都是既有書契後的，那未有書契先的何在？『禘之説』直要透到這裏，所以夫子特鄭重言之。一則曰『知其説者之於天下也，如視諸掌』，一則曰『不知』，既而思曰那所自出的，又有所自出也。欲識『天命』二字，須如此反覆體取，方纔有些端緒。及識得時，又只在眼前，不隔絲毫。諺曰：『踏破鐵鞋無覓處，得來全不費功夫。』此言雖鄙，却最可玩味也。」

問「下學而上達」。曰：「總只是這個。下學，學此；上達，達此。以用力言，謂之學；以得力言，謂之達耳。乃聖人既不謂舍下學别有上達，亦不謂下學即上達，而曰『下學而上達』，何也？此須各人自去體點始得。」

問：「孔子是生知安行的？是由學而成的？」曰：「這『學』字，孔子一生汲汲皇皇在此，其自信得力處在此，其毅然直任而不辭在此，其木鐸千萬世在此。即吾輩今日當然而集一堂之上，精神凝聚，各有一段不容自已之意，亦在此。如只説孔子是生知安行的，便少味矣。」曰：「然則孔子信由學而成，非生知安行矣，何以爲聖人？」曰：「此中尚有説在。若論生知安行，非特聖人則然，即愚夫愚婦亦然。若論聖人，非特是學知利行的，亦且是困知勉行的。」曰：「何也？」曰：「試看嬰兒，墮地便曉得啼，還有人教他啼否？已而曉得視，還有人教他視否？已而曉得聽，還有人教他聽否？已而曉得言，還有人教他言否？已而曉得思，還有人教他思否？且見親曉得愛，見長曉得敬，還有人教他愛親敬長否？豈不亦是生知安行？至如孔子適蔡時，年已望六，猶曰『發憤』，憤者，心求通而未得也；又曰『七十從心所欲不踰矩』，從心則一切任其自然矣。却於此見七十之前，未必能從心也。豈不亦是困知勉行？知愚夫愚婦亦是生知安行，則知人人具體聖人，安得看自家太低，忍於暴棄？知聖人亦是困知勉行，則知聖人人人可做，安得看聖人太高，甘於遜讓？此吾儕所宜急急猛省也。」

以上三則，擬寫呈石帆諸君子矣。復贅之曰：「聞諸古人重惜陰，誠謂進德修業，欲及時也。吾儕姑無論過去歲月，即新正以來，倏忽半旬餘矣。於此有所事乎？無所事乎？秀才門，有歲考，有季考，則高下關心；官人門，三年有外考，六年有内考，則黜陟關心。所以各各有個怕懼，各各有個慚愧。只這個並没人來考，便看得如閑，却不知上則父母，下則妻子，近則僮僕，遠則親戚朋友，一言一動，十視十指，還瞞得些子否？還待提學按臨、部院考察、科道糾拾，方有分曉否？且時時刻刻在處森列，還待六年、三年、一年四季否？此猶就人言之也，反而參諸吾心，是是非非，明明白白，縱瞞得父母，瞞得妻子，瞞得僮僕，瞞得親戚朋友，還瞞得自家否？校勘到此，真令人不容不十分怕懼，不容不十分慚愧。雖欲飽食安眠，悠悠過日，不可得也。不肖徒然老大，尺寸無聞，業已負天、負地、負君、負親、負師、負友，乃一點狂心，猶然未歇，且欲補之桑榆。況諸君子春秋方茂，趁此精力，何事不可爲？請莫說第二句話，請莫問誰是生成，誰是學成，費許多閑圖度，只就今日便剳定腳根，一直向前，決要做個頂天立地的大丈夫，庶幾不枉出世一番耳。熟念此會，因緣非淺，再爾饒舌，不自知其煩絮也。諸君子倘不予棄，亦望加予一鞭，幸甚。」

南岳商語①　戊申季春[一]

無錫顧憲成著[二]

荆溪吴安節先生之還里也，數騰書來言，願合二三同志聚首山中，求交修之益，予喜而諾之。歲戊申，遂訂季春之約。適琴川耿令君相邀，因於月之十七日，先往赴之。二十日回棹，至毘陵，糧艘雲集，尼不前，水復淺澀，乃由周鐵橋迂道而行，盡三日始達。于景素先生迎，謂予曰：「待子數日矣。」予曰：「此會於城不宜，恐生事端，須覓一佳處。」安節曰：「莫如南岳，是予所從文恭萬師、訥溪周師稟業處也。」予欣然偕往。景逸、玉池、文石俱集，晝則聯几，夜則聯榻，盤桓累日。禮簡情真，時有商確，不騖浮談，不執

---

① 南岳商語以臺灣「國家」圖書館藏明崇禎刻本顧端文公集南岳商語爲底本，以復旦大學圖書館藏清康熙三十七年刻本顧端文公遺書顧端文公南岳商語（以下簡稱「康熙本」）爲校本。

[一]「戊申季春」，底本無，據康熙本補。

[二] 此行康熙本作「古燕後學張純修重訂」。

成見，廓如也。既別，景素、安節兩先生並有記，做羅、鄧兩先生之三游而題曰春游，命予續貂。予坐病懶，逡巡無以應。久之，追憶問答之語，並參諸往來之牘，次第筆之，庶幾藉手就正有道，又以備異日自考云爾。

景素謂予曰：「兄主盟東林，只宜守定『下學上達，躬行君子』八字。」予爲點頭。已而，曰：「近世率好言悟，『悟』之一字，出自禪門，吾儒所不道也。」予曰：「『神而明之』，易之言悟也；『默而識之』，論語之言悟也。特未及直拈出『悟』字耳。至朱子曰：『下學可以言傳，上達必由心悟。』却明明道破矣，未可專歸諸禪門也，又不可以『好言悟』爲世病。據吾意，還病其好之未真耳，何則？天下未有不修而悟，亦未有悟而不修。悟者，與修相表裏者也。是故未悟，則不可不修；既悟，自不能不修。假令世而不好言悟，斯亦已耳，如其真好言悟也，丈所標八字，彼將奉爲指南，奚病乎？」

予從安節覓念菴先生三游記閱之，既畢，謂安節曰：「於冬游一記，見先生虛心；於夏游一記，見先生苦心。始，先生傾慕陽明，真如孔、孟復出，見陽明之高足弟子王龍溪，如見陽明焉。以故一嚬一笑，一步一趨，無不奉爲蓍蔡。至於俄而呵之曰『機心不息』，俄而呵之曰『不脱知見』，俄而呵之曰『全未』，俄而呵之曰『悠悠』，俄而呵之曰『錯過好日月』，俄而呵之曰『只是依阿世界』，亦皆欣然俯首而信受之。又其時鋭然以聖人自期，精神意氣十分猛烈，不無用心太緊處。而龍溪所言『融脱灑落』，適搔着他痛癢，如予醉以醒，予寐以覺，遂不自知，其豁然以解也。故曰：『見先生虚心。』已而熟察龍溪行徑，往往不滿人意，退而考其言，亦率不酬，遂并其言而疑之，就加推敲，反覆辨折，冀以匡扶弼正，引歸實地。於今檢點，還似在文義上轉换，乍合乍離，未足以服龍溪。至最後數十言，披肝瀝膽，傾盡底裹，字字血誠，亦字字藥石，龍溪始無處躲避，只得承認耳。故曰：『見先生苦心。』」安節曰：「中所載龍溪語，誠多警發，似亦不無可疑。」予曰：「然詳繹龍溪之指，總總要人斷名根，這原是吾人立腳第一義。『人不知而不愠，遯世不見知而不悔』，聖人已如此説了，却何等説得正當。龍溪乃曰：『打破毁譽關，即被惡名埋没一世，不得出頭，亦無分毫掛帶，則險矣。』這便是爲『無忌憚之中庸』立了一個赤幟，王塘翁比諸洪水猛獸有以也。且人不特患有名根，又患有利根，利根是粗塵，名根是細塵。斷得利根，却説斷名根，委是入細路頭。若利根不斷，漫説要斷名根，吾恐名根愈死，則利根愈活。個中包裹藏伏，有不可勝言者。季時嘗言：『「不好名」三字，是恣情縱欲的引子。』良可味也。且名未有不從爲善來者也，若形影然，形立而影隨，固其所耳，特不當有心趨之耳。如必以好名爲嫌，有心避之，其究也，將有藉口善之近名，[一]掃而不爲以自便者矣。故『不好名』三字，又是爲善的反間也。吾輩試看龍溪之於利根斷乎？未斷乎？而獨汲汲要斷名根，將無内以悞己，外以悞人，翻醍醐爲毒藥也。[二] 乃近世説者，於此等處一切抹摋，但相與張皇，其見地而名之曰悟，[三]彼所悟，果何物耶？吾不知之矣。」

安節曰：「鄧定宇先生秋游記，何如？」予曰：「此老虚心苦心，亦與念菴略同。舊本載先生之言曰：『天也不做他，地也不做他，聖人也不做他。』龍溪極賞之。予二十年前從張陽和先生受而讀之，亦爲踴躍。新本删去此三語，必是此老百步竿頭進步，不以此爲極則也。豈得不謂之虚心？察其意，又若惟恐發人之狂，預爲掃蕩也者，豈得不謂之苦心？此所以爲定宇先生也。吾輩須要識得。」

安節復問三游記於景逸，景逸曰：「羅、鄧二先生游記，大略一邊享用現成，一邊

[一]「若形影然，……將有藉口善之近名」，康熙本作「故利之於善也遠，而名之於善也近。利根斷，自當反惡而之善；名根斷，容有藉口善之近名」。
[二]「而獨汲汲要斷名根，……翻醍醐爲毒藥也」，康熙本作「而汲汲以斷名根爲言，又恐利根愈活，則善根愈死，其爲心術之害不小也」。
[三]「而」，底本無，據康熙本補。

收攝保聚，畢竟收得馳散，方是真現成。」又曰：「學問要在知性。果是透性之人，即言收攝，不曾加得些子。若未透性，即言自然，不免加了自然底意思，但借自然易流懶散，借收攝可討入頭。故聖賢立教，必通上下，照古今。若以今日禪家的話頭去駁孔子，語語是病，不知聖賢所以至今無病者，正在此也。」予以爲知言。[二]

文石問念菴先生謂：「知善知惡之知，隨發隨泯，當於其未發，求之何如？」予曰「陽明之於良知，有專言之者，『無知無不知』是也；有偏言之者，『知善知惡』是也。陽明生平所最喫緊，只是『良知』二字，安得遺未發而言？只緣就大學提宗，將心、意、知、物四者並挈，自不得不以心爲本體。既以心爲本體，自不得不以『無善無惡』屬心。既以『無善無惡』屬心，自不得不以『知善知惡』屬良知。參互觀之，原是明白。念菴恐人執用而忘體，因特爲拈出『未發』。近日王塘南先生又恐人離用而求體，因曰：『知善知惡，乃徹上徹下語，不須頭上安頭。』此於良知並有發明，而於陽明全提之指，似均之校勘未盡也。」

景素極斥陽明學術之弊，安節謂：「崇正闢邪，自是身任斯文者之責。顧其說有

[二]「予以爲知言」，康熙本作「說甚善」。

二，有先衛門户者，有細探閫奥者，譬之兵家竪旗鳴鼓，大將主盟而當鋒破陣，擣巢搜賊，非謀勇兼資，結局亦甚非易事。尊程、朱以衛道脈，門户正矣。今復取文成、羅、鄧諸稿商求至當，實爲邇來海内諸賢率祖文成『無善無惡』一言，其弊必至以恣情爲本性，以禮法爲桎梏，肆無忌憚，而莫之救。余於白鷺講院中答王塘南柬内云『不若易以「無聲無臭」四字』，蓋直勘到閫奥處也。若念菴收攝保聚之説，正今日救病良方，所當共爲服膺，且彼宗陽明而失之，猶有圓通一路，可借以文飾。至於口口周、程，而猶然言不顧行，行不顧言，將何以謝龍溪諸人乎？」予聞之，悚然起曰：「此真頂門一針矣，敢不拜教？」

安節曰：「自陽明提『良知』以來，天下風從，而江右爲尤盛，吾輩亦須印得過方是。」景素曰：「只要這裏討個十分是處，不必太着意照管。」予曰：「陽明之『良知』至矣，暨其末流，上者益上，下者益下，則非陽明本指也。然而江右先達如羅念老於此每有救正，近日如王塘老於此稍有調停，便俱受不透性之譏矣。此理平鋪，人各以見取之，故有異同。若討得十分是處，自然語上語下，無所不通，更有恁異同？雖然到此，又何嫌於異同？舜執兩端，顏服一善，試看這等處，還落照管還落不照管也？願相與參之。」

玉池問："周、程、朱諸大儒何如？"予曰："元公以道，純公以德，朱子以功，三先生鼎立天壤，[一]莫得而軒輊也。"問朱、陸，予曰："昔聞諸方山先師：『朱子之言，孔子教人之法也；陸子之言，孟子教人之法也。』竊恐聖人復起不易矣。"問陽明，予曰："濂溪有萬世永賴之功，陽明有一匡天下之功。"頃之，論及古今世變，玉池嘆曰："告子亂性，鄉愿亂世，如之何？"予曰："如之何如之何，吾末如之何也已矣。"

予别景素、安節兩先生而歸。越二月，得景素之春游記；越五月，得安節之春游記。予讀之，種種會心，作而嘆曰："善哉！景素之言，剥盡枝葉，獨存本真；安節之言，剖盡藩籬，洞開堂户；景逸之言，掃盡葛藤，直挈要領；玉池之言，芟盡荆棘，顯示康莊。所以發我憒憒多矣，而私衷尤有味於『躬行』一語。"頃答沈儀部何山書曰："承詢入門要指，入室微言，茫乎不知所對。竊嘗伏而思之，此事經孔、孟發揮一番，已而又經周、程諸大儒發揮一番，已而又經陽明諸先正發揮一番，業已説到九分九釐九毫，向上幾無復開口處，算來算去，還是躬行難也。然而世之言躬行，往往偏屬諸

[一]"元公以道，……三先生鼎立天壤"，康熙本作"論道必推元公，論德必推淳公。朱子道不如元公之精，德不如淳公之粹，乃維世之功，直與兩先生鼎立天壤"。

修，而其言修也，又往往僅以『事爲之檢飭』、『念慮之矜持』當之，是且不免墮落方所。而修弊於是，高明之士厭薄不屑，往往去而言悟，至脱略事爲，破除念慮，蕩然無所隄防，而悟亦弊矣。總之，看『躬行』兩字草草也。試思孔子何等聖人？其於此，猶曰：『未之有得，而可以易言乎哉？』予故備志所聞，陳諸案頭，比於盤盂之銘，時惕觀省，庶幾收萬一於桑榆云爾。嗟乎！日往如馳，月來如驟，今兹之會，業有定期。無何，又將尋盟南岳之靈，其有以啓予之昧，振予之怠，策予之衰也夫！」

答鄒南皋書 以下附録[一]

從曠雲陽拜手教之辱，又從吴安老得吾丈讀春游記諸説，此是丈一腔仁體到處流行，必欲覺同志而偕之大道也，能無感佩？鄙吝之胸，未忘擬議，輒有請益，具列如左：

南皋云：「景素先生論學，大都以『下學上達，躬行君子』爲宗旨，此真末世津梁。」予竊謂「下學」二字足矣，但闢陽明學術之弊，想上達别有理會，

[一] 此篇底本無，據康熙本補。

另有細請。陽明論學與孟子、陸子一致，是一雙大眼睛，議論是一代大辨才，功業是一代大幹濟，超諸功臣上。似不得以意測度。惟是陽明先生生繁麗之地，長名卿之門，富貴是陽明身上本等。而後來學者盡脱寒酸，以享用爲本等。陽明當艱辛之日，少不得委曲，而今學者以機智爲妙用，則其流弊。予當患難時，接學陽明學者，人人躲閃；學濂、洛學者，不知避忌。予夙有慨於中，此學者流弊，於陽明何與？

「下學而上達」，是究竟話，萬聖千賢都走不出這樣子，恐不啻末世津梁。陽明先生一代儒豪，不得因其流弊歸咎。此至公之論也。

「無善無惡心之體」一言，其流必至以恣情爲本性，以禮法爲桎梏，此等人開眼，便見何曾算他在？學問中人即闖入，亦自有真假，不必辨，亦不必惡，只好如近溪先生云「怪他不得」，足矣。余竊謂此語蓋爲戒慎恐懼，謹守禮法之嚴者，教之以直透心體，便知心體惡本無，而善亦無。「天下雷行，物與無妄」，惟「茂對時，育萬物」耳，非爲未戒慎恐懼者而言也。若未戒慎恐懼者，恣情放蕩，是墮惡道中，人何足憂？何足辨耶？此語非自陽明始也。即「喜怒哀樂未發謂之中」一語，宗旨放下，試理會今未發時，善耶？惡耶？

有善有惡耶？無善無惡耶？人當於中庸體會，不當於陽明語言下生卜度。「喜怒哀樂之未發謂之中」，「中」何物乎？是善非善？然則中與善是一是二？尊號曰南皋，尊字曰爾瞻，這是一個鄒先生？是兩個鄒先生？敢問。

濂溪以道勝，明道以德勝，晦菴以功勝，此語蒙所未喻。道即德，德即道，道德在即功在，功在亦道德在。無德於心，不可謂之道；不措於行，不可謂之德；無補於世，不可謂之功。濂溪、明道難窺淺深，特明道無太極圖，不生後人辨駁耳。晦菴先生所得，未可輕議。「格物」一説，陽明以格竹子一事便推倒，蒙未以爲然。晦菴亦深細常思，晦翁如大本，錢客南北茶飯俱有，在人自取此等議論，自應受人駁，但不應受南皋駁耳。伏羲一畫，周子一圈，來自天稷，不可思議。評朱子甚確，愚嘗擬爲儒家杜工部，亦此意也。

秋游記多闡發心性語，似不脱西江禪意，此語有病。夫道一而已矣，天下無二道，今古無二學，難道西江是一學，毘陵又是一學？不知諸君以何者是禪？若只以禪無父母妻子，吾儒有父母妻子有髪非禪矣，宜從心性脚下理會。

有髮無髮，跡耳。所以有髮無髮，源頭何在？一髮千鈞，非是小故，欲理會心性，似宜於此勘個明白。

丈言吾儕不可避講學之名。避講學之名者，常人也，鄉愿也；有講學之名者，少年也，名相也，義理也，意見也。老年墮名相意見者不少，非真正皜皜，與愚夫愚婦同體者，未易語此。

有一僧參禪，初間有悟曰：「山是山，水是水。」久之，又有悟曰：「山不是山，水不是水。」又久之，又有悟曰：「原來山是山，水是水也。」不知甚處是真正皜皜，甚處是名相，願爲剖示。

丈言下學上達，從心不踰，吾夫子皮肉骨髓在焉，稍墮一邊，不免因病發藥。諸公覩近世之弊，便欲以「從心不踰」幫「下學上達」四字。予竊謂下學上達，所學何事？所達何事？學者學此從心，達者達此從心，即一「學」字足矣。因病發藥猶可，因藥發病者不少。易曰：「無妄之藥，不可試也。」

「皮肉骨髓」一語，此處下得欠妥。向因人看孔子「躬行」二字幾與「不著不察」等，却就「未之有得」「得」字上生出玄妙解來。故以此一語點破，以爲必須徹皮徹肉，徹骨徹髓，全身都是這個，方纔好喚做「躬行」耳。至借「從心不踰」幫「下學上達」，正是無病下藥，又不但欠妥而已也，恐原無此意。

景逸所言收攝保聚，畢竟收得馳散，方是真現成。念菴先生通上下言之，於學者爲得力。「收攝保聚」四字，不是離性收攝保聚，離性是與性爲二，透性即收攝保聚，亦性不透。性如三伏包火識神，滚亂熱中，何有已時？以禪家話證孔子，語語是病，若真知者，語語皆合。

禪門話儘多悚發人處，善取之，皆足爲吾用，但究到血脈上，便須有商量耳。故明道曰：「句句合，字字同，然而不同。」此透性語也。

文江證道講語，因安節有「修悟雙提」之説，蓋此公行履篤實，居官居里，孜孜學問，皆有本末。若彼一無資糧，安得藉口吴公會中調停？意亦不必。諸君聚首，皆真人也，真人面前不必説假話。吾輩五十六十，冉冉老矣，不全放下，終難湊泊。即今休去便休去，若要了時無了時。大丈夫一眼看天，一眼看地，當如鳳凰翔於千仞，更無它顧。

「發憤忘食，樂以忘憂，不知老之將至」，如吾夫子，真是全放下者。愚又聞伊川先生過灩澦，波濤洶湧中，獨凝然不動，岸上有樵者見之，厲聲問曰：「舍去如斯，達去如斯。」於時舟行甚疾，不及答。竊謂「即今休去便休去」，近於舍；「若要了時無了時」，近於達，亦均之其能放下矣。不知伊川於兩者何居？又不知此兩者之於吾夫子何如也？請爲下一轉語，結此公案。

安節云：「借程、朱以修飾門户，而恣肆反落文成門人窠臼者，豈少哉？日用中防檢少疏，當日乾夕惕云。」此一篇春游記大綱領也。千古軌範，更無越此。人精神要真，程、朱可，陽明可。學程、朱者，當思果識仁否？識仁，果與良知合否？水盡山窮，冷暖自知，請以續春游記末篇。隻眼者得無謂鄒生粘牙帶齒，無丈夫氣乎？然藉此與諸君對面，亦一幸也。

總而論之，景逸拈「透性」二字，最是得這個到手，所謂一了百了，更有何事？詳南皋之指，惓惓懇懇，亦無非要人進此一路。吾黨領得此意，便是一生受用，但要思如何能透性耳，究至此連南皋也説不出。雖然早是説出了，也只「精神要真」四字，便是程子之「識仁」，朱子之「格物」，陽明之「良知」，都是這個鑄成耳。具隻眼者，當於此親見南皋面。

顧憲成全集卷二十五

東林會約①

東林會約序

高攀龍

吾錫故未有講學者，有之自宋楊龜山先生始。今東林其皋比處也。自元以來，東林蕪廢久矣。復之，自邵二泉先生始，王文成之記可考也。嘉、隆以來，又蕪廢矣。

① 東林會約以中國國家圖書館藏清康熙刻本東林書院志爲底本，以復旦大學圖書館藏清康熙三十七年刻本顧端文公遺書顧端文公東林會約（以下簡稱「康熙本」）爲校本。正文、附録底本連屬，據康熙本分開。

復之，自顧涇陽先生始。涇陽先生而下，[一]同志者又各捐金買地，構講堂書舍，以爲講習燕居之所。而先先乃復爲約，指示一時從遊者修持之要。[二]攀龍讀而嘆曰：

至矣！無以加矣！古之君子，其出也以行道，其處也以求志，未有飽食而無所事事者。夫飽食而無所事事，斯不亦樂乎？又何多事而自取桎梏爲耶？[三]噫！正以其不能無事云爾。夫人有生則有形，有形則有欲，有欲則有憂。以欲遺憂，其憂愈大，蚩蚩然與憂俱生，與憂俱死矣。學也者，去其欲以復其性，所謂必有事焉而以復於無事也，無事則樂，樂則生，生則久，久則天，天則神，[四]而浩然於天地之間。夫人即至愚，未有舍其可樂而就其可憂者，然徐而究其實，卒未有不就其所憂而舍其所樂者。[五]烏乎！其亦弗思耳矣，思之如何約備矣，無以加矣。謹鍥以公同志者，期相與

[一]「東林蕪廢久矣。……涇陽先生而下」，底本作「東林蕪廢久。復之，自顧涇陽先生始。先生聞諸當道，既各捐金構祠宇。林侯又以其工之羨益，捐俸買田，供盍簪之餼。自涇陽先生而下」，據康熙本改。

[二]「修持之要」，底本無，據康熙本補。

[三]「耶」，底本無，據康熙本補。

[四]「生則久，久則天，天則神」，底本作「生則惡可已」，據康熙本改。

[五]「就其所憂」，底本作「終於所憂」，據康熙本改。

以不負斯約云。[一]

時萬曆甲辰十二月丙寅，[二]同邑後學高攀龍序。[三]

[一]「以」，底本無，據康熙本補。
[二]「時」，底本無，據康熙本補。
[三]「同邑後學」，底本無，據康熙本補。

東林會約[一]

弟允成涇凡參

後學高攀龍、劉元珍，門人史孟麟、安希范仝訂[二]

顧涇陽先生曰：「愚惟孔子萬世斯文之主，凡言學者，必宗焉。」善學孔子，則顏、曾、思、孟其選也。是故欲觀孔子之所以學，與顏、曾、思、孟之所以善學孔子，當於其渾然者矣。其渾然者，不可得而見也，當於其燦然者矣。其燦然者，又不可得而悉也，於是掇其要而表之，謹列如左：

孔子

吾道一以貫之。

吾十有五而志於學，三十而立，四十而不惑，五十而知天命，六十而耳

[一] 正文部分底本以「院規」爲題，據康熙本改。
[二] 此二行底本無，據康熙本補。

順，七十而從心所欲，不踰矩。

顏子

顏淵喟然嘆曰：「仰之彌高，鑽之彌堅，瞻之在前，忽焉在後。夫子循循然善誘人，博我以文，約我以禮，欲罷不能，既竭吾才，如有所立卓爾。雖欲從之，末由也已。」

曾子

大學之道，在明明德，在親民，在止於至善。知止而後有定，定而後能靜，靜而後能安，安而後能慮，慮而後能得。物有本末，事有終始。知所先後，則近道矣。古之欲明明德於天下者，先治其國；欲治其國者，先齊其家；欲齊其家者，先修其身；欲修其身者，先正其心；欲正其心者，先誠其意；欲誠其意者，先致其知。致知在格物。物格而後知至，知至而後意誠，意誠而後心正，心正而後身修，身修而後家齊，家齊而後國治，國治而后天下平。自天子以至於庶人，壹是皆以修身爲本。其本亂而末治者否矣。其所厚者薄，而其所薄者厚，未之有也。此謂知本，此謂知之至也。

子思

天命之謂性，率性之謂道，修道之謂教。道也者，不可須臾離也，可離非道也，是故君子戒慎乎其所不睹，恐懼乎其所不聞，莫見乎隱，莫顯乎微，故君子慎其獨也。喜怒哀樂之未發謂之中，發而皆中節謂之和。中也者，天下之大本也；和也者，天下之達道也。致中和，天地位焉，萬物育焉。

孟子

孟子道性善，言必稱堯、舜。

可欲之謂善，有諸己之謂信，充實之謂美，充實而有光輝之謂大，大而化之之謂聖，聖而不可知之之謂神。

愚惟古之立教者，各因其質之所近而輔相之，與其所偏而裁成之，抑揚高下，初無定法，至其大本大原、大綱大紀，自聖人至於初學，俱有不能越者，則亦未嘗無定法也。稽古昔，述生民，揆典則，秩彝訓，約而有章，詳而有體，其惟朱子白鹿洞規乎？謹列如左：

父子有親，君臣有義，夫婦有別，長幼有序，朋友有信。

右五教之目。

堯、舜使契爲司徒，敬敷五教，即此是已。學者學此而已，其所以學之，亦有五焉，具列如左：

博學之，審問之，慎思之，明辨之，篤行之。

右爲學之序。

學、問、思、辨，四者所以窮理也。若夫篤行之事，則自修身以至處事接物，亦各有要，具列如左：

言忠信，行篤敬。

懲忿窒慾，遷善改過。

右修身之要。

正其誼不謀其利，明其道不計其功。

右處事之要。

己所不欲，勿施於人。

行有不得，反求諸己。

右接物之要。

熹切觀古昔聖賢所以教人爲學之意，莫非講明義理，以修其身，然後推己及人，非徒欲其務記覽、爲詞章，以釣聲名、取利祿而已。今之爲學者，既反是矣。然聖賢所以教人之法，具存於經，有志之士固當熟讀而問辨之。苟知理之當然，而責其身以必然，則夫規矩禁防之具，豈待他人設之而後有所持循哉？近世於學有規，其待學者爲已淺矣。而其爲法，又未必古人之意也。故今不復施於此堂，而特取凡聖賢所以教人爲學之大端，條列如右，而揭之楣間，諸君相與講明遵守，而責之於身焉。則夫思慮云爲之際，其所以戒謹恐懼者，必有嚴於彼者矣。其有不然而或出於禁防之外，則彼所謂規者，必將取之，固不得而略也。諸君其念之哉？

愚惟朱子白鹿洞規至矣！盡矣！士希賢，賢希聖，舉不出此矣。〔一〕東林之會，惟是偕我同志講明而服行之。尚何能贊一辭哉？然而發端易，究竟難。誠欲明者常明，行者常行，相與持諸久而勿壞，其必飭四要，破二惑，崇九益，屏九損，而後可也。〔二〕謹列如左：

〔一〕「士希賢，賢希聖，舉不出此矣」，底本無，據康熙本補。
〔二〕「尚何能贊一辭哉？……而後可也」，康熙本作「又何加焉？顧欲講明而服行之，必飭四要，破二惑，崇九益，屏九損，然後可以互爲維持，俾明者常明，行者常行，要諸永而勿弊也」。

四要

一曰識性。識性云何？性者，天之命也，民之彝也，物之則也，學以盡性也。盡性，必自識性始。性不識，難以語盡；性不盡，難以語學。吾繹朱子白鹿洞規，性學也，不可不察也。是故父子親矣，君臣義矣，夫婦别矣，長幼序矣，朋友信矣，乃其所以親、所以義、所以别、所以序、所以信者，果何物乎？於是乎有學矣，有問矣，有思矣，有辨矣，有行矣。乃其所爲學、所爲問、所爲思、所爲辨、所爲行者，又何物乎？不可不察也。以至修身也，言奚而忠信乎？行奚而篤敬乎？忿奚而懲乎？欲奚而窒乎？善奚而遷乎？過奚而改乎？處事也，誼奚而正乎？道奚而明乎？[一] 接物也，有不欲，奚而勿施乎？有不得，奚而反求乎？不可不察也。察之，斯識之矣。識，則一切皆我也；不識，則覿面千里也。是故，或生而知之，或學而知之，或困而知之，識也；饑食渴飲貿貿焉，與禽獸並生並死於天地之間，不識也。蓋亦有自以爲識者矣，

[一]「誼奚而正乎？道奚而明乎」，康熙本作「道誼功利自能剖決乎」。

而高之則虛無，卑之則支離，[一]其識也殆，無以異於不識也。究其弊，又有甚於不識也。此無他，其於學也，以己爲準，而不以性爲準；其於性也，以其所謂性爲準，而不以公共之所謂性爲準。於是人執一班，競開徑竇，或遂妄意人倫日用之表而不安其常也，見以此爲上達要之，離下學而言上達，即非上達也，荒吾性者也；或僅株守人倫日用之跡而不研其精也，見以此爲下學要之，離上達而言下學，即非下學也，局吾性者也，[二]道術始爲天下裂矣。夫然後知朱子之見之正也，守之確也，慮之遠也，防之豫也，故曰：「白鹿洞規，性學也，不可不察也。」或曰：「世之言性者何如？」曰：「性一而已矣。言性者，亦一而已矣，不聞有異同之説也。自孟子道性善，告子又道無善無不善，而一者始岐而二矣，此孔子以後之變局也。今之言曰無善無不善是謂至善，而二者又混而一矣，此孟子以後之變局也。或於同中生異，或於異中强同，詖淫邪遁，皆從此出，不可不察也。」曰：「願聞其所以。」曰：「其以性爲無善無不善也，將以破除性善也，所謂認子作賊也；其以無善無不善爲至善也，又以張皇無善無不

[一] 「而高之則虛無，卑之則支離」，康熙本作「徐而按之」。
[二] 「或遂妄意人倫日用之表而不安其常也，……局吾性者也」，康熙本作「高之則荒於無，而公然躍出人倫日用之表也；卑之則滯於有，而僅僅株守人倫日用之跡也」。

善也，所謂認賊作子也。認子作賊而性壞，認賊作子而善壞。生於其心，害於其政；發於其政，害於其事，而世道亦隨之壞矣，非細故也。」曰：「然則子何以裁而正之耶？」[二]曰：「吾將深言之，參諸人生而静之上，則沖漠靡朕，方爲無善無不善之所影響，而未有以奪之也。吾將淺言之，參諸感物而動之後，則紛紜靡定，所據反出無善無不善之下，而不足以勝之也。請就一『善』字爲案，相提而論之。由孟子，則善者，性之實也，善存而性存矣，善亡而性亡矣，天下雖欲不尊視乎善，不可得也；由告子，則善者，性之障也，亦與惡無以異耳，天下雖欲不卑視乎善，不可得也。尊視乎善，君子好其實，將日孜孜焉望而趨之；小人畏其名，將日惴惴焉而不敢肆，即有非僻邪謬之干，鮮不意沮而色怍矣。是率天下而檢攝於善之内也。卑視乎善，君子且去而凌空駕虛以見奇，小人且去而破規裂矩以自恣。於是『親、義、序、别、信』皆爲土苴，無關神理；『學、問、思、辨、行』皆爲桎梏，有礙自然。從上聖賢之所相與叮嚀告戒，一切藐而不事矣，[三]是率天下而馳騖於善之外也。於此校勘，何者得？何者失？何者

[二]「曰：『願聞其所以。』……曰：『然則子何以裁而正之耶？』」，康熙本作「曰：『然則子何以折衷之邪？』」。
[三]「一切藐而不事矣」，底本作「一掃而盡矣」，據康熙本改。

爲世道人心之所由維繫？何者爲世道人心之所由傾圮？昭昭判矣，乃陽明先生之證道天泉也，曰『無善無惡心之體，有善有惡意之動；知善知惡是良知，爲善去惡是格物』，似欲通融和會，兼而用之然者。當其時，高足弟子龍溪、緒山互有呈正，都未滿肯，各爲折衷，歸於隨機接引，徹上徹下，不墮一邊。豈不誠十分苦心哉？然而竟不免於弊，[二]何也？本體功夫原來合一，夫既無善無惡矣，且得爲善去惡乎？夫既爲善去惡矣，且得無善無惡乎？然則本體功夫一乎？二乎？將無自相矛盾耶？是故無善無惡之説伸，則爲善去惡之説必屈；爲善去惡之説屈，則其以『親、義、序、別、信』爲

[二]「於此校勘，……然而竟不免於弊」，康熙本作「兩言判若霄壤，而究其利害，亦相什百千萬，乃欲推此入彼，援彼附此，强而合之耶？竊見邇時論學，率以悟爲宗，吾不得而非之也。徐而察之，往往有如所謂以『親、義、序、別、信』爲土苴，以『學、問、思、辨、行』爲桎梏，一切藐而不事者，則又不得而是之也。識者憂其然，思爲救正，諄諄揭修之，一路指點之，良苦心矣。而其論性，則又多篤信『無善無不善』之一言，至以爲告子直透性體，引而合之孟子之性善焉，不知彼其以『親、義、序、別、信』爲土苴，以『學、問、思、辨、行』爲桎梏，一切藐而不事者，其源正自『無善無不善』之一言始。而『無善無不善』之一言，所以大張於天下者，又自合之孟子之性善始也。是故，據見在之跡，若失之於修，究致病之源，實失之於悟，所謂認賊作子也。今不治其源而治其流，非特不治也，又從而益滋之，一邊禁遏，一邊崇奉，何異揚湯以止沸？如是而猶致咎於流之不澄，何異疾走而惡影？必不得矣。陽明先生曰：『無善無惡心之體，有善有惡意之動；知善知惡是良知，爲善去惡是格物。』其立言豈不最精密哉？而猶不免於弊」。

土苴，以『學、問、思、辨、行』爲桎梏，於從上聖賢之所相與叮嚀告戒，一掃而盡者，必伸其弊也宜矣。孰能於其間巧爲調停，俾並行而不礙哉？吾嘗以爲陽明之『揭良知』直截痛快，真足以一洗支離膠固之習，當與天下共推之。而獨其所標性宗一語，不敢瞞心附和，反覆尋求，實是合不來，説不去，而其流害又不小耳！[一]是故以性善爲宗，上之則羲、堯、周、孔諸聖之所自出，下之則周、程諸儒之所自出也；以無善無惡爲宗，上之則曇、聃二氏之所自出，下之則無忌憚之中庸、無非刺之鄉愿之所自出也。兩者之發端稍岐，而其究迥若霄壤，不可不察也。」或曰：[二]「告子曰『性無善無不善』，[三]專欲抹下一『善』字，今曰『無善無不善是謂至善』，却乃拈上一『善』字，稽其立言之指，倘亦微有不同乎？」曰：「固也，惟是彼之於善也，既妄意排擯，以矯揉造作者當之，而善之本相盡爲所掩；此之於善也，又過意描寫，以渺茫恍惚者當之，而

[一]「於從上聖賢之所相與叮嚀告戒，……而其流害又不小耳」，康熙本作「一切藐而不事者必伸。雖聖人復起，亦無如之何矣，尚可得而救正耶？陽明之『揭良知』，真足以喚醒人心，一破俗學之陋。而獨其所標性宗一言，難於瞞心，附和反覆，尋求實是，合不來，説不去，而其流弊又甚大耳」。

[二]「或」，底本無，據康熙本補。

[三]「性」，底本無，據康熙本補。

善之本位竟至虚懸。[一] 竊恐均之不必有當於性體耳！」曰：「『無善無不善』，塞孟子之性善者也，孟子之操懿也。『無善無不善是謂至善』，通孟子之性善者也，孟子之毛、鄭也。概而距之，得無過乎？」曰：「岐無善無不善於性善，一彼一此，門户各别。孟子之所謂性猶在也；混無善無不善於性善，而目無改，血脈潛移，孟子之所謂性亡矣。岐性善於無善無不善，一是一非，凡有識者，類能别之，告子之説，猶不得重滋人心之惑；混性善於無善無不善，吕、嬴共族，牛馬同曹，告子之説且居然竄入羲、堯、周、孔之宗矣。論至於此，與其混也，寧其岐也。嗚呼！此吾儒之所爲硜硜護持，力争於毫釐杪忽之間，[二] 而必不敢苟爲遷就，與世同其滔滔者也。

一曰立志。立志云何？志者，心之所之也，是人之一生之精神所結聚也，是人之一生之事業所根柢也，是故貴能立，又貴審所立。萌不越方寸而足以徹霄淵，發不踰須臾而足以彌今古，語能立也。周子曰：「聖希天，賢希聖，士希賢。」程子曰：「莫説道將第一等讓與别人，且做第二等，才如此説，便是自棄。」張子曰：「爲天地立心，爲

[一] 「惟是彼之於善也，……而善之本位竟至虚懸」，康熙本作「惟是均一善也。在彼既看得太低，極意排擯，以矯揉造作者當之，而善之本相盡被埋没；在此又看得太高，極意描寫，以杳冥恍惚者當之，而善之本位突被掀翻」。

[二] 「杪忽」，底本作「抄忽」，據康熙本改。

生民立命，爲往聖繼絶學，爲萬世開太平。」朱子曰：「而今緊要，且看聖人是如何，常人是如何。自家因甚便不似聖人，因甚便只是常人。就此理會得，自可超凡入聖。」語所立也。能立之謂强，能審所立之謂明，明强合一之謂志。吾輩於此，切勿草草，以意氣承當始得。[一]

一曰尊經。尊經云何？經，常道也。孔子表章六經，程、朱表章四書，凡以昭往示來，維世教，覺人心，爲天下留此常道也。譬諸日月焉，照耀萬古恒於斯；譬諸雨露焉，潤澤萬古恒於斯。學者誠能讀一字便體一字，[二]讀一句便體一句，心與之神明，身與之印證，日就月將，循循不已。其爲才高意廣之流歟？必有以抑其飛揚之氣，俾斂然思俯而就，不淫於蕩矣。其爲篤信謹守之流歟？必有以開其拘曲之見，俾聳然思仰而企，不局於支矣。此豈非窮理盡性，曲成不遺，賢愚高下，並受其益者耶？若厭其平淡，别生新奇以見超，是曰穿鑿；或畏其方嚴，文之圓轉以自便，是曰

[一]「語所立也。……以意氣承當始得」，康熙本作「竊深有味乎其言，以爲濂、洛、關、閩諸先生所以直接洙、泗之命脈在此，來學者所以頂承濂、洛、關、閩之命脈亦在此。是故君子立志之爲要」。
[二]「誠」，底本作「試」，據康熙本改。

矯誣。又或尋行數墨，習而不知其味，是曰玩物；或膠柱鼓瑟，泥而不知其變，是曰執方。至乃枵腹高心，目空千古。見子路曰「何必讀書，然後爲學」，則亦從而和之曰「何必讀書，然後爲學」；見象山曰「六經註我，我註六經」，則亦從而和之曰「六經註我，我註六經」。嗚乎！審若是，孔子所爲表章於前，程、朱所爲表章於後，[一]都付諸東流也已矣。然則承學將安所持循乎？異端曲説，紛紛藉藉，將安所取正乎？其亦何所不至哉？是故君子尊經之爲要。

一曰審幾。審幾云何？幾者，動之微，誠僞之所由分也。本諸心必徵諸身，本諸身必徵諸人，莫或爽也。凡我同會，願反而觀之，果以人生世間不應飽食煖衣，枉費歲月，欲相與商求立身第一義乎？抑亦樹標幟，張門面而已乎？果以獨學悠悠，易作易輟，欲相與交修互儆，永無退轉乎？抑亦慕虚名，應故事而已乎？由前則一切精神用事也，由後則一切聲色用事也。精神用事，人亦以精神赴之，相薰相染，[二]相率而入於誠矣，所以長養此方之善根，厥惟今日；聲色用事，人亦以聲色赴之，相薰相染，

[一]「孔子所爲表章於前，程、朱所爲表章於後」，康熙本作「孔子大聖一腔苦心，程、朱大儒窮年畢力者」。
[二]「薰」，底本作「熏」，據康熙本改。

相率而入於僞矣，所以斷削此方之善根，亦惟今日。中庸曰：「知遠之近，知風之自，知微之顯。」其斯之謂與？是故君子審幾之爲要。

二惑

二惑云何？

一曰：「錫故未有講學之會也，一旦創而有之，將無高者笑，卑者駭，是亦不可以已乎？請應之。」曰：「固也，雖然龜山先生不嘗講於斯乎？〔一〕二泉先生不嘗講於斯乎？〔二〕今特仍其故而修之耳，且所爲笑者謂迂闊而不切耳，所爲駭者謂高遠而難從耳。竊惟倫必惇，言必信，行必敬，忿必懲，慾必窒，善必遷，過必改，誼必正，道必明。不欲，必勿施；不得，〔三〕必反求。學者，學此者也；講者，講此者也。凡皆日用常行，〔四〕須臾不可離之事，曷云迂闊？又皆愚夫愚婦之所共知共能也，曷云高遠？此其

〔一〕「嘗」，底本作「常」，據康熙本改。
〔二〕「二泉先生不嘗講於斯乎」，底本無，據康熙本補。
〔三〕「不得」，康熙本作「不行」。
〔四〕「常」，底本作「嘗」，據康熙本改。

不當惑者也。」

一曰：「學顧躬行，何如耳？將焉用講，試看張留侯、郭汾陽、韓、范、富、歐諸公，何嘗講學，而德業聞望焰耀百世。至如邇時某某等，無一日不講，無一處不講，無一人不與之講矣，乃所居見薄、所至見疑，往往負不韙之名於天下，何也？」請應之，曰：「固也，雖然爲中人以上者言，不但張留侯輩不講學，即臯、夔、稷、契，又何常講學？爲合知愚賢不肖說法者而言，則易象曰：『君子以朋友講論討習。』論語曰：『學之不講，……是吾憂。』孟子曰：『博學而詳說。』是又何一日可不講，何一處不可講，何一人不當與之講乎？且所稱某某等之病，不在講學也，〔二〕病在所講非所行，所行非所講耳！夫士之於學，猶農之於耕也。〔二〕農不以耕爲諱，而士乃以講學爲諱；農不以宋人之槁苗移詬於耕，〔三〕而士乃以某某等之毀行移詬於講學，〔四〕抑亦舛矣。此其

〔一〕「雖然爲中人以上者言，……不在講學也」，康熙本作「雖然假令張留侯、郭汾陽、韓、富諸公而知學，不遂爲稷、契、臯、夔乎？所稱某某等病，不在講也」。
〔二〕「也」，底本無，據康熙本改。
〔三〕「槁苗」，底本作「稿苗」，據康熙本改。
〔四〕「毀行」，底本作「無行」，據康熙本改。

不必惑者也。」

不當惑而惑，昧也；不必惑而惑，懦也。協而破之，是在吾黨。

九益[一]

九益云何？國家設學，本教人爲聖爲賢，非徒也。惟是士之所習者佔畢，所希者科名，父兄師友之間，相期相督，[二]不過如是而止，失其本矣。今茲之會，專以道義相切磨，使之誠意正心修身，以求馴至乎聖賢之域，而設學之初意，庶幾不負。一也。

善無方，與人爲善亦欲其無方。今茲之會，近則邑之衿紳集焉，遠則四方之尊宿名碩時惠臨焉。其有嚮慕而來者，即草野之齊民，總角之童子，皆得餍所聞而去，[三]則其所聯屬者多矣。二也。

嘗試驗之，燕居獨處，了無事事。操則游思易乘也，縱則惰氣易乘也。當會之

[一] 此標題底本無，據康熙本補。
[二] 「相督」，底本無，據康熙本改。
[三] 「皆得餍所聞而去」，康熙本作「皆得環而聽教，不拒也」。

時，長者儼列於前，少者森列於後，耳目一新，精神自奮，默默相對，萬慮俱澄，即此反念入微，便可得安身立命之處矣。三也。

至如家庭之間，妻子之與狎，童僕之與偕，煦煦耳；親朋知故之往來，溷溷耳，此蓋最易墮落處也。當會之時，非仁義不談，非禮法不動，瞻聽之久，漸磨之熟，氣體爲移，肺肝爲易，一切凡情俗態，不覺蕩然而盡矣。四也。

學者第無志於道耳，[一]誠有志於道，方當不遠萬里尋師覓友，乃今一堂之上，雍雍濟濟，能彼此互相嚴憚有餘，師矣；能彼此互相切磋有餘，友矣。聲應氣求，隨取隨足，道孰近而事孰易焉。五也。

一人之見聞有限，衆人之見聞無限，於是或參心性微密，或析詩書疑義，或考古今人物，或商經濟大略，或究鄉井利害。[二]蓋有精研累日夕而不得，反覆累歲月而不得，旁探六合之表而不得，逖求千古之上而不得，[三]一旦舉而質諸大衆之中，投機遘

[一]「耳」，底本無，據康熙本補。
[二]「或究鄉井利害」，底本無，據康熙本補。
[三]「旁探六合之表而不得，逖求千古之上而不得」，底本無，據康熙本補。

會，片言立解，繇是內可以裨己，而外可以濟人者。[一] 六也。

且是會也，無謂每年僅八舉，每舉僅三日，每日僅數刻已也。誠即是時，反而追按其既往，凡往者之所爲，揆諸目今對衆一念，能悉符合否？又即是時，徐而預籌其將來，凡來者之所爲，循吾目今對衆一念，能不滲漏否？推勘到此處，必有惺然不容瞞昧，凛然不容放鬆者。然則只此數刻間，即所以起舊圖新，爲終身作結束。[二] 而在會者，務俾未會之先，既會之後，嘗如會時，亦總之了此數刻間公案耳。豈非人生一大關鍵耶？七也。

此猶就自家檢點言也，而人之檢點我尤甚，若曰：「是依庸堂中人耶？庸言信乎？庸行謹乎？是麗澤堂中人耶？願聞己過乎？樂道人善乎？」又若曰：「是道南祠中所爲，齋明盛服，肅謁八先生之前者耶？異時孰當楊先生乎？孰當羅先生乎？孰當胡先生乎？孰當喻先生、尤先生、李先生、蔣先生、邵先生乎？」夫如是，其責我

[一]「片言立解，繇是內可以裨己，而外可以濟人者」，康熙本作「片言立契，相悦以解者矣」。

[二]「爲終身作結束」，底本無，據康熙本補。

也，不已周乎？其望我也，不已厚乎？其愛我也，不已至乎？[一]縱欲姑自暴棄，[二]庸可得乎？豈非人生一大幸事耶？八也。

吾見世之能自樹者，亦不少矣，或立節，或立功，或立言，非不足以名當時而傳後世也，然自道觀之，猶枝葉也，[三]非本根也。會以明學，學以明道，從本根出枝葉，而後其立言也，聲爲律矣，非復如世俗之所謂立言矣；其立功也，日新而富有矣，非復如世俗之所謂立功矣；其立節也，成仁取義，浩然塞天地矣，非復如世俗之所謂立節矣。豈非人生一大究竟耶？九也。

凡此皆致益之道也，[四]協而崇之，是在吾黨。

九損

九損云何？比昵狎玩，鄙也；黨同伐異，僻也；假公行私，賊也。或評有司短

[一]「其望我也，……不已至乎」，底本無，據康熙本補。
[二]「縱欲姑自暴棄」，康熙本作「夫如是縱欲妄自菲薄，聊自姑息」。
[三]「也」，底本無，據康熙本補。
[四]「也」，底本無，據康熙本補。

長，或議鄉井曲直，或訴自己不平，浮也；或談曖昧不明及瑣屑不雅、怪誕不經之事，妄也。己有過，貴在速聞速改，而或惡人之言，巧爲文飾，怙也；人有過，貴在委曲密移，而或對衆指切，致其難堪，悻也。問答之間，意見偶殊。答者宜徐察問者之指若何，明白開示，而或遽爲沮抑，使之有懷而不展；問者宜細繹答者之指若何，從容呈請，而或遽爲執辨，至於有激而不平，滿也。人是亦是，人非亦非，道聽塗説，略不反求，莽也。凡此皆致損之道。協而屏之，是在吾黨。

愚所條具，大都就白鹿洞規引而伸之，非能有以益之也。退而思之，更發深感。追惟龜山先生之自洛而歸也，程淳公目送之，曰：「吾道南矣。」自是一傳得豫章，再傳得延平，三傳得考亭，而其學遂大顯，皆南産也。淳公之言，庶幾其知命歟？先生之游吾錫，樂而安之，至歷十有八年，不舍其眷眷如是。蕞爾東林，屢廢屢興，即已大半落爲僧區。幸其舊地可復，於是得以嚴飭廟貌，奉羅、胡七君子左右以從，而又於其旁闢講堂，築學舍，群同志相與切磨其間，[二]意亦天所貽留，以惠

[二]「相與」，底本作「友」，據康熙本改。

我後人歟？[一]夫安知不在向者「道南」讖中耶？然則今日之會，乃一最勝機緣也。[二]且自先生迄於今，已四百餘歲矣。頃者有事東林，請諸當道，當道惠然許可，相與一意表章，傳諸大衆，大衆翕然踴躍，相與交口贊嘆，非夫東林之爲靈也？先生也。先生上承濂、洛，下啓考亭；四先生之精神，直與天地相始終；而先生之精神，又與四先生相始終，宜其有觸而即應，不戒而自孚也。是故必有先生之精神，而後可以通四先生之精神；必有四先生之精神，而後可以通天下萬世之精神。所爲維道脈，繫人心，俾興者勿廢，廢者復興，垂之彌久而彌新也，皆自我方寸間握其樞耳。然則今日之會，乃一最重擔子也。[三]如此機緣不可辜負，宜作何酬答？如此擔子不易肩荷，宜作何承當？因復綴其説，與吾黨共商焉。

[一]「歟」，底本無，據康熙本補。
[二]「也」，底本無，據康熙本補。
[三]「且自先生迄於今，……乃一最重擔子也」，底本作「亦一最重擔子也」，據康熙本改。

東林會約附[一]

會約儀式，附列於左。

一、每年一大會，或春或秋，臨期酌定，先半月遣帖啓知。每月一小會，除正月、六月、七月、十二月，祈寒盛暑不舉外，二月、八月，以仲丁之日爲始，餘月以十四日爲始，會各三日，願赴者至，不必遍啓。

一、大會之首日，[二]恭捧聖像懸於講堂。午初，擊鼓三聲，會衆至，[三]各具本等冠服詣聖像前，行四拜禮。隨至道南祠，禮亦如之。禮畢，入講堂，客東主西分列，相對二揖就坐。客位先外省，次外郡，次同郡；主位先邑父母，次庠師，須同邑，次會主，俱以齒爲序。或分不可同班者退一席。會友續至者，只於班中相對一揖。[四]申

[一]此標題底本無，據康熙本補。

[二]「首」，底本無，據康熙本補。

[三]「會衆至」，底本無，據康熙本補。

[四]「客東主西分列，……只於班中相對一揖」，康熙本作「東西分坐，先各郡各縣，次本郡，次本縣，次會主。各以齒爲序，或分不可同班者，退一席，俟衆已齊集，東西相對二揖」。

末，擊磬三聲，衆相對一揖，仍詣聖像前及道南祠，肅揖而退。第二日、第三日，免拜，[一]早晚肅揖，用常服。[二]其本日至者，仍如第一日之禮。[三]

一、小會之日，恭捧聖像懸於麗澤堂。春秋二仲月俱以仲丁日行四拜禮，餘月自大會外，俱以望日行四拜禮，餘日早晚肅揖，道南祠禮亦如之。[四]

一、大會每年推一人爲主，小會每月推一人爲主，週而復始。

一、大會設知賓二人，願與會者，先期通一刺於知賓，即登入門籍。會日，設木柝於門，客至，閽者擊柝傳報，知賓延入講堂。

一、每會推一人爲主，説四書一章，大會加一章。此外有問則問，有商量則商量。凡在會中，各虛懷以聽，即有所見，須俟兩下講論已畢，更端呈請，不必攙亂。

一、會日久坐之後，宜歌詩一二章，以爲蕩滌凝滯，[五]開暢性靈之助。會將畢，

[一]「免拜」，底本無，據康熙本補。
[二]「常服」，底本作「嘗服」，據康熙本改。
[三]「其本日至者，仍如第一日之禮」，康熙本作「其小會二月、八月，如第一日之禮，餘月如第二日、第三日之禮」。
[四] 此條底本無，據康熙本補。
[五]「蕩滌凝滯」，底本無，據康熙本補。

就聽講中推一人朗誦嘉言善行一二，則其於感發興起未必無補也。[二]

一、會友畢聚，惟静乃肅，須各自約束從者，令於門外聽候，勿得混入，以致喧譁。

一、每會須設門籍，一以稽赴會之疏密，驗現在之勤惰；一以稽赴會之人，他日何所究竟，作將來之法戒也。

一、每會設茶點，隨意令人傳遞，不必布席。

一、各郡各縣同志臨會，午飯四位一桌，二葷二素；晚飯葷素共六色，酒數行。第三日之晚，每桌加果四色，湯點一道，攢盒一具，亦四位一桌，酒不拘，意浹而止。

一、同志會集，宜省繁文，以求實益。故不拜官府不拜客，有公祖父母及尊親友枉顧者，即於會所答拜，會友至，止投一公帖，會主亦即於會所面致公帖揖謝，不須復

[二]「會將畢，就聽講中推一人朗誦嘉言善行一二，則其於感發興起未必無補也」，康熙本作「須互相倡和，反覆涵詠，每章至數遍，庶幾心口融液，神明自通，有深長之味也」。

至會友舟中。其同會中有從未相識者，亦各於會所投帖。交拜帖用古柬或單幅更雅。[二]

[二]「故不拜官府不拜客，……交拜帖用古柬或單幅更雅」，康熙本作「故揖止班揖，會散亦不交拜。惟主會者，遇遠客至，即以一公帖迎謁客至會所，亦止共受一帖。其同會中，有從未相識欲拜者，止於會所，各以單帖通名，庶不至疲弊精神，反生厭苦。其有必不可已者，俟會畢行之」。

顧憲成全集卷二十六

當下繹①

無錫顧憲成著[一]
古燕後學張純修重訂[二]

① 當下繹以臺灣「國家」圖書館藏明崇禎刻本顧端文公文集當下繹爲底本，以復旦大學圖書館藏清康熙三十七年刻本顧端文公遺書顧端文公當下繹（以下簡稱「康熙本」）、清光緒丁丑重刊涇里宗祠藏板顧端文公遺書當下繹（以下簡稱「光緒本」）爲校本。

[一] 此行康熙本無，光緒本作「無錫顧憲成叔時」。

[二] 此行底本無，據康熙本、光緒本補。

源頭、關頭

近世率好言當下矣。所謂當下，何也？即當時也。此是各人日用間現現成成一條大路，相應領受。但要知尚有個源頭在，何也？吾性合下具足，所以當下即是。合下，以本體言，通攝見在、過去、未來，最爲圓滿；當下，以對境言，論見在，不論過去、未來，最爲的切。究而言之，所謂本體，原非於對境之外另有一物，而所謂過去、未來，要亦不離於見在也。特具足者委是人人具足，而即是者尚未必一一皆是耳。是故認得合下明白，乃能識得當下；認得當下明白，乃能完得合下。此須細細參求，未可率爾也。予爲是説，適同史際明偕過虞山，舟次語及之，際明曰：「然。却又要知尚有個關頭在，須與他勘過。」予曰：「善從源頭上透過，當下纔有着落；從關頭上勘過，當下纔無走漏。所以古來聖賢，亦要歷多少艱阻，費多少辛勤，不敢曰一了百了，漫爲大言，以自欺也。」

勘法

論語「富與貴」一章，是孔門勘法。蓋吾人有平居無事時，當下有富貴、貧賤、造次、顛沛時。當下平居無事，不見可喜，不見可嗔，不見可疑，不見可駭。行則行，住則住，坐則坐，卧則卧，即衆人與聖人何異？至遇富貴，鮮不爲之充詘矣；遇貧賤，鮮不爲之隕穫矣；遇造次，鮮不爲之擾亂矣；遇顛沛，鮮不爲之屈撓矣。然則富貴一關也，貧賤一關也，造次一關也，顛沛一關也，到此直令人肝腑具呈，手足盡露，有非聲音笑貌所能勉强支吾者。故就源頭上看，必其無終食之間違仁，然後能於富貴、貧賤、造次、顛沛處之如一；就關頭上看，必其能於富貴、貧賤、造次、顛沛處之如一，然後算得「無終食之間違仁」耳。昔鍾離雲房授吕純陽黄白之術，純陽曰：「所作有變易乎？」曰：「三千年後，復還本質耳。」純陽曰：「吾不願誤三千年後人。」彼所煉外丹耳，猶然長慮如是，況仁乃吾之内丹乎？竊恐一念不真，轉眼便還本質，何待三千年？且實自誤，何但誤人已也？吾輩其無輕言當下哉！

曾點、仲弓

予一日讀「曾點言志」章，有省。已，讀「仲弓問仁」章，又有省。以爲此於當下之指，殊有發明。蓋曾點據眼前景，做眼前事，正善言當下者。夫子喟然嘆而「與之」，其投契深矣。及問「何以哂由」，則告之曰：「爲國以禮，其言不讓，是故哂之。」斯言也，説者皆以爲教子路，自予觀之，實所以教點也。何也？點，狂者也，安知不曰「禮豈爲我輩設」？故特特拈出此一字，使之反而自照，於此悟得點之當下即吾夫子之當下，可以入聖。於此不悟點之當下只是點之當下，不免終於狂而已。此予所謂源頭也。至於仲弓，夫子却舍當下不言，而言出門使民，何也？意若曰：「人之常情，惕於顯而略於微，謹於衆而懈於獨，嚴於所事而忽於所使。子之游吾門，侍吾左右也，其以一日之長不敢惰慢，可知已。由此而出門，亦能爾乎？由此而使民，亦能爾乎？」故特特揭出此兩端，使之自去查勘，誠令出門如見大賓，安往而不如見大賓？使民如承大祭，安往而不如承大祭？此際明所謂關頭也。合而參之，當下之旨悉矣。

二科

考孔門設教，原有二科，一是爲初發心者設，一是爲久發心者設。爲初發心者設，則但據其見在一念，遂與誘掖，絶不苛求，此接引法也，故曰「與其進，不與其退」，「與其潔，不保其往」，所以成就互鄉童子一項人也；爲久發心者設，則必通照其平時，細加檢點，略不假借，此磨練法也，故曰「顔子其心三月不違仁」，其餘則「日月至焉」。所以成就及門諸大弟子一項人也，兩法兼用，方纔可大可久。

又曰自「三月不違」而上，則爲「於穆不已」，惟聖人方有此境界；自「日至」而下則爲時至，雖塗人亦有此境界。故就仁之於人言，時至者即其日至者，日至者即其月至者，月至者即其三月不違者。只是一個血脈，有何毫髮差池？所以要用接引法也；就人之於仁言，時至者自與日至者别，日至者自與月至者别，月至者自與三月不違者别，却有多少等級，不容毫髮混冒，所以要用磨練法也。用接引法，使人一朝鼓舞而有餘，可與入聖之門；用磨練法，使人終身勉勉而無盡，可與入聖之室。

真心、習心

予謂：「平居無事，一切行住坐卧，常人亦與聖人同。」大概言之耳。究其所以，却又不同。蓋此等處，在聖人都從一團天理中流出，是爲真心；在常人則所謂日用而不知者也，是爲習心。指當下之習心，混當下之真心，不免毫釐而千里矣。昔李襄敏守衢州，合士友於衢麓講舍，因諸友競辨良知，發一問曰：「爾諸友只漫説良知，吾今問爾，堯、舜、孔子豈不同爲萬世之師？假今有人過堯、舜之廟而不下車者，則心便安；過孔子之廟而不下車者，則心便不安。就下車孔廟而言，指曰良知，則分明是個良知；就不下車堯、舜之廟而觀，則安於堯、舜之廟者，固是個習心，而不安於孔廟者，亦只是個習心耳，良知何在？」衆茫然，無以對。由此觀之，真心二字，豈可容易承當哉？此謝子所以欲人之自識也。

爲己、爲人

匠者治壁，既竟，抹以青灰。予偶見之，問其故，對曰：「如此方堅固，可禦風雨。」又一日，見之，問如前，對曰：「如此方好看。」予默有省。昨日所對，便是爲己的路頭；今日所對，便是爲人的路頭。這兩個路頭，究竟判若霄壤。原其初，只自當下一念決之耳。昔文惠公於庖丁得養生，今茲於匠者，得審幾焉。

子入太廟，每事問。或曰：「孰謂鄹人之子知禮乎？入太廟，每事問。」子聞之，曰：「是禮也。」○子曰：「由，誨女知之乎？知之爲知之，不知爲不知，是知也。」

兩「是」字，點得極妙。所謂「當下即是」，應作如是觀。

子曰：「二三子以我爲隱乎？[一] 吾無隱乎爾。吾無行而不與二三子者，是丘也。」

「是丘」之「是」，比「是知」「是禮」之「是」，更爲親切，慎莫錯過。

魯公與孔子言而善，子曰：「公之言，善就國之節也。」公曰：「是非吾之言也，吾一聞於師也。」子吁焉其色，曰：「嘻，君行道矣。」公曰：「道耶？」子曰：「道也。」○哀公曰：「寡人生於深宫之中，長於婦人之手，未嘗知哀，未嘗知憂，未嘗知勞，未嘗知懼，未嘗知危，恐不足以行五儀之教。」孔

[一]「二三子以我爲隱乎」，底本殘泐不清，據康熙本、光緒本補。

子對曰：「如君之言，已知之矣。」

此二條，正吾夫子直指當下處。惜乎公也，不能識取擴充，以求究竟，電光石火，霍然而過，了無補於事，實孤負吾夫子一片心耳。

本體、功夫

「我欲仁，斯仁至矣」，孔子之語當下也；「今人乍見孺子入井，皆有怵惕惻隱之心」，孟子之語當下也。孔子先拈出「欲」字，方纔說「仁至」，是就功夫上點本體；孟子先拈出「心」字，方纔說「擴而充之」，是就本體上點功夫。由孔子之說，見在便有下手處；由孟子之說，到底亦無歇手處。孔子說得極切實，孟子說得極圓滿。總總只是要人去做。

曹交問曰：「人皆可以爲堯、舜，有諸？」孟子曰：「然。」「交聞文王十尺，湯九尺，今交九尺四寸以長，食粟而已，如何則可？」曰：「奚有於是？亦爲之而已矣。有人於此，力不能勝一匹雛，則爲無力人矣。今曰舉百鈞則爲有力人矣，然則舉烏獲之任，是亦爲烏獲而已矣。夫人豈以不勝爲患哉？弗爲耳。徐行後長者謂之弟，疾行先長者謂之不弟。夫徐行者，豈人所不能哉？所不爲也。堯、舜之道，孝弟而已矣。子服堯之服，誦堯之言，行堯之行，是堯而已矣；子服桀之服，誦桀之言，行桀之行，是桀而已矣。曰：「交得見於鄒君，可以假館，願留而受業於門。」曰：「夫道若大路然，豈難知哉？人病不求耳。子歸而求之，有餘師。」

有謂予曰：「曹交一章，乃孟子指點當下最親切處，註説恐不可泥。」予曰：「何？」曰：「『人皆可以爲堯、舜』一語，孟子一生精神命脈所注，當其時，非但求能信之者而不得；即求能疑之者，亦不得也。曹交却特舉以爲問，這是恁麼樣見識？恒情只於儕輩間争長争短，争勝争負，曹交却與千古來聖人對較，而曰『食粟而已，如何則可』，這是恁麼樣志趣？孟子從來未曾遇此等人，不覺喜之特甚。遂語之曰：『你既覷着個堯、舜，只立定主意去做。』便是更不須回頭轉腦，費却許多閑計較。又見他來見時，執禮謙恭，徐行後長，因而示之曰：『即此便是孝弟，即此便是堯、舜，巍巍堂堂，許大聖人只在眼前，何等容易，何等省事，所以撥動他一團生機，使之歡天喜地，快快活活做個聖人，亦不枉他這一見也。』」予曰：「看得甚好，尚有一妙處。」曰：「何？」曰：「世人指點當下，只説聖人是現成的，孟子拈出一個『爲』字，却説聖人是做成的。試思，徐行是誰徐？疾行是誰疾？後長是誰後？先長是誰先？堯之服、桀之服，是誰服？堯之言、桀之言，是誰言？堯之行、桀之行，是誰行？歸而求之，是誰求？不求是誰不求？於此見作聖作狂，只看我之爲之何如，不容推諉别人。於此又見，世間只有做成聖人，無現成聖人。不容只討自在，此『爲』之一字，尤是提醒曹交最喫緊處也。」曰：「信哉！認聖人是現成的，那個肯去做？認聖人是做成的，即不得藉口自然，一味圖享用矣。近日，羅念菴先生謂『世間無現成良知』，亦此意也。」曰：「此誠先生苦心語，究竟不如説個『世間無現成聖人』較穩，免得惹人吹求，於此益覺孟子立言之妙。」

過去、未來

予向謂：「識得當下，更不須想過去、未來。」今乃知善言當下者，又未嘗不通過去、未來也。觀孟子之於齊宣、滕文，便是兩個公案，何以言之？齊桓、晉文之事，可得聞乎？

味齊宣此問，隱然有且驚且慕、恐不必得聞之意，這其時通身倒入功利中，純是一副妄念。孟子却舉易牛一事，與之反覆磨勘，曰「是心足王」，是歆動他；曰「百姓皆以王爲愛」，是挑激他；曰「臣固知王之不忍也」，是提掇他；曰「牛羊何擇」，是折難他；曰「無傷」，是安慰他；曰「仁術」，是誘掖他；曰「見牛未見羊」，是開發他。一抑一揚，一收一放，悉中窾竅。齊宣始而茫然，没個話兒打發自家也，[一]忍笑不住，既而如醉得醒，如夢得覺，先時堂下光景，恍然再呈目前，因向孟子具個實供，而曰：「於我心有戚戚焉。」此是將他過去的善端，宛轉點破，抹殺他當下的一副妄念也。

滕文見孟子，得聞性善，堯、舜之論。自楚反，又來見。這其時通身倒入道義中，純是一副好念。孟子却慮其看得自家低，有所疑也，諭之勿疑慮；其看得聖人高，有所畏也，諭之勿畏；又慮其以己之言爲欺也，證之成覸，證之顔子，證之周公，以明其不欺，末引「瞑眩」二語尤妙。試看異時行三年喪，便有父兄；百官來梗行井田，便有許行來梗。到那所在，誰不手忙脚亂？只因預先道過，知得世間事原有許多難，況蕞爾小邦，歷些險阻，受些驚嚇，[二]喫些苦辛，正好抖擻精神，激昂意氣，自振自拔，另換一番風彩。所以竟不作疑，竟不作畏，而毅然直任之，曰「是誠在我」。諸「並耕不二價」之説，陳相一班人都喜他，倍其師而從之，獨不聞稍爲摇動，此是把他未來的變態明白抄破，堅固他當下的一副好念也。然則孟子之言過去，非言過去也，正爲當下提

[一]「兒」，康熙本作「來」。
[二]「些」，底本作「此」，據康熙本改。

出個源頭也；言未來，非言未來也，正爲當下提出個關頭也，其指精矣。

象山陸子有門人終日聽話，忽請問曰：「如何是『窮理盡性以至於命』？」答曰：「吾友是泛然問，老夫却不是泛然答。老夫凡今所與吾友説，皆是理也，窮理是窮這個理，盡性是盡這個性，至命是至這個命。」故曰：「道理只是眼前道理，雖做到聖人，亦只是眼前道理。」

王文成曰：「只存得此心常見在，便是學過去未來事，思之何益？徒放心耳。」又曰：「我輩致知，只是各隨分限所及，今日良知見在如此，只隨今日所知擴充到底，明日良知又有開悟，又隨明日所知擴充到底，如此方是精一功夫。與人論學，亦須隨人分限所及，如樹有這些萌芽，只把這些水去灌溉，萌芽再長，便又加水，自拱把以至合抱，灌溉之功，皆是隨其分限所及。若些小萌芽，有一桶水在，盡要傾上，便浸壞他了。」

看前一條，則事有去來，心無去來也，於此可以識當下之有常；看後一條，則今日有今日之見在，明日有明日之見在也，於此可以識當下之無常。有常，語主宰也；無常，語變化也。當下之時義大矣哉！

王心齋於朋友初見，常指之曰：「即爾此時就是。」未達，曰：「爾此時何等戒懼，私欲從何而入？常常如此，便是允執厥中。」善乎！心齋先生之言當下也。曰戒懼，便照到源頭矣；曰常常如此，又照到關頭矣。予嘗謂：「『發憤忘食，樂以忘憂』，是孔子之當下；『非禮勿視，非禮勿聽，非禮勿言，非禮勿動』，是顔子之當下；『必有事焉，而勿正，心勿忘，勿助長』，是孟子之當下。」徵諸此，益信。乃邇來説得太自在了，一似無須於戒懼然者。其流之弊，恐不能不啓無忌憚之端也。慎諸！

羅念菴曰：「鄒東廓公謂予：『劉獅泉與王龍溪有未了語，待公而判。』予曰：『願聞。』於是，二兄各述所言，往復者二日。獅泉大意以夫人之生有性有命，性妙於無爲，命雜於有質，故必兼修，而後可以爲學。蓋吾心主宰謂之性，性無爲者也，故須首出庶物，以立其體；吾心流行謂之命，命有質者也，故須隨時運化，以致其用。常知不落念，是吾立體之功；常過不成念，是吾致用之功也。二者不可相離，蓋知常止而念常微也，是説也，吾爲見在良知所誤，亟反而得之也。龍溪問：『見在良知，與聖人同異？』獅泉曰：『不同。』曰：『如何？』曰：『赤子之心，孩提之知，愚夫愚婦之知能，譬之頑鑛，未經煅煉，不可名金，其視無聲無臭，自然之明覺，何啻千里！是何也？爲其純陰無真陽也，復真陽者，更須開天闢地，鼎立乾坤，乃能得之以見在良知爲主，決無入聖之期矣。』龍溪曰：『指見在良知，便是聖人體段，誠不可。然指一隙之光，以爲決非照臨四表之光，亦所不可。』因指上天霒靆處，曰：『譬之今日之日，非本不光，却爲雲氣掩昧，指愚夫愚婦爲純陰者，何以異此？今言開天闢地，鼎立乾坤，未可別尋乾坤，惟掃除雲氣，即成再造之功，依舊日光照臨四表。』龍溪因令予斷，曰：『獅泉早年爲「見在良知便是全體」所誤，故從「自心察識」立説。學者用功，決當如此，但分主宰、流行兩項工夫，却難歸一。』龍溪指點，極是透徹，却須體獅泉『受用見在』之説，從收攝進步，處處綿密，始是真悟，不爾只成玩弄。始是去兩短，取兩長，不負今日切磋也。若『愚夫愚婦與聖人同異』一段，亦嘗致疑，〔一〕但不至如獅泉云云大截然耳。千古聖賢，汲汲誘引，只是要人從見在尋源頭，不曾別將一心換却此心，且如兄言『開天闢地，鼎立乾坤』，以爲吾自創業，不享見在，固是苦心語。不曾懸空做得，〔二〕只是時時不可無收攝保聚之

〔一〕「亦」，康熙本作「向」。
〔二〕「不曾」，底本作「不成」，據康熙本改。

功，使精神歸一，常虛常定，日精日健，不可直任見在，以爲止足，此弟與二兄實致力處耳。龍溪因問余近日持行處，予曰：『舊覺此心收攝，須有着到處，今覺此心收攝，只是誘引不得，遷善改過，不變二境，工夫稍不撓心耳。』因問曰：『兄視弟如何？』龍溪曰：『兄比前迥不同，第察日用間尚犯做手在。蓋緣未盡脱見，學問脱見到盡處，便都是尋常事，一切不須拈起。此是以良知致良知，縱饒差失，本無根蒂，如醒眼人不入夢境。如此則應用時真機圓熟，真機不圓，即真用不顯。此等處没人直信得及，舍兄亦無復有商量者矣。』龍溪此言，乃其一生超悟處，但不知從何便得？平鋪都是尋常，其差失便無根蒂，此處須有收攝保聚之功，見得端倪似此，煞好進步。若以見在良知承受，即又不免被虛見作祟耳。[二]」

獅泉之於功夫親矣，而其語本體也，却不如龍溪之直截；龍溪之於本體親矣，而其語功夫也，又不如念菴之精細。如此切磋，方是以水濟火，以火濟水，見在各有實受益處也。

[二]「作祟」，底本作「作崇」，據康熙本改。

王龍溪曰：「教人須識當下本體，更無要於此者，雖然這些子如空中鳥跡，如水中月影，若有若無，若沉若浮，擬議即乖，趨向轉背，神機妙應，當體本空，從何處去識他。於此得個悟入，方是無形象中真面目；不着纖毫力中大着力處也。」

會得時，活潑潑地；會不得時，[二]只是弄精魂。

羅近溪曰：「『當下』一語，爲救世人學問無頭，而馳求聞見，好爲苟難者，引歸平實田地，最爲進步第一義也。故曰：『人情者，聖王之田，然須有許多仁聚禮耨家數，方可望收成結果也。但到此工夫漸就微密，無先覺指點，則下者便渾淪難入，高者便放蕩無疆。故孔子謂：『君子中庸，君子而時中；小人中庸，小人而無忌憚。』可見，中庸也只一般，但不能如君子『戒謹』『恐懼』，加以時習，便泛濫無所歸着，而終歸小人也。衆共惕然，曰：「此正今時大病，孔子所以重憂夫『學之不講』，而『誨人不倦』也。」

[二]「會不得時」，底本脱一「時」字，據康熙本補。

「渾淪」「放蕩」二語甚佳，愚謂識得源頭，自不患於渾淪難入矣；[一]識得關頭，自不患於放蕩無疆矣，敢以此申其未竟之指。

羅近溪問友人曰：「日來講說，覺彀手乎？」友人曰：「有彀手，有不彀手。」近溪愀然曰：「何爲其然也？如飲此茶，君送我，我酬君，已而各飲，如何便不彀手？」

「彀手」二字，亦何容易？「德之不修，學之不講，聞義不能徙，不善不能改」，「出則事公卿，入則事父兄，喪事不敢不勉，不爲酒困，何有於我」，孔子亦有不彀手處。惟其一念炯然，當下便覺，乃所以爲真彀手也。

史際明曰：「今時講學，[二]主教者率以當下指點學人，此是最親切語。及叩其所以，却說『饑來喫飯困來眠，都是自自然然的，全不費工夫』，學人遂欣然以爲有得見。學者用功夫便說多了，本體原不如此，却一味任其自然，任情從欲去了。是當下，[三]翻是陷人的深坑。不知本體功夫分不開的。

[一]「自」，底本作「目」，據康熙本改。
[二]「今時」，康熙本、光緒本作「今世」。
[三]「學人遂欣然以爲有得見。……是當下」，康熙本作「不知以此爲當下」。

有本體，自有工夫；無工夫，即無本體。試看樊遲問仁，是向夫子求本體，夫子却教他做功夫，曰『居處恭，執事敬，與人忠』。凡是人於日用間，那個離得居處？執事與人，景界第居處時易於寬舒，〔一〕縱肆若任其自然，都只是四肢安逸便了，即此四肢安逸，心都放逸了，〔二〕那討得仁來？一恭了，則胸中惺然不昧，一身之四肢，百骸血脈都流貫了，吾心自然安安頓頓，全没有放逸的病痛，這不是仁是恭，却是居處的當下。執事時，易於畏難苟安，若任其自然，都只是苟且忽略便了，即此苟且忽略，心都雜亂了，〔三〕那討得仁來？一敬了，則胸中主一無適，萬事之始終，條理神理，都貫徹了，吾心自然停停當當，全没有雜亂的病痛，這不是仁是敬，却是執事的當下。與人時，易生形骸爾，我若任其自然，都只是瞞人昧己去了，即此瞞人昧己，心都詐僞了，那討得仁來？一忠了，則胸中萬物一體，人己的肝膽肺腸精神，都淪

〔一〕「凡是人於日用間，……景界第居處時易於寬舒」，康熙本作「凡人居處時易於寬舒」。
〔二〕「都只是四肢安逸便了，即此四肢安逸，心都放逸了」，康熙本作「都只是四肢安逸，心都放了」。
〔三〕「都只是苟且忽略便了，即此苟且忽略，心都雜亂了」，康熙本作「都只是苟且忽略，心都亂了」。

洽了，吾心自然無阻無礙，全沒有詐僞的病痛，這不是仁是忠，却是與人的當下。故統體是仁，居處時便恭，執事時便敬，與人時便忠，此本體即功夫。學者求仁，居處而恭，仁就在居處了；執事而敬，仁就在執事了；與人而忠，仁就在與人了，此功夫即本體。是仁與恭、敬、忠原是一體，如何分得開？此方是真當下，方是真自然。若饑食困眠，禽獸都是這等的，以此爲當下，却便同於禽獸，這不是陷人的深坑？且當下全要在關頭上得力。今人當居常處順時，也能恭敬自持，也能推誠相與，及到利害的關頭、榮辱的關頭、毀譽的關頭、死生的關頭，便都差了，則平常恭、敬、忠都是假的，却不是真功夫。不是真功夫，却沒有真本體；沒有真本體，却過不得關頭。故夫子指點不處不去的仁體，却從富貴貧賤關頭；孟子指點不受不屑的本心，却從得生失死關頭。不處而不處之，不去而不去之，欲惡都不見了，此方是遇富貴貧賤時當下；不受而不受之，不屑而不屑之，生死都不見了，此方是遇嘑爾蹴爾時當下。若習俗心腸掩過真心，欲富貴便處了，惡貧賤便去了，好生惡死，嘑蹴之食便食了，却叫不處、不去、不受、不屑多了，這心此是當下否？此是自然否？故『富貴不淫，貧賤不移，威武不屈』，『造次顛沛必于是』，『舍生取義，殺身成仁』，都是關頭時的當下。故曰：『雖之夷狄不可棄也。』夷狄地方，全是不恭、不敬、不忠的地方，是關頭盡處，此處不棄，則富貴、貧賤、造次、顛沛、威武、死生時候決不走作了，纔是真功夫，纔是真本體，纔是真自然，纔是真當下。其實不異那饑食困眠，然那饑食困眠的自然處，到此都用不着了，如何當下得來？往李卓吾講心學於白門，全以當下自然指點後學，説個個人都是見見成成的聖人，纔學便多了。聞有忠節孝義之人，却云都是做出來的，本體原無此忠節孝義。學人喜其便利，趨之若狂，不知誤了多少人。後至春明門外被人論了纔去拿他，便手忙脚亂，没奈何，却一刀自刎，此是「殺身成仁」否？此是「舍生取義」否？此是恁的自然，恁的當下，恁的見見成成聖人？自家且如此，何況學人？故當下本是學人下手親切功夫，差認了，却是陷人深坑，不可不猛省也。

予正欲質當下繹於史際明，適際明赴經正堂之會，説「樊遲問仁」章，發明「當下」之指，極其痛快，不覺心折。蓋世人皆言當下即是，際明却言：「惟是乃爲當下。」此一轉語，直從頂門下針，有起死回生之功。因遂取其説終焉，以爲繹止矣。際明實大有啓於予，而予不復能少有加於際明也已矣。惟有道君子，相與商而正之，幸甚。

顧憲成全集卷二十七

還經録①

後學高攀龍輯，孫樞重録[一]

門人馮從吾訂，曾孫貞觀授梓[二]

陽明曰：「性之本體，原是無善無惡的，發用上原是可以爲善可以爲不善的，其流弊原不是一定善一定惡的。」信斯言也，告子諸人之説皆是耳，孟子曷爲而非之？

① 還經録以復旦大學圖書館藏清康熙三十七年刻本顧端文公遺書顧端文公還經録爲底本，以清光緒丁丑重刊涇里宗祠藏板顧端文公遺書還經録（以下簡稱光緒本）爲校本。

[一] 此行光緒本作「同邑後學高攀龍輯」。

[二] 此行光緒本作「關中門人馮從吾訂」。

或曰：「無善無不善，性相近也；可以爲善可以爲不善，習相遠也；有善有不善，上知下愚不移也，其旨蓋與陽明相表裏。」信斯言也，告子諸人之説即孔子之説耳，孟子又曷爲而非之？

孟子曰「性善」，告子曰「性無善無不善」，兩説判若冰炭，吾儒與異端學術，幾微之辨，亦就此而決。陽明曰：「孟子只是説個大概。」明以孟子之説爲疏矣，却不敢直指其非。又曰：「無善無不善，悟得時只此一句已盡。」明以告子之説爲精矣，却不敢直指其是。委曲调停，漫爲兩可之論。曰：「孟子是就源頭上説，告子是就本體上説。」又恐不合，分源頭、本體作二義看，則巧爲儱统之論，曰：「無善無惡是謂至善。」信斯言也，告子之説也，紛紛之辨何爲者？

孟子道性善，語本體也；乃若其情，則可以爲善矣，語發用也；若夫爲不善，非才之罪也，語流弊也。陽明顧取三説，當之何居？

或問：「孔子説『性相近，習相遠』，看一『習』字，分明見得性中原没個不善，惟謂『上智下愚不移』，却似性果有善有不善，何如？」曰：「此處孔子亦自有個註脚，生而知之者，上也；學而知之者，次也；困而學之，又其次也。困而不學，民斯爲下矣。所謂下愚，蓋指不學者而言，然則下愚，亦是習也，非性也。孟子性善之説，真是顛撲不破。」

告子「無善無不善」一語，遂爲千古異學之祖。得之以混世者，老氏也；得之以出世者，佛氏也；得之以欺世者，鄉愿也。

世間只有兩種人，做君子的，便着了善一邊，小人來非刺他；做小人的，便着了不善一邊，君子來非刺他。獨鄉愿不然，同乎流俗，合乎污世，平平穩穩，没些子圭角，既中了小人；居似忠信，行似廉潔，乾乾浄浄，没些子斑點，又中了君子。更於甚處尋他善不善？

聖人誠不能虚上加實，亦不能離實爲虚，老氏，離實爲虚者也；聖人誠不能無上加有，亦不能離有爲無，佛氏，離有爲無者也。是故愈近愈遠，愈似愈離。嫌於近似而重爲之諱，此以妄廢真也；惑於近似而輕爲之擬，此以妄亂真也。皆非也。

墨子以「兼愛」爲仁，楊子以「爲我」爲義，似天理而非天理；鄉愿以生斯世善斯世爲可，似人情而非人情。

楊子「爲我」，其老氏之「清浄」乎？墨子「兼愛」，其佛氏之「慈悲」乎？

六經、語、孟、學、庸具在，其論性本自有定也，陽明却以爲無定，而欲盡收告子諸人之説；其論知行，本自無定也，陽明却以爲有定，而欲孤行其合一之説。吾所以謂之勞攘者，以此。

書曰：「惟精惟一。」陽明曰：「惟一必在於惟精，惟精乃所以惟一也。」語曰：「博我以文，約我以禮。」陽明曰：「約禮必在於博文，博文乃所以約禮也。」中庸曰：「尊德性而道問學。」陽明曰：「尊德性，必在於道問學；道問學，乃所以尊德性也。」其好持論如此。

此理活潑潑地，縱横上下，憑人認取，即如陽明所謂「惟精是惟一工夫，博文是約禮工夫，道問學是尊德性工夫」，有何不可？然畢竟只是議論意見，不免有窒礙處。

陽明於「知行合一」之説，最爲喫緊。却曰「見好色聞惡臭是知，好好色惡惡臭是行」，曰「知者行之始，行者知之成」，曰「知是行的主意，行是知的工夫」，曰「知之真切篤實處是行，行之明覺精察處是知」，又不免許多分别相也，如何合一得？

食色，性也，何善何惡？仁内也，非外也，以我爲悦，自然而然，何須着力？義外也，非内也，以長爲悦，偶然而然，何處着力？總是一個空也。

或曰：「陽明之『無善無惡』，即大學之『至善』、中庸之『未發』、周子之『誠無爲』、程子之『廓然大公』耳，何疑？」竊惟大學明言「至善」，何謂無善？中庸言「喜怒哀樂之未發」，不言善惡之未發也，其欲以周、程二子之説爲證，亦必曰「無誠無僞，無公無私」乃得耳。

或又爲之解曰：「耳無聲，斯能善天下之聲；目無色，斯能善天下之色；心無善，斯能統天下之善。陽明之説，何疑？」愚惟陽明言「無善無惡」，未嘗專言無善也。今曰「心無善，斯能統天下之善」，則亦曰「心無惡，斯能統天下之惡」，可乎？

或曰：「陽明言性，即與孔、孟殊，亦未嘗言性惡，何爲非之？」曰：「陽明將這善壓倒，與惡平等看，其流毒乃更甚於言性惡者。」

或問：「陽明言根本上用功，此説甚好。其論博文約禮，却曰：『文散於外而萬殊者也，故曰博；禮涵於内而一本者也，故曰約。文，顯而可見之禮也；禮，隱而難見之文也。故約禮必在於博文，而博文乃所以約禮也。』又似教人就枝葉上做工夫，與前説不免矛盾。」曰：「然，只是陽明好立異論，便有這般窒礙處。」

自古聖賢論學，只是隨時隨處，隨意發明，其於知行，或合言，或分言，或專言，或互言，參差不齊，各有攸當。如曰「精一」，曰「擇善固執」，曰「知言養氣」，曰「聖智」，所謂分言也。如「吾十有五」一章曰「不惑」，曰「知天命」，曰「耳順」，知之屬也，而行在其中矣，不必更説個行也；曰「立」，曰「從心所欲不踰矩」，行之屬也，而知在其中矣，不必更説個知也，所謂專言也。如中庸説「道之不明」，却歸於「人之不行」；説

「道之不行」，却歸於「人之不明」，所謂合言、互言也。是故其分言也，雖着兩個字可也，陽明乃曰：「此古人補偏救弊不得已而然。」則似以兩爲多矣。其專言也，雖着一個字可也，陽明乃曰：「這工夫，須着兩個字，方纔完全無弊。」則似以一爲少矣。其合言、互言也，雖謂因行得知可也，所云「味之美惡，必待入口而後知；地之險夷，必待身歷而後知」是也；雖謂因知得行亦可也，所云「知食乃食，知衣乃服」是也。陽明乃曰：「是爲近聞障蔽，自不察耳。」則是有見於行之爲知，無見於知之爲行，就一説之中，亦且得其半而失其半矣。紛紛之辨，不幾於自相矛盾乎？

朱子嘗曰：「知行常相須。論先後，則知爲先；論輕重，則行爲重。」此即陽明所謂「知者行之始，行者知之成」也。又曰：「爲學須是切實，爲己則安静篤實，承載得許多道理。若輕揚淺露，如何探討得道理？縱便探討得説得去，也承載不住。」又曰：「處事接物之際，常教此心光瞪瞪地。然則其爲知也，未嘗不真切篤實也，謂之便是行可也；其爲行也，未嘗不明覺精察也，謂之便是知可也。」由此觀之，陽明之説，亦無以加於朱子之説也，乃獨議其析知行爲二，何哉？

又按，朱子嘗曰：「只有兩事：理會，踐行。曰致知力行，用功不可偏，偏過一邊，則一邊受病。」此所謂分言之知行也。曰：「持敬是窮理之本，窮得理明。」又是養心之助。曰：「方其知之，而未及行，則知尚淺。既親歷其域，則知之益明，非復前日之意味。」此所謂互言之知行也。曰：「萬事皆在窮理後，經不正，理不明，如何地持守也？只是空曰未能識得，涵養個甚？」曰：「講得道理明白，自是事親不得不孝，事兄不得不弟，交朋友不得不信。」曰：「今人未有見時，直情做去，都不見得一有所見，始覺所爲，多有可寒心處。」此所謂知爲先也。曰：「講學固不可無須是，更在自己分上做工夫。若只管説，不過一兩日都説盡，只是工夫難。」曰：「善在那裏，自家都去行他，行之久，則與自家爲一；未能行，善自善，我自我。」曰：「爲學須是有本領，方不作言語説。若無存養，縱説得明，自成兩片。」曰：「學之之博，未若知之之要；知之之要，未若行之之實。」曰：「只是實去做工夫，議論多轉鬧了。」曰：「人所以易得流轉不定者，只是脚跟不點地。」此所謂行爲重也。曰：「涵養致知，亦何所始，但學者須自截從一處做去。程子謂：『學莫先於致知。』是知在先。又曰：『未有致知而不在敬者。』則敬在先。從此推去，只管恁地。」或問南軒云：「致知力行，互相發？」答曰：「未須理會相發，且各項做將去。若知有未至，就知上理會；行有未知，就行上理會，少間，自是互相發此。」則又言知行之後先重輕，不可執一，且欲人隨其所不足處用力也。合前後觀之，朱子之説，四方八面，無不周遍，陽明止窺見一隅而已。

陽明雖曰「知行合一」，然就其言觀之，一則以「見好色聞惡臭屬知」，以「好好色惡惡臭屬行」；一則以「知爲行之始」，以「行爲知之成」；一則以「明覺精察爲知」，以「真切篤實爲行」，是二者終自有辨也。蓋知與行原是一而二，二而一。是故合言之，而條理自然清楚，不爲儱侗；分言之，而血脈自然貫通，不爲破碎；專言之，而全體自然具足，不爲欠缺；互言之，而妙用自然周流，不爲攙和，要不可以一說拘也。陽明只執定一說，便處處窒礙，雖力爲張主，巧爲周旋，彌縫回互，幾無滲漏，攻擊論難，了無顧忌，縱横反覆，杳無端倪，而彼此牴牾，首尾乖戾，不覺破綻迸出。試看陽明是甚聰明，一切氣節，文章功業，甚事做不去？到此終自費力。蓋此理在天地間，坦坦平平，自有固然，順之則是，逆之則非，非人力可得而安排也。故曰：「天下國家可均也，爵禄可辭也，白刃可蹈也，中庸不可能也。」

「有弗學，學之弗能弗措也；有弗問，問之弗知弗措也；有弗思，思之弗得弗措也；有弗辨，辨之弗明弗措也；有弗行，行之弗篤弗措也」，是謂主意。「人一能之，己百之；人十能之，己千之」，是謂工夫。陽明以二者分屬知行，何居？

陽明直是無端。自昔儒者有言「知不是行，行不是知」否？陽明乃曰「知與行不可分作兩件」，而爲合一之説。有言「心不是理，理不是心」否？陽明乃曰「心與理，不可分作兩件」，而爲合一之説。此無端之争辨也。有言「一念發動，雖是不善，却未曾行，便不須禁止」否？陽明乃曰「我所以説知行合一，正欲人就此克倒了，徹根徹底，不使那一念不善潛伏在胸中」。有言「五伯做得當理，只心有未純，遂悦慕其所爲」否？陽明乃曰「我所以説心理合一，正欲人來心上做工夫，不去襲義」。此無端之標榜也。至其門人徐、黄諸君，却又以合一爲疑，往復不決，則分明認定「知」與「行」截然是二事，「心」與「理」截然是二物，而陽明合一之説，果不可少於世矣。此無端之論難也，非吾道一厄哉？

學術之辨，有偏全，有邪正。論偏全，則偏者，全之餘也，勢必相合而爲用，伊尹、夷、惠是也；論邪正，則邪者，正之蠹也，勢必相競而爲辭，釋、老是也。陽明乃以爲皆我之用，過矣。孔子曰：「鄉愿，德之賊也。」孟子曰：「墨氏兼愛，是無父也；楊氏爲我，是無君也。無父無君，是禽獸也。」其外之如此。然則孔子不能用鄉愿，孟子不能用楊、墨，陽明獨能用釋、老乎？

堯、舜明目達聰，愚夫愚婦苟有一得，不憚虚己而從之。至如共工、驩兜、伯鯀輩，並負異才，却投諸四裔，不與同中國，此其所以處於偏全、邪正之間者也。收其偏，可以爲全；黜其邪，可以衛正。此聖人之微權也。

程子曰：「性即理也。」此語斷得十分直截，分明亘古亘今，攧撲不破。從上聖賢，只是於此認得分曉這個理，堯、舜如此，塗人如此，乃至桀、紂、蹻、跖，亦如此。若就氣上看，便千般百樣，萬萬不齊，如何説得是性？諸子認氣爲性，遂有紛紛之説。無論告子，即如楊、墨、子莫，豈不聰明特達？豈不有志向？所以流爲異端，得罪名教，只緣一「性」字欠明也。故孟子開口便説個「性善」，七篇之中，無非此意。而杞柳之辨、湍水之辨、食色之辨，曾不少假，又其章明較著者也。韓昌黎推孟子之功不在禹下以此耳，陽明乃一旦爲之辭曰：「皆是也，但執定一説便錯。」嗚呼！由堯、舜以來，凡有作者，其立言垂訓，雖人人殊，至其論性，若合符節。而孟子於此尤爲喫緊，雖天下疑之而不顧也。其紛紛之説，雖天下信之而不顧也。其執甚矣，陽明其以孟子爲錯乎？

陽明謂：「孟子論性，從源頭上説；告子論性，從本體上説。」此猶兩下調停，不敢公然指斥孟子。要之，非其本意也。觀其門人王畿、錢德洪舉「四無四有」之説請正，答之曰：「畿之見，是我這裏接利根人；德洪之見，是我這裏爲其次立法。」而無善無惡，始終尊用告子，無以易也，其不滿於孟子，可見矣。又曰：「此顏子、明道所不敢承當也。」又曰：「顏子没，而聖人之學亡也。」其不滿於孟子，益又見矣。或曰：

何獨孟子？彼以堯、舜爲萬鎰，孔子爲九千鎰，即孔子亦其所不滿也。」嗚呼異哉！

從來論性，只是一個善，陽明却曰「性無善無惡」，此以性爲精，以善爲粗也；又曰「無善無惡是謂至善」，此以無爲精，以有爲粗也。以善爲粗，則等之於惡而無别；以有爲粗，則并其善亦無之而不計。陽明之敢於自信如此。

陽明以「無善無惡」爲心之體，以「有善有惡」爲意之動，將「心」與「意」分做兩件看，分明是見一個「無善無不善」的性在内，見一個「有善有惡」的物在外，却以此議告子，何故？却又恐人窺破，不得已，説告子只是「執定看了便差」，而亟賞王畿「四無」之説，其巧爲遁如此。告子只説「性無善無不善」，其有善有不善，别是當時一種議論，非盡出於告子也。陽明却謂告子見一個性在内，見一個物在外，便於性有未透徹處，何歟？夫亦自知其無善無惡之説，原從告子來，而恐人之以爲告子也，故爲是説以别之，若曰吾之所謂無善無惡，非告子之所謂無善無不善也歟？雖然，吾卒見其異也。

陽明曰：「告子病源，從『無善無不善』上見來。」又曰：「『性無善無不善』，雖如此説，亦無大差。」又曰：「『無善無不善』，性原是如此。」然則告子之説，是乎？非乎？是非之間乎？良不可解。

陽明論學，揭「致良知」三字爲宗，亦未爲不可，但「知」之一字，却須辨得分明耳。陽明曰：「良知即是性，即是心之本體，即是未發之中。」而其論性也，曰「無善無惡」，然則陽明之所謂知，乃無善無惡之知，非大學之所謂知也。陽明既主此説，一切論説俱管歸良知。若曰良知，何物不備耳？但其與己合者，輒以爲是；其與己不合者，輒以爲非。與己合者，雖蘇秦、張儀，亦以爲窺見良知妙用；與己不合者，雖朱子大儒，亦斥而等諸楊、墨。然則陽明之所謂「知」，乃陽明之「知」，非大學之所謂「知」也。由前觀之，則着於無，是爲沉空守寂；由後觀之，則滯於有，是爲守局拘方，正恐不免壞却良知。

陽明曰「心即理也」，固是，但恐未盡。先正言：「心曰本心，曰真心，到『理』字上，便不須着此字；又曰無心，到『理』字上，便不得着此字。」可見心與理亦自有辨。

朱子「即物窮理」之説，與陽明所謂「事親時，便於事親上學存此天理；事君時，便於事君上學存此天理」之意相同。但一以察識言，一以踐履言耳，非謂求孝之理於其親，求忠之理於其君也。若如其言，却如何去下工夫？無論朱子，世間曾有此癡人否？陽明此等辨駁，將偶然錯認朱子之意而然乎？抑欲排斥朱子，而故爲代設不通之論乎？誠不可曉。

洪範曰：「貌曰恭，言曰從，視曰明，聽曰聰，思曰睿。」孟子曰：「父子有親，君臣有義，夫婦有別，長幼有序，朋友有信。」朱子所謂「事事物物，皆有定理者也」。

陽明就大學中提出致知，却於中間下個「良」字，何故？陽明要説這知是性，是心之本體，是未發之中，須着此一字，方纔有氣力。又説良知「無知無不知」，何故？陽明嘗曰「知善知惡是良知」，「知善知惡」，畢竟是分別落在用一邊，若便以爲是性，是心之本體，是未發之中，奚啻千里？所以必説個無知無不知，着此一句，方纔無破綻。「無知」，孔子之説也；「良知」，孟子之説也；「致知」，大學之説也。各自具足，將來攙搭説，便不是他本色。

朱子曰「即物窮理」，陽明解曰「此求孝之理於其親之謂也」，二句文勢語意迥别，惟所謂「隨事隨物精察，此心之天理者」近之，但不必更於兩句中着個「心」字耳。此理何有内外？就格物言，謂之「物之理」，亦何不可？必定着個「心」字，便是認物爲在彼，認理爲在我，反成兩件。本欲合心與理爲一，適不免析物與理爲二也。詩曰：「天生蒸民，有物有則。」何曾道少個「心」字？

陽明曰：「良知即性，即心之本體，即未發之中也。」然則信得良知真是真非，信手行去，別無錯處矣。却云「更不着些覆藏」，何耶？既云「更不着些覆藏」，分明尚有錯處矣，陽明於此正宜細細體認，細細省察，細細磨煉，聚精會神，戰兢臨履，如古聖賢之用心，庶幾日積月累，豁然貫通，内外精粗，了無間隔。乃云「我今纔做得狂者胸次，使天下之人都説我行不掩言也罷」，遽自攔截，何耶？試看狂者行不掩言，與陽明所謂「更不着些覆藏」，是同是異？孟子曰：「其志嘐嘐然，曰『古之人，古之人』，夷考其行而不掩言者也。」味其語意，乃以不掩爲非。曰：「古之君子，其過也如日月之食焉，民皆見之。」此陽明所謂不着些覆藏者也，乃以不掩爲是。兩「掩」字，義正迥別。陽明欲自託於狂，强相附會，既已謬矣。其徒又從而和之，曰：「是聖人的真血脈。」何耶？或曰：「齊宣有好勇之疾不諱好勇，有好貨之疾不諱好貨，有好色之疾不諱好色。孟子許其足用爲善，每與論事，未嘗不稱堯、舜而述湯、武也。陽明之論，與孟子何異？」曰：「此孟子默默旁觀，以爲齊宣此意猶近樸實，非文過匿非者比，故遂許其足用爲善，要未嘗明言其所以然也，即齊宣亦不知其所以然也。向使齊宣自以爲好貨、好勇、好色，總總無妨我，但不著些覆藏而已，遂公言於孟子之前而不諱，則是以不文過爲文過，以不匿非爲匿非。私意之中，更起私意，此乃斬滅生理，與死爲鄰。扁鵲、盧醫將望而却走，非徒疾而已也，尚可與之爲善乎？近世談陽明之學者，往往率意順情，恣睢放誕，無所不爲，有從而詰之，輒以陽明斯言，藉口一語之謬，流禍無窮。吁！可不畏哉！更有一説，所貴乎不諱好勇者，謂其能知好勇之疾而治之也，非與其終於好勇也；所貴乎不諱好貨者，謂其能知好貨之爲疾而治之也，非與其終於好貨也；所貴乎不諱好色者，謂其能知好色之爲疾而治之也，非與其終於好色也。若曰『我只不着些覆藏，縱天下謂我不揜言也罷』，則亦卒歸於亡而已矣。

大學先知止，中庸先擇善，雖謂「必先知了，然後能行」，未嘗不可也。且曰「我今去講習討論做知的工夫」，則未嘗不知也。又曰「待知得真了，方纔做行的工夫」，則未嘗不行也，乃遽斷之曰：『終身不行，亦遂終身不知，何哉？』」

朱子以曾子爲未知體之一，陽明以曾子爲未得用功之要，二語作何分別？

陽明以知爲性，與謝上蔡以覺爲仁正同。緣這個字作實字看亦得，作虚字看亦得，最好作弄。佛氏得手處，全在此，所以能鼓動得人。却見上蔡被人駁過，便又説個「知來本無知，覺來本無覺」，其善護持如此。

孔子闢鄉愿，孟子闢楊、墨，自漢以來，儒者闢佛、老二氏，其用心遠矣。陽明乃曰：「二氏之用，皆我之用；後世儒者，不見聖學之全，故與二氏成二見，是舉一而廢百也。」信斯言也，孔、孟非歟？嗚呼！聖賢以異端爲舉一而廢百，陽明以攻異端者爲舉一而廢百，聖賢爲吾道而攻異端，陽明爲異端而攻吾儒，此何心哉？

老氏何以爲「虛」之賊也？謂其絶聖棄智也。陽明不之咎也，第曰：「是從養生上來，非虛的本色而已。」釋氏何以爲「無」之賊也？謂其離父子廢君臣也。陽明不之咎也，第曰：「是從出離生死上來，非無的本色而已。」然則陽明之於二氏，惟是嫌其「虛」不盡也，「無」不盡也，若并此一念而去之，便是「虛」「無」本色乎？

陽明將儒與仙、釋，設一廳三間之喻，殆不可曉。即吾「盡性至命」中，完養此身謂之仙；即吾「盡性至命」中，不染世累謂之釋。只是一物曰中、曰左、曰右，分而爲三矣，分而爲三可割也，一則以何者自與？以何者與人？不可割也。其重譏於儒者，何也？如以仙家言虛，儒者不言虛，殆以虛爲仙家之物也；釋家言無，儒者不言無，殆以無爲釋家之物也。遂疑其割而與之乎？則虛無者，亦是一物而二名，不可分屬左右，且此正指性命之妙言，既以分屬左右，則所謂中一間者，又何在也？此蓋陽明深有味乎仙、釋，見其與吾聖人同，而又爲名教所持，不敢不謂與吾聖人異，故陽離陰合，爲此含糊影響之語曰「一廳」；言同也，儼然以範圍三教爲己任，曰三間；言異也，又以自託於吾聖人同而異天下，又孰能議？其混異而同天下，又孰能議？其固其亦巧矣。雖然以吾之完養此身，與仙家混，猶可言也；以吾之不染世累，與釋家混，猶可言也。至曰：「仙家説到虛，聖人豈能虛上加得一毫實？釋家説到無，聖人豈得無上加得一毫有？」是以吾之性命，與二氏混也，不可言也。然則陽明者，無問中間、左間、右間，一切推而畀諸二氏矣，豈特割之云乎？或云：「果爾！程子所云『彌近理而大亂真』者，何如？」曰：「稱『彌近』者，深懼之之辭，非猶與其同也；稱『大亂』者，痛絶之之辭，非直較其異也。」故曰：「予豈好辨哉，不得已也。」又曰：「能言距楊、墨者，聖人之徒也。」陽明而知此意，方將痛心疾首，相與驅而放之之不暇，尚何能泄泄然？迂曲其辭，爲二氏地乎？

知與識，一物而兩名，兩字而一解，要當問其所以然處，何如耳？詩曰：「不識不知，順帝之則。」語曰：「默而識之。」故知亦有妄，不必純是也；識亦有真，不必純非也。汝中直以己意差别耳。

孔子曰「執事敬」，曰「出門如見大賓，使民如承大祭」，曰「無大小，無衆寡，無敢慢」，聖人處世，只此一付精神，雖灑掃應對，何嘗減得些子？雖做出經天緯地莫大的事業，何嘗增得些子？明道作字甚敬，晦菴見小童添炭撥開火散亂，[二]曰：「可拂殺

[二]「散」，底本作「教」，據光緒本改。按：朱子語類卷七載：「小童添炭，撥開火散亂。先生曰：『可拂殺了，我不愛人恁地，此便是燒火不敬。』」

了，我不愛人恁地。」諺云：「獅子捉兔捉象，皆用全力。」此所謂「主一無適」也。即此是敬，即此是天理流行，更於何處添入個天理？即此是人欲淨盡，更於何處攔入個人欲？陽明故以好酒好色混作一字，既未免揠肉做瘡，却以天理解作一字，又未免畫蛇添足，只緣認得敬欠真，便兩頭俱説不着題耳。

繫辭曰：「夫易，無思也，無爲也。」又曰：「神無方，而易無體。」詩曰：「上天之載，無聲無臭。」語曰：「子絶四：毋意，毋必，毋固，毋我。[一]」聖人何嘗諱言「無」？但「無」之一字，其下必有所屬，若不言思爲，不言方體，不言聲臭，不言意必固我，特舉「無」之一字，而曰：「此易也，此神也，此上天之載，此孔子也。」其可通乎？

聖人之言徹上徹下，無所不通，顧人認取何如耳。朱子之言窮理，自是朱子之意；陽明之言窮理，自是陽明之意。即質諸繫辭原旨，故並行而不悖也。執此病彼，正是意見作祟耳。且朱子以「窮理」釋格物，就知而言也；陽明以「爲善去惡」釋格物，就行而言也。故如朱子之釋格物，則必兼舉致知、誠意、正心，而後其功始備而密，如陽明之釋格物，即致知、誠意、正心皆在其中。

[一]「毋意，毋必，毋固，毋我」，底本、光緒本均作「無意，無必，無固，無我」，據論語子罕改。

所謂對，有正對，有反對。正對分鈞而力敵，反對勢絶而等懸。善與惡反對，非正對也，何嫌而以爲諱哉？

孟子說「良知」，陽明亦說「良知」，但孟子說「良知」，從性善說來，故曰：「孩提之童，無不知愛其親者，及其長也，無不知敬其兄者。親親，仁也；敬長，義也。」陽明却從「無善無惡」說來，其名同，其實異矣。乃欲以告子宗旨講孟子學問，愚之所未解也。以下原名悱言，後併入此卷。

悱言①

或曰：「陽明劈頭雖説『無善無惡』，下文依舊説『知善知惡』『爲善去惡』，安得謂與孟子異？」曰：「正緣陽明善遁，往往被其籠罩，且道陽明之所謂善，果即孟子之所謂善乎？陽明嘗曰『無善無惡是謂至善』，然則『知善爲善』云者，即知此爲此『無善無惡』之善，非孟子之所謂善也。王汝中謂『心意知物，只是一事』，心既無善無惡，即意知物一齊無善無惡，直是和盤托出，陽明却爲上根、中根之説以蓋之，其辭幾於遁矣。孟子曰「良知」，陽明曰「良知」，人知其爲一個話頭，誰知其爲兩個肯綮？陽明曰「無善無惡」，又曰「爲善去惡」，人知其爲兩個話頭，誰知其爲一個血脈？

或曰：「金屑雖貴，落眼成翳，心中如何着得個善？」夫善者，心之所固有也；金屑者，目之所本無。心之善，則目之明也，明果且爲目之翳乎？否也。

① 此標題據還經録末「以下原名悱言，後併入此卷」增。又顧端文公年譜「萬曆二十五年」云：「涇凡公亦有悱言之作，向附還經録後，意解略同。」

或曰：「無心則公，有心則私。陽明以無爲善，正天理之公耳。詩曰：『上天之載，無聲無臭。』曰：『不識不知，順帝之則。』即此意也。」夫詩言「無聲無臭」，豈并天之載而無之？言「不識不知」，豈并帝之則而無之耶？昔有疑「敬」字欠活者，朱子曰：「莫是『敬』得來不活否？却不干『敬』字事。」夫善，得來有心，亦何干『善』字事也？

七佛偈曰：「身從無相中受生，猶如幻出諸形像。幻人心識本來無，罪福皆空無所住。」又曰：「起諸善法本是幻，造諸惡業亦是幻。身如聚沫心如風，幻出無根無實性。」無善無惡，淵源可考。羅整菴先生曰：「陽明自不諱禪，爲其徒者，必欲爲之諱。」可謂頂門一針矣。

易曰「大哉乾元，萬物資始」，曰「至哉坤元，萬物資生」，曰「元者，善之長也」，可見乾坤萬物，一齊從善中流出。聖人要範圍天地，曲成萬物，所以欲培植此「善」字；釋氏要「混沌天地，滅絶萬物」，所以欲斬斷此「善」字。故一則曰「天地設位，聖人成能」，一則曰「天上地下，惟吾獨尊」，概可覩矣。

陽明嘗曰：「孟子説性，亦是説個大概如此。」又曰：「性無善無不善，如此説亦無大差。」故一則曰「無善無惡心之體」，一則曰「無善無惡是謂至善」，若曰：「吾之所謂善，非孟子之所謂善；吾之所謂無，非告子之所謂無也。」故其言曰「儒、佛、老、莊，皆吾之用」，居然欲網羅三教，爲生民以來未有之一人，其亦異矣。

韓持國曰：「道無真假。」程子曰：「既無真，則是假耳；既無假，則是真矣。真假皆無，尚何有乎？」此最勘透「無善無惡」本病。李見羅曰：「無善無惡既均，則作善作惡總一。」此最勘透着他末病。本病只是一個「空」字，末病只是一個「混」字。空則見，謂無一之可有；混則弊，且無一之不有。空則并以善爲惡，混則遂以惡爲善。然則「無善無惡」四字，乃「天下之逋逃主，萃淵藪」也。吁！可畏哉！

朱子嘗曰：「孟子一生，費盡心力，只破得『枉尺直尋』四字。」今日講學家只成就「無善無惡」四字。或曰：「『無善無惡』四字，與『枉尺直尋』四字，害孰爲大？」曰：「言『直尋』，猶知直之爲是也；言『枉尺』，猶知枉之爲非也。言『無善無惡』，則并枉直是非一齊抹殺矣。然『枉尺直尋』，恒人尚以爲耻；而『無善無惡』，賢智反以爲高。故明道先生曰：『昔之惑人也，乘其迷暗；今之惑人也，乘其高明。』又曰：『人才愈高，則陷溺愈深。』嗟乎！此孔、孟之所懼也。」

或曰：「『無極』二字，原出於老氏，分明與『無善』義同，周子太極圖説奈何宗之？」曰：「周子此語，正爲闢老氏而發，緣老氏認極爲無，所以説個『無極而太極』，明其非真無也。中庸曰『君子之道費而隱』，周子則曰『隱而費』云爾。朱子解曰：『上天之載，無聲無臭，而實造化之樞紐，品彙之根柢也，故曰「無極而太極」。非太極之外，復有無極也。』已自了然。乃陸象山既偏疑『無極』二字，近世又偏信『無極』二字，却將『太極』二字撇下，何也？」或曰：「果爾，則『無善無惡是謂至善』，亦何不可？」曰：「只將『善惡』二字搭説，便有許多不帖帖處，仔細磨勘，當自見得。」

或曰：「性，太極也；善惡，陰陽也。陰必與陽對，善必與惡對。謂性有善而無惡，則亦可謂太極有陽而無陰矣。言太極，必在陰陽未判之先；言真性，必在善惡未分之始。以善名性，特强名爾。」夫以陰陽分善惡，亦是一義，然未可執以爲例也。果執以爲例，謂「乾元爲善之長，坤元爲惡之長」，可乎？謂「天地交泰爲善惡交泰，天地不交否爲善惡不交否」，可乎？且以善名性，亦有何害？而必曰「强名」，視若仇敵之不可近，何也？

「無善無惡」四字最險最巧，君子一生兢兢業業，擇善固執，只着此四字，便枉了爲君子；小人一生猖狂放肆，縱意妄行，只着此四字，便樂得做小人。語云：「埋藏君子，出脱小人。」此八字乃「無善無惡」四字膏肓之病也。

或問：[二]「告子之害如此其大，乃孟子『好辨』章獨言楊、墨，而不及告子，何也？」曰：「戰國時去孔子未遠，故楊氏『爲我』，墨氏『兼愛』，尚自附於孔氏之仁義，以行其説。而杞柳人性、桮棬仁義者，猶不得肆也。至於今，始猖狂汗漫，了無忌憚耳。噫！世道愈衰，人心愈下，號爲孔、孟之徒者，既不能禁，反從而助之，是誠何心哉？」

據陽明説「『無善無惡』四字，乃是最上一義」，緣何自伏羲、堯、舜、禹、湯、文、武、周公、孔子並未之及，直到告子方纔説出，孟子却便攔倒？陽明嘗曰：「顔子没而聖人之學亡。」豈爲孟子闢告子，遂不以聖學與之耶？嗟乎！果如陽明之説，聖學之亡何待顔子之没？自告子未生以前，亦無所謂聖人之學也。

[二]「或」，底本無，據光緒本補。

自反録①

門人丁元薦録[一]

古燕後學張純修重訂

客見以俟録而問曰：「古者同心之交，聞流言不信，子之於李漕撫也，其庶矣夫？」涇陽子曰：「所謂不信，非故不信也，所信自有在也。乃予之信李漕撫，則非惴惴在漕撫也，正以邵、劉、徐、喬諸疏耳，百千罪過，臚列滿紙，而實證一切茫如也；又以馬、金兩黄門疏耳，長短並存，折衷最允，而浮議一切湔除也；又以曹、王各臺省疏耳，究觀禍本，具有來歷，而機關一切破盡也；又以沈龍江先生千里貽書耳，身在江湖，心存世道，若是乎愛國之深也；又以王弘陽先生臨革一疏耳，驚心淮上，齎志燕中，若是乎痛時之切也。可以觀矣。至予上閣銓二老書，又何足爲有

① 自反録以復旦大學圖書館藏清康熙三十七年刻本顧端文公遺書顧端文公自反録爲底本，以清光緒丁丑重刊涇里宗祠藏板顧端文公遺書自反録（以下簡稱「光緒本」）爲校本。

[一] 此行底本係題下小字，光緒本作「義鄉門人丁元薦録」。

無？抑亦曰『始不敢負漕撫，終不敢負海内諸君子也』。聊存其副，備一底案云爾。」客退，爰記其語，附之卒簡。萬曆辛亥仲冬，涇陽子書。以俟録，即閣銓三書，今并入文集。

或問：「李漕撫何如？」先生曰：「吾聞之，凡論人，當觀其趨向之大體。趨向苟正，即小節出入，不失爲君子；趨向苟差，即小節可觀，終歸於小人。又聞：『爲國家者，莫要於扶陽抑陰，君子即不幸有詿誤，當保護愛惜，成就之；小人即小過乎，當早排絶，無令爲後患。』又聞：『古來豪傑種種不同，或謹嚴，或闊大，或悃愊，或揮霍，其品人人殊矣，總之各成一局，各不害其爲豪傑也。』合此三言，可以定漕撫之案。」

先生爲李漕撫上書閣銓二老，王考功見而駁之，一時異同之論相繼而起，章滿公車，先生聞之，曰：「是吾過也。」

或問：「先生爲漕撫受過，人已兩盡矣。第此説一出，將無於漕撫不便？」先生曰：「是何言也？三代以上，吾不敢論，自秦、漢至今，相望二千餘年，豪傑之興，代不乏人，求其完完全全没些子病痛的有幾？奈何其以爲諱也，吾爲漕撫設身處地，即漕撫亦應受過耳。」曰：「竊恐漕撫氣高不能受也。」曰：「是固未可知，然而亦有所試之矣。聞嘗與語及古董事，因曰：『吴中作是生活者，率託名足下，不曰往淮上求善價而沽，則曰淮上適遣人來尋訪，徐核其實，十無二三，蓋此輩顓欲借之張皇其門面耳。』漕撫笑曰：『還是我多事，我若無此好，這話亦何從而來？』予遂舉手贊曰：『善哉！善哉！請得爲足下廣之。不闊大即揮霍之説，亦何從而來？不揮霍即跅弛之説，亦何從而來？不跅弛即貪之説，亦何從而來？盍反其本矣？』漕撫欣然首肯。又予得馬見素給諫疏而善之，簡漕撫曰：『是疏描寫足下一段精神奕奕，如畫足下，讀之當自躍然，只廣侈之擬，恐尚未肯服耳。予謂：足下築令先人佳城，其費不貲，至遍貸於親知以濟，不可。曰：非廣侈也，所可原者，出於愛親一念耳。畢竟大孝不在此也。説到此，還肯服否？漕撫謝曰：『君言是也。』如此看來，漕撫亦庶幾能受過矣，要在悦而繹、從而改耳，此則漕撫之所當勉也。曰：世之求備於漕撫也，其辭苛，將以敗壞漕撫也；先生之求備於漕撫也，其辭平，將以成全漕撫也。成全之與敗壞，相去遠矣，漕撫忍不勉乎？』

庚戌十月十七日，先生赴毘陵之會，適許少微中丞應召北上，遇諸途，相見甚歡。先生從容問曰：「老兄看得李漕撫何如？須作直心語，無有所遷就也。」中丞曰：「此易知耳，姑無擬之於古，即如近時胡梅林制府何樣手段，其餉嚴分宜諸貴人動以萬計，其餉山人遊客動以千計，至伶人輩偶爾一歌一曲當意，亦往往犒以元寶，曾不少惜，其揮霍豈不百倍於漕撫耶？徒以其功於地方也，至今人追誦之不已。況制府以媚權要，而漕撫以赴賢士大夫之緩急；制府以娛歌兒舞女，而漕撫以周親知故舊，兩者正自天淵也。奈何求多於漕撫？」先生曰：「看來看去，漕撫亦無他，只是交際往來，局面稍闊耳。然而較勘到此，那個是海忠介？又那個是陳恭介？概而論之，恐亦五十步百步之間耳。只是他人於此闇然，漕撫於此的然，所以惹許多議論。況他人用其餘求田問舍，漕撫用其餘尋彝覓鼎，清濁雅俗，亦微有辨。乃今於彼，率以爲固然，置之而不問。於此輒詫以爲異，多方吹求而不已，何也？更有一說，制府但有功於地方，漕撫兼有功於世道。就地方上論功，制府視漕撫較大；就世道上論功，漕撫視制府尤大。請擬之於古，若李忠定、趙忠簡，非一代卓絶人物耶？其揮霍亦十倍於漕撫也，畢竟忠定何害其爲忠定？忠簡何害其爲忠簡？蓋天下原有此一種豪傑，正不必拘拘，盡繩以小廉曲謹耳。」中丞曰：「人各有能有不能。即如柳下惠之和，繩以伯夷之清，則柳下惠且必窮；伯夷之清，繩以伊尹之任，則伯夷且必窮，而況漕撫乎？」已而曰：「看來功名盛了，亦便惹人忌。」先生曰：「然。自枚卜之説起，段給諫請兼用内外吏，垣長陳廉崖欲因以爲漕撫罪，遂有疏暗刺之。其徒從而和之，廣布流言，摇煽南北，於是忌者益衆，漕撫一身，遂爲射的，四面皆兵，無可逃躲處矣。蓋總之不出四明圈套中，特其間有明知而爲之用者，有不知而暗爲所用者，此其情又不可一律齊耳。」中丞曰：「人説漕撫要謀總憲，要謀秉銓，要謀宅揆，只是要鍛成他罪案。據我看，此老若得柄用，必有一段精采可觀。」先生曰：「此可與知者道也。」

沈龍翁相國貽先生書曰：「李修老，不肖夙所敬慕，東南一帶長城也。今被人齮齕若此，諸公閱邸報，得無爲驚咤耶？不肖爲世道私計，故稍於知己之前鳴其不平，用少攄積鬱之意，他所殊不敢及此也。老丈負人倫之鑒，倘於月旦之評，一爲洗雪，其有裨世運，非淺淺者矣！望之。」先生讀之，喟然嘆曰：「有是哉，相國之用心乎！觀其去位時，猶然如此，即其在位時可知已，宜其爲一代之碩輔也。」已，讀王弘翁司空乞歸疏，至「驚心淮上」一語，又喟然嘆曰：「有是哉，司空之用心乎！觀其垂革時，猶然如此，即其生存時可知已，宜其爲一代之名卿也！」

或問：「王考功一疏，專爲漕撫耳，閲其答書，却又别有爲而發，故人多以是疑其心，如何？」先生曰：「此考功事也，予何與焉？且言有是非，而其所以言有公私，兩者各不相掩。假令其言是即出於有心，猶然是也；其言非，即出於無心，猶然非也。予今惟有默默自反而已，焉知其他？」

有客問於先生曰：「聞王考功駁子救李漕撫書，於子意何如？」先生曰：「是有二焉。執馬、金兩君子之疏以格我，我當爲漕撫受過；執邵、徐諸君子之疏以格我，考功當爲我分過。」客曰：「此至虛之心，至平之見，至確之論也，他人更何容著一辭？」已而得其疏及書，與南北臺省各疏，讀之，謂客曰：「是非異同之辨，於斯悉矣，予亦何容更著一辭？」客曰：「是則然矣，只其間有兩重大公案，向未經道破。」先生曰：「願聞之。」客曰：「漕撫之可重，不特以其才，而以其節，不特以其有功於地方，而以其有功於世道；其有功於世道也，不特以其能御權閹，而以其能御權相。至其御權相也，又不特知喬道長所云『木偶蘭溪、四明，嬰兒山陰、新建』而已，乃在遏婁江之出耳，何者？婁江之再起，正否、泰、夬、姤之一大機也。然而密揭未發之先，言者猶半含半吐，意存規諷，其辭婉；密揭既發之後，乃始明指痛斥，傾國而唾之，略無假借，其辭嚴。而婁江之進退，從此決矣。向令不出是着，婁江必且幡然應召無疑也。婁江既幡然應召，四明必且連茹而進無疑也；四明既連茹而進，福清必且爲歸德之續無疑也。而邪正之消長，亦從此決矣。故人但知今日之朝廷，全賴一福清，而不知福清之得以晏然安於其位者，實由婁江之不果出；人亦知福清之得以晏然安於其位者，全賴婁江之不果出，而不知婁江之所以不果出者，實由段給諫密揭一疏，有以制其命。至密揭，却傳自漕撫也，豈非社稷第一功哉？予請爲之評曰：『劑量一人之品，則表其瑜，不得諱其瑕，而馬、金兩給諫之所持爲最公；劑量一世之機，則取其大，不必責其小，而子之所計爲甚遠。』斯言也，竊謂可以建天地，質鬼神，俟百世矣。審爾議者乃謂渠輩神人共棄，其何能爲？審爾山中宰相之命，何以突然從天而下？審爾張大參等，何以公然推戴爲聖人？竊恐就今日而言，委是不燃之灰；就當日而言，安知其必不爲章惇、蔡京之翻局？倖免焦頭爛額之禍，而遽忘曲突徙薪之功。甚且從而求多焉，以致一段苦心至計，翻成罪府，尚可謂有天日乎？此漕撫一大公案也。至世之議漕撫者，率以爲貪，且謂自閣部省而下，無不以爲貪矣。請以一言質之曰：『審爾，何以公車之牘紛紛交角也？』又請以兩言剖之曰：『與其取徵於縉紳之口，不若取徵於細民之口；與其取徵於長安之人，不若取徵於地方之人。』吾願言者，試就淮、揚數百里間一致詢焉，其於漕撫，果戴之如父母者耶？抑疾之如仇者耶？果所在尸祝者耶？抑所在詛咒者耶？豈不亦較然分明哉？嗟乎！耳目之官，以錢買矣；山林之士，以錢買矣；即大内，亦以錢買矣。乃漕撫發淮之日，諸父老群呼隊擁，相與頂輿，號哭不得行。既抵舟，復號哭而隨之，相與奪纜不得行，亦以錢買耶？不然，彼何利於貪撫而戀戀若是耶？將長安有公論，地方無公論耶？抑縉紳之風聞是實録，細民之口碑是虛飾耶？何旁觀者猶代爲切齒，恨不食其肉，而寢處其皮，而身親當之者，反德所讎，而恩所怨，好惡與人殊耶？則安可不思其故哉？此又漕撫一大公案也。」先生起謝曰：「聞客言，回思向來救漕撫書，已落第二義矣。」

或問：「先生嘗言漕撫有三不免，上閣銓書，止説得兩不免，這一不免安在？」先生曰：「漕撫正所謂大節卓然，而小節不無出入者，兩不免從大處取忌，一不免從小處招尤，三者湊合而成。今日之紛紛，當時宜一并道破，只因言者責備已多，以爲可無復贅，遂略之耳。」曰：「非特贅也，亦防借用，即如馬掌科見素一疏，最爲持平，且已有借之攻金掌科崑源者，假令先生亦隨衆作責備語，安知不更爲人所借也？況上書與上疏，體亦稍别，言官之説自應如彼，先生之説自應如此，蓋各有攸當耳。至參諸王考功所駁，如『至廉』『至清』『至淡泊』云云，只是就書中摘取一二字，從而爲之辭，如『古之純儒所難』云云，即書中原未有也，奚其過？」先生不答。已而曰：「吾閲漕撫答先生書，先生之素所忠告於漕撫者，居然可見矣。凡友朋相與，當其平居無事，則所重在切磋，宜爲之補救其所短；當其遭讒遘譏，則所重在昭雪，宜爲之發揚其所長，此亦自然之天則也。奚其過？」先生又不答。已而又曰：「先生借漕撫答書點出『俠氣』二字，即漕撫本來面目已自了然，這便是兩給諫之説也。讀者自不察耳，其亦何嘗不道破？」先生卒不答。退而質景逸高子，景逸作而嘆曰：「微哉！微哉！

始先生題麗澤堂之兩楹曰『樂道人善，願聞己過』，今於其上閣銓三書，見樂道人善之至也。於其三不答，見願聞己過之至矣。此千古聖賢真血脈，非可以凡心凡眼窺也。」

或問：「近讀伍容菴少參辨誣録，且擬李漕撫於周文襄也，何如？」先生曰：「少參此擬最平，視林居録所云迥别，足徵其心之虚矣。」曰：「少參言推漕撫者，謂是于忠愍、王文成以上人，亦有説乎？」曰：「忠愍當土木之難，文成當寧藩之難，漕撫當礦税之難，皆能毅然挺身出而戡定之，故言者以之相提而論。若謂漕撫超兩公而上，何言之易也？至擬之文襄，則一以幹濟勝，一以氣魄勝；一善用柔，一善用剛；一精細，一闊大；一於地方有休養生息之功，至今吴、會間濡其潤，盎然如甘霖焉，無不感而思之；一於地方有振刷捍衛之功，現今淮、揚間蒙其庇屹然如長城焉，無不仰而戴之。即志操不必盡同，兩者固略相當矣。」客曰：「少參恐尚有微意，不可不知。」先生曰：「試舉看。」□□：「□□□瑾最暱，[一]賴其援，所以得安其位而行其志。」漕撫已奉俞旨放歸。歷四年，而還職之旨，俄從中下，少參疑其亦必有内援，是以擬之文襄

[一] 底本、光緒本此處均有五字空格未刻，姑存其舊。按：據文意，前二字或當作「客曰」。

也。先生曰：「往亦嘗質諸漕撫矣。漕撫曰：『此事不煩多辨，可一言而斷也。』予曰：『何也？』漕撫曰：『此事縱瞞得外廷，瞞不得内閣，沈四明之疾張元沖，尚不如疾我之甚。當時猶揑假帖示所知曰：「他們説張元沖好如何交通近侍。」倘予真若人言，予之性命已落四明掌中矣，如何敢與他忤？他亦何肯草草放過？況乎掩有爲無，不畏於天，不怍於人，即歸德、福清豈不暗笑？必且犬彘我矣。此所謂可一言而斷者也，何疑？』予曰：『此事委瞞得外廷，瞞不得内閣，足下之言辨矣，吾無以難，只是足下亦曾稱陳閣矩賢。』漕撫曰：『陳之賢，天下莫不知，何獨我？第就裏委有説在，正須道破。陳有一弟，與予爲鄉同年，往與李心湖儀部燕談，偶及之，儀部跳而起曰：「有這個人在，奈何放過他？」予問：「意欲何如？」儀部曰：「可把起廢一事，頓在他身上。」予笑云：「即係年家，平時絶無往來，這事恐難。況近侍官，吾輩安可輕與通？」儀部嗔曰：「若如此，只是顧自家一身名節，全不顧天下，非吾所望於子也。」予曰：「兄既如此責我，兄可作一書，我當再尋幾個同年，連名寫上送去，看他何如？」儀部曰：「諾。」尋以一書來，予遂緘而致之陳。陳得書，喜曰：「各位老先生以聖賢望我，我何敢自棄，少須之，當有報。」數日報曰：「此事非某所能及也，所可效者，緊要章奏當稍爲流通耳。」已而，果連下二三百本，如是而已，嗣後亦絶無往來。其報書，亦儀部携去，海內君子若以此罪我，我誠無辭。』予曰：『此正足下判捨身名赤心爲國處，其誰忍議漕撫？』又曰：『看來外面議論，儘自奇特。』近盧東麓儀部過訪，語予曰：『日者往壽沈歸德相公，相公謂曰：「李某於諸閹實無交，只聞其弟室人係陳閹姪女，有此瓜葛，不能絶不通耳。」』予聞之大笑，因出先考誌文示之，內外姻戚並無一陳姓者，儀部見之亦大笑而罷。」客憮然曰：「人言不根至此乎？然後知無兄盜嫂、娶孤女，而撾婦翁，俱無足怪也。漕撫之不免，宜哉！」

或問：「沈司馬立朝直節，家食清風，猶不免於議，何也？」先生曰：「概司馬生平委無間然，只丁未一事，却亦有失著處，論者又不揣其本而齊其末，所以此案至今模糊耳。」曰：「何謂本？何謂末？」曰：「司馬與太宰牴牾，其端起於計事，本也；釁發於選事，末也。趙御史對呂寧陵言：『大計一疏出，人多憾之。』可謂一語道盡。司馬於時慨然出而匡正，豈不堂堂之陣，正正之旗？乃竟草草放過，但去救丁大參，已落第二義矣。況徐而摘及選事乎？這等处，委是失著。以此責備司馬，司馬賢者當必欣然引咎。若探本言之，則又有尸其責者矣，何獨厚誅？司馬并其生平而盡抹之，甚而誣之以結交內侍，盜挖御屏也。試看司馬，在棘寺，則重處詐傳聖旨之郝金；在工部，則特參冒破錢糧之首璫張成，是爲結交之道乎？且御屏可盜挖耶？真不足以發智者之一笑耳。」曰：「何以及金、馬三君？」曰：「丁大參科場一疏甚偉，至其疏宕不羈，量示裁抑可耳，削其官甚矣。馬學憲屢經撫按奏薦，温總憲亦曾條陳及之，非予一人之私言也。沈太守素無半面之識，予在選司時，陳恭介亟稱其有執，適楚撫郭希宇移書推轂，遂自衡州貳守推守九江，到任不半載而黜，意惜之矣，何圖有今日事？總之予願受過，不敢借二老爲解也。姑遡其來歷如此耳。況考功行當用事，他日自應有悟，又何煩絮絮爲！」

或問：「吾聞君子不黨，子之爲李漕撫上書也，不近於黨乎？」先生曰：「豈惟是哉？當丙戌、丁亥間，有毁吕寧陵坤於政府，欲中以考功法者。予極口明其不然，以至取忤，時則人以予爲寧陵之黨矣；王耀州國用計事失當，路指外遷，予承乏選司，特請於陳恭介擢卿太僕，時則人以予爲耀州之黨矣；吴晉陵中行、趙琴川用賢先後被群小望風傾陷，予不揣，輒起而攘臂其間，時則人以予爲吴、趙之黨矣；江新安東之自鄧州守，超爲光禄卿，李大同植即家起爲綏德守，馴至大用，皆犯時貴所忌，時則人以予爲江、李之黨矣；兹者又言沈嘉禾思孝於太宰，則又以予爲嘉禾之黨矣。其何所不黨哉？然而數君子者，各各自成一局，不必意見之盡同；就其中亦往往互相爲左，不必藩籬之盡撤。是故黨寧陵，則與寧陵左者且外我；黨耀州，則與耀州左者且外我；黨吳、趙，則與吳、趙左者且外我；黨江、李，則與江、李左者且外我；黨嘉禾，則與嘉禾左者且外我；至於今黨漕撫，則與漕撫左者且無不外我。其又何所黨哉？如此看來，有黨乎？無黨乎？一憑人謂何耳，予曷敢擇焉？」

顧憲成全集卷二十八

證性編①

證性編一

古燕後學張純修重訂

① 證性編六卷，以復旦大學圖書館藏清康熙三十七年刻本顧端文公遺書顧端文公證性編爲底本，以清光緒丁丑重刊涇里宗祠藏板顧端文公遺書證性編（以下簡稱「光緒本」）爲校本。

存經

易曰：大哉乾元，萬物資始，乃統天。至哉坤元，萬物資生，乃順承天。一陰一陽之謂道，繼之者善也，成之者性也。

書曰：天敘有典，敕我五典五惇哉！天秩有禮，自我五禮有庸哉！惟皇上帝，降衷於下民，若有恒性。惟天地，萬物父母；惟人，萬物之靈。惟天陰騭下民，相協厥居。貌曰恭，言曰從，視曰明，聽曰聰，思曰睿，恭作肅，從作乂，明作哲，聰作謀，睿作聖。

詩曰：天生蒸民，有物有則，民之秉彝，好是懿德。

禮曰：人生而静，天之性也。

論語曰：人之生也直，罔之生也幸而免。性相近也，習相遠也。

惟上知與下愚不移。[一]

中庸曰：天命之謂性，率性之謂道，修道之謂教。喜怒哀樂之未發謂之中，發而皆中節謂之和。中也者，天下之大本也；和也者，天下之達道也。致中和，天地位焉，萬物育焉。

孟子曰：人皆有不忍人之心。先王有不忍人之心，斯有不忍人之政矣，以不忍人之心，行不忍人之政，治天下可運之掌上。所以謂人皆有不忍人之心者，今人乍見孺子將入於井，皆有怵惕惻隱之心，非所以内交於孺子之父母也，非所以要譽於鄉黨、朋友也，非惡其聲而然也。由是觀之，無惻隱之心，非人也；無羞惡之心，非人也；無辭讓之心，非人也；無是非之心，非人也。惻隱之心，仁之端也；羞惡之心，義之端也；辭讓之心，禮之端也；是非之心，智之端也。人之有是四端也，猶其有四體也，有是四端，而自謂不能者，自賊者也。謂其君不能者，賊其君者也。凡有四端於我者，知皆擴而充之矣，若火之始然，泉之始達。苟能充之，足以保四海；苟不充

[一]「不移」，底本作「下移」，據光緒本及論語改。

之，不足以事父母。

滕文公爲世子，將之楚，過宋而見孟子，孟子道性善，言必稱堯、舜。世子自楚反，復見孟子，孟子曰：「世子疑吾言乎？夫道一而已矣。成覸謂齊景公曰：『彼丈夫也，我丈夫也，吾何畏彼哉？』顔淵曰：『舜何人也？予何人也？有爲者亦若是。』公明儀曰：『文王我師也，周公豈欺我哉？』今滕絶長補短，將五十里也，猶可以爲善國。書曰：『若藥不瞑眩，厥疾不瘳。』」

大人者，不失其赤子之心者也。

天下之言性也，則故而已矣。故者以利爲本。所惡於智者，爲其鑿也。如智者若禹之行水也，則無惡於智矣。禹之行水也，行其所無事也。如智者亦行其所無事，則智亦大矣。天之高也，星辰之遠也，苟求其故，千歲之日至，可坐而致也。

富歲，子弟多賴；凶歲，子弟多暴。非天之降才爾殊也，其所以陷溺其心者然也。今夫麰麥，播種而櫌之，其地同，樹之時又同，浡然而生，至於日至之時，皆熟矣。雖有不同，則地有肥磽，雨露之養、人事之不齊也。故凡同類者，舉相似也，何獨至於人而疑之？聖人與我同類者。故龍子曰：「不知足而爲屨，我知其不爲蕢也。」屨之相似，天下之足同也。口之於味，有同耆也。易牙先得我口之所耆者也，如使口之於味也，其性與人殊，若犬馬之與我不同類也，則天下何耆皆從易牙之於味也？至於味，天下期於易牙，是天下之口相似也。惟耳亦然。至於聲，天下期於師曠，是天下之耳相似也。惟目亦然。至於子都，天下莫不知其姣也，不知子都之姣者，無目者也。故曰：「口之於味也，有同耆焉；耳之於聲也，有同聽焉；目之於色也，有同美焉。」至於心，獨無所同然乎？心之所同然者，何也？謂理也，義也。聖人先得我心之所同然耳。故理義之悦我心，猶芻豢之悦我口。

牛山之木嘗美矣，以其郊於大國也，斧斤伐之，可以爲美乎？是其日夜之所息，雨露之所潤，非無萌蘖之生焉，牛羊又從而牧之，是以若彼濯濯也。人見其濯濯也，以爲未嘗有材焉，此豈山之性也哉？[二]雖存乎人者，豈無仁義之心哉？其所以放其良心者，亦猶斧斤之於木也。旦旦而伐之，可以爲美乎？其日夜之所息，平旦之氣，其好惡與人相近也者幾希，則其旦晝之所爲，有梏亡之矣。梏之反覆，則其夜氣不足以存；夜氣不足以存，則其違禽獸不遠矣。人見其禽獸也，而以爲未嘗有才焉者，是

[二]「豈」，底本、光緒本均作「其」，據孟子改。

豈人之情也哉？故苟得其養，無物不長；苟失其養，無物不消。孔子曰：「操則存，舍則亡，出入無時，莫知其鄉。」惟心之謂與？

魚，我所欲也；熊掌，亦我所欲也，二者不可得兼，舍魚而取熊掌者也。生亦我所欲也，義亦我所欲也，二者不可得兼，舍生而取義者也。生亦我所欲，所欲有甚於生者，故不爲苟得也；死亦我所惡，所惡有甚於死者，故患有所不辟也。如使人之所欲莫甚於生，則凡可以得生者，何不用也？使人之所惡莫甚於死者，則凡可以辟患者，何不爲也？由是則生而有不用也，由是則可以辟患而有不爲也，是故所欲有甚於生者，所惡有甚於死者。非獨賢者有是心也，人皆有之，賢者能勿喪耳。一簞食，一豆羹，得之則生，弗得則死，[一] 嘑爾而與之，行道之人弗受；蹴爾而與之，乞人不屑也。萬鍾則不辨禮義而受之，萬鍾於我何加焉？爲宮室之美，妻妾之奉，所識窮乏者得我與？鄉爲身死而不受，今爲宮室之美爲之；鄉爲身死而不受，今爲妻妾之奉爲之；鄉爲身死而不受，今爲所識窮乏者得我而爲之，是亦不可以已乎？[二] 此之謂失

[一]「弗得」，底本及光緒本均作「弗之」，據孟子改。
[二]「是亦不可以已乎」，底本脱「不」字，據光緒本及孟子補。

其本心。

萬物皆備於我矣。

人之所不學而能者，其良能也；所不慮而知者，其良知也。孩提之童無不知愛其親也，及其長也，無不知敬其兄也。親親，仁也；敬長，義也。無他，達之天下也。

形色，天性也，惟聖人然後可以踐形。

口之於味也，目之於色也，耳之於聲也，鼻之於臭也，四肢之於安佚也，性也，有命焉，君子不謂性也。仁之於父子也，義之於君臣也，禮之於賓主也，智之於賢者也，聖人之於天道也，命也，有性焉，君子不謂命也。

顧憲成全集卷二十九

證性編二

古燕後學張純修重訂

原異

毗婆尸佛偈曰：身從無相中受生，猶如幻出諸形象。幻人心識本來無，罪福皆空無所住。

尸棄佛偈曰：起諸善法本是幻，造諸惡業亦是幻。身如聚沫心如風，幻出無根無實性。

毗舍浮佛偈曰：假借四大以爲身，心本無生因境有。前境若無心亦無，罪福如幻起亦滅。

拘那含牟尼佛偈曰：佛不見佛知是佛，若實有知别無佛。智者能知罪性空，坦然不怖於生死。

迦業佛偈曰：一切衆生性清浄，從本無生無可滅。即此身心是幻生，幻化之中無罪福。

釋迦牟尼佛偈曰：法本法無法，無法法亦法。今付無法時，法法何曾法。

菩提達磨大師偈曰：不覩惡而生嫌，[二]不觀善而勤措。不捨智而近愚，不抛迷而就悟，達大道兮過量，明佛心兮出度。不與凡聖同纏，超然名之曰祖。

惠能大鑑禪師偈曰：兀兀不修善，騰騰不造惡。寂寂斷見聞，蕩蕩心無著。

老子曰：唯之與阿，相去幾何？善之與惡，相去何若？絶聖棄智，民利百倍。絶仁棄義，民復孝慈。絶巧棄利，盜賊無有。

莊子曰：駢拇枝指，出乎性哉！而侈於德。附贅縣疣，出乎形哉！而侈於性。

[二]「生」，底本、光緒本均無。按：宋普濟五燈會元卷一載：「祖（達摩）知懇到，即説偈曰：『亦不覩惡而生嫌，亦不觀善而勤措。亦不捨智而近愚，亦不抛迷而就悟。達大道兮過量，通佛心兮出度。不與凡聖同躔，超然名之曰祖。』」（宋普濟著，蘇淵雷點校五燈會元，中華書局，一九八八年版，第四五頁）據增。

多方乎仁義而用之者，列於五藏哉！而非道德之正也。是故駢於足者，連無用之肉也；枝於手者，樹無用之指也；多方駢枝於五藏之精者，淫僻於仁義之行，而多方於聰明之用也。是故駢於明者，亂五色，淫文章，青黄黼黻之煌煌非乎？[一]而離朱是已。多於聰者，亂五聲，淫六律，金石絲竹黄鐘大吕之聲非乎？而師曠是已。枝於仁者，擢德塞性以收名聲，使天下簧鼓以奉不及之法非乎？而曾、史是已。駢於辨者，纍瓦結繩竄句，遊心於堅白同異之間，而敝跬譽無用之言非乎？而楊、墨是已。故此皆多駢旁枝之道，非天下之至正也。彼至正者，不失其性命之情，故合者不爲駢，而枝者不爲跂，長者不爲有餘，短者不爲不足。是故鳧脛雖短，續之則憂；鶴脛雖長，斷之則悲。故性長非所斷，性短非所續，無所去憂也。意仁義其非人情乎？彼仁義何其多憂也？且夫駢於拇者，決之則泣；枝於手者，齕之則啼。二者或有餘於數，或不足於數，其於憂一也。今世之仁人，蒿目而憂世之憂；不仁之人，決性命之情而饕富貴，故意仁義其非人情乎！自三代以下者，天下何其囂囂也？[二]且夫待鈎繩規矩

[一]「黼黻」，底本作「黻黼」，據光緒本及莊子改。
[二]「天下」，底本脱二「下」字，據光緒本及莊子補。

而正者，是削其性也；待繩約膠漆而固者，是侵其德也。屈折禮樂，呴俞仁義，以慰天下之心者，此失其常然也。天下有常然。常然者，曲者不以鈎，直者不以繩，圓者不以規，方者不以矩，附離不以膠漆，約束不以纆索。故天下同然皆生而不知其所以生，同焉皆得而不知其所以得。故古今不二，不可虧也。則仁義又奚連連如膠漆纆索，而遊乎道德之間爲哉？使天下惑也！夫小惑易方，大惑易性。何以知其然耶？有虞氏招仁義以撓天下也，天下莫不奔命於仁義，是非以仁義易其性與？[一]故嘗試論之，自三代以下者，天下莫不以物易其性矣。小人則以身殉利，士則以身殉名，大夫則以身殉家，聖人則以身殉天下。故此數子者，事業不同，名聲異號，其於傷性以身爲殉，一也。臧與穀，二人相與牧羊，而俱亡其羊，問臧奚事，則挾筴讀書；[二]問穀奚事，則博塞以遊。二人者，事業不同，其於亡羊均也。伯夷死名於首陽之下，盜跖死利於東陵之上，二人者，所死不同，其於殘生傷性均也。奚必伯夷之是而盜跖之非乎！天下盡殉也，彼其所殉仁義也，則俗謂之君子；其所殉貨財也，則俗謂之小人。

[一]「易其性」，底本脱一「其」字，據光緒本及莊子補。
[二]「筴」，底本作「策」，據光緒本及莊子改。

其殉一也，則有君子焉，有小人焉；若其殘生損性，則盜跖亦伯夷已，又烏取君子小人於其間哉？且夫屬其性乎仁義者，雖道如曾、史，非吾所謂臧也；屬其性於五味，雖通如俞兒，非吾所謂臧也；屬其性乎五聲，雖通如師曠，非吾所謂聰也；屬其性乎五色者，雖通如離朱，非吾所謂明也。吾所謂臧，非仁義之謂也，臧於其德而已矣；吾所謂臧者，非所謂仁義之謂也，任其性命之情而已矣；吾所謂聰者，非謂其聞彼也，自聞而已矣；吾所謂明者，非謂其見彼也，自見而已矣。夫不自見而見彼，不自得而得彼者，是得人之得而不自得其得者也。適人之適，而不自適其適者也，夫適人之適而不自適其適，雖盜跖與伯夷，是同爲淫僻也。余愧乎道德，是以上不敢爲仁義之操，而下不敢爲淫僻之行也。

馬，蹄可以踐霜雪，毛可以禦風寒，齕草飲水，翹足而陸，此馬之真性也。雖有義臺路寢，無所用之。及至伯樂，曰：「我善治馬。」燒之剔之，刻之雒之，連之以羈馽，編之以皁棧，馬之死者十二三矣；飢之渴之，馳之驟之，整之齊之，前有橛飾之患，而後有鞭筴之威，而馬之死者已過半矣。陶者曰：「我善治埴，圓者中規，方者中矩。」匠人曰：「我善治木，曲者中鈎，直者應繩。」夫埴木之性，豈欲中規矩鈎繩哉？然且世世稱之曰：「伯樂善治馬，而陶匠善治埴木。」此亦治天下者之過也。吾意善治天下者不然。彼民有常性，織而衣，耕而食，是謂同德；一而不黨，命曰天放。故至德之世，其行填填，其視顛顛。當是時也，山無蹊隧，澤無舟梁；萬物群生，連屬其鄉；禽獸成群，草木遂長。是故禽獸可係羈而遊，鳥鵲之巢可攀援而闚。夫至德之世，同與禽獸居，[一]族與萬物並，惡乎知君子小人哉！同乎無知，[二]其德不離；同乎無欲，是謂素樸。素樸而民性得矣。及至聖人，蹩躠爲仁，踶跂爲義，而天下始疑矣；澶漫爲樂，摘擗爲禮，而天下始分矣。故純樸不殘，孰爲犧樽！白玉不毀，孰爲珪璋！道德不廢，安取仁義！性情不離，安用禮樂！五色不亂，孰爲文采！五聲不亂，孰應六律！夫殘樸以爲器，工匠之罪也；毀道德以爲仁義，聖人之過也。夫馬，陸居則食草飲水，喜則交頸相靡，怒則分背相踶。馬知已此矣。[三]夫加之以衡扼，齊之以月題，

[一]「同與」，底本作「同於」，光緒本作「國與」，莊子馬蹄作「同與」（陳鼓應注譯莊子今注今譯（最新修訂重排本），中華書局，二〇〇九年版，第二七〇頁），據改。

[二]「同乎」，底本作「同於」，據光緒本及莊子改。

[三]「馬知已此矣」，底本作「馬知此已矣」，據光緒本及莊子改。

而馬知介倪、闉扼、鷙曼、詭銜、竊轡。故馬之知而態至盜者，[一]伯樂之罪也。夫赫胥氏之時，民居不知所爲，行不知所之，含哺而熙，鼓腹而遊，民能已此矣。及聖人屈折禮樂，以匡天下之形，縣跂仁義以慰天下之心，而民乃始踶跂好知，争歸於利，不可止也。此亦聖人之過也。

爲善無近名，爲惡無近刑。緣督以爲經，可以保身，可以全生，可以養生，可以盡年。

百年之木，破爲犧樽，青黄而文之，其斷在溝中。比犧樽於溝中之斷，則美惡有間矣，其於失性一也。跖與曾、史行義有間矣，然其失性均也。

[一]「態」，底本、光緒本均作「能」，莊子馬蹄作「態」（陳鼓應注譯莊子今注今譯（最新修訂重排本），中華書局，二〇〇九年版，第二七三頁），據改。

顧憲成全集卷三十

證性編三

古燕後學張純修重訂

罪言上

陽明先生與門人論學，提四句爲教法，曰：「無善無惡心之體，有善有惡意之動，知善知惡是良知，爲善去惡是格物。」錢緒山謂：「此是師門教人定本，一毫不可更易。」王龍溪謂：「心意知物只是一件，若悟得心是無善無惡之心，意即是無善無惡之意，知即是無善無惡之知，物即是無善無惡之物。蓋無心之心則藏密，無意之意則應圓，無知之知則體寂，無物之物則用神。天命之性，粹然至善，神感神應，其機自不容已，無善可名。惡固本無，善亦不可得而有也。是謂無善無惡。若有善有惡，則意動於物，非自然之流行，着於有矣。自性流行者，動而無動，着於有者，動而動也。意是心之所發，若是有善有惡之意，則知與物一齊皆有，心亦不可謂之無矣。」緒山曰：「心體是天命之性，原是無善無惡的。但人有習心，意念上見有善惡在，格致誠正修，正是復那性體功夫。若原無善惡，即工夫亦不消説，恐壞却師門教法。」龍溪曰：「學須自證自悟，不從人脚跟轉。若執着權法以爲定本，未免滯於言詮，亦非善學也。」緒山曰：「吾二人所見不同，何以同人？」因各以所見請質。陽明曰：「正要二君有此一問。吾教法原有此兩種：四無之説，爲上根人立教；四有之説，爲中根以下人立教。上根之人，悟得無善無惡心體，便從無處立根基，意與知物皆從無生，一了百當。即本體便是工夫，易簡直捷，更無剩欠，頓悟之學也。中根以下之人，未悟得本體，未免在有善有惡上立根基，心與知物皆從有生，須用爲善去惡工夫，隨處對治，使之漸漸入悟，從有以歸於無，復還本體，及其成工一也。」緒山请問，陽明曰：「有，只是你自有，良知本體原來無有，本體只有太虛。太虛之中，日月星辰，風雨露雷，陰霾曀氣，何物不有？而又何一物得爲太虛之障？人心本體，亦復如是。太虛無形，一過而化，亦何費纖毫氣力？工夫如此，便是合得本體工夫。」龍溪請問，陽明曰：「汝中所見，我久欲發，恐人信不及，徒增躐等之病，故含蓄到今。此是傳心秘藏，顔子、明道所不敢承當者。今既已説破，亦是天機該泄時，豈容復秘？然汝中見得此意，只好默默自修，不可執以接人。」已而，曰：「二君以後與學者言，務要依我四句宗旨：『無善無惡是心之體，有善有惡是意之動，知善知惡是良知，爲善去惡是格物。』以此自修，直躋聖位；以此接人，更無差失。」龍溪曰：「本體透後，何如？」曰：「此是徹上徹下語。自初學至聖人，只此工夫，初學用此循循有入，雖至聖人，究竟無盡，堯、舜精一工夫，亦只如此。」又重囑付曰：「二君以後，再不可更此四句宗旨。此四句，中人上下，無不接著。我年來立教亦更幾番，今始立此四句。人心自有知識以來，已爲習俗所染，今不教他在良知上實用爲善去惡工夫，只是懸空想個本體，一切事爲都不着實，不過養成一個虚寂。此病痛不是小小，不可不早説破。」於是海内學者競傳之，以爲發程、朱之所未發。愚反覆參證，直以爲是發孔、孟之所未發也。

書曰：「惟皇上帝，降衷于下民，若有恒性。」詩曰：「天生蒸民，有物有則。」易曰：「大哉乾元，萬物資始。至哉坤元，萬物資生。」春秋傳曰：「人受天地之中以生。」論語曰：「人之生也直。」中庸曰：「喜怒哀樂之未發，謂之中。」世之上下，千有餘載，言人人殊，要其指歸，若合符節。至戰國時，異論蜂起，於是孟子特爲拈個「善」字出來，一語之下，令人洞見性。真可謂昭昭乎，揭白日而行中天矣。乃陽明先生超悟絶世，又標「無善無惡」爲宗，將使學者直遡先天，就沖漠之中，認取自家本來面目，語意最奧。龍溪王公、緒山錢公舉而質諸陽明，陽明一則曰「此傳心秘密藏」，一則曰「此顔子、明道所不敢承當」，蓋確然自信不傳之絶學在焉。於時聞者，亦皆以爲得，未曾有翕然信嚮。流播至今，家誦户述，幾盈天下。予何人斯，敢有擬議？獨其進而徵之於古昔不得也，退而印之於此心不得也。間以正之於海内長者，或合或離，又不得也，則時時爲之四顧而躊躇焉。嘗試論之。善，天理之精也。惡，人欲之滓也。曰「無善」則惡矣，曰「無惡」則善矣，既無惡又無善，指何爲性？且無之爲言，離有而無耶？即有而無耶？謂「四無之説爲上根人立教，四有之説爲中根以下人立教」，是有無爲二。有無爲二，離有而無也，其究也必將墮入空見，於善亦薄之而不屑，就裏便開了一個玄妙法門。謂「本體只是太虚，太虚之中，日月星辰，風雨露雷，陰霾曀氣，何一物不有？而何一物能爲太虚之障？」是有無爲一。有無爲一，即有而無也，其究也必將文以圓見，於惡亦任之而不礙，就裏便開一個巧妙法門。易曰：「差之毫釐，[二]謬以千里。」陽明此揭，自是從悟境來。揆諸性善之旨，能無毫釐之間否？

孟子曰「性善」，告子曰「性無善無惡」，兩説判若霄壤。陽明先生合而言之曰「無善無惡是謂至善」，似乎看得圓活。惟是告子之所謂性，就氣上認取；陽明之所謂性，就理上認取。就氣上認取，以爲無善無惡可矣；就理上認取，還有個無善無惡之理否？如此説來，便覺未大穩在。

「性善」之説，只是破個「惡」字。「無善無惡」之説，并要破個「善」字，却曰「無善無惡謂之至善」。到底這「善」字，又破不得也。只覺多了這一轉，却落在意見議論中。於是有俊根者，就此翻出無限奇特，張皇門户；有滑根者，就此討出無限方便，決破籓籬。始見以「無善無惡」爲極透語，今乃知其爲極險語也。

告子以「無善無惡」之説淩跨性善，陽明先生以「無善無惡」之説描寫性善。兩下語意迥爾不同。然而既曰「無善無惡」，便總統是個空體，其相去也亦一間耳。或曰：「若是，則陽明之見，僅與告子班乎？」曰：「告子恐未可小覷。嘗觀竺經所載七

[二] 底本「毫釐」後衍二「了」字，據光緒本删。

佛偈及七十二祖轉相囑付之語，總其大指，不越『無善無惡』四字，而告子業已道破。老子言『失道而後德，失德而後仁，失仁而後義』，而告子亦曰『以人性爲仁義，猶以杞柳爲桮棬』。乃知告子之學，正與二氏相表裏。世之學者特以其曾經孟子闢過，不敢與之主張耳。」曰：「告子何以云『食色，性也』？」曰：「此語亦未可小覷。波羅提不云乎：『在胎爲身，處世爲人，在眼曰見，在耳曰聞，在鼻辨香，在口談論，在手執捉，在足運奔，徧現俱該沙界，收攝在一微塵，識者知是佛性，不識喚作精魂。』試看此偈，與『食色，性也』之說，是同是異？李見羅中丞曰：『告子是一個大禪宗。』可謂道着告子。」曰：「若是，則告子之地分亦高矣，孟子何故闢之？」曰：「從上聖賢費盡氣力，只要扶策這個『善』字；告子費盡氣力，只要壓倒這個『善』字，安得而不闢？」曰：「荀子道性惡，不尤甚乎？」曰：「荀子道性惡，只將惡做不好的看，告子并將善做不好的看。荀子道性惡，還是强人爲善，告子却是嫌人爲善。其流害之孰大孰小，居然可見矣。」曰：「然則陽明之視告子，畢竟何如？」曰：「從上聖賢道性善，都是實實地就本體上指點出來；陽明道性無善無惡，却是虚虚地就光景上形容出來。一邊作平常說，一邊作玄妙說，只這些意思，便會做病。予不敢以陽明爲告子，至其自以爲傳秘藏超顔子、明道而上，恐亦未必然也。」

謂之無善則惡矣，却又曰「無惡」；謂之無惡則善矣，却又曰「無善」。只此兩轉，多少曲折，多少含蓄，一切籠罩、包裹、假借、彌縫、逃匿、周羅、推移、遷就、回護、閃爍，那件不從這裏播弄出來？陽明先生曰「無善無惡謂之至善」，苟究極流弊，雖曰「無善無惡謂之至惡」，亦宜。

「無善無惡」四字，就上面做將去，便是耽虛守寂的學問，弄成一個空局，釋氏以之；從下面做將去，便是同流合污的學問，弄成一個頑局，鄉愿以之。

釋氏高，鄉愿低；釋氏圓，鄉愿巧；釋氏真，鄉愿僞。其爲無善無惡，一也。

鄉愿何以爲無善無惡也？曰：「其於流俗污世，不爲倡而爲從也，即欲名之以惡而不得矣；其於忠信廉潔，不爲真而爲似也，即欲名之以善而不得矣。是謂無善無惡。」

忠信廉潔，既足以媚君子，惟其不爲真而爲似，則小人亦安之而不忌矣；同流合污，既足以媚小人，惟其不爲倡而爲從，則君子亦略之而不責矣。鄉愿之巧，如此。

釋氏得無善無惡之髓，老子得無善無惡之骨，鄉愿得無善無惡之肉，胡氏之中庸、蘇氏之模稜、馮氏之癡頑得無善無惡之皮。外此，拾無善無惡之唾而已。

浮屠常總與楊龜山先生論性，謂：「性善之善不與惡對，似矣，只不知有何善可與惡對？又不知舍吾性而外，更有何善也？」此處須再下個註脚。「性善之善，不與惡對。」爲此語者，本欲以尊吾性耳，却不知適以卑吾性。夫何故謂之「善」即「非惡」之所得與較？謂之「惡」即「非善」之所屑與較？對不對，可無論也，假令有人於此譽堯、舜曰不與桀、紂對，夷、齊曰不與蹻、跖對，是爲尊之乎？是爲褻之乎？

性，太極也。太極，天地之樞紐，萬物之根柢也。爲天地之樞紐，則天地不得而偶之矣；爲萬物之根柢，則萬物不得而偶之矣。是故太極無對，性無對。若但曰「不與惡對」，竊恐村了「無對」二字也。

本體、工夫原來合一。是故儒者以「性善」爲宗，則曰「爲善去惡」；釋氏以「無善無惡」爲宗，則曰「不思善，不思惡」。若曰「無善無惡心之體，有善有惡意之動，知善知惡是良知，爲善去惡是格物」，愚竊疑其二之也。

然則釋氏不曰：「諸惡莫作，衆善奉行」乎？曰以「性善」爲宗，則爲善去惡，實教也；以「無善無惡」爲宗，則爲善去惡，權教也。此處最宜慎辨。

「無善無惡」，凡爲釋氏者，皆能言之，陽明却又搭個「爲善去惡」來説，蓋曰：「做得如此工夫，然後我之『無善無惡』，與釋氏之『無善無惡』，似同而實異，雖儒者不得疑其墮於無耳。」「爲善去惡」，凡爲儒者皆能言之，陽明却又搭個「無善無惡」來説，蓋曰：「透得如此本體，然後我之『爲善去惡』，與世儒之『爲善去惡』，似同而實異，雖釋氏不得疑其滯於有耳。」此是陽明最苦心處。

人亦有言：「凡説之不正而久流於世者，必其投小人之私心，而又可以附於君子之大道者也。」愚竊謂惟「無善無惡」四字當之，何者？見以爲心之本體原是無善無惡也，合下便成一個空見；以爲無善無惡只是心之不着於有也，究竟且成一個混空，則一切解脱無復罣礙。高明者入而悦之，且從而爲之辭曰：「理障之害甚於欲障。」於是乎，委有如所云「以仁義爲桎梏，以禮法爲土苴，以日用爲塵緣，以操持爲把捉，以隨事省察爲逐境，以訟悔遷改爲輪迴，以下學上達爲落階級，以砥節礪行、獨立不懼爲意氣用事」者矣。混則一切含糊，無復揀擇。圓融者便而趨之，且從而爲之辭曰：「行於非道，乃成至道。」於是乎委有如所云「以任情爲率性，以隨俗襲非爲中庸，以閹然媚世爲萬物一體，以枉尋直尺爲舍其身濟天下，以依違遷就爲無可無不可，以猖狂無忌爲不好名，以臨難苟免爲聖人無死地，以頑鈍無耻爲不動心」者矣。由前之説，何善非惡？由後之説，何惡非善？是故就而詰之，彼其所占地步甚高，上之可以影附君子之大道，欲置而不問，彼其所握機緘甚活，下之可以曲投小人之私心，即孔、孟復作，其亦奈之何哉？此之謂以學術殺天下萬世。

陽明先生曰：「無善無惡者理之静，有善有惡者氣之動。循理便是善，動氣便是惡。」此以有無當善惡也。又曰：「聖人之無善無惡，只是無有作好，無有作惡。」此以好惡當善惡也。以有無當善惡，似覺看深了一層；以好惡當善惡，似覺看淺了一層。却於善惡本來面目，並不曾道及。

予疑陽明先生之所謂善惡與聖賢之所謂善惡不同，而文石張子又疑予之所謂善與陽明之所謂無善之善不同。蓋以予之所謂善，乃本體之善，陽明之所謂無善之善，乃名相方隅之善也。其剖析精矣。雖然，名相方隅之善，畢竟從何而來？若從性外來，即一切出於安排造作，不得謂之善；若從性中來，即一切皆吾之所固有，不得謂之無矣。中庸曰：「喜怒哀樂之未發謂之中，發而皆中節謂之和。」中，本體之善也；和，名相方隅之善也。總來只是一個。

顧憲成全集卷三十一

證性編四

古燕後學張純修重訂

罪言下

陽明先生曰：「性無定體，論亦無定體。有自本體上説者，有自發用上説者；有自源頭上説者，有自流弊處説者。總而言之，只是這個性。但所見有淺深爾，若執定一邊，便不是了。性之本體，原是無善無惡的。發用上見，原是可以爲善，可以爲不善的。其流弊也，原是一定善一定惡的。譬如眼有喜時的眼，有怒時的眼，直視就是看的眼，微視就是覷的眼，總而言之，只是這個眼。若見得怒時眼，[二]就説未嘗有喜的眼；見得看時眼，就説未嘗有覷的眼。皆是執定，就知是错。孟子説性，直從源頭上説來，亦是説個大概如此。荀子性惡之説，是從流弊上説來，也未可盡説他不是，只是見得未精耳。衆人則失了心之本體。」愚按：此一篇論性備矣，乃其末一語，則不知何所指也？

體用源流，是一是二？如其二，即體用源流之名，亦無自而立；如其一，又不应或善或惡，截然相反如此，然則何如？曰一者，天命之本然也；二者，人爲之使然也。以其使然，掩其本然，雖謂性之有善有惡也，亦宜。

論性家，或執性善，或執性惡，或執善惡混，或執無善無惡，等執耳，乃其是非，則迥然判矣。若不究其所執之何如，而但曰執定便错，將孟子與諸子均之，墮於邊見。而言性者，必兼衆説而後可乎？

謂惻隱羞惡辭讓是非，總總是這個性則可；謂惻隱之與殘刻，羞惡之與頑鈍，辭讓之與争奪，是非之與顛倒，總總是這個性則不可。

[二]「得」，底本、光緒本均作「的」，據後文「見得看時眼」，則當作「得」。

善惡兩者，判若冰炭。乃告子以水喻性，將東西比善惡；陽明以眼喻性，將喜怒比善惡，却把來做一樣了。

陽明先生一日喟然發嘆，陳九川問曰：「何嘆也？」曰：「此理簡易明白若此，乃一經沉埋數百年。」九川曰：「亦爲宋儒從知解上入，認『識神』爲性體。故聞見日益，障道日深耳。今拈出『良知』二字，此古今人人真面目，更復奚疑？」曰：「然譬之有冒别姓墳墓爲祖墓者，何以爲辨？只得開壙，將子孫滴血，真僞無可逃矣。我此『良知』二字，實千古聖賢相傳一點滴骨血也。」正恐人言其以「識神」當「良知」，故預爲道破耳。

陽明先生嘗言：「濂溪、明道是兩個大秀才。」度所指宋儒不在兩先生，意必伊川、考亭耳。然而伊川曰：「性即理也。」考亭曰：「此一語便是千萬世説性之根基。」而陽明則曰：「性之本體原是無善無惡的，其發用原是可以爲善可以爲惡的，其流弊原是一定善一定惡的。」又曰：「那能視聽言動的，便是性，便是天理。」又曰：「蘇秦、張儀也窺見良知妙用。」合而參之，夫誰認「識神」爲「性」也？

性，太極也；識神，陰陽也。以識神言，委是無善無不善，委是可以爲善可以爲不善，委是有善有不善，謂之無定體，可也；若以性言，總只是一個善耳，謂之無定體，不可也。

又曰：「無善無不善，識神也，非性也；有善有不善，氣禀也，非性也；可以爲善，可以爲不善，習染也，非性也。」

性即理也，放之則彌六合，卷之則退藏於密，能大能小，能上能下，能虚能實，能方能圓，千變萬化，不可爲典要，以是而謂之無定體，吾知之矣。若曰「無善無不善，性也；有善有不善，性也；可以爲善可以爲不善，性也」，以是而謂之無定體，可乎？由前之説，性是個極靈妙的；由後之説，性是個極鶻突的。孰是孰非，蓋不待明者而後辨也。

記者謂：「陽明先生言心無善無惡，則是王龍溪言心意知物，皆無善無惡，則非。」恐未必然。就血脈上看，體用一源，顯微無間，心既無善無惡，意知物安得有善有惡？意知物若有善有惡，心安得無善無惡？就地分上看，謂意知物無善無惡，可；謂心無善無惡，不可。夫何故？心包體用，徹顯微，滿腔子都是一個善，不以無感而無也，不以有感而有也。惟意，乃因感而發，當其有感，或善或惡，雜出而無常。當其無感，覓意且不可得，何況善惡？故曰：「謂意知物無善無惡，可；謂心無善無惡，不可。」以後闕。

顧憲成全集卷三十二

證性編五

古燕後學張純修重訂

質疑上

與管東溟書

伏讀大集，種種超詣，匪夷所思。語教體，則曰祖述仲尼，憲章聖祖；語學術，反正之機，則曰：「朱一變至於程，程一變至於周，周一變至於孔。」語三教，則曰「不濫不礙」。又揭「群龍無首」之義，表裏群聖，顯異中之同；揭遡太極於無極之義，上下群儒，顯同中之異。翁自謂從三十年苦鑽拈出，憲亦不敢將來作意見議論，草草看也。然則憲之於此，但有朝夕孜孜奉以周旋，庶幾千百什一，仰佐下風而已，夫何言哉！惟是固陋之愚，有未能盡了然者，輒劄而存之，自是尋繹，久之而猶不能盡了然也，乃敢條列以請。雖然，卒又不敢以臆與也。第就牘中反覆參伍，每至半合半離之際，爲之俯仰而徘徊焉。竊計我翁，必自有說，惟不吝提策，沛然发其悱而撤其蒙，俾一旦獲覩於大全。此乃千古道脈所關，憲也敬洗心以俟。

東溟牘曰：

釋經云：「一切衆生，皆以淫慾而正性命。」此所謂無明實性，與孟子口之於味等性相合。然釋家言性最活，又有所謂圓成實性、寶明妙性者，則孟子道性善之性也。命字，儒家通理氣數言，而釋家則專就死生壽夭言。要之，不可思議者爲命，不可移易者爲性，則儒、釋所通訓耳。以「率性」爲「統率」之「率」，耿司徒云：中庸不言「性之謂道」，而曰「率性之謂道」，學人誤以任情爲率性，而不知「率性」之「率」，蓋猶將領統率之「率」也。目之於色，口之於味，一任其性而無以統率之，如潰兵亂卒四出鹵掠，其害可勝言哉？孟子曰「有命焉」，所以率之也。恐不如「循」字之訓爲妥。豈以氣質之性不可循，故以「統率」訓耶？竊謂天命之性，正所謂天然自有之衷。禪家謂之「本來面目」，循之，何適非道？若以性兼善惡，循善爲道，循惡爲非道，則釋典有「不斷性惡，而證菩提」之說，何者？惡業可斷，惡性不可斷。若惡性可斷，則善性亦可斷也。性是善惡之統宗處。性譬則水，善惡譬則波，波不離乎水，而水非波也。「無善無惡心之體」，「心之體」即是性，循其無善無惡之本體，是謂至善。譬如禹之行水，豈不是道？幾一分於善惡，猶水動而爲波。於是有舍惡趨善之教，則皆修道中事矣。性，太極也；善惡，陰陽也。陰必與陽對，善必與惡對。謂性有善而無惡，則亦可謂太極有陽而無陰矣。言太極必在陰陽未判之先，言真性必在善惡未分之始。以善名性，特强名爾。故程伯淳曰：「孟子所謂性善，乃是繼之者善也。」此善即大學之至善，至善無善，善且難名，何況於惡？[二]當於未發之中驗之。

陽明王先生覺世大旨在所標大學四語，曰：「無善無惡心之體，有善有惡意之動，知善知惡是良知，爲善去惡是格物。」於時即有疑後二語非向上一機者，乃宋學餘支；復疑上一語之入於禪，則亦未嘗深究。輒書性善之源，而影略以爲公案云爾。二者總屬未融之見，而近有一種浮根出儒入釋，

[二] 底本「於」後衍一「於」字，據光緒本删。

託上一語以資狂蕩，其瞽世尤甚，是以天臺先生贅言中復剖之曰：「陽明上一語，乃『誠者，天之道』；後二語，所謂『誠之者，人之道』也。」

天泉問答，至今疑信相半。有執性善之説者，訝無善無惡之旨爲入禪；有執心體無善無惡之説者，病爲善去惡之功爲有漏。敢不揣而爲之斷曰：「王子標大學四語甚確，而分接上、中、下根之説，則非究竟語也。」何也？所謂無善無惡者，正至善之體，而其所謂爲善去惡者，正所以復其無善無惡之體也。斯語徹上徹下，本自無弊，緒山錢子奉爲指南，非過也。而龍溪王子復圓之，以爲心意知物只是一事。若悟得心是無善無惡之心，意即是無善無惡之意，知即是無善無惡之知，物即是無善無惡之物，此宗門之見也。二子執不相下，以質王子，王子兩是之，謂教法原有兩種。四無之説，爲上根人立教；四有之説，爲中根以下人立教。蓋重於龍溪子之從「無」處立根基，而亦不廢緒山子之從「有」處對治也。然而低昂判矣。夫上根人，誠不易得，而苟志於道，亦豈甘以中下自處？將必平視錢子之説，而躐等以希上乘矣。愚嘗反復大學之書，而知孔門之學，其入處與宗門同，而其垂訓與宗門別。宗門重悟，多從掃人情見上説，故尚空。雖功夫未嘗不實，而亦緣本體之空以空之。儒門重修，多從鍛人習氣上説，故尚實。雖本體未嘗不空，而亦借工夫之實以實之。故宗門之空語，未可便以爲純接上根，而儒門之實語，未可便以爲純接中下根。王子裁成二子善矣，然亦姑從二子别根基，而不爲大學定教體，滯其語意，將謂大學誠意格物之上，另有向上一宗，如大慧之所謂子韶格物，妙喜格物者。而禪宗必駕於聖學之上，狂士一入禪宗，必擡高六祖「不思善不思惡」之宗以待禪學中人，而抑遏大學「誠意」章「有善有惡」之旨以待儒學中人，二本之端起矣。不特此耳，即以天泉問答，參合王子平日所提宗旨，亦似稍違。蓋以「良知」提宗者，爲其知善知惡之端，從無善無惡心體中來也，而意則不無善惡。然則「致知」近於接上根，而「誠意」近於接中下根矣。曷爲「誠意」在「致知」之後哉？斯言也，殆偶觸於一時之天機，而安可執爲大學教人之斷案也，原其本則以洙泗、曹溪兩家宗趣，並含於方寸中。雖平日以良知提掇，而隱然猶有宗門秘密藏在，故天機一到，滿盤托出，而不自虞其蹈二本之嫌焉，於以望周元公之渾融脱化，尚有一間之未達也。

王子拈出此心「無善無惡」之本體，可謂重新周子之太極。又謂「爲善去惡」之功，自初學至聖人，究竟無盡其旨，尤爲精密。然爲其學者，每執上一語而忽下二語，何也？此匪獨風會使然，亦由倡道者知微知彰之哲，不無遜於古人也。稽其弊端有四焉：孔子不納鄉愿，亦不與中人以下語上，今不慮僞夫之敗道，而濫於授徒，輕於語上，此殆以神器授匪人也。孔子述而不作，未嘗自有其道，而今張皇千古之絶學，引人心高氣浮，輒擬與作者争衡，此殆以虚標掩道本也。應世者，機欲圓；師世者，矩欲方，雖周、孔猶難兼顯，今欲合六龍而乘之立功立言，又樹道標於天下，人必執方矩而議其圓矣，此殆以多取攖物忌也。孔門自顔子而下，賜也達，可與經世；點也狂，可與出世，俱有契於一貫之學，夫子不使子思師之，而所師在參之魯，豈非以其「戰兢」持一貫，可維道脈於永久歟？今勇於矯宋儒之拘，而疏於防後學之蕩。尚融通，尚灑脱，而掩「戰兢」之脈，將使之爲賜爲點而不爲參矣，此殆以狂風拂聖軌也，而猶有一大障焉。不知天命而以遷就之中庸，移孔的也。夫洪荒遠矣，自有載籍以來，中更斯文兩大變局，而萬世之極乃定，何者？上古君師道合，自天子之不能兼有師道也。而衰周之季，天生仲尼，以匹夫爲世師，而斯文之統移於下，此一變局也。秦、漢以後，三教迭爲盛衰，自程、朱輩之以道統專屬儒宗也，而元之季天生我聖祖，以天子持三教之衡，而斯文之統合於上，此又一變局也。蓋君師之道分，三教隨之而分；君師之道合，三教亦隨之而合。實有天命行乎其間，而非乘龍御天之至聖，孰與總持而立其極？是故堯、文之後，於斯爲盛矣。世儒類□孔子集群聖之大成，[二]而不知聖祖尤集孔子與佛、老之大成，其妙在乎以圓宗出方矩，使三教各循其派，因以方矩入圓宗，使三宗同返其源。至矣，萬世不可易矣！故今日之教體，在於祖述仲尼，憲章聖祖，而孟子距楊、墨之功，非所施於佛、老也。王子獨能拈出「無善無惡」之性體，以證儒、佛之無二心，豈不卓然道眼？然而論到極處，却又遷就世儒而詆佛氏，倚於「無善無惡」，不可以治天下國家。夫性非有倚之物也，使「無善無惡」之體而可倚，曷名爲性？使佛而倚於「無善無惡」之體，曷名見性？茲言也，亦近乎子莫之中庸矣。吾謂「不知天命而以遷就之中庸，移孔的」者，此也。是以不再傳而弊端叢起焉。吾嘗上下數千年間，凡君子百世之流澤，俱在創始者一念起因

[二] 底本此處有一字空格未刻，光緒本作「□」，據改。

發足間，如持左契之必驗。蓋孔子圓千聖以立極，而其後則爲曾爲思；周子圓三教以標儒，而其後則爲程爲朱，皆以圓宗倡，以方矩承，何哉？其防微慮後之深心爲之因也。王子發明大學，豈不以爲善去惡詔天下？而承學者率以圓應之，三傳而刑戮之民出矣，豈以濂、洛、關、閩之流派而弊如此其速也？其因亦必有在焉。雖然，微王子揭「良知」之脈，則今日之岐路亦岐矣。

在今日救時急務，似不必專向儒釋同異紛紛較量，宦機日趨巧猾，賢士亦逐炎涼，殆賈太傅所謂「俗流失，世敗壞，恬不知怪」者，此其病在儒家乎？在禪家乎？如在儒家，何暇攻禪？如在禪家，則盍反其本矣。當賈太傅言於漢文似迂，至元、成之季而其言益驗。張禹、孔光以經學爲帝師，毫無失德。杜欽、谷永附貴戚，而專攻上身。使在今日，亦可稱爲讜直之士，徒以其隨波逐流，釀成獻符頌德之釁，故識者鄙之。而朱雲折檻、梅福掛冠，似非談中庸者所尚，然迄今仰之不衰，何也？勢有所趨，道有所重也。假令孔、孟處斯時，今日闢異端，明日攻楊、墨，將安濟乎？嘗謂自古聖賢，未有不通命世之局而可與於斯道者。孔子生春秋之世，其事莫大於尊天子，卑諸侯，强公室，弱私門。至於杏壇講學，不過本周禮中「師儒得民」之條。又承魯多君子之國，而相聚切磋云爾。非若後儒張斯文爲道統，而高標其幟曰：「吾以匹夫明明德於天下也。」孟子覷破此機，故直以成春秋配禹、周之匡亂，而其尊王賤霸，放淫距詖，恰合戰國時命世之局。嗣後，佛、老與儒道鼎峙，然二氏之徒，間咀其精實，而孔子之徒，僅啜其粗浮。至唐、宋，而禪宗獨盛，儒術反出其下矣。周元公於是取彼之精實，轉此之粗浮。兩程夫子實得其宗，始直以興斯文、闢佛學爲己任，其時佐禪者既多，而禪宗奥義，亦自難於窮詰。兩程不能以言勝，而能以行勝之，亦賴藝祖開基，專重道學，得借從周之義，以標學孔之宗。而禪門五宗正熾，天亦命真儒一匡之，兩程應運而生，惜也未竟元公學脈，半途而闢二氏，不無矯枉之過。紫陽夫子守而不變，而才復足以張大之，然亦未能追窮元公源流。間有不該不偏之論，禪者得吹疵而議之。雖然，求命世豪傑於理學家，微程、朱，誰與歸矣？至元而綱常不遽泯滅，忠孝節義陰扶未墜之皇猷，皆其力也。肆我朝用其學以治，二百年之天下，若今日之以學術名世者，又與程、朱稍異矣。程、朱當禪宗猖狂之日，禪之勢足以壓儒，故其患在儒道之不尊。今當經學流通之季，儒之勢足以壓禪，故其患在儒習之日僞。所謂僞者，緣飾經史，藉口中庸，而以遷就逢迎之術，行干名媒利之心，外和而内忮，遠交而近攻，勢在則跖可夷，勢去則夷可跖。詭隨以迎合，而曰聖人不能違時也；養交以待遷，而曰既明且哲以保其身也；緘口以持禄，而曰青苗可且放過也；變塞以徇人，而曰濟大事當以狄梁公爲法也。其勢不至盡掃清議以釀上書頌德之風，不止此輩，非盡從禪學中來，亦非盡逃儒而歸禪者也，蓋多宗孔、孟，步程、朱，及姚江之遺派焉。故今日之患不在楊、墨，不在佛、老，而在僞言僞行無忌憚之小人。今未得孔子誅少正卯之權，則以程、朱正己之道帥之。三揖而進，一辭而退，以標出處也；千駟弗視，一介弗取，以標取予也；微顯闡幽，扶直摧佞，以標好惡也；寧介毋通，寧拙毋巧，不諂不瀆，不援不陵，不枉尺而直尋，以標士習也。此程、朱之所以厚道脈而軌來學也。必欲執距楊、墨之公案以排佛、老，有程、朱之德行則可，無程、朱之德行，則穴中之鬬鼠耳。且今之當從者，非聖祖之道乎？聖祖統一三教，歸之禮部，曷嘗慮儒之逃禪？御製心經序，闡色空義最精，謂善用之可治天下，曷嘗詆禪之悖儒？至頒行天下，必以五經四書及程、朱之訓註，則所主又自有在。吾儕今日唯有體聖祖之意，挽風會之流，不與滔滔同下而已。

老子其猶龍乎？尼父之言，不我欺也。論其世，蓋在潛見之間，若佛氏則神龍而飛矣。然則與堯、舜孰賢？曰：「堯、舜誠聖人之位乎天德者，然子思推天下之至聖至於際天極地，莫不尊親，堯、舜其猶病諸？」若佛氏以大智洪慈，普化大千塵界，非洞徹先天而滿其乘龍御天之分量者乎？然則何以不居天子之位？曰：「人道以位行德。」故德位並崇，至于人天師則位非所論矣。繹「乾元統天」之義，而後知六龍之所自來，原不以位而尊也。

天台耿師嘗云：「大雄氏亦自有潛見，惕躍飛亢，其時乘御天，大都與尼父同。」復云：「孟子評品原虛得有地位在。」曰：「聖而不可知之謂神，即此推尊佛氏可矣。」此語盡翻宋儒陳説，可謂千古不易之斷案。以命制性，仙學也，分老氏之一宗而未全也；以性制命，禪學也，印佛乘之初地而非證也；盡性至命，孔子之學也，越仙與禪而行；三祇劫中，菩薩之道，此蓋分身之佛而非全體也；性還無始，命還無始，佛地之果也。是謂無極而太極，太極本無極，聖學於此究竟焉。故仙階易陟，而禪宗難透；禪宗易透，而孔矩難成；孔矩易成，而佛果難證。證佛果者窮未來際，能隨順衆生入生死。

按中庸言「至誠」者三，言聖人之道者一，而即以仲尼承之。若曰：「以至誠無息之德而行，大哉！聖人之道！仲尼其至矣！」然仲尼德配天地，而未必極天地之覆載以尊親也；道贊化育，而未必窮盡神化，如最初大覺之能生天地也，進而爲天下之至聖焉。則天覆地載，凡有血氣者，莫不尊親矣。又進而爲天下之至誠焉，則經綸大經立大本，而知化育矣。近世講學家張皇聖學，舉此二章，概以爲子思推尊乃祖，夫子思以大道公天下，而豈私一乃祖哉？然則中庸前言贊化育，後言知化育，有以異乎？曰贊化育者，化育宰於天地，而我相之人道之極也；知化育者，我宰化育，而天地不能違天道之極也。人道之極，可以前知，可以配天地，仲尼已臻實際矣。天道之極，能役百神，奚但如神？能造天地，奚但配天地？其孰能與於此哉？考諸列子書中，載有夫子贊西聖語意者，其若人乎？若吾夫子非十地之順流而至，則如來之逆流而來者也。每笑二氏狂徒，輕議孔學，不知吾夫子固已越過禪宗，疾趨佛地矣。

「素王」之稱，蓋謂帝王以位王，而孔子乃以德王。位尊於一時，德尊於萬世，此宰我賢夫子於堯、舜之説。而又據軻書中「春秋，天子之事」爲公案也，吾觀春秋之筆，未嘗易魯史一字，但曰「其義則竊取之」。蓋考文，天子之事，而史官奉之以爲職守者也，匹夫焉得而侵之？是以取其義，不敢易其文。然而有筆有削，亦嫌於竊史氏之權焉。而後儒乃謂匹夫可假天子之權加以王號，非所以訓天下萬世也。蓋至於泰州王氏，而「素王」之僭，亦彰夫子不與「禮樂征伐自諸侯出」，而王氏則與道統自庶人出，無乃以師道蔽臣道，而啓天下卑君之心乎？或曰：「佛稱法王，孔稱素王，庸何傷？」則愚請折衷於易傳焉。傳曰：「首出庶物之謂王。」吾觀乾，龍雖稱無首，而文言釋「九五」「大人」之義，又若權以飛龍爲首爲其位，乾元以出庶物也。世知五帝三王，繼天立極，乘飛龍以王九垓。豈知諸佛説法度生，乘飛龍以王，三界佛一出世，雖聖主亦屈而聽法焉？佛不出世，而聖主出世，即逆流之，如來帶果而入，因地亦不敢爲首而爲輔矣。是故釋迦可稱「法王」，而孔子不必以「素王」稱。

孔子學無常師，而发明乾元坤元之義，直漏盡千古秘訣，其遡太極於無極，不賴二氏，而已一貫無餘矣。然而適周之問，亦不廢焉。若濂溪之學，則實旁通二氏，而銷歸於聖學者也。程伯子得其骨，叔子得其皮，似猶未有得髓之慧可焉。後儒諱言其融會二氏，第贊之曰：「不由師傳，默契道體。」而又以其渾渾立極，不祖距楊、墨之公案，則直以道統屬。程伯子謂其得不傳之學於遺經，而不言得統於周子，豈知伯子雖排佛學，而語及身心性命之奧，未嘗不沾禪語。叔子易傳序爲一生得理之極談，而其精乃在「體用一原，顯微無間」二語，實取義於華嚴經疏中，此必浸灌於元公，而忘其所自。世儒正不必以濂溪之融會二氏爲諱也，假令孔子生今之世，而從事於韋編三絶之學，必不廢西來之理窟矣。故其立極自有在焉。周子之融會二氏，正其所以遡太極於無極也。

展誦尊牘，其云「天然自有之衷」，孟子之所謂性也；其云「無善無惡」，告子之所謂性也；其云「有善有惡」，荀、楊諸子之所謂性也。孟子以告子爲非，告子以孟子爲非，荀、楊諸子又以孟子、告子爲非，莫能相一。翁兼而收之，可謂圓通矣。雖然語其無也，不惟無惡，而亦無善，將以何者爲衷歟？語其有也，不惟有善，而亦有惡，天然自有之衷，果何物歟？且性而無善惡也，曷云爲善？爲則不可得而無矣，豈慮性之空而實之歟？性而兼善惡也，曷云去惡？去則不可得而兼矣，豈慮性之雜而汰之歟？夫然則性不足率也，率性不足爲道也，或者以性爲亂兵潰卒，無不可也，豈謂氣質之性固然歟？則氣質者，惟是昏明强弱，或不能齊，原未嘗有惡在也，似難致疑於氣質，抑謂嗜欲之性固然歟？則嗜欲者，縱在大聖大賢，亦不能免，並未嘗以爲惡而絶之也，似難歸咎於嗜欲。況嗜欲之性，孟子業已曰「君子不謂性」矣，氣質之性，張子業已曰「君子有弗性矣」，即所謂性可知也，如之何其溷而言之歟？伏乞裁教。

詳翁大指，似只在「無善無惡」四字，何者？惟其「無」，則見以爲超乎「有」，故從而標其名曰「至善」，是告子之説，即孟子「性善」之説所自出也；亦惟其「無」，則見以爲包乎「有」，故從而指其實曰善惡之統宗處，是告子之説，即荀、楊諸子「有善有惡」之説所自出也。然則「無」之一言，當爲言性之祖，而語知性者，殆莫如告子歟？雖然性一也，既以之爲善之至，又以之爲善惡之統宗，何歟？且善惡之相去遠矣，今也以善語性，猶嫌其强名，掃而不有，以惡語性，顧等諸菩提存而不斷，然則善惡何以別歟？而又曰「舍惡趨善」也，其將何所趨，何所舍歟？白沙先生有一言説得好：「色色信他本來。」愚謂善還他善，惡還他惡，有還他有，無還他無，性善還孟子，無善無惡還告子，有善有惡還荀、楊諸子，一切因其固然，是曰易簡。若乃彼此調停，左右採掇，通融和會，攬異爲同，盡翻千百年成案，中間費多少安排在，是曰勞攘。不審翁以爲何如？

胡五峰先生曰：「性者天地鬼神之奧，善不足以名之，況惡乎哉？孟子道性善云者，嘆美之辭，不與惡對。」陽明先生所云「無善無惡」謂之「至善」，蓋本於此。然而孟子嘗自言之矣，曰：「乃若其情，則可以爲善矣，乃所謂善也，若夫爲不善，非才之罪也。」是孟子之所謂善，正對不善而言，何得謂「嘆美之辭」也？朱子曰：「既是『嘆美』，便是個好物事了。」然則就如五峰所言，何得謂無善也？若曰善與惡對，則無與有對，不知孰爲無對也？舊曾有一友論及孟子，因曰：「孟子不及孔子，只爲見性欠透。」余問其故，曰：「孔子説性相近，何等渾融！孟子苦苦要争一個『善』字，便死煞了，到底争不過告子。」曰：「然則性無善無惡乎？」曰：「然。」余曰：「『人之生也直』，是孔子語否？」曰：「何也？」予曰：「孔子不言無直無曲，早是説得死煞了。」此友愕然，敢并述之，以質於翁。

易之言陰陽有二：有「兩相爲用、不容偏廢」之陰陽，有「兩相貞勝、不容並立」之陰陽。二義各有攸當。今翁之言曰：「性，太極也；善惡，陰陽也。」謂性有善而無惡，則亦可謂太極有陽而無陰矣。是指其「不容並立」者而言乎？指其「不容偏廢」者而言乎？是指其「不容並立」者而言，則陰陽即太極也，原自有善無惡，安得以善惡配之？指其「不容並立」者而言，則陽，善也，所當扶也；陰，惡也，所當抑也。正欲有善無惡，安得以一有一無詰之？且陽明先生之標「無善無惡」也，翁以爲重新周子之太極矣。今太極圖説具在，試於所言陰陽處各代以善惡二字，可解乎？不可解乎？」

按：朱子曰：「陰陽者，造化之本，不能相無，而消長有常，亦非人所能損益也。然陽主生，陰主殺，則其類有淑慝之分焉。故聖人作易，於其不能相無者，既以健順仁義之屬明之，而無所偏主。至其消長之際，淑慝之分，則未嘗不致其扶陽抑陰之意焉。蓋所以贊化育而參天地者，其旨深矣。」又曰：「陰陽，有以動静言者，有以善惡言者，如乾元資始，坤元資生，則獨陽不生，獨陰不成，造化周流，須是並用。如履霜堅冰至，則一陰之生，便如一賊，這道理在人如何看？直看是一般道理，横看是一般道理，所以謂之易。」又答王子合書曰：「陰陽之氣相勝，而不能相無，其爲善惡之象則異乎此，蓋以氣言，則動静無端，陰陽無始，其本固並立，而無先後之序，善惡之分也。若以善惡之象而言，則人之性本獨有善而無惡，其爲學亦欲去惡而全善，不復得以不能相無者而爲言矣。今以陰陽爲善惡之象，而又曰不能相無，故必曰『小人日爲不善，而善心未嘗不間見，以爲陰不能無陽之證』，然則曷不曰『君子日爲善，而惡心亦未嘗不間見，以爲陽不能無陰之證』耶？蓋亦知其無是理矣。」且又曰：「克盡己私，純是義理，亦不離乎陰陽之正，則善固可以無惡矣。所謂不能相無者，又安在耶？大凡義理精微之際，合散交錯，其變無窮而不相違悖，且以陰陽善惡論之，則陰陽之正皆善也，其沴皆惡也。周子所謂剛善剛惡，柔亦如之者是也。以象類言，則陽善而陰惡；以動静言，則陽主而陰客。」此類甚多。要當大其心以觀之，不可以一説拘也。凡此三言，所以發明陰陽之義，可謂悉矣。故備録之，俟高明參焉。

蘇子由曰：「六祖所云『不思善不思惡』，即喜怒哀樂之未發。」惟翁亦云：「無善無惡，當於未發之中驗之。」愚謂六祖喫緊處，全在二「思」字。而程子嘗曰：「既思便是已發，思與喜怒哀樂一般。〔一〕」則其説猶自可通。如翁之言，無論何者是性，即「善惡」二字，且求其解而不得矣，何也？自吾性而觀，善所有也，不能無也；惡所無也，不容有也。非若喜怒哀樂以寂感爲有無也，自喜怒哀樂而觀，順性而動，善所由名也；拂性而動，惡所由名也，非可遂以喜怒哀樂爲善惡也。是故中庸曰「喜怒哀樂之未發謂之中」，不得曰「善惡之未發謂之中」也；中庸曰「喜怒哀樂之中節謂之和」，不得曰「善惡之中節謂之和」也。乃今例而舉之，得無非其倫歟？且果如是，即所謂「無善無惡」猶曰無喜、無怒、無哀樂云耳，不審有何奥旨？而陽明至以爲傳心秘密藏，又曰「泄天機」也，將無張之太過歟？果如是，即告子之説亦子思之説耳，不審有何大謬？而孟子至以爲戕賊人性，又曰「率天下而禍仁義」也，將無抑之太過歟？此非翁莫能辨。

〔一〕「既思便是已發。思與喜怒哀樂一般」，底本、光緒本均無「思與」二字。按：河南程氏遺書卷十八：「既思即是已發。思與喜怒哀樂一般。」據補。

翁亟稱「無善無惡」之説矣，及閲翁論時弊一書，似一一與之相反，有不能兩存而無礙者，此殆不可不察也，請陳其略。蓋翁見謂「俗流失，世敗壞，恬不知怪」，而特舉程、朱爲之標，意若曰「如此則爲君子，如彼則爲小人」，將令學者審得失之幾，慎向往之路，所以正趨也。及評兩漢士習之敝，而謂今日之患尤在頑鈍無耻。又若曰隨俗易，矯俗難，將令學者酌輕重之權，挽極偏之勢，所以救時也。自「無善無惡」之説出，而兩者均之不免乎戕賊人性，於是朱雲折檻，梅福掛冠，亦與獻符頌德者同科，而翁之説窮矣。則又有解之者曰：「所謂無善，非果無善也，惟是不着意於善云耳。」審如是，即所謂無惡亦可知也，惟是不着意於惡云耳。彼方以不着意於惡爲無惡，而翁且歷訶其曲學阿世之非，必將曰是跡也，非心也。如其跡聖人之不違時，亦詭隨迎合也；既明且哲以保其身，亦養交待遷也；青苗可且放過，亦緘口持禄也；濟大事以狄梁公爲法，亦變塞徇人也。顧此中謂何耳？彼方以不着意於善爲無善，而翁且一律諸儒者之繩墨。彼將曰：「吾非不能，吾不屑也。」三揖一辭，是其格套在模擬也；弗視弗顧，是在局面上撇清也；扶直摧佞，是在氣魄上作用也；寧介毋通，寧拙毋巧，是在世法上妝點也。僅成鄉黨自好而已，若然則是之而不問，非之而不問，其處身彌下，而其藏身彌高，頑鈍無耻之習，牢不可破，而翁之説又窮矣。夫何故緣飾經史，猶得按經史以格之也，至其混善惡爲一途，則非復品騭之所能加；藉口中庸，猶得依中庸以裁之也，至其合善惡而雙遣，則非復道理之所能詰。愚故曰：「翁之説與『無善無惡』之説，不能兩存而無礙也。」雖然，此非愚之妄爲億也。翁跋王文成世家曰：「近有一種浮根出儒入釋，託『無善無惡』一語以資狂蕩，其聱世特甚。」信斯言也，固已洞見弊端矣，亦將何以救之乎？

據云「一種浮根出儒入釋，託『無善無惡』一語，以資狂蕩」，則此一語爲釋氏宗旨明矣，似不得以疑其禪者爲未融之見也。如以疑其禪者爲未融之見，則孟子之闢告子亦過矣，似不得舍而移責於宋學餘支也。且翁又引而合諸孟子之所謂「性善」也，贅言又引而合諸中庸之所謂「誠者天之道」也。夫如是，儒與釋一而已矣，彼其託於「無善無惡」者，似不得謂之出儒入釋也。

釋迦舍輪王位，逃之雪山，備歷苦行，始證大覺。跡其本末，要非草草而已。彼狂蕩者，曾何能望影響之萬一？而猥託於佛氏曰：「無善無惡，其誰與之？」可無問也。只「無善無惡」四字，畢竟欠穩在。易曰：「天地之大德曰生。」又曰：「大哉乾元，萬物資始；至哉坤元，萬物資生。」又曰：「元者，善之長也。」又曰：「一陰一陽之謂道，繼之者善也，成之者性也。」孟子道性善，蓋本於此。若謂以善言性，猶是强名，則自善而上，更有何物？將無視性太高？又謂善與惡對，一齊抹殺，則自善而下，更有何物？將無視善太卑？視性太高，便未免有矜揚播弄之意，少間會生出種種奇特，奇特不已，必爲詭誕；視善太卑，便未免有厭薄簡忽之意，少間會引出種種虛浮，虛浮不已，必爲放縱。是故始也本欲極意形容，以張吾性，卒也反使人茫然入於杳冥，恍惚之中而周章四顧，無所憑依；始也本欲掃盡世法，以成就第一等聖人，卒也反使人公然逸於規矩準繩之外，而縱横百出，無所底止。蓋其幾微矣。由前言之，狂蕩非所以爲無善無惡也，是謂假託；由後言之，無善無惡乃所以爲狂蕩也，是謂流弊。假者對真，而名似是而非之辭也；流者對源，而名相沿而來之辭也。是故曰假託，則真者自在，吾不得以狂蕩爲佛氏之罪；曰流弊，須并發源處一查，即佛氏亦有不得盡辭其責者矣。翁不云乎：「今日之弊，莫大乎似儒非儒，似釋非釋，而成小人無忌憚之中庸。」其説蓋起於憚儒道之拘檢，慕佛學之圓通。故仗佛卑孔以爲己地耳。豈知學佛而不成，必爲類狗之虎；學孔而不成，猶爲類鵠之鶩。又曰：「禪書新奇奪目，而又可借其圓活以藏身；儒道平淡無奇，而又深苦其方嚴以禁欲。」詳味此數語，以爲闢佛，則翁之所不滿，第指仗佛卑孔者，而言於佛乎何尤？以爲非闢佛，則新奇之與平淡，圓活之與方嚴，其端之所由分，當必有在，似又難專歸咎於無忌憚之小人也。

愚故緣翁指而爲之廣其說如此。

翁於陽明所云「無善無惡謂之至善」則曰：「與孟子之言性合，於分接上中下根之說，則曰宗門之見。」愚竊謂：「分接上中下根之說，正從『無善無惡謂之至善』來也。何也？聖學在止於至善。既以無善無惡爲至善，安得不以無善無惡爲上根也。」翁於陽明所云「無善無惡心之體」，則曰「重新周子之太極」。於「四無」之說，則曰宗門之見。愚竊謂：「『四無』之說，正從『無善無惡心之體』來也。」何也？「體用一原，顯微無間」，既以心爲無善無惡，安得不以意知物爲無善無惡也？夫如是，又奚所可否於其間也？

吾儒曰性善，釋氏曰性無善無惡，兩者各自爲一宗，其究竟亦各自成一局，不須較量，不須牽合。今曰「無善無惡心之體」，「爲善去惡，正所以復其無善無惡之體」，何也？試按而評之。既曰無善無惡，當其爲善去惡，善從何來？既曰爲善去惡，當其無善無惡，善從何往？本有而强之無，是截鶴也，豈性可得而損歟？本無而强之有，是續鳧也，豈性可得而加歟？且楞嚴經有之：「佛告阿難：應審因地發心，與果地覺爲同爲異？若於因地以生滅心爲本修因，而求佛乘不生不滅，無有是處。」信斯言也！爲善去惡之因，可以求無善無惡之果歟？

翁究觀近世倡道者之弊，一一拈出，可謂知微知彰矣。雖然陽明所云爲善去惡之功，自初學至聖人，究竟無盡，誠爲精密，而何以致此也？竊於陽明之論善惡有異焉。蓋聖賢之所謂善，指天理之公而言也；其所謂惡，指人欲之私而言也。乃陽明之論，則曰：「無善無惡者理之静，有善有惡者氣之動。循理便是善，動氣便是惡。」又曰：「無善無惡謂之至善。」是知陽明之所謂善，指無而言；其所謂惡，指有而言，而特以「理」「氣」二字牽綴於其間。至其喫緊提宗亦曰「無善無惡心之體」，居然與宗門之指不異矣。侈談玄虚，而學者競崇懸解，即欲不厭有而趨無，不可得也；既已厭有而趨無，即欲不尚灑落尚圓通，不可得也；既已尚灑落圓通，即欲不掩戰兢之脈，不可得也；既已掩戰兢之脈，即欲不成無忌憚之中庸，不可得也。翁之所謂因，似當并於此求，不識以爲何如？

陽明謂：「佛氏倚於無善無惡，不可以治天下。」翁疑其遷就世儒，以爲是一大障矣。然而翁亦有曰：「聖人智崇而禮卑，理雖互融，而教不可以相濫也。帝王所自立之天下，非綱常不可維，非庸言庸行不可率，而語上則非中人以上不可也，故必主孔子而賓二氏焉。」信斯言也，佛氏又不必可以治天下也，何歟？夫道一而已矣。聖人之所謂語上，即庸言而在庸言，即庸行而在庸行，其悟與否則存乎人。非庸言庸行之外，另有一種奇特也。今詳翁語意，若謂語上，佛氏與吾聖人同；庸言庸行，佛氏與吾聖人異。將智崇禮卑，可岐而二歟？乃翁與鄒爾瞻書又曰：「近時學者不卑禮而求崇智，不本分甚矣。然後智不極崇，則禮亦不極卑。蓋眼前種種滲漏，俱生於智之不及耳。」信斯言也，佛氏似乎不卑禮而求崇知也，其可謂之語上歟？由前之説，佛氏偏於語上，其於治天下僅及中人以上耳，固已不能如吾聖人之全；由後之説，并其語上者而亦有遺憾也，又且不能以其偏爲聖人用。翁之持論如此，豈亦有所遷就而然歟？然則翁所云「一大障」，即翁亦未之能破也，又何疑於陽明歟？愚既以陽明先生之「無善無惡」爲疑，而陽明亦曰「佛氏倚於無善無惡，不可以治天下」，然則聖人不言無乎？曰「無聲無臭」，詩未嘗不言無也。世亦有疑及「無聲無臭」者乎？「無方無體」，易未嘗不言無也，世亦有疑及「無方無體」者乎？「無意無必無固無我」，論語未嘗不言無也，世亦有疑及「無意無必無固無我」者乎？而獨不能不生異同於「無善無惡」，何也？其故必有在矣。而或者乃爲之解曰：「所謂『無善無惡』，即『無聲無臭』也，即『無方無體』也，即『無意無必無固無我』也。」是則始而等善爲惡，卒又等善爲聲臭，爲方體，爲意必固我也，夫善亦何負於人也，而不譽之甚如此乎？

釋氏「理障」「事障」之説，總只是「無善無惡」註脚耳。竊謂「理障」礙道，視「事障」更甚，不知喚何者爲理？易言「窮理盡性以至於命」，又不知何以解也？將所謂理者於性命之外另爲一物？而所謂道者又於理之外另爲一物乎？乃翁又曰：「不生不滅之理，只在日用飲食間，遺人倫以求道，非上乘之道也。」信斯言也，理即事，事即理，雖欲遺之而不可得也，何自而爲障乎？又曰：「上士聞道，日用莫非天機，其次多習氣之累焉，不入事障則入理障矣。」信斯言也，本之習氣之爲障也，非特與理無干，抑且與事無干也。何必并祛二者而後可以聞道乎？

昔蘇子瞻譏程伊川先生曰：「何時打破這『敬』字？」如近世講學家幾乎打破這「敬」字矣。翁作六龍解，特拈出一「惕」字，謂「六龍皆從惕中來」，最爲有功。李見老揭「修身」爲本，而曰：「原是調元之聖劑，今爲補虛之上藥。」愚於翁亦云：「竊又以爲即是可以稽儒釋之辨焉。」仲尼不云乎：「君子之中庸也，君子而時中，小人之中庸也，小人而無忌憚也。」佛氏，西方之聖也，豈得遂以無忌憚目之？乃其一手指天，一手指地，而曰：「天上天下，惟吾獨尊。」似與所謂惕者有間矣。翁之言曰：「學孔而未至名教，猶得而繩之；學佛而漓其真，則狂慧生而怪行出，其流至於小天地、卑聖賢、蔑君父之倫，而自託於無上之道，雖聖人亦末如之何也已矣。」此猶自其流言之也。揆厥所由，合下已埋却種子矣。故程、朱之闢佛也，翁又評之曰：「道經云：『聖人生而大盜起。』佛雖至聖，不能禁後儒之不盜佛，盜佛而漓其真，至於掃六經而侮聖學，則搜其本而攻之，雖操戈入室，必且以禦盜之功受上賞焉。」所謂本，即愚所謂種子也。靈嶽拈花，少林面壁，暨乎法席雲布，所在風生，訶佛罵祖之徒，喝棒雙呈，機鋒狎出，指天指地，氣象分明，宛然在目，其亦可以觀矣。是故從儒門入者，愈有得則心愈小，其失也爲必信必果之小人，聖人且以列於士；從宗門入者，愈有得則心愈大，其失也爲反中庸之小人，行不免誤天下蒼生矣。何者？其種子殊也。象山先生曰：「纔一警策，便與天地相似。」愚始殊有味乎其言，及觀翁與耿恭簡書，以爲孔子平日未嘗有此快口，不覺悚然自失。蓋翁之深於惕如此，然則惕之一言，所以標聖學之宗在是，所以救釋學之濫在是，信祖述憲章第一義也。愚恐世之盜儒，惡其害己而傷之，至多口實於「惟吾獨尊」之案，故爲究其弊云。

造化大矣，因果之説，豈可謂無之要？亦其中一法耳。若便執煞，恐又不免看得造化太拘也。且信如釋門所言，在昔聖賢只是這幾個，去去來來天地間，但姓號名氏不同耳。而又欲去則去，欲來則來，一切自爲主張，不由造化。然則羲、黄、堯、舜，何不時現而爲天子？稷、契、伊、周，何不時現而爲宰官？常使斯世斯民享太平之福乎？此猶自儒家之聖人言之也。至如釋迦，何不時現爲人天導師乎？翁之言曰：

「佛氏以三祇盡覺道，孔子以一生顯覺道。」又曰：「見性，可能也；知命，不可能也。」由見性而精義入神，此猶一生之好學可幾；由知命而窮神知化，則非三祇之修證莫竟。是知聖賢出世一番，則增進一番，必應重來者勝縱，順流逆流間出不齊，總其大都，亦應有以相當耳。何爲孔子之後再不聞有孔子？釋迦之後再不聞有釋迦乎？何爲聖一降而儒，儒遂不復轉而聖？佛一降而禪，禪遂不復轉而佛乎？雖然，吾且不必論至此也。翁爲釋迦本願爲衆生一大事因緣而出矣，謂孔子本願爲天下無王因緣而出矣。然則爲釋迦計，宜莫若現生於居士之家也；爲孔子計，宜莫若現生於王侯之宮也。何爲托非其處，各與願左？一則欲謝輪王位而不得，至於拂君父之命，中夜潛逃；一則欲求爲世用而不得，至於栖栖道路，徒抱無王之戚以老乎？翁惜儒者不信因果，特諷之曰：「必破此藩籬，而後可窮道妙。」愚則曰：「必能窮孔、釋去來之際，而後可參因果之説，爲儒者破此藩籬也。」

老聃以禮爲僞，孔子却因而問禮，此其意甚微，非凡情所能漫測。聃晚而乘青牛出函谷關，著道德經，卓然另開一宗，豈非異人？第其説，半從憤世中來，不平之氣，至今猶隱隱可想。猶龍之贊，與列子載孔子推西聖語略同，其有無真假，亦非凡情所能懸斷也。若原壤者固已叩其脛而賊之矣，試看孔子生平待人有如此峻絶否？嘗以鄉愿爲賊，亦未指名其爲誰，獨於原壤顯然加斥，聲色俱厲。方諸鳴鼓取瑟，尤有甚焉，殆不可不察也。翁謂周元公不闢佛，亦不援佛，蓋實旁通二氏，而銷歸於聖學似矣，只「銷歸」二字，尚應理會。竊意：銷，外辭也；歸，内辭也。此正元公以身爲標，有合於孟子「反經」之旨者也。若曰明知二氏之爲是，又恐世之疑其非也，特銷而去之，是謂閃跡抛踪。明知三教之爲同，又恐世之疑其異也，特逃彼而歸此，是謂捱牆附壁。去陽推陰，入者一間耳，恐非所以語元公，若曰元公嘗師穆修、友壽涯輩，則孔子且問官於郯子矣，問樂於萇弘矣，要其安身立命，畢竟何在？殆不可不察也。

愚有感於翁之評元公也，就高雲從而商曰：「元公何以不闢佛？」雲從曰：「太極圖説及通書，字字與佛相反，便是闢佛。」曰：「誠若是，程、朱之闢佛也何居？」曰：「此則又自有説。聖賢因時有作，操縱闔闢，一切循其自然。夫子殁，而七十子各以其所得者爲學。及其弊也，異端競起，而孟子不得不好辨。千四百年間，儒者不過爲謹身修行，訓詁誦習之學，與二氏殆判不相入。及周元公開揭藴奥，而天下始知求之性命之微巧者，因之假合於其間。程、朱之不得不闢者，勢也。元公之時，明吾之道而已。譬如人之無病，則起居飲食，即是衛生却疾。程、朱之時，似是之説，雜然並興，必須去其混之者。如六邪外侵，攻去其疾，而元氣始復，此皆天理自然之妙，而有意爲闢，與有意爲不闢者，皆私也。愚聞其言而韙之。一日讀易至乾之「上九」，便恍然若有會也。曰：「湯之革桀也，武之革紂也，伊尹之放太甲也，周公之辟管、蔡也，孔子之作春秋也，孟子之距楊、墨也，程、朱之闢二氏也，是皆所謂亢龍乎？」亢，非聖賢意也，時也，是故曰有慚德，曰未盡善，曰有過，曰罪我，曰不得已，難乎免於悔矣，而要之無損於龍德。然則尚論元公，當求其所以異於程、朱者安在？尚論程、朱，當求其所以異於元公者安在？恐未可以闢佛與否爲斷案也。

孔子之道，大中至正，萬世無弊。自此以下，類不能無偏。是故程、朱之後之不能不流而支離也，勢也；陽明之所以揭良知也，陽明之後之不能不流而蕩也，亦勢也，翁之所以表程、朱子也。是皆互爲補助，以維世道，以覺人心，以贊天地之化育者也。翁猶謂以陽明救程、朱，以程子救陽明，則出入之間，恐不免遷就其偏，非所以秉中正而立人極，且朱子之不能無闢佛也，爲濫佛者防也。陽明之不能無濫佛也，爲支離者激也。執爲典要，非所以大一統而究聖真，故特揭「祖述仲尼，憲章聖祖」二語爲宗，而曰：「規欲圓，[一]即以仲尼之圓圓宋儒之方；矩欲方，即以仲尼之方方近儒之圓。」又謂治天

[一]「規」，底本作「見」，據光緒本改。

下者，必主孔氏而賓二氏。至語及岐學之弊，尤惓惓再三致意焉。翁之所以劑量於其間者，其用心最苦，而所以防微矯枉，爲萬世慮者，亦最深遠矣，更何能贊一辭？徐而閱翁諸所論著，却又往往輊孔軒釋，其故何也？翁始致楊宗伯書，嘗不滿羅盱江有庸孔奇釋之意，寧忘之耶？且夫人情希高慕大，未有不欲占第一等事者也。今曰：「天下之至聖、天下之至誠惟佛氏，而孔子不與；聖而不可知之神惟佛氏，而孔子不與；性還無始、命還無始惟佛氏，而孔子不與；造天地、役百神惟佛氏，而孔子不與，天下宜何從焉？賢孔子於堯、舜，則反覆明其不可賢佛氏於孔子，則見以爲固然。」信斯言也，正應越孔而宗釋耳。揆諸「祖述仲尼」之指，得無不相似歟？愚又嘗讀御製文集，知佛氏之道，聖祖最得其深。乃其治天下，惟是尊事孔子。士子所習，惟五經四書及程、朱諸大儒集註。當國學成，謂劉仲質曰：「頃議禮者，多言孔子人臣也，禮宜一奠而再拜，朕以孔子明道德以教萬世，豈可以職位論哉？昔周太祖謁孔子祠，將拜，左右曰：『孔子陪臣，不宜拜。』周太祖曰：『百世帝王之師，敢不拜乎？』遂再拜。朕深嘉其明斷。今朕君天下，敬禮百神，先師之禮，宜特加隆。」因議前後皆再拜。其重道崇儒如此。至於佛氏，則存而不廢耳，未嘗使之得與吾夫子班也；諸習其教者，要以上爲朝廷祝釐，下爲兆姓禳禱，比於古之巫祝耳，未嘗使之得與吾夫子之徒齒也；其書具在，經筵不以進講，學校不以課讀，未嘗使之得與吾五經四書並行也。卓哉！聖祖淵謨睿識，度越尋常萬萬矣。今曰天下有佛，則人天之所尊惟佛，雖天子不得以師道貳法王，天下無佛，則人世之尊惟君，雖聖人不得以師道貳天子。又曰世知五帝三王繼天立極，乘飛龍以王九垓，豈知諸佛説法度生，乘飛龍以王三界？又曰佛氏人天師也，佛一出世，而天王、人王俱遜而就弟子之列，安得不謂之飛龍？吾夫子以臣子之節，明帝王之道，但可謂之見龍而已，是則聖祖以孔爲師者也。翁以釋爲師者也，揆諸憲章，聖祖之指，得無不相似歟？雖然此非自翁始也，聞諸闞德潤曰：「孔、老二教，法天制用，不敢違天；佛氏設教，天法奉行，不敢違佛。」李士謙曰：「佛，日也；道，月也；儒，五星也。」張天覺曰：「佛療骨體，道療血脈，儒療皮膚。」其獎佛也如是。凡皆以佛爲宗，不足異也，而元人至號其西域僧皇天之下，一人之上，則彼法固然。又當嘉靖間，有胡清虚者，故師事山陰王龍溪，自言遇異人，授三教混元之説，而意終毁短儒，以爲儒推道極於天，天帝即帝釋，於佛爲弟子，儒推人止於聖神，神不可知於佛，爲入門要，以張皇震耀，譁衆驚愚，快其私而止，亦不足問也。乃翁標宗在此，讚嘆在彼，愚誠不能無擬議於其間。況翁生平之所期待，何如也？海内同志之所期待於翁，又何如也？有如不欲小吾道，而適不免濫吾道，不屑落程、朱窠臼中，而反不免落天覺諸人窠臼中。兩者較之，果孰爲愈？語云：「天下之寶，當爲天下惜之。」此又愚之所以反覆躊躇，而不能已於喋喋者也。願翁於「祖述憲章」二語，細加點檢，仍以牘中所謂「寧庸毋奇」「寧拙毋巧」「寧介毋通」「寧闇毋的」四語時時自參自證。夫如是，然後可以孔矩別二氏，可以孔矩攝二氏，可以孔矩裁二氏，可以孔矩防二氏，可以孔矩用二氏，可以孔矩挽二氏，可以無逸而至於蕩，可以無局而至於支離，可以紹隆我仲尼，可以對揚我聖祖，可以不負大丈夫出世一番矣。翁其許之乎？

三教異同，原是兩重見成公案，非一時一人所能創設。要其同也，必有以見其同；其異也，必有以見其異，亦非人各以私意强爲主張也，學者在審所尚而已。誠欲祖述釋氏，即空空子一編，往往有豪傑在焉。不謂吾儒之外遂無人品，誠欲祖述仲尼，自應以仲尼爲主，合則取之，離則舍之，甚則擯而絶之，不得更有依違，作三教中鄉愿也。之兩者，翁何居乎？雖然翁之於此，非苟而已也，亦既三折其肱矣。故曰「昔在明道書院中，有悟入處，自省性地欠徹，旁參二氏家言，而尤篤於禪」，此初年未定之見也。又曰：「至戊子、己丑間，夢兆潛通，若從三家滚身而出者，然後知吾儒斷斷當學孔子，而不可他有所慕。」此近年既定之見也。蓋明道、横渠兩先生始皆出入於佛氏幾十年，已而有悟，遂反而歸諸吾道。翁之虚心磨勘，了無執著，殆不愧兩先生矣。然而兩先生於歸儒之後，語及佛氏，輒喟然咨嗟，惟恐人之或墮其中。我翁於歸儒之後，語及佛氏，依然繾綣不已，以爲是駕燧、巢而軼堯、舜，莫有能尚之者也，其故何耶？善乎，我翁之言之也，曰：「末法中士多偷心，或口佞儒而陰慕佛乘，或口佞佛而緣飾儒行，是皆穿窬之類，妾婦之習，非大丈夫之所爲也。」今若此，其故何耶？且翁又云：「自古聖賢，未有不通命世之局而可與於斯道者。」今試相與憑軾，而觀域中之士趨儒者衆乎？趨禪者衆乎？將陽儒而陰禪者衆乎？即陽儒而陰禪者衆也，將示之異，以嚴似是之防乎？將示之同，以開方便之門乎？亦可知已。是故德、靖以前，爲周元公可也，於時孔自孔，釋自釋，老自老，吾不見其礙也；嘉、隆以後，爲程、朱可也，於時談玄課虛，龍蛇混淆，狂風恣起，吾不與其濫也，是所謂命世之局也。如但曰三教一而已矣，祖述仲尼，合三教爲一而已矣。則自晉而隋，而唐而宋，已往往有能合之於上，而何以見我聖祖之爲烈？若大年若子韶輩，又往往有能合之於下，而濂、洛、關、閩諸君子，反不免爲門外漢也，然乎否耶？凡此皆愚之所深思而未得，亦愚之所欲效其芹曝於翁，而不敢不一吐者也。惟翁無厭無忽，再加裁省，灼然求其可以建天地、質鬼神、俟百世，勿執勿隨，一禀至當，曉然令學者知所依歸，不復牽於二三之說。幸甚！幸甚！

顧憲成全集卷三十三

古燕後學張純修重訂

證性編六

質疑下

再與管東溟書

向者漫有所質，辱翁不鄙，悉意剖示，憲受而卒業焉。時而爲一爽然若失也，時而爲一欣然若得也，所以開發頑吝多矣。札末且諭之曰：「如有未愜，不妨再商。」而尊牘亦以問辨名。然則問之弗得弗措，辨之勿明勿措，固我翁之教也。因復次第其臆，以俟就正。一日忽自念曰：「如此不已，將無落意見議論中乎？」以告家弟季時，季時默然者久之，乃曰：「此事若從軀殼起念，委爲不可。若爲自家性命，心切於無疑生有疑，於有疑求無疑，何往而非實學？恐不得以意見議論爲嫌也。」於是忘其瀆而申言之，仲尼不云乎：「誨人不倦。」憲也敬九頓以請。

東溟牘曰：

君子見性之後而言性，直下拈出本體，本不必盡合於前人之言，而意自不相悖。如孔子言「相近」已精矣，孟子復從「相近」之中拈出「善」字來，不爲悖孔子也，謂之發孔子之未發可也；孟子道「性善」益精矣，陽明復從善處拈出「無善無惡」之體來，不爲悖孟子也，謂之發孟子之未發可也。要之，論性體者，亦必合此三言而後盡；言相近者，兼氣質而言也；言「善」與「無善無惡」，皆不逐於氣質而言也。其説莫精於程伯子，曰：「人生而静以上不容説，纔説性時，便已不是性也。孟子所謂性善，乃是『繼之者善』也。」又曰：「善固性也，惡亦不可不謂之性，論性不論氣不備，論氣不論性不明，二之則不是。」其意蓋曰：言性必兼氣質言，氣質必兼善惡。善與惡，皆感物而動，性之欲也，非性也。人生而静，乃天之性，爲其雖含善惡之朕，而氣質尚未用事也，此是天性之真面目。孔子所謂「性相近」者，以此若説到人生而静以上，便是「繼之者善」，而非「成之者性」矣。蓋孔子「性相近」之説，但就人生而静時説，未嘗説到人生而静以上。孟子則説到人生而静以上，故曰性善。然其所謂善者，但以已發驗未發，不以未發言未發。陽明則復就人生而静以上説出未發之中本色也。故曰：「合此三言，而性之説始盡。」

陰與陽對，善與惡對，而太極無對，性無對也。孟子言性善，亦以仁對不仁，義對不義。而説此言情之性，不言性之性，亦對言之，善非無對之善也。蓋曰性乃純陽之物云爾。然天下未有有陽而無陰者也，則安得執有對之善，而言無對之性哉？究竟至於無極太極，則陰陽無朕。而「仁、義、禮、智」四字亦着不得矣，奚其對？無對。乾元也，所以爲至善也。

元者，善之長也，可謂性非善乎？然曰「萬物資始」，則不但善始，而惡亦始矣；曰「萬物資生」，則不但善生，而惡亦生矣。善惡從陰陽而分也，陰陽亦太極也。故曰「一陰一陽之謂道」，陽善而陰惡。陰陽之中，又分剛善剛惡，柔善柔惡，一成而不可易，故曰「成之者性也」。然其所以生陰生陽，生善生惡，永無間斷者，誰爲之？太極爲之也。太極，即乾元、坤元之總名也，故曰「繼之者善也」。○善者，善之長，何以生出惡來？太極，一本而萬殊也。以其萬殊，故對惡而稱善，萬殊原於一本，則何對之有？故性善之善，不與惡對也。○如以孟子「性善」之説，而參孔子「性相近」之説，則亦不可謂性果無善惡。若無惡，則亦無善，不得謂之「相近」矣。程子所以云「善固性，惡亦不可不謂之性也」，又以「善惡皆性」之説，而參周子「無極」之説，則又不可謂性果有善惡。若有善，即有惡，不得謂之無極矣。程子所以云「人生而静以上不容説」也。

易言陰陽甚活，蓋即健順而爲健順，即淑慝而爲淑慝，取義則在在皆通，執詞則在在皆礙，天下豈有陰陽外之物哉？太極圖説曰：「五性感動而善惡分。」善惡不屬陰陽，而誰屬也？兄欲破「無善無惡」之説，而曰太極圖説具在，試於所言陰陽處，各代以「善惡」二字，可解乎？不可解乎？則易傳嘗言「陽卦多陰，陰卦多陽」之義，而曰：「陽一君而二民，君子之道也；陰二君而一民，小人之道也。」試於易卦所言陰陽，各代以「君民」二字，其亦可解否？

兄謂「『無善無惡』四字，畢竟欠穩」，然使不究極於繼善之原，則「性善」二字亦是欠穩。吾今代爲孟子發疑問，而代爲解之，謂人之情必可以爲善，不可以爲惡，而決性之善乎？則桀、紂、幽、厲之情，未見其可以爲善也。謂桀、紂、幽、厲之惡，出於習染，而非赤子之初性乎？則楊食我之惡性，即從母胎中帶來，不由習染也。謂楊食我之性爲怪性，而孩提之愛親敬長，乃常性乎？則嬰孩何以獨戀母而不戀父？戀乳母而不戀生母也？又何以見食則與兄弟爭也？此亦未有以見其果善也。謂孩提之愛，欲亦出於感物而動，而非未發之本性乎？則已發即未發之苗也，未有以天機之根，而發嗜欲之苗者也。且未發之時，尚無喜怒哀樂之朕，何以知其有善而無惡也？抑謂極不善之人，亦知天地君親之爲大仁義禮智之爲美，即此便是未泯之良心乎？斯又出於習聞習見之所薰，而非囫地一聲之時即然也。儒先爲之解曰：「天命之性無不善，氣質之性有不善。」既分二性，則言性者，何得舉天命而遺氣質也？又爲之解曰：「氣質之性，君子有弗性者焉？」然君子弗性，而小人性之，則言善亦君子之偏辭也。然則孟子之説，將無以勝荀、楊之説矣？蓋必窮至於資始統天之乾元，與夫一陰一陽之謂道，繼之者善也，而後性善之旨，始有着落耳。

陽明曰：「無善無惡者心之體。」其言大類告子，而意則迥然不同。陽明對「意之有善有惡」而言「心體無善無惡」，此指未發之中言也。其究使人去情見以還性真；告子對孟子之言性善，與或人之「有善有不善」而言「無善無不善」，此指血氣中之識神言也，其究率人殉食色而禍仁義。學貴知言，胡可以辭害意？

均曰「生之謂性」，而孟子以仁義爲性生，告子以食色爲性生；均曰「無善無惡」，而陽明通孟子之性善，告子通荀子之性惡。

兄以無與有對，而駁善與惡對，言非不巧，而非所以論性也。蓋有無落二見，則無誠與有對，即不落二見，而或狀道之不屬一邊，如云「無，名天地之始；有，名萬物之母」，則無亦與有對。至於言到太極、無極，言到「上天之載，無聲無臭」，此無豈與有對乎？充斯辨也，則「慎獨」之「獨」，亦當與「不獨」對。「得一善」之「一」，亦當與「不一」對。凡古人根極理要之言，種種俱戲論矣。

愚前有感於倡道立極之難，故究陽明學門之流弊，而曰「知彰而不知微」，此亦苛論也。不如鄒爾瞻之言曰：「流弊何代無之？終不可以流弊疑其學。」兄謂：「陽明之所謂善惡，與吾聖賢之所謂善惡不同。」則苛更甚矣。善指天理，惡指人欲，此善惡之大較也。於中拈出性體，剖厥幾微，則各隨所見而說，亦有不必盡符者。孟子曰「性善」，而程伯子曰「惡，亦不可不謂之性」；學記曰「人化物而滅天理」，而伯子曰「善惡皆天理，亦異乎古人之所謂善惡矣」。而其意圓，語亦圓也。陽明亦有圓悟，於善惡有無之際，既曰「無善無惡者，心之體」，又曰「無善無惡者，理之静」；既曰「有善有惡者，意之動」，又曰「有善有惡者，氣之動」。向非見性親切，豈能七通八透如此？理之静處即是心，指未發之時言也。故曰無善無惡，非專以善而屬之無也；氣之動處即是意，指已發之時言也，故曰有善有惡，非專以惡而屬之有也。但既以無善無惡言理之静，而復接言循理便是善，似循乎無善無惡之理，而總之爲天理也；既以有善有惡言氣之動，而復接言動氣便是惡，似動於有善有惡之氣，而總之爲人欲也。此所謂意圓而語滯也。然就其語之滯處，究其意之圓處，則所析善惡之幾爲最精。「無善無惡謂之至善」，此言可與「善惡皆天理之説」相參，皆可以意會，而不可以言求者也。世儒之知言者寡，往往認陽明爲逞雄心、立新説之豪，而不察其悟道之實，似等陽明於奸雄然者。高明如兄，而亦有此疑耶？末謂：「學者既厭有趨無，則不得不尚灑落，尚圓通而掩戰兢之脈，既掩戰兢之脈，則不得不成無忌憚之中庸。」此則確論也。

儒家之闢佛久矣，愚獨主孔賓釋，亹亹及之，何也？道必有個至處，吾人從無量劫來，死死生生亦必□□□□處六經中，[一]豈無及於此者？而語意多含，人所難察。如易傳中贊乾元統天，逼真露出毘盧遮那以上境界，此實聖學之起因證果處，而誰知之？孔子雖微露於傳中，而又不概與中人語，故後世罕聞其説。唯釋迦興於西竺，現出乾元統天境界，然亦現其少分耳，其理則滿盤托出。儒者又以其棄家修道，不合中國聖人之矩而外之。言乾元者，不曰四時之春，則曰四德之仁，而其所謂仁體，不過見得方寸中，有個昭昭靈靈之物，渾然與物同體，便以爲乾元在是矣。豈知此昭昭靈靈之物，即死死生生之本，非不生不滅之乾元也？乾元，固亦不離昭昭靈靈之中，而執此昭昭靈靈求入乾元不生不滅之果，又不可得，然則聖學究竟於何地乎？人道結果於何生乎？此真一件最大未完公案也。周元公作太極圖説，蓋已拈出此機，而以五宗昌熾之餘，不得不顯孔而微釋，二程欲張孔學，乃

[一] 底本、光緒本此處均有四字空格未刻，姑存其舊。

并釋氏所通於大易之理而盡掃之。雖有興起斯文之功，而乾元則落於八識田中矣。昔人有言秦人焚經而經存，漢人窮經而經絶。愚亦妄謂：元公以前，聖學掩於禪宗，而孔子之乾元存；元公以後，聖學歸於儒門，而孔子之乾元隱也。此非元公之過，程、朱之過也；亦非程、朱之過，不善學程、朱之過也。故愚欲發元公之隱，補程、朱之遺，而爲孔門了此一大公案焉。

謂横渠晚逃佛、老則可，謂明道亦從禪歸儒則不可。明道以髫年師元公，即得孔、顔樂處，而以興起斯文爲任，其顯孔微釋，元公實導之也。所以涉獵佛書，固欲會其意而涵之，亦欲乘其隙而攻之。故謂佛與儒句句是，字字合，然而不同。又覩禪僧之威儀，而曰「三代禮樂盡在是矣」，其理會蓋深於横渠。而倡爲「淫聲美色而遠之」之説，大概以孔子「下學上達」之規律牟尼也。然察其平日精到之語，半從禪書翻出，而操戈尤甚於横渠，恐亦質諸鬼神而有疑也。雖然，禪門之狂風盛矣，微元公爲之先，二子爲之後，則宋室純是禪師世界耳。而元公之意尤密，吾嘗參外傳，而元公與壽涯禪師最相友善，壽涯深悼儒門之無人，勸元公以性宗開儒教中人而闕佛説，真禪門之傑哉！

性，太極也。是太極也，在天爲天，在地爲地，在人爲人，非有二也。是故人生而静以上如是，感物而動以後如是，縱其陷溺牿亡亦如是，氣禀不得爲之拘也，情欲不得爲之蔽也。書言「帝衷」，詩言「物則」，孔子又闡出乾元、坤元之奥，孟子又拈出仁義禮智之端，上下千載，先聖後聖，更相發明，總之只是道性善而已。乃説者多異辭，何也？或想到人生而静以上，見其冥冥漠漠，窈然莫窺，似乎無善無惡，便認無善無惡爲性之本來面目也；或看到感物而動以後，見其紛紛紜紜，雜然莫定，似乎有善有惡，便認有善有惡爲性之本來面目也。善與惡之相去遠矣，無則俱無，有則俱有。吾不知性果何物而然也，然則孔子何以曰「性相近」也？曰此孔子之道性善也，非以性爲無善無惡，亦非以性爲有善有惡也。無善無惡，指何者爲「近」？有善有惡，應曰性相遠也，指何者爲「習」？然則何以不曰同而曰近也？此朱子所謂「兼氣質」而言也，「兼」字下得恰好。專以理言，自聖人至於途人等也，奚啻曰「近」？專以氣質言，其間或相倍蓰而無算矣，奚得曰「近」？惟以理爲主，帶氣質説來，所以不曰「同」，不曰「相遠」，而劑之曰「近」也。近者，不遠之辭，故曰：「此孔子之道性善也。」然則程伯子何以云「善，固性也；惡，亦不可不謂之性也」？曰：「此專以氣質言也。專以氣質言，非性之本色矣，故委婉其辭。」曰「亦不可不謂之性」，隨繼之曰「人生而静以上不容説，纔説性時，便已不是性也」，即以掃「亦不可不謂性」之説也。朱子曰：「不容説者，未有性之可言；不是性者，已不能無氣質之雜矣。」由此觀之，所謂「不是性者」，正以其有善有惡，而所謂「不容説者」，非以其無善無惡也。故又曰：「不是性中原有此兩物相對而生。」既非兩物相對而生，分明只是個善也。然則伯子之指可識也。又曰：「荀子極偏駁，只一句性惡，大本已失。楊子雖少過，然已自不識性，更説甚道？」然則伯子之指，益可識也。今翁之言性也，本孔、孟乎？本程伯子乎？本孔、孟，則孔、孟之言性善方，翁之言性善圓也；本程伯子，則程伯子之言善惡圓，翁之言善惡方也。再乞裁教。

翁之論性，原援太極圖説爲證，故亦據太極圖説以請。若就陰陽言，其義甚活，孰謂不得以善惡配也？雖然謂太極生陽生陰，有陽無陰，不足以爲太極，信矣。謂太極生善生惡，有善無惡，不足以爲太極也，可乎？如曰有善無惡不足以爲太極，則舍惡趨善亦不足以合極乎？況翁言陰盡陽純乃還太初，則極固可謂有陽無陰矣，獨不可謂有善無惡乎？

孟子之言性善，猶曰性乃純陽之物；然則荀子之言性惡，猶曰性乃純陰之物耳。其偏，等也。竊惟人稟陰陽以生，闕一不得，至以善惡論，又當活看。若謂天下未有有陽而無陰者，遂謂天下未有有善而無惡者，將無太執？且曰無惡則亦無善，有善則亦有惡，夫是善惡兩者，亦若一陰一陽之互根循環而不已也，然乎否？

翁謂：「孩提之童戀母而不戀父，戀乳母而不戀生母，未足以徵性善乎？」以愚觀之，豈惟是哉！假令是孩提之童也，生而襁褓於人，比其長也，可使制梃而撻其父母矣。雖然誠有人焉於其前呼而詔之曰：「是汝之父也，是汝之母也。」有不駭然自喪，翕然自傷，若無所容其身者乎？然則翁將以制梃而撻其父母者爲性乎？將以若無所容其身者爲性乎？如以制梃而撻其父母者爲性也，「性善」兩字誠欠穩矣；如以若無所容其身者爲性也，種種之疑，不亦可以涣然冰釋乎？

翁云：「吾代爲孟子發問，而代爲解。正反覆以明性善，非駁性善也。」誠然誠然，惟是中所拈「性、習」二語，尚須擬議。蓋孔子曰「性相近也，習相遠也」，今謂極不善之人，亦知仁義禮智之爲美，乃得之習見習聞，而非囝地一聲之時即然也，則是「習相近也，性相遠也」。且習見習聞之仁義禮智，又從何來？幸再詳之。

翁之意，蓋謂：「均曰『無善無惡』，而在陽明言之即得，在告子言之即不得，何也？爲其一以仁義爲性，一以食色爲性也。」愚竊謂：「均曰『無善無惡』，而在告子言之即得，陽明言之即不得，何也？亦爲其一以食色爲性，一以仁義爲性也。」夫仁義，性之德也，是純粹至善者也。食色，性之欲也，之於善則善，而不可執以爲善；之於惡則惡，而不可執以爲惡。是無善無惡者也。孟子名仁義之性曰善，告子名食色之性曰無善無惡，各道其實而已。今以仁義爲性，亦云無善無惡，循名揆實，得無爽歟？以仁義爲無善無惡，將以何者爲善歟？告子以仁義爲性之染色，翁亦將以仁義爲性之染色歟？此則就膚見求之而有未愜也。且孟子道性善，夫人而知其是也；荀子道性惡，夫人而知其非也。乃無善無惡繫以仁義，便通孟子之性善；繫以食色，便通荀子之性惡，則其說恰在可是可非之間。是故曰仁義，曰食色，的然各實有所指，而此一語，衹爲空頭話。曰性善，曰性惡，判然各自持所見，而此一語却爲兩頭話矣，其可以語性歟？而翁又曰：「性，善惡之統宗也。」得非以專言善者必不能通諸惡，專言惡者必不能通諸善？而惟言無善無惡者，乃能善惡兼通？惟善惡兼通，乃能爲善惡之統宗歟？此則就尊見參之，而未有愜也。幸一一裁教。

牘引中庸「未發之中」證「無善無惡」似矣，第不知喜怒哀樂與善惡同否？如以爲同，試曰「善惡之未發謂之中，善惡之發而中節謂之和」，其亦可通否？愚敢竊取我翁之意而爲之説曰：「子思子之所謂『未發』，指喜怒哀樂而言也，其究使人去情見以還性真；陽明先生之所謂『無』，概善惡而言也，其究使人耽虛玄而隳實體。蓋兩言微若相類，而意實迥然各别。」知言如翁，亦願於幾微之間一審之也。

翁謂：「性善之善，不與惡對。」即無善無惡之善，與惡對矣。一指其統體而言，所謂「大德敦化」也；一指其散殊而言，所謂「小德川流」也。仁義禮智，既列四名，便屬散殊，故翁亦指爲有對之善。要之，此只就散殊之中互相爲對。如「成己成物」之説，是仁與智對；如「人心人路」之説，則仁與義對；如「制事制心」之説，則義與禮對。譬諸方與圓對，縱與横對，春夏與秋冬對，不應曰仁與不仁對、義與不義對、禮與不禮對、智與不智對也。且統體之善，即散殊之善也，何曾餘却一毫？散殊之善，即統體之善也，何曾欠却一毫？今以其爲散殊也，不得等於體統，因而别名之，孰爲無對？孰爲有對？頗已過於分析矣。然而固有説也，無庸吹疵，若以其爲散殊也，遂抑而夷諸惡謂與惡對，則凡是非、可否、邪正、淑慝皆等而爲一，無復區别於其間矣。流弊可勝言乎？

「無，名天地之始；有，名萬物之母」，是一有無也；「有物混成，先天地生」，「上天之載，無聲無臭」，亦一有無也。孰爲對？孰爲不對？愚竊惟「對」之爲義不同，有平對有反對。平者，均敵之辭；反者，懸絶之辭。是故論反對，凡善皆與惡對；論平對，凡善皆不與惡對。今既主平對而言矣，猶曰善與惡對，則是仁之視不仁，義之視不義，亦等也；則是堯、舜之仁，桀、紂之暴，夷、齊之讓，蹻、跖之争，亦等也；則是告子之以湍水東西喻善惡，亦無不可也。夫然雖曰「慎獨」之「獨」與「不獨」對，「得一善」之「一」與「不一」對也，庸足怪乎？

陽明先生中興聖學，其揭「致良知」，簡易直截，於提醒人心最爲有功。至其事業，其節義，其文章，又皆卓朗俊偉，赫然足以名世，此英雄也。何謂奸雄？愚特以提宗一語，不免示奸雄以利器，而世方相與侈而張之。謬不自亮，僭爲推敲，信苛矣！若據陽明所與薛尚謙論「花間草」一段公案，委是以善屬無，以惡屬有，非愚敢一字增損也。即如我翁，始爲有無之義分疏，而證以「未發」「已發」二言；繼爲善惡之義分疏，而證以「率性之謂道」，「纔有所向便是惡」二言，其剖析精矣，要亦我翁之意云爾。試合上下文參之，其以善屬無，以惡屬有，固自若也。翁能圓其意，不能不滯其語也。將亦謂之苛乎？而愚則不敢借翁以解也。於是退而再檢原牘，委多疏漏，輒以其未盡者繹而申之，俟兩端之竭焉。蓋翁之言曰：「陽明拈出此心無善無惡之體，可謂重新周子之太極。其謂爲善去惡，自初學至聖人，究竟無盡，尤爲精密。」而獨訝爲其學者往往「執上一語忽下二語」。愚竊以爲，惟其執上一語爲心體，雖欲不忽下二語，不可得也，何也？學者學以求盡乎其心也，心本有善無惡，故聖賢之教人也，惟曰「爲善去惡」。爲善，因其有而有之也；去惡，因其無而無之也。本體如是，功夫如是，其致一而已矣。今以「無善無惡」語心，以「爲善去惡」語格物，似已不免判而兩岐。若曰意有善有惡即爲善去惡，但從意上檢點，是又所謂舍源而尋流也。況乎所重在「四無」，則所輕在「四有」，究亦不能抗而並行。若曰聊以「有」始之，徐以「無」收之，是又所謂煮沙而求飯也，必不幾矣。愚故曰：「惟其執上一語，雖欲不忽下二語，不可得也。」而猶未也，心之體無善無惡，則凡所謂善與惡，皆非吾之所固有矣；皆非吾之所固有，則皆情識之用事矣；皆情識之用事，則皆不免爲本體之障矣，將擇何者而爲之？猶未也，心之體無善無惡，則凡所謂善與惡，皆非吾之所得有矣。皆非吾之所得有，則皆感遇之應跡矣；皆感遇之應跡，則皆不足爲本體之障矣，將擇何者而去之？猶未也，心之體無善無惡，吾亦無善無惡已耳，若擇何者而爲之，便未免有善在；若擇何者而去之，便未免有惡在。若有善有惡，便非所謂無善無惡矣，將以何者而爲「心之體」？翁不云乎：「心生，種種法生；善生，惡亦生。心滅，種種法滅；惡滅，善亦滅也。」善惡皆生滅，非不生不滅也，意可知已。愚故曰：「唯其執上一語，雖欲不忽下二語，不可得也。」請得而徵之，往聞陽明弟子稱有超悟者，莫如王龍溪；翁稱有超悟而又有篤行者，莫如王心齋。翁，心齋之門人，嘗問爲善去惡功夫，心齋謂之曰：「見在心地有惡否？」曰：「何敢有惡？」心齋曰：「既無惡，更去何惡？」良久，乃謂之曰：「見在心地有善否？」曰：「不見有善。」心齋曰：「即此是善，更爲何善？」是心齋以「無善無惡」掃却「爲善去惡」矣。龍溪謂錢緒山曰：「先生云『無善無惡心之體，有善有惡意之動，知善知惡是良知，爲善去惡是格物』，恐未是究竟話頭？心意知物，只是一件。心既無善無惡，意知物亦無善無惡，若説意有善有惡，畢竟心亦未是無善無惡。」緒山曰：「若爾，即工夫亦不消説也。」是龍溪以「無善無惡」掃却「爲善去惡」矣。夫豈惟心齋、龍溪，即陽明亦曰：「四無之説，爲上根人立教；四有之説，爲中根以下人立教。」又謂龍溪曰：「汝中所見，我久欲發，只恐人信不及，故含蓄到今，此是傳心秘藏，顔子、明道所不敢承當者。今既説破，亦是天機該泄時，豈容復秘？」又謂緒山曰：「有只是你自有，良知本體原來無有。」其於有無之際，低昂如此，是陽明且自以「無善無惡」掃却「爲善去惡」矣。既已掃之，猶欲留之，縱曰：「自初學至聖人，究竟無盡。」彼直見以爲是權教，非實教也，其誰肯聽？既已拈出一個虚寂，又恐人養成一個虚寂，縱重重教戒、重重囑付，彼直見以爲是爲衆人設，非爲吾輩説也，又誰肯聽？夫何故欣上而厭下，樂易而苦難？人情大抵然也。投之以所欣，而復困之以所厭，畀之以所樂，而復攖之以所苦，必不行矣。故曰：「惟其執上一語，雖欲不忽下二語而不可得。」至於忽下二語，其上一語雖欲不弊而不可得也。愚竊有味乎羅念翁之言之也，曰：「終日談本體不説功夫，纔拈功夫，便以爲外道，使陽明復生，亦當攢眉也。」愚又有味乎王塘翁之言之也，曰：「心意知物，皆無善無惡。」此語殊未穩。學者以虚見爲實悟，必依憑此語，如物鴆毒，未有不殺人者。海内有號爲超悟者，而竟以破戒負不韙之名於天下，正以中此毒而然也，可以觀矣。且夫「四無」之説，主本體言也，陽明方曰是接上根人法，而識者至等之於鴆毒；「四有」之説，主功夫言也，陽明第曰是接中根以下人法，而味者遂等之於外道。抑揚稍失其平，弊竇遂至百出，又可以觀矣。然則陽明非歟？曰：嘗讀翁與于如菴書，有曰：「凡命世聖賢立教，未覩其利，先覩其弊，不以一己之超見爲學術，而以天下後世之準繩爲學術。」最是確論。竊惟「無善無惡」，陽明之超見也。如遂以之提宗，與天下後世作榜樣，揆諸中庸教體，得無少間。是故尚解悟者，就此覓出種種玄妙，高標無上之法門；喜脱落者，就此覓出種種方便，旁啓無窮之弊孔，誠不勝私憂過計耳。然則陽明不念及此歟？曰天泉證道，獨於「爲善去惡」反復丁寧，殆亦有概於中而然也。特其見地過圓，矯枉過正，未免將「無」之一字提掇太重，以致合下便種却病根，即扁鵲、盧醫授以神方，畢竟用力多而收效寡耳。然則陽明再生，目擊兹弊，將有椎心扼腕，不能一日安者，何但攢眉，又當長慮却顧，惟恐至於殺天下萬世者，何況肯舉而張諸顏子、明道之上。是故重陽明之功而掩其過，闕而不論可也，所以存厚也。體陽明之心而拯其弊，須於提宗處一照可也，所以救時也。此於翁意不知有當否？此段後以入東林會約。

「正心誠意」四字，似與「無善無惡」四字不同，習「正心誠意」之說，而泥其失也，在規矩繩墨之中，猶不害爲君子；影「無善無惡」之說，而流其失也，在規矩繩墨之外，遂不免爲小人。然則兩者之於世道何如也？且「正心誠意」之說，爲其泥而厭焉者什三，爲其法之最嚴，而厭焉者什七；「無善無惡」之說，爲其流而厭焉者什三，爲其見之最玄，而喜焉者什七。然則人情之於兩者，何如也？是故論道術，「正心誠意」爲聖學，「無善無惡」爲空宗。論弊端，來自「正心誠意」者，其患小；來自「無善無惡」者，其患大。論習尚，主於「正心誠意」者助常少，主於「無善無惡」者助常多。憂世君子，宜於此焉動矣。而或者乃爲之辭曰：「識得無善無惡，方能正心誠意。」信斯言也！大學曷不以「無正無邪」言心，而必曰正心？不以「無誠無僞」言意，而必曰「誠意」乎？

孔子言仁，不無因而託於仁以藏偷者，然而仁無咎也；孟子言義，不無因而託於義以藏偷者，然而義無咎也；陽明先生言「致良知」，不無因而託於良知以藏偷者，然而良知無咎也。惟是「無善無惡」一言原屬險語，咎不專在於託之者矣。翁痛世之糠粃仁義，而謂「性善」二字亦救不得乎？誠思仁義，性也，誰得而糠粃之？糠粃仁義，從「無善無惡」之説來，然則揭「性善」二字，縱未必能挽回時弊萬分一，猶可以闢糠粃仁義者之口。若揭「無善無惡」四字，仁義之爲糠粃審矣。非惟無咎，而又佐之君子，於此亦當分任其咎焉，安得上諉諸天而曰有命，下諉諸人而曰道權，不在乎至？所謂見性見到徹處，修行修到密處，則正本澄源之極論也。

翁謂：「無善無惡，可與善惡皆天理之説相參乎？」昔韓持國嘗言「道無真假」，伯子謂之曰：「既無真，則是假耳；既無假，則是真矣。真假皆無，尚何有哉？」今翁言「性無善惡」，愚亦曰「既無善則惡耳，既無惡則是善矣」，善惡皆無，尚何有哉？以此相參，似更分曉，不識翁以爲何如？愚向者頗疑「善惡皆天理」之説，不必果出於伯子，今視其語持國者如此，亦可以三隅反矣。

翁謂：「原壤夷俟，狎中寓諷；孔子叩脛，狎中寓規。」信可謂能求之言語之外矣。只賊之一字，似尚不免費分疏在。試看賊德之賊，與盜賊之賊，此兩人罪案孰輕孰重？蠹物害人，其間相去幾何？此其難爲原壤解者也。夫子於冉求，譬之以鳴鼓耳；於孺悲，警之以取瑟耳。獨於髫齔之交，年高德卲之人，警之以杖。而猶未也，而賊之，得無刻薄否？且夫子之交原壤久矣，度夷俟是其常態，何爲一旦異而責之？縱異而責之，猶細失耳，何爲歷數其生平之無狀而賊之？又得無刻薄否？此其難爲孔子解者也。然則如之何？曰原壤，老氏之徒也，獨立獨行，不帶人間世些子烟火氣。夫子之所奇也，以禮爲僞。至於登木而歌，傷教敗俗，將何以訓？是又學老氏而失之者也，夫子之所痛也。是故正言以喻之，不可絕之，不可置之不問，不可因借夷俟以致警焉。呼之賊者，甚其辭，以示震動激發之意。其曰「幼而不遜，長而無述」，猶爲有隱乎爾。又寬之，使其可受，庶幾退而深思，翻然有悟。非但謂親者無失其爲親，故者無失其爲故也。」翁曰：「夷俟之意，與登木而歌同。近日狂宗正蹈此弊，但原壤真而狂宗僞耳。」愚不知「登木而歌」如之何而謂之真？如之何而謂之不僞乎？昔胡文定言：「朱子發雖修謹，都是僞爲。」范濟美曰：「如公輩，却是至誠。」文定遜謝不敢當，濟美笑曰：「子發是僞爲善，公是至誠爲惡，然則登木而歌，姑以矯俗耳。」非真也，猶可如其真也，得無有如濟美之所謂至誠者乎？論至於此，乃知壤之爲狂，其關涉世道，有大於冉求、孺悲。而夫子之處壤，其始終苦心，有深於鳴鼓取瑟。嘗試想之，個中無限懇惻，無限委婉，無限眷戀，千載之下，猶脈脈如在也。翁微原壤之顯而闡其幽，愚且微夫子之顯而闡其幽，竊謂此亦當求之言語之外耳。若曰舍其大而警其小，是之謂不知務，若曰因其狎而狎之，是原壤能於孔子之前提出本色以掃孔子之禮，孔子却不能於原壤之前提出本色以掃壤之狂，且又從而和之，惡在其爲孔子也。無極而太極，一語談三教者，舉不得而外之，以是爲源頭所在也。翁謂周元公出没三教，融會而成太極圖説，顧謂其隱釋顯孔，其説近於相反矣。至雲從謂「太極圖説與佛相反」，翁又不肯也。愚未及究雲從所指爲相反者何如，第按尊牘研之，則疑端亦往往見焉。試陳其略：蓋周子自無極而太極説到陰陽五行，所謂體用一原也；自陰陽五行説到太極本無極，所謂顯微無間也。若曰不置身陰陽五行之外，曷由返群生於無極？不寓身陰陽五行之中，曷由錫太極於群生？是陰陽五行與無極歧，無極又與太極歧矣？疑一。翁嘗謂：「言太極，必於陰陽未分之始；言真性，必於善惡未分之始。」按周子曰：「太極動而生陽，静而生陰。一動一静，互爲其根，分陰分陽，兩儀立焉。」所謂「分陰分陽」，就兩儀言也。是故就兩儀未立而曰陰陽未分可耳，就陰陽未分而曰無陰無陽，可乎？誠使就陰陽未分而曰無陰無陽，彼其動而静、静而動者，果何物乎而以證性之無善無惡也？疑二。再考翁答雲從簡謂：「陰陽五行，必有銷歸混沌之時。」按周元公曰：「五行一陰陽，陰陽一太極，太極本無極。」本則原來如是也，[二]一則混然無二也，今以銷歸爲言，愚不知其銷也於何而銷？其歸也於何而歸乎？疑三。太極，理也；陰陽，氣也。理氣有何先後？謂之生者，理爲氣主耳。是故太極無乎不在，陰陽亦無乎不在。析言之，天地之開闢，陽也；其混沌，陰也。合言之，開闢，陰陽之出機也；混沌，陰陽之入機也。今也一則曰銷歸混沌，一則曰天地萬物，其始未有不原於太極者，其終未有不反於無極者，幾於以混沌當無極矣。業以混沌當無極，將不免以開闢當太極矣，豈混沌只光光一個理，到開闢乃始紛紛氣用事耶？疑四。且父子也，君臣也，夫婦也，凡皆陰陽五行中物也，有來有去者也。至於父子之則，君臣之則，夫婦之則，凡皆無極太極中物也，無來無去者也。翁謂爲君止仁，爲臣止敬，爲父止慈，爲子止孝，佛氏俱從多生歷過，而現生特顯涅槃相。愚謂爲君止仁，則爲君清淨；爲臣止敬，則爲臣清淨；爲父止慈，則爲父清淨；爲子止孝，則爲子清淨，便是顯涅槃相。其逃君臣父子而去之，乃顯混沌相耳。若轉來境爲去境，而曰無去無來之本體固然也，得無偏乎？疑五。不寧惟是，就天地而觀，時而自無入有，時而自有入無，混沌開闢，無非是權。就天地之所以而觀，無即太極之藏諸

[二]「也」，底本此處有一字空格未刻，據光緒本補。

用，有即太極之顯諸仁，混沌開闢，無非是實。莫得而欣也，莫得而厭也。譬若人之有死生，然順之而已矣。順之云者，在一日則求一日正當，在百年則求百年正當，如是而已矣。是故以此而生謂之順而生，以此而死謂之順而死，以此而生而死謂之不生不死。假令銷歸混沌乃爲究竟，竊恐混沌之後仍是開闢。由後以遡今，混沌之先原是開闢者，循環曾無窮已，而特於中妄生揀擇，揆以自然之理，何其甚不易簡也。疑六。翁引楞嚴印太極圖説，似乎句句同，字字合，乃其可疑者，又如此必有以也。

性一乎？二乎？如其二也，不名爲性；如其一也，壽涯既勸元公以性宗開儒教中人矣，所悶者又何物乎？而翁亦曰：「元公挽釋歸儒，含無極而顯太極也。」然則無極、太極，一乎？二乎？願聞其説。

道之至處，太極也。起因結果，皆於是乎？在翁以乾元爲主，故遂以太極當之。若以太極爲主，乾元自與坤元相對而成兩，元、亨、利、貞又相對而成四矣。此義補在易傳中，只看人如何認取，似不必按一説以格之也。如必按一説以格之，則孔子之贊乾元，便繼以亨、利、貞，何嘗謂元、亨、利、貞之外，別有一元？而其所謂元者，善之長，亦即四德之仁，四時之春也，將并從而詘之乎？翁謂：「孔子之贊乾元統天，逼真露出毘盧遮那以上境界。」而求正牘中，又謂「天地萬物必有以始之者，三界十方必有以統之者」，是矣，然而凡言道，必推本於太極；凡言太極，必知其爲造化之樞紐，品彙之根柢，横無邊，竪無際，前無始，後無終也。奚必珍爲獨知之契乎？且佛氏之所謂性，覺也，故宗其教者，往往只從昭昭靈靈中作生活。吾儒之所謂「性，太極也」，自不至與昭昭靈靈者相混矣。乃以此擬程、朱見地乎？即如翁言「乾元不離昭昭靈靈之中」，而執此昭昭靈靈，求入乾元，又不可。凡學者立脚吾道中，有個入處，會須識得，曾謂賢如兩先生，而智不足以及此乎？

竊惟吾儕學問，只是見在一着，於此得力，即過去、未來皆在其中，因果之説，自應存而不論。必欲論之，所謂孔子之後不聞孔子，釋迦之後不聞釋迦者，業已難乎其爲解矣。若曰：「衆生根劣，故貶德以從時也。」聖賢不能易天下之滔滔，翻爲天下之滔滔所易耶？審爾則世道升，聖人與之俱升；世道降，聖人與之俱降，其何以爲聖人？而聖人之去來，又何損益於世道耶？而況孔子之化身，廣桑君也；子路之化身，韓滉也，其又何所爲而來？何所爲而去耶？此所謂求其説而不得，從而爲之辭也。然則何如曰：「吾中國自有書契以來，聖哲代興，其間尚不乏荒唐謬悠之談，如所謂補天射日者，經孔子删定而後秩如也。」佛氏好語神通，又生於西竺，去中國且幾萬里矣。其書寧無附會假托？惜乎！莫有人焉爲之釐正，而好事者又從而益之，掇拾影響，假信譌傳，魑魅魍魎，公然晝語，至於奇幻百出，紛紛藉藉，不可勝記也。無論其他，即如目孔子儒童菩薩，幾於侮聖；信斯語讖自佛口，幾於侮佛。高明如翁，而猶數稱之，況庸庸者乎？昔孔子不語怪力亂神，而司馬温公之論佛，以爲其微言不出吾書，其誕吾不信也。謂之誕則無也，謂之神、謂之怪則有也。有者，舍之而不語，於以見聖人之慮世爲甚深；無者，擯之而不信，於以見君子之守道爲甚篤。知此而後，可以讀釋典矣，翁以爲何如？

顧憲成全集卷三十四

大學通考①

大學通考上

男與沐較，孫樞録

① 大學通考以無錫文庫第四輯影印清曹楝亭藏明抄本顧端文公大學通考爲底本。底本不分卷，編者根據篇幅分爲上、中、下三卷。

戴記本

大學之道，在明明德，在親民，在止於至善。知止而後有定，定而後能靜，靜而後能安，安而後能慮，慮而後能得。物有本末，事有終始，知所先後，則近道矣。古之欲明明德於天下者，先治其國。欲治其國者，[一]先齊其家；欲齊其家者，先修其身；欲修其身者，先正其心；欲正其心者，先誠其意；欲誠其意者，先致其知，致知在格物。物格而後知致，知致而後意誠，意誠而後心正，心正而後身修，身修而後家齊，家齊而後國治，國治而後天下平。

自天子以至於庶人，壹是皆以修身爲本。其本亂而末治者，否矣。其所厚者薄，而其所薄者厚，未之有也。此謂知本，此謂知之至也。所謂誠其意者，無自欺也。如惡惡臭，如好好色，此之謂自謙。故君子必慎其獨也。小人閒居爲不善，無所不至，見君子而後厭然，揜其不善，而著其善。人之視己，如見其肺肝然，則何益矣。此謂誠於中，形於外。故君子必慎其獨也。曾子曰：「十

[一]「欲治其國者」，底本作「欲治其治其國者」，衍文當删。

目所視，十手所指，其嚴乎！」富潤屋，德潤身，心廣體胖，故君子必誠其意。

詩云：「瞻彼淇澳，菉竹猗猗，有斐君子，如切如磋，如琢如磨。瑟兮僩兮，赫兮喧兮，有斐君子，終不可諠兮。」如切如磋者，道學也；如琢如磨者，自修也；瑟兮僩兮者，恂慄也；赫兮喧兮者，威儀也；有斐君子，終不可諠兮者，道盛德至善，民之不能忘也。詩云：「於戲！前王不忘。」君子賢其賢而親其親，小人樂其樂而利其利，此以没世不忘也。

康誥曰：「克明德。」大甲曰：「顧諟天之明命。」帝典曰：「克明峻德。」皆自明也。

湯之盤銘曰：「苟日新，日日新，又日新。」康誥曰：「作新民。」詩云：「周雖舊邦，其命維新。」是故君子無所不用其極。

詩云：「邦畿千里，惟民所止。」詩云：「緡蠻黄鳥，止於丘隅。」子曰：「於止，知其所止，可以人而不如鳥乎？」詩云：「穆穆文王，於緝熙敬止。」爲人君止於仁，爲人臣止於敬，爲人子止於孝，爲人父止於慈，與國人交止於信。

子曰：「聽訟，吾猶人也，必也使無訟乎！」無情者不得盡其辭，大畏民志，此謂知本。

所謂修身在正其心者，身有所忿懥則不得其正，有所恐懼則不得其正，有所好樂則不得其正，有所憂患則不得其正。心不在焉，視而不見，聽而不聞，食而不知其味，此謂修身在正其心。

所謂齊其家在修其身者，人之其所親愛而辟焉，之其所賤惡而辟焉，之其所畏敬而辟焉，之其所哀矜而辟焉，之其所敖惰而辟焉。故好而知其惡，惡而知其美者，天下鮮矣。故諺有之曰：「人莫知其子之惡，莫知其苗之碩。」此謂身不修，不可以齊其家。

所謂治國必先齊其家者，其家不可教，而能教人者，無之。故君子不出家而成教於國。孝者，所以事君也；弟者，所以事長也；慈者，所以使衆也。康誥曰：「如保赤子。」心誠求之，雖不中，不遠矣。未有學養子而後嫁者也。一家仁，一國興仁；一家讓，一國興讓；一人貪戾，一國作亂，其機如此。此謂一言僨事，一人定國。堯、舜帥天下以仁，而民從之；桀、紂率天下以暴，而民從之。其所令，反其所好，而民不從。是故君子有諸己而後求諸人，無諸己而後非諸人。所藏乎身不恕，而能喻諸人者，未之有也。故治國在齊其家。

詩云：「桃之夭夭，其葉蓁蓁，之子于歸，宜其家人。」宜其家人而後可以教國人。

詩云：「其儀不忒，正是四國。」其爲父子兄弟足法，而後民法之也。此謂治國在齊其家。

所謂平天下在治其國者，上老老而民興孝，上長長而民興弟，上恤孤而民不倍，是以君子有絜矩之道也。所惡於上，毋以使下；所惡於下，毋以事上；所惡於前，毋以先後；所惡於後，毋以從前；所惡於右，毋以交於左；所惡於左，毋以交於右，此之謂絜矩之道。詩云：「樂只君子，民之父母。」民之所好好之，民之所惡惡之，此之謂民之父母。

詩云：「節彼南山，維石巖巖，赫赫師尹，民具爾瞻。」有國者不可以不慎，辟則爲天下僇矣。

詩云：「殷之未喪師，克配上帝，儀監於殷，峻命不易。」道得衆則得國，失衆則失國。是故君子先慎乎德，有德此有人，有人此有土，有土此有財，有財此有用。德者本也，財者末也。外本内末，争民施奪，是故財聚則民散，財散則民聚。是故言悖而出者，亦悖而入；貨悖而入者，亦悖而出。

康誥曰：「惟命不于常。」道善則得之，不善則失之矣。楚書曰：「楚國無以爲寶，惟善以爲寶。」舅犯曰：「亡人無以爲寶，仁親以爲寶。」

秦誓曰：「若有一介臣，[一]斷斷兮無他技，其心休休焉，其如有容焉。人之有技，若己有之，人之彦聖，其心好之，不啻若自其口出。實能容之，以能保我子孫黎民，尚亦有利哉！人之有技，媢嫉以惡之，人之彦聖，而違之俾不通。實不能容，以不能保我子孫黎民，亦曰殆哉！」唯仁人放流之，迸諸四夷，不與同中國。此謂唯仁人爲能愛人，能惡人。見賢而不能舉，舉而不能先，命也。見不善而不能退，退而不能遠，過也。好人之所惡，惡人之所好，是謂拂人之性，菑必逮夫身。是故君子有大道，必忠信以得之，驕泰以失之。

生財有大道，生之者衆，食之者寡，爲之者疾，用之者舒，則財恒足矣。仁者以財發身，不仁者以身發財。未有上好仁而下不好義者也，未有好義其事不終者也，未有府庫財非其財者也。

孟獻子曰：「畜馬乘，不察於鷄豚；伐冰之家，不畜牛羊；百乘之家，不畜聚斂之臣。與其有聚斂之臣，寧有盜臣。」此謂國不以利爲利，以義爲利也。長國家而務財用者，必自小人矣。彼爲善之，小人之使爲國家，菑害並至，雖有善者，亦無如之何

[一]「介」，底本作「个」，據尚書改。

矣。此謂國不以利爲利，以義爲利也。

石經本

大學之道，在明明德，在親民，在止於至善。古之欲明明德於天下者，先治其國。欲治其國者，[一]先齊其家；欲齊其家者，先修其身；欲修其身者，先正其心；欲正其心者，先誠其意；欲誠其意者，先致其知，致知在格物。

物有本末，事有終始，知所先後，則近道矣。

詩云：「緡蠻黃鳥，止於丘隅。」子曰：「於止，知其所止，可以人而不如鳥乎？」知止而後有定，定而後能靜，靜而後能安，安而後能慮，慮而後能得。

詩云：「邦畿千里，惟民所止。」

子曰：「聽訟，吾猶人也，必也使無訟乎！」無情者不得盡其辭，大畏民志，此謂知本。

[一]「國」，底本作「治」，據文意改。

自天子以至於庶人，壹是皆以修身爲本。其本亂而末治者，否矣。其所厚者薄，而其所薄者厚，未之有也。

物格而後知至，知至而後意誠，意誠而後心正，心正而後身修，身修而後家齊，家齊而後國治，國治而後天下平。

所謂誠其意者，毋自欺也。如惡惡臭，如好好色，此之謂自謙。故君子必慎其獨也。小人閒居爲不善，無所不至，見君子而後厭然，揜其不善，而著其善。人之視己，如見其肺肝然，則何益矣。此謂誠於中，形於外。故君子必慎其獨也。曾子曰：「十目所視，十手所指，其嚴乎！」富潤屋，德潤身，心寬體胖，故君子必誠其意。

所謂修身在正其心者，身有所忿懥則不得其正，有所恐懼則不得其正，有所好樂則不得其正，有所憂患則不得其正。心不在焉，視而不見，聽而不聞，食而不知其味。顏淵問仁，子曰：「非禮勿視，非禮勿聽，非禮勿言，非禮勿動。」此謂修身在正其心。

所謂齊其家在修其身者，人之其所親愛而辟焉，之其所賤惡而辟焉，之其所畏敬而辟焉，之其所哀矜而辟焉，之其所敖惰而辟焉。故好而知其惡，惡而知其美者，天下鮮矣。故諺有之曰：「人莫知其子之惡，莫知其苗之碩。」此謂身不修，不可以齊其家。

所謂治國必先齊其家者，其家不可教，而能教人者無之。故君子不出家而成教於國。孝者，所以事君也；弟者，所以事長也；慈者，所以使衆也。一家仁，〔一〕一國興仁；一家讓，一國興讓；一人貪戾，一國作亂，其機如其此。此謂一言僨事，一人定國。康誥曰：「如保赤子。」心誠求之，雖不中，不遠矣。未有學養子而後嫁者也。故治國在齊其家。詩云：「桃之夭夭，其葉蓁蓁，之子于歸，宜其家人。」宜其家人而後可以教國人。詩云：「宜兄宜弟。」宜兄宜弟，而後可以教國人。詩云：「其儀不忒，正是四國。」其爲父子兄弟足法，而後民法之也。此謂治國在齊其家。

所謂平天下在治其國者，上老老而民興孝，上長長而民興弟，上恤孤而民不倍，是以君子有絜矩之道也。〔二〕所惡於上，毋以使下；所惡於下，毋以事上；所惡於前，毋以先後；所惡於後，毋以從前；所惡於右，毋以交於左；所惡於左，毋以交於右，此之謂絜矩之道。〔三〕詩云：「樂只君子，民之父母。」民之所好好之，民之所惡惡之，

〔一〕「仁」，底本作「人」，據文意改。
〔二〕「絜矩」，底本作「絜距」，據大學改。
〔三〕「絜矩」，底本作「絜距」，據大學改。

此之謂民之父母。

秦誓曰：「若有一個臣，斷斷兮無他技，其心休休焉，其如有容焉。人之有技，若己有之，人之彥聖，其心好之，不啻若自其口出。實能容之，以能保我子孫黎民，尚亦有利哉！人之有技，媢嫉以惡之，人之彥聖，而違之俾不通。實不能容，以不能保我子孫黎民，亦曰殆哉！」唯仁人放流之，迸諸四夷，不與同中國。此謂唯仁人爲能愛人，能惡之。見賢而不能舉，舉而不能先，命也。見不善而不能退，退而不能遠，過也。好人之所惡，惡人之所好，是謂拂人之性，菑必逮夫身。

詩云：「節彼南山，維石巖巖，赫赫師尹，民具爾瞻。」有國者不可以不慎，辟則爲天下僇矣。

是故君子先慎乎德，有德此有人，有人此有土，有土此有財，有財此有用。德者本也，財者末也。外本内末，争民施奪，是故財聚則民散，財散則民聚。[二]

詩云：「殷之未喪師，克配上帝，儀監于殷，峻命不易。」道得衆則得國，失衆則失國。

[二]「是故財聚則民散，財散則民聚」，兩「則」字底本均作「財」，據文意改。

楚書曰：「楚國無以爲寶，惟善以爲寶。」是故言悖而出者，亦悖而入；貨悖而入者，亦悖而出。康誥曰：「唯命不于常。」道善則得之，不善則失之矣。舅犯曰：「亡人無以爲寶，仁親以爲寶。」

仁者以財發身，不仁者以身發財。未有上好仁而下不好義者也，未有好義其事不終者也，未有府庫財非其財者也。[一]生財有大道，生之者衆，食之者寡，爲之者疾，用之者舒，則財恒足矣。

孟獻子曰：「畜馬乘，不察於鷄豚；伐冰之家，不畜牛羊；百乘之家，不畜聚斂之臣。與其有聚斂之臣，寧有盜臣。」此謂國不以利爲利，以義爲利也。長國家而務財用者，必自小人矣。彼爲善之，小人之使爲國家，菑害並至，雖有善者，亦無如之何矣。此謂國不以利爲利，以義爲利也。

是故君子有大道，必忠信以得之，驕泰以失之。堯、舜帥天下以仁，而民從之；桀、紂帥天下以暴，而民從之。其所令反其所好，而民不從，是故君子有諸己而后求諸人，無諸己而后非諸人，所藏乎身不恕而能喻諸人者，未之有也。

[一]「未有府庫財非其財者也」，底本作「未有府庫則非其財者也」，據大學改。

康誥曰：「克明德。」太甲曰：「顧諟天之明命。」帝典曰：「克峻德。」皆自明也。

湯之盤銘曰：「苟日新，日日新，又日新。」康誥曰：「作新民。」詩云：「周雖舊邦，其命維新。」是故君子無所不用其極。

詩云：「穆穆文王，於緝熙敬止。」爲人君止於仁，爲人臣止於敬，爲人子止於孝，爲人父止於慈，與國人交止於信。

詩云：「瞻彼淇澳，菉竹猗猗，有斐君子，如切如磋，如琢如磨，瑟兮僩兮，赫兮喧兮，有斐君子，終不可諠兮。」如切如磋者，道學也；如琢如磨者，自修也；瑟兮僩兮者，恂慄也；赫兮諠兮者，威儀也；有斐君子，終不可諠兮者，道盛德至善，民之不能忘也。詩云：「於戲！前王不忘。」君子賢其賢而親其親，小人樂其樂而利其利，此以没世不忘也。

程子明道改定本

自「大學之道」至「近道矣」，並從戴記。次「克明德」至「自明也」四條，次「盤銘」至「無所不用其極」四條，次「邦畿」「緡蠻」「穆穆文王」三條，次「古之欲明明德於天下」至「天下平」，次「自天子」至「此謂知之至也」，次「所謂誠其意」至「君子必誠其意」，次「所謂修身」至「此謂修身在正其心」，次「所謂齊其家」至「不可以齊其家」，次「所謂平天下」至「爲天下僇矣」四條，次「淇澳」「前王」二條，次「聽訟」一條，次「殷之未喪師」至末，與戴記同。

程子伊川改定本

自「大學之道」至「其所薄者厚，未之有也」，並從戴記。次「聽訟」一條，繫以「此謂知本」「此謂知之至也」二句，而本條「此謂知本」四字則以爲衍文，次「康誥」至「皆自明也」四條，次「盤銘」至「無所不用其極」四條，次「邦畿」「緡蠻」「穆穆文王」三條，次「所謂誠其意者」至「君子必誠其意」，次「所謂修身」至「此謂修身在正其心」，次「所謂齊其家」至「不可以齊其家」，次「所謂治國」至「此謂治國在齊其家」，次「所謂平天下」至「天下僇矣」四條，次「仁人」至「菑必逮夫身」三條，次「君子先慎乎」至「亦悖而出」十五句，次「生財有大道」至末，亦與戴記同。

朱子晦菴改定本

分戴本「大學之道」至「其所薄者厚，未之有也」爲經一章。

分「克明德」至「自明也」爲傳之首章，釋「明明德」。
分「盤銘」至「用其極」爲傳之二章，釋「新民」。
分「邦畿」至「於戲前王」五節爲傳之三章，釋「止於至善」。
分「聽訟」節爲傳之四章，釋「本末」。

繼以經文「此謂知本，此謂知之至也」而繫其下，曰：「右傳之五章，蓋釋格物致知之義，而今亡矣。間嘗竊取程子之意，以補之曰：所謂致知在格物者，言欲致吾之知在即物而窮其理也。蓋人心之靈莫不有知，而天下之物莫不有理，惟於理有未窮，故其知有不盡也。是以大學始教，必使學者即凡天下之物，莫不因其已知之理而益窮之，以求至乎其極。至於用力之久，而一旦豁然貫通焉，則衆物之表裏精粗無不到，而吾心之全體大用無不明矣。此謂物格，此謂知之至也。」

又分「所謂誠其意」至「君子必誠其意」爲傳之六章，釋「誠意」。
分「所謂修身」至「此謂修身在正其心」爲傳之七章，釋「正心修身」。
分「所謂齊其家」至「不可以齊其家」爲傳之八章，釋「修身齊家」。
分「所謂治國」至「此謂治國在齊其家」爲傳之九章，釋「齊家治國」。
分「所謂平天下」至末爲傳之十章，釋「治國平天下」。

朱子晦菴大學序①

大學之書，古之大學所以教人之法也。蓋自天降生民，則既莫不與之以仁義禮智之性矣。然其氣質之禀或不能齊，是以不能皆有以知其性之所有而全之也。一有聰明睿智，能盡其性者出於其間，則天必命之以爲億兆之君師，使之治而教之，以復其性。此伏羲、神農、黄帝、堯、舜所以繼天立極，而司徒之職、典樂之官所由設也。三代之隆，其法寖備，然後王宫、國都以及閭巷，莫不有學。人生八歲，則自王公以下至於庶人之子弟，皆入小學，而教之以灑掃、應對、進退之節，禮、樂、射、御、書、數之文；及其十有五年，則自天子之元子、衆子，以至公、卿、大夫、元士之適子，與凡民之俊秀，皆入大學，而教之以窮理正心、修己治人之道。此又學校之教、大小之節所以分也。

夫以學校之設，其廣如此，教之之術，其次第節目之詳又如此，而其所以爲教，則

① 此篇又見宋朱熹四書章句集注大學章句卷首，題大學章句序（以下簡稱「四書章句集注」）。參見宋朱熹撰四書章句集注，中華書局，一九八三年版，第一、二頁。故此篇以之爲校本。

又皆本之人君躬行心得之餘，不待求之民生日用彝倫之外，是以當世之人無不學。其學焉者，無不有以知其性分之所固有，職分之所當爲，而各俛焉以盡其力。此古昔盛時所以治隆於上，俗美於下，而非後世之所能及也！

及周之衰，賢聖之君不作，學校之政不修，教化陵夷，風俗頹敗，時則有若孔子之聖，而不得君師之位以行其政教，於是獨取先王之法，誦而傳之以詔後世。若曲禮、少儀、内則、弟子職諸篇，固小學之支流餘裔。而此篇者，〔二〕則因小學之成功，以著大學之明法，外有以極其規模之大，而内有以盡其節目之詳者也。三千之徒，蓋莫不聞其説，而曾氏之傳獨得其宗，於是作爲傳義以發明其意。及孟子没而其傳泯焉，則其書雖存而知者鮮矣！

自是以來，俗儒記誦詞章之習，其功倍於小學而無用；異端虛無寂滅之教，其高過於大學而無實。其他權謀術數，一切以就功名之説，與夫百家衆技之流，所以惑世誣民、充塞仁義者，又紛然雜出乎其間。使其君子不幸而不得聞大道之要，小人不幸而不得蒙至治之澤，晦盲否塞，反覆沈痼，以及五季之衰，而壞亂極矣！

〔二〕「而」，底本作「則」，據四書章句集注改。

天運循環，無往不復。宋德隆盛，治教休明。於是河南程氏兩夫子出，而有以接乎孟氏之傳。實始尊信此篇而表章之，既又爲之次其簡篇，發其歸趣。然後古者大學教人之法、聖經賢傳之指，粲然復明於世。雖以熹之不敏，亦幸私淑而與有聞焉。顧其爲書猶頗放失，是以忘其固陋，采而輯之，間亦竊附己意，補其闕略，以俟後之君子。極知僭踰，無所逃罪，然於國家化民成俗之意、學者修己治人之方，則未必無小補云。[一]

朱子大學或問①

此經之序，自誠意以下，其義明而傳悉矣。獨其所謂「格物致知」者，字義不明，而傳復闕焉。且爲最初用力之地，而無復上文語緒之可尋也。子乃自謂取程子之意以補之，則程子之言，何以見其必合於經意？而子之言又似不盡出於程子，何耶？

[一] 四書章句集注序末有落款「淳熙己酉二月甲子，新安朱熹序」。

① 此篇又見宋朱熹大學或問（以下簡稱「大學或問」），文字略有不同。參見朱傑人、嚴佐之、劉永翔主編朱子全書第六册四書或問大學或問下，上海古籍出版社、安徽教育出版社，二〇〇二年版，第五二四至五三二頁。故此篇以之爲校本。

曰：有問進修之術何先者。程子曰：「莫先於正心誠意。然欲誠意，必先致知，而欲致知，又在格物。致，盡也。格，至也。凡有一物，必有一理，窮而致之，所謂格物者也。然而格物亦非一端，如或讀書，講明道義，或論古今人物，而別其是非，或應接事物，而處其當否，皆窮理也。」曰：「物格者，必物物而格之耶？將止格一物而萬理皆通耶？」曰：「一物格而萬理通，雖顏子亦未至此，惟今日而格一物焉，明日又格一物焉，積習既久，然後脱然有貫通處爾。」又曰：「自一身之中，以至萬物之理，理會得多，自是豁然有個覺處。」又曰：「窮理者，非謂必窮盡天下之理，又非謂止窮得一理便到，但積累多後，自當脱然有悟處。」又曰：「格物，非欲盡窮天下之物，但於一事上窮盡，其他物以類推。至於言孝，則當求其所以爲孝者如何？若一事上窮不得，且別窮一事，或先其易者，或先其難者，各隨人淺深。譬如千蹊萬徑，皆可以適國，但得一道而入，則可以推類而通其餘矣。蓋萬物各具一理，而萬理同出一原，此所以可推而無不通也。」又曰：「物必有理，皆所當窮，若天地之所以高深，鬼神之所以幽顯是也。若曰天吾知其高而已矣，地吾知其深而已矣，鬼神吾知其幽且顯而已矣，則是已然之詞，又何理之可窮哉？」又曰：「如欲爲孝，則當知所以爲孝之道，如何而爲奉養之宜，如何而爲温清之節，[一]莫不窮究，然後能之，非獨守夫『孝』之一字而可得也。」或問：「觀物察己者，豈因見物而反求諸己乎？」曰：「不必然也，物我一理，纔明彼即曉此，此合内外之道也。語其大，天地之所以高厚；語其小，至一物之所以然，皆學者所宜致思也。」曰：「然則先求之四端可乎？」曰：「求之情性，固切於身，然一草一木亦皆有理，不可不察。」又曰：「致知之要，當知至善之所在，如『父止於慈，子止於孝』之類，若不務此，而欲泛然以觀萬物之理，則吾恐其如大軍之遊騎，出太遠而無所歸也。」又曰：「格物，莫若察之於身，其得之尤切。」此九條者，皆言格物致知所當用力之地，與其次第功程也。[二]

今也尋其義理，既無可疑；考其字義，亦皆有據。至以他書論之，則文言所謂「學聚問辨」，中庸所謂「明善擇善」，孟子所謂「知性知天」，又皆在乎固守力行之先，而可以驗夫大學始教之功爲有在乎此也。愚嘗反覆考之，而有以信其必然，是以竊取其意，以補傳文之闕，不然則又安敢犯不韙之罪，爲無證之言，以自託於聖經賢傳

[一]「温清」，底本作「温靖」，據大學或問改。
[二]「功」，底本作「工」，據大學或問改。

之間乎？曰：「然則吾子之意，亦可得而悉聞之乎？」曰：「吾聞之也，天道流行，造化發育，凡有聲色貌象，而盈於天地之間者，[一]皆物也。既有是物，則其所以爲是物者，莫不各有當然之則，而自不容已，是皆得於天之所賦，而非人之所能爲也。今且以其至切而近者言之，則心之爲物，實主於身，其體則有仁義禮智之性，其用則有惻隱羞惡、恭敬是非之情，渾然在中，隨感而應，各有攸主，而不可亂也。次而及於身之所具，則有口鼻耳目四肢之用。又次而及於身之所接，則有君臣父子夫婦長幼朋友之常。是皆必有當然之則，而自不容已。所謂理也，外而至於人，則人之理不異於己也；遠而至於物，則物之理不異於人也。極其大，則天地之運，古今之變，不能外也；盡於小，則一塵之微，一息之頃，不能遺也。是乃上帝所降之衷，蒸民所秉之彝，劉子所謂「天地之中」，夫子所謂「性與天道」，子思所謂「天命之性」，孟子所謂「仁義之心」，程子所謂「天然自有之中」，張子所謂「萬物之一原」，邵子所謂「道之形體」者。

若其用力之方，則或考之事爲之著，或察之念慮之微，或求之文字之中，或索之講論之際。使於身心性情之德，人倫日用之常，以至天地鬼神之變，鳥獸草木之宜，

[一]「盈」，底本無，據大學或問增。

自其一物之中，莫不有以見其所當然而不容已，與其所以然而不可易者。必其表裏精粗無所不盡，而又益推其類以通之，至於一日脱然而貫通焉，則於天下之物，皆有以究其義理精微之所極，而吾之聰明睿智，亦皆有以極其心之本體而無不盡矣。此愚之所以補乎本末始終之意，[一]雖不能盡用程子之言，然其指趣要歸，則不合者鮮矣，讀者其亦深考而實識之哉！」

曰：近世大儒有爲格物致知之説者，[二]曰格猶扞也、禦也，能扞禦外物，而後能知至道也。司馬温公説。又有推其説者，曰人生而静，其性本無不善，而有爲不善者，外物誘之也，格物致知者，亦曰扞去外物之誘，而本然之善自明爾。周孔翰説。是其爲説，不亦善乎？曰「天生蒸民，有物有則」，物之與道，固未始相離也。今曰禦外物而後可以知至道，則是絶父子而後可以知孝慈，離君臣而後可以知仁敬也，是安有此理哉？若曰所謂外物者，不善之誘爾，非指君臣父子而言也，則夫外物之誘人，莫甚於

[一]「本末始終」，大學或問作「本傳闕文」。
[二]「近世」，底本作「近是」，據大學或問改。

飲食宴安之欲，[一]然推其本，則固亦莫非人之所當有而不能無者也，但於其間自有天理人欲之辨，而不可以毫釐差爾。惟其徒有是物，而不能察於吾之所以行乎其間者，孰爲天理，孰爲人欲，是以無以致其克復之功，而物之誘於外者，得以奪乎天理之本然也。今不即物以窮其原，而徒惡物之誘乎己，乃欲一切扞而去之，則是必閉口枵腹，然後可以得飲食之正，絶滅種類，然後可以全夫婦之别也。是雖裔戎無君無父之教，有不能充其説者，况乎聖人大中至正之道，而得以此亂之哉？

曰：自程子以格物爲窮理，而其學者傳之，見於文字多矣，是亦有以發其師説而助於後學者耶？曰：程子之説切於己而不遺於物，本於行事之實而不廢文字之功，極其大而不略其小，究其精而不忽其粗，學者循是而用力焉，則既不務博而陷於支離，亦不徑約而流於狂妄，既不舍其積累之漸，而其所謂豁然貫通者，又非見聞思慮之可及也。其亦可謂反覆詳備，而無俟於發明矣。若其門人雖曰祖其師説，然以愚考之，則恐其皆未足以及此也。[二]蓋有以「必窮萬物之理同出於一」爲格物，「知萬物

[一]「宴安」，大學或問作「男女」。
[二]「此」，底本作「比」，據大學或問改。

同出乎一理」爲知至，如「合内外之道，則天人物我爲一；通晝夜之道，則死生幽明爲一；達哀樂好惡之情，則人與鳥獸魚鼈爲一；求屈伸消長之變，則天地山川草木爲一」者似矣。呂與叔説。然其欲必窮萬物之理而專指外物，則於理之在己者有不明矣；但求衆物比類之同而不究一物性情之異，則於理之精微者有不察矣。不欲其異而不免乎四説之異，必欲其同而未極乎一原之同，則徒有牽合之勞而不覩貫通之妙矣。其於程子之説如何哉？又有以爲窮理只是尋個是處，然必以恕爲本，而又先其大者，則一處理通，而觸處皆通者。謝顯道説。其曰「尋個是處」者則得矣；而曰「以恕爲本」，則是求仁之方，而非窮理之務也；又曰「先其大者」，則不若先其近者之切也；又曰「一處通而一切通」，則又顔子之所不能及，程子之所不敢言，非若類推積累之可以循序而必至也；又有以「爲天下之物不可勝窮，然皆備於我而非從外得也，所謂格物，亦曰反身而誠，則天下之物無不在我」者，亦似矣。楊中立説。然反身而誠，乃物格知至以後之事，言其窮理之至，無所不盡。故凡天下之理，反求諸己，皆有以見，其如目視、耳聽、手持、足行之畢具於此，而無毫髮之不實爾。固非以是方爲格物之事，亦不謂但務反求諸身，而天下之理自然無不誠也。中庸之言明善，即物格知至之事；其言誠身，即意誠心正之功。故不明乎善，則有反諸身而不誠者，其功夫地位固有序而不可誣矣。今爲格物之説，又安得遽以是而爲言哉？又有以今日格一物，明日格一物，爲非程子之言者。尹彦明説。則諸家所記程子之言，此類非一，不容皆誤。且其爲説，正中庸學問思辨弗得弗措之事，無所咈於理者，不知何所病而疑之也？豈其習於持敬之約，而厭夫觀理之煩耶？抑直以已所未聞而不信他人之所聞也？夫持敬觀理，不可偏廢，程子固已言之，若以己偶未聞而遂不之信，則以有子之似聖人，而速貧速朽之論猶不能無待於子游而後定，安得遽以一人之所未聞，而盡廢衆人之所共聞者哉？又有以爲物物致察，而宛轉歸己，如察天行以自强，察地勢以厚德者，〔一〕亦似矣。胡安國説。然其曰「物物致察」，則是不察程子所謂「不必盡窮天下之物」也；又曰「宛轉歸己」，則是不察程子所謂「物我一理，纔明彼，即曉此」之意也；又曰「察天行以自强，察地勢以厚德」，則是但欲因其已定之名，擬其已著之跡，而未嘗如程子所謂「求其所以然，與其所以爲」者之妙也。獨有所謂「即事即物，〔二〕不厭不棄，而身親格之，以精其知」者，爲得致字向裏之意。而其曰「格之之道，必立志以定其本，居

〔一〕「地勢」，底本作「天勢」，據大學或問改。
〔二〕「即事即物」，底本脱一「物」字，據大學或問補。

敬以持其志，志立乎事物之表，敬行乎事物之内，而知乃可精」者，又有以合乎所謂「未有致知而不在敬」者之指。胡仁仲説。但其語意頗傷急迫，既不能盡其全體規模之大，[一]又無以見其從容潛玩、積久貫通之功爾。嗚呼！程子之言，其答問反復之詳且明也如彼，而其門人之所以爲説者乃如此，雖或僅有一二之合焉，而不免於猶有所未盡也，是亦不待七十子喪而大義已乖矣，[二]尚何望其能有所發而有助於後學哉？問：獨惟念昔聞延平先生之教，以爲：「爲學之初，且當常存此心，勿爲他事所勝，凡遇一事，即當且就此事反復推尋，以究其理，待此一事，融釋脱落，然後循序少進，而別窮一事，如此既久，積累之多，胸中自當有灑然處，非文字言語之所及也。」詳味此言，雖其規模之大，條理之密，若不逮於程子，然其功夫之漸次，意味之深切，則有非他説所能及者。惟嘗實用力於此者，爲能有以識之，未易以口舌争也。曰：「然則所謂格物致知之學，與世之所謂博物洽聞者，[三]奚以異？」曰：「此以反身窮理爲主，而必究其

[一]「既」，底本作「即」，據大學或問改。
[二]「雖或僅有一二之合焉，……是亦不待七十子喪而大義已乖矣」，底本無，據大學或問補。
[三]「與世之所謂博物洽聞者」，底本脱二「與」字，據大學或問補。

本末是非之極摯；彼以徇外誇多爲務，而不覈其表裏直妄之實。然必究其極，是以知愈博而心愈明；不覈其實，是以識愈多而心愈窒。此正爲己爲人之所以分，不可不察也。」

問：「格物須合内外始得？」曰：「未嘗不合。自家知得物之理如此，則因其理之自然而應之，便是合内外之理。」

「明德」如八窗玲瓏，「致知格物」，各從其所明處去。今人不曾做得小學工夫，一旦學大學，是以無下手處。今當自持敬始，使端確純一静專，然後能致知格物。又曰：「自小學不傳，伊川却帶補一『敬』字。」

自「格物」至「平天下」，聖人亦是略分個先後與人看，不成做一件事盡無餘，方做一件？如此何時做得成？[二]

[二] 末三段不見大學或問，而見朱子語類卷十四、十五、十七。參見宋黄士毅編，徐時儀、楊艷彙校朱子語類彙校，上海古籍出版社，二〇一六年版，第二七一、三一〇、三九二頁，據校。

東發黄氏①

按：大學自二程先生更定，至晦菴先生章句，益精矣，獨所謂傳之四章自「聽訟吾猶人」以下，釋「本末」云，下有闕文；傳之五章釋「致知」云，上有闕文。是功夫次第大備之間，[一]猶有文字闕失，未滿之恨也？辛酉歲，見丞相董公槐行實謂：[二]「『知止而後有定，定而後能静，静而後能安，安而後能慮，慮而後得得，物有本末，事有終始，[三]知所先後，則近道矣，此謂知本。子曰：「聽訟，吾猶人也，必也使無訟乎？」無情者不得盡其辭，大畏民志。此謂知本，此謂知之至也』，係釋『致知在格物』，不待别補。[四]」

① 此篇又見日本國立公文書館藏元至元三年（一二六六）沈逵序刻本慈溪黄氏日抄分類卷二十八讀禮記十五大學第四十二（以下簡稱「黄氏日抄」），文字略有不同。故此篇以之爲校本。

[一]「大備之間」，底本作「大備之問」，不通。據黄氏日抄改。

[二]「丞相董公槐行實」，底本作「亟相董公槐竹實」，黄氏日抄作「董丞相槐行實」，據改。

[三]「終」，底本作「絡」，據黄氏日抄改。

[四]「待」，底本作「得」，據黄氏日抄改。

希古方氏

題大學篆書正文後曰：大學「致知格物」傳之闕，朱子雖嘗補之，讀者猶以不見古全書爲憾。董文靖公槐、葉丞相夢鼎、王文憲公栢皆謂傳未嘗缺，特簡編錯亂，而考定者失其序，遂歸經文「知止」以下至「則近道矣」以上四十二字於「聽訟吾猶人也」之右爲傳第四章，以釋「致知格物」。車先生清臣嘗爲書，以辨其説之可信。太史金華宋公欲去朱子之意，補第四章章句而未果。浦陽鄭君仲辨受學太史公，預聞其説，而雅善篆書，某因請以更定次序書之，將刻以示後世。舊説以「聽訟」釋「本末」，律以前後之例爲不類，合爲一章而觀之，與孟子「堯、舜之智不偏物」之言正相發明，其爲致知格物之傳，何惑焉？

虚齋蔡氏

竊謂董、葉諸公所定亦未安。看來當先以「物有本末」一條，續以「知止」一條，終以「子曰：『聽訟，吾猶人也，必也使無訟乎？』無情者不得盡其辭，大畏民志。此謂知本，此謂知之至也。」如此，則繇粗以及精，先自治而後治人，亦古人爲學次第也。

顧憲成全集卷三十五

大學通考中

陽明王氏①

疑朱子大學非是，遂斷以戴記本爲孔門古本，序而行之。序曰：大學之要，誠意而已矣；誠意之功，格物而已矣；誠意之極，止至善而已矣；止至善之則，致知而已矣。正心，復其體也；修身，著其用也。以言

① 此篇部分見明隆慶二年（一五六八）刻本王文成公全書卷二十六大學問（以下簡稱「大學問」），參見明王守仁著，明郭朝賓等編王文成公全書：郭朝賓本，廣陵書社，二〇二〇年版；部分見傳習録答人論學書及答羅整菴少宰書（以下分別簡稱「答人論學書」及「答羅整菴少宰書」），參見日本東京都立中央圖書館藏明嘉靖二十三年（一五四四）德安府重刻本傳習録。故此篇分別以之爲校本。

乎己，謂之明德；以言乎人，謂之親民；以言乎天地之間，則備矣。是故至善也者，心之本體也。動而後有不善，而本體之知，未嘗不知也。意者其動也，物者其事也。致其本體之知，而動無不善。然非即其事而格之，則亦無以致其知。故致知者，誠意之本也。格物者，致知之實也。物格則知致，[一]意誠而有以復其本體，是之謂止至善。聖人懼人之求之於外也，而反覆其辭。舊本析，而聖人之意亡矣。是故不務於誠意而徒以格物者，謂之支；不事於格物而徒以誠意者，謂之虛；不本於致知而徒以格物誠意者，謂之妄。支與虛與妄，其於至善也遠矣。合之以敬而益綴，補之以傳而益離，吾懼學之日遠於至善也。去分章而復舊本，傍爲之什，以引其義，庶幾復見聖人之心，而求之者有其要。噫！乃若致知，則存乎心；悟致知焉盡矣。

大學止爲一篇，原無經傳之分，格致本於誠意，原無缺傳可補。以誠意爲主，而爲致知格物之功，故不必增一「敬」字。以良知指示至善之本體，故不必假於見聞。

問：「大人之學何以在於『明明德』乎？」答曰：「大人者，以天地萬物爲一體者

[一]「物格」，底本作「格物」，據大學問及文意改。

也，若夫問形骸而分爾我者，小人矣。大人之能以天地萬物爲一體也，非意之也，其心之仁本若是，其與天地萬物而爲一也。豈惟大人，雖小人之心亦然，彼顧自小之爾。是故見孺子之入井，而必有怵惕惻隱之心焉，是其仁之與孺子而爲一體也；孺子猶同類者也；見鳥獸之哀鳴觳觫，而必有不忍之心焉，是其仁之與鳥獸爲一體也，鳥獸猶有知覺者也；見草木之摧折而必有憫恤之心焉，是其仁之與草木而爲一體者也，草木猶有生意者也；見瓦石之毀壞而必有顧惜之心焉，是其仁之與瓦石而爲一體也。是其一體之仁也，雖小人之心亦必有之。是乃根於天命之性，而自然靈昭不昧者也，是故謂之『明德』。小人之心既已分隔隘陋矣，而其一體之仁猶能不昧若此者，是其未動於欲，而未蔽於私之時也。及其動於欲，蔽於私，而利害相攻，忿怒相激，[一]則將戕物圮類，無所不爲，其甚至有骨肉相殘者，而一體之仁亡矣。故夫爲大人之學者，亦惟去其私欲之蔽，以自明其明德，復其天地萬物一體之本然而已爾，非能於本體之外而有所增益之也。」曰：「然則何以在『親民』乎？」曰：「明明德者，立其天地萬物一體之體也。親民者，達其天地萬物一體之用也。故明明德必在於親

[一]「怒」，底本作「恕」，據大學問及文意改。

民，而親民乃所以明其明德也。是故親吾之父，以及人之父，以及天下人之父，而後吾之仁實與吾之父、人之父與天下人之父而爲一體矣。實與之爲一體，而後孝之明德始明矣！親吾之兄，以及人之兄，以及天下人之兄，而後吾之仁實與吾之兄、人之兄與天下人之兄而爲一體矣。實與之爲一體，而後弟之明德始明矣！君臣也，夫婦也，朋友也，以至於山川、鬼神、鳥獸、草木也，莫不實有以親之，以達吾一體之仁，然後吾之明德始無不明，而真能以天地萬物爲一體矣。夫是之謂明明德於天下，是之謂家齊國治而天下平，是之謂盡性。」曰：「然則又烏在其爲『止至善』乎？」曰：「至善者，明德、親民之極則也。天命之性，粹然至善，其靈昭不昧者，皆其至善之發見，是乃明德之本體，而即所謂良知者也。自非慎獨之至、惟精惟一者，其孰能與於此乎？後之人惟其不知至善之在吾心，而用其私智以揣摸測度於其外，以爲事事物物各有定理也，是以昧其是非之則，支離決裂，人欲肆而天理亡，明德、親民之學遂大亂於天下。蓋昔日之人固有欲明其明德者矣，[二]然惟不知止於至善，而騁其私心於過

[二]「固」，底本作「因」，據大學問改。

高，是以失之虛罔空寂，而無有乎家國天下之施，[二]則二氏之流是矣。固有欲親其民者矣，然惟不知止於至善，而溺其私心於卑瑣，是以失之權謀智術，而無有乎仁愛惻怛之誠，則五伯功利之徒是矣。是不知止於至善之過也。故止至善之於明德、親民也，猶之規矩之於方圓也，尺度之於長短也，權衡之於輕重也。故方圓而不止於規矩，爽其則矣；長短而不止於尺度，乖其劑矣；輕重而不止於權衡，失其準矣；明明德、親民而不止於至善，亡其本矣。故止於至善以親民，而明其明德，是謂大人之學。」

徐曰仁問：「『在親民』，朱子謂當作『新民』。後章『作新民』之文似亦有據，今以爲宜從舊本作『親民』，亦有所據否？」先生曰：「『作新民』之『新』是自新之民，與『在新民』之『新』不同，此豈足爲據？『作』字却與『親』字相對，然非『親』字義。下面『治國平天下』處，皆與『新』字無發明，如云『君子賢其賢而親其親，小人樂其樂而利其利』，『如保赤子』，『民之所好好之，民之所惡惡之，此之謂民之父母』之類，皆是『親』

[二]「施」，底本作「於」，據大學問改。

字意。『親民』猶孟子『親親仁民』之謂，親之即仁之也。百姓不親，舜使契爲司徒，敬敷五教，所以親之也。堯典『克明峻德』便是『明明德』。以『親九族』至『平章』『協和』，便是『親民』，便是『明明德於天下』。又如孔子言『修己以安百姓』，『修己』便是『明明德』，『安百姓』便是『親民』。說『親民』便是兼教養意，說『新民』便覺偏了。』無善無惡心之體，有善有惡意之動，知善知惡是良知，爲善去惡是格物。物者，事也。格者，正也。如孟子大人格君子之格，是去其心之不正，以全其本體之正，但意念所在，即要去其不正以全其正，即無時無處不是存天理，即是窮理，天理即是明德，窮理即是明明德。

蔡希淵問：「文公大學新本先格致而後誠意，工夫似與首章次第相合。若從舊本之說，即誠意反在格致之前，於此尚未釋然。」答曰：「大學工夫只是明明德，明明德只是個誠意，誠意的工夫只是格物致知。若以誠意爲主，去用格物致知的工夫，即工夫始有下落，即爲善去惡無非是誠意的事。如新本先去窮格事物之理，即茫茫蕩蕩，都無着落處；須用添個『敬』字方纔牽扯得向身心上來。然終是沒根源。若須用添個『敬』字，緣何孔門倒將一個最緊要的字落了，直待千餘年後要人來補出？正謂以誠意爲主，即不須添『敬』字，所以提出個『誠意』來說，正是學問的大頭腦處。於此不察，真所謂毫釐之差，千里之謬。大抵中庸工夫只是誠身，誠身之極便是至誠；大學工夫只是誠意，誠意之極便是至善：工夫總是一般。今説這裏補個『敬』字，那裏補個『誠』字，未免畫蛇添足。」

顧東橋問：「聞語學者謂朱子『即物窮理』之説，亦是玩物喪志，又取其『厭繁就約』『涵養本原』數説標示學者，指爲『晚年定論』，此亦恐非。」答曰：「朱子所謂『格物』云者，在即物而窮其理也。即物窮理，是就事事物物上求其所謂定理者也，是以吾心而求理於事事物物之中，析『心』與『理』而爲二矣。夫求理於事事物物者，如求孝之理於其親之謂也。求孝之理於其親，則孝之理其果在於吾之心耶？抑果在於親之身邪？假使果在於親之身，則親没之後，吾心遂無孝之理歟？見孺子之入井，必有惻隱之理，是惻隱之理果在於孺子之身歟？抑在於吾心之良知歟？其或不可以從之於井歟？其或可以手而援之歟？是皆所謂理也，是果在於孺子之身歟？抑果出於吾心之良知歟？以是例之，萬事萬物之理，莫不皆然。是可以知析心與理爲二之非矣。夫析心與理而爲二，此告子『義外』之説，孟子所以深闢也。『務外遺内，博而寡要』，吾子既已知之矣。[一]是果何謂而然哉？[二]謂之玩物喪志，[三]尚以爲不可歟？若鄙人所謂致知格物者，致吾心之良知於事事物物也。吾心之良知，即所謂天理也。致吾心良知之天理於事事物物，則事事物物皆得其理矣。致吾心之良知者，致知也。事事物物皆得其理者，[四]格物也。是合心與理而爲一者也。合心與理而爲一，則凡區區前之所云，與朱子晚年之論，皆可以不言而喻矣！」

又問：「教人以致知明德，而戒其即物窮理，誠使昏闇之士深居端坐，不聞教告，遂能至於知致而德明乎？[五]縱令静而有覺，稍悟本性，則亦定慧無用之見，果能知古今，達事變，而致用於天下國家之實否乎？其曰『知者意之體，物者意之用，格物如格君心之非』之『格』，語雖超悟獨得，不踵陳見，抑恐於道未相脗合。」答曰：「區區論致知格物，正所以窮理，未嘗戒人窮理，使之深居端坐而一無所事也。若謂即物窮理，

[一]「吾子既已知之矣」，底本無，據答人論學書補。
[二]「是果何謂而然哉」，底本作「果何爲而然哉」，據答人論學書改。
[三]「謂之」，底本作「爲之」，據答人論學書改。
[四]「其理者」，底本無，據答人論學書補。
[五]「知致」，底本作「致知」，據答人論學書及文意改。

如前所云『務外而遺内』者，則有所不可爾。昏闇之士，果能隨事隨物精察此心之天理，以致其本然之良知，則雖愚必明，雖柔必强，大本立而達道行，九經之屬可以一貫之而無遺矣。尚何患其無致用之實乎？彼頑空虚静之徒，正惟不能隨事隨物精察此心之天理，以致其本然之良知，則雖愚必明，雖柔必强，大本立而達道行，九經之屬可以一貫之，而無遺矣，尚何患其無致用之實乎？〔一〕心者身之主也，而心之虚靈明覺即所謂本然之良知也。其虚靈明覺之良知，應感而動者謂之意。有知而後有意，無知則無意矣。知非意之體乎？意之所用，必有其物，物即事也。如意用於事親，即事親爲一物；意用於治民，即治民爲一物；意用於讀書，即讀書爲一物；意用於聽訟，即聽訟爲一物。凡意之所用無有無物者，有是意即有是物，無是意即無是物矣。物非意之用乎？『格』字之義，有以『至』字訓者，如『格於文祖』『有苗來格』，是以『至』訓者也。然『格於文祖』，必純孝誠敬，幽明之間，無一不得其理，而後謂之『格』；有苗之頑，實以文德誕敷而後格，則亦兼有『正』字之義在其間，未可專以『至』字盡之也。如『格其非心』『大臣格君心之非』之類，是則一皆『正其不正以歸於正』之義，而不可以

〔一〕「彼頑空虚静之徒，……尚何患其無致用之實乎」，底本無，據答人論學書補。

『至』字爲訓矣。且大學『格物』之訓，又安知其不以『正』字爲訓，而必以『至』字爲義乎？如以『至』字爲義者，必曰『窮至事物之理』，而後其説始通。是其用功之要全在一『窮』字，用力之地全在一『理』字也。若上去一『窮』字、下去一『理』字，而直曰『致知在至物』，其可通乎？夫窮理盡性，聖人之成訓，見於繫辭者也。苟『格物』之説而果即『窮理』之義，則聖人何不直曰『致知在窮理』，而必爲此轉折不完之語，以啓後世之弊邪？蓋大學『格物』之説，自與繫辭『窮理』大旨雖同，而微有分辨。窮理者，兼格、致、誠、正而爲功也。故言『窮理』，則格、致、誠、正之功皆在其中；言『格物』，則必兼舉致知、誠意、正心，而後其功始備而密。今偏舉格物而遂謂之窮理，[一]此所以專以窮理屬知，而謂格物未嘗有行，非惟不得『格物』之旨，并『窮理』之義而失之矣。」

答羅整菴書曰：「來教謂某『大學古本之復，以人之爲學但當求之於内，而程、朱格物之説不免求之於外，遂去朱子之分章而削其所補之傳』。」「非敢然也。學豈有内外乎？大學古本乃孔門相傳舊本爾。朱子疑其有所脱誤，而改正補緝之。在某則謂

[一]「今」，底本作「令」，據答人論學書改。

其本無脱誤，悉從其舊而已矣。失在於過信孔子則有之，非故去朱子之分章而削其傳也。夫學貴得之心，求之於心而非也，雖其言之出於孔子，不敢以爲是也，而況其未及孔子者乎！求之於心而是也，雖其言之出於庸常，不敢以爲非也，而況其出於孔子者乎！且舊本之傳數千載矣，今讀其文詞，既明白而可通；論其工夫，又易簡而可入，亦何所按據而斷其此段之必在於彼？彼段之必在於此？與此之如何而缺，[一]彼之如何而補？而遂改正補緝之，無乃重於背朱而輕於叛孔已乎？

來教謂：「如必以學不資於外求，但當反觀内省以爲務，則『正心誠意』四字亦何不盡之有？何必於入門之際，便困以『格物』一段工夫也？」「誠然誠然。若語其要，則『修身』二字亦足矣，何必又言『正心』？『正心』二字亦足矣，[二]何必又言『誠意』？『誠意』二字亦足矣，何必又言『致知』，又言『格物』？惟其工夫之詳密，[三]而要之只是一事，此所以爲精一之學，此正不可不思者也。夫理無内外，性無内外，故學無内

[一]「如何」，底本作「何如」，據答羅整菴少宰書及文意改。
[二]「『正心』二字亦足矣」，底本脱一「亦」字，據答羅整菴少宰書及文意補。
[三]「詳」，底本作「祥」，據答羅整菴少宰書改。

外；講習討論，未嘗非内也；『反觀内省，未嘗遺外也。夫謂學必資於外求，是以己性爲有外也，是義外也，用智者也；謂『反觀内省』爲求之於内，[一]是以己性爲有内也，是有我也，自私者也。是皆不知性之無内外也。故曰：『精義入神，以致用也；利用安身，以崇德也。』『性之德也，合内外之道也。』此可以知格物之學矣。格物者，大學之實下手處，徹首徹尾，自始學至聖人，只此工夫而已。非但入門之際有此一段也。夫正心、誠意、致知、格物，皆所以修身，而格物者，其所用力日可見之地。故格物者，格其心之物也，格其意之物也，格其知之物也；正心者，正其物之心也；誠意者，誠其物之意也；致知者，致其物之知也。此豈有内外彼此之分哉？理一而已。以其理之凝聚而言，則謂之性；以其凝聚之主宰而言，則謂之心；以其主宰之發動而言，則謂之意；以其發動之明覺而言，則謂之知；以其明覺之感應而言，則謂之物。故就物而言謂之格，就知而言謂之致，就意而言謂之誠，[二]就心而言謂之正。正

[一]「謂『反觀内省』爲求之於内」，底本脱「求」字，據答羅整菴少宰書補。
[二]「就知而言謂之致，就意而言謂之誠」，底本作「就知而言謂之誠」，據答羅整菴少宰書改。

者，正此也；誠者，誠此也；致者，致此也；格者，格此也。皆所以窮理以盡性也。[一]天下無性外之理，無性外之物。學之不明，皆由世之儒者認理爲外，認物爲外，而不知義外之説，孟子蓋嘗闢之，乃至襲陷其内而不覺，豈非亦有似是而難明者歟？[二]不可以不察也。」「凡執事所以致疑於格物之説者，必謂其是内而非外也；必謂其專事於反觀内省之爲，而遺棄其講習討論之功也；必謂其一意於綱領本原之約，[三]而脱略於支條節目之詳也；必謂其沉溺於枯槁虚寂之偏，而不盡於物理人事之變也。審如是，豈但獲罪於聖門，獲罪於朱子，是邪説誣民，叛道亂正，人得而誅之也，而況於執事之正直哉？審如是，世之稍明訓詁，聞先哲之緒論者，皆知其非也，而況執事之高明哉？凡某之所謂格物，其於朱子『九條』之説，皆包羅統括於其中。但爲之有要，作用不同，正所謂毫釐之差爾。然毫釐之差而千里之繆實起於此，不可不辨。「孟子闢楊、墨，至於『無父無君』。二子亦當時之賢者，使與孟子並世而生，未必不以爲賢。墨子『兼愛』，行仁而過爾；楊子『爲我』，行義而過爾。此其爲説，亦豈滅理亂常之

[一]「所以」，答羅整菴少宰書作「所謂」。
[二]「似是」，底本作「是似」，據答羅整菴少宰書及文意改。
[三]「綱」，底本誤作「網」。下同，徑改。

甚，而足以眩天下哉？而其流之弊，孟子至比於禽獸夷狄，所謂『以學術殺天下後世』也。今世學術之弊，其謂之學仁而過者乎？謂之學義而過者乎？抑謂之學不仁不義而過者乎？吾不知其於洪水猛獸何如也！孟子云：『予豈好辨哉？予不得已也！』楊、墨之道塞天下，孟子之時，天下之尊信楊、墨，當不下於今日之崇尚朱説，而孟子獨以一人呶呶於其間，噫，可哀矣！韓氏云：『佛、老之害甚於楊、墨。』韓愈之賢不及孟子，孟子不能救之於未壞之先，而韓愈乃欲全之於已壞之後，其亦不量其力，且見其身之危，莫之救以死也。嗚呼！若某者其尤不量其力，果見其身之危，莫之救以死也矣。夫衆方嘻嘻之中，而獨出涕嗟若，舉世恬然以趨，而獨疾首蹙額以爲憂，此其非病狂喪心，殆必誠有大苦者隱於其中，而非天下之至仁，其孰能察之？某爲朱子晚年定論，[一]蓋亦不得已而然。中間年歲早晚，誠有所未考，雖不必盡出於晚年，固多出於晚年者矣。然大意在委曲調停，以明此學爲重，平生於朱子之説如神明蓍龜，一旦與之背馳，心誠有所未忍，故不得已而爲此。『知我者，謂我心憂；不知我者，謂我何求』，蓋不忍牴牾朱子者，其本心也；不得已而與之牴牾者，道固如是，不直則道不

[一]「某」，底本作「其」，據答羅整菴少宰書改。

見也。執事所謂決與朱子異者，僕敢自欺其心哉？」

甘泉湛氏①

大學之道不明久矣，「明德親民」，其下手處只在止至善，[二]非有所謂三也。知，止知也；定、靜、安、慮，行也。知行合一，止至善之功也。「古之欲明明德於天下」一節，推來推去，皆在格物上致力，實一事耳，非有所謂八也。格物，即止至善也，自意心身至家國天下，隨處體認天理也。明道先生曰：「明德親民，不分人己，自是成德事。」蓋指至善也。伊川先生曰：「格者，至也。物者，理也。」至其理乃格物也，致知在所養，養知莫過於寡欲。所謂至，以身至之也。古本「自天子以至於庶人」一條，後有「此謂知本，此謂知之至也」二句，蓋以修身申格物，見格物乃「以身至之」之義，而非見聞之知也。

---

① 此篇又見清同治五年（一八六六）資政堂刻本甘泉全集之三甘泉先生文集卷七答王宜學（以下簡稱「答王宜學」），文字略有不同。參見明湛若水著湛甘泉先生文集，廣西師範大學出版社，二〇一四年版。故此篇以之爲校本。

[二]「止至善」，底本作「至止善」，據答王宜學改。下文亦兩見「止至善」。

整菴羅氏

「格物」之「格」，二程皆以「至」字訓之，吕東萊釋「天壽平格」之「格」，又以爲「通徹三極而無間」。愚按：「通徹無間」，亦「至」字之義。然比之「至」字，其意味尤明白而深長，蓋工夫至到，則通徹無間，物即我，我即物，渾然一致，雖合字亦不必用矣。

近時格物之説，亦未必故求異於先儒也，祇緣誤認知覺爲性，纔干涉事物便説不行，置格物而不講，又不可。而「致知」二字，略與其所見相似。難得來做個題目，所以別造一般説話，要將「物」字牽曳向裏來，然而畢竟牽曳不得，分定故也。向裏即不得，向外又不通，明是兩無歸着，若能姑舍其所已見，懇求其所未見，性與天道未必終不可見，何苦費盡氣力，左籠右罩，以重爲正心誠意之累哉！

與王陽明書曰：「『物者，意之用也。格者，正也，正其不正以歸於正也。』此執事格物之訓也。向蒙惠教有云：『格物者，格其心之物也，格其意之物也，格其知之物也；正心者，正其物之心也；誠意者，誠其物之意也；致知者，致其物之知也。』自有大學以來無此議論，固嘗反覆推尋，不敢忽也。夫謂格其心之物，格其意之物，格其知之物，凡其爲物也三，謂正其物之心，誠其物之意，致其物之知，其爲物也一而已矣。就三物而論，以程子格物之訓推之，猶可通也；以執事格物之訓推之，不可通也；就一物而論，則所謂物者，果何物耶？如必以爲意之用，雖及安排之巧，終無可通之日。此愚所不能無疑也。」

玄菴穆氏

朱、程之論格物精矣，而訓詁未明，是以起後學紛紛之論。但曰「格，至也」，以「至物」不可以爲句，故又繼之以「窮至是物之理」，是增字而義始足，宜其未能快人心也。蒼頡篇曰：「格，量度之也。」是文選運命論註，此程、朱以前書，二公以文選爲辭章之學，不暇觀，是以不及採，意雖暗合，而解釋弗暢，故使聖經難明。然其説合於聖門無疑也。問：「『格』之訓『至』，可終廢乎？」曰：「不可，當云『格量物理以求其至』，則其義始備。」

順渠王氏

程子欲分大學爲經傳也，其釋格物則不若温公之簡而當矣。朱子不能去短集長，兩家互用，固已陷於適莫之私，後之君子乃又因疑其格致之説，而并與經傳之可信者廢之，尤而效之，不已甚乎？

疑曰：「何以見大學之分經傳爲是也？」曰：「詳考大學通篇之文，參以戴記全書之體，知其當分經傳無疑也。大學首列三綱，次詳八目。綱之下，繼以知止、本末、始終、先後之説。見『止至善』爲綱之本也；目之下，繼以修身、本末、治亂、厚薄之説，見修身爲目之本也。綱舉而目張，本立而末隨，辭約而理備，言近而指遠，或出於先王之所講畫，或經乎孔子之所筆削，雖不可知，其爲聖人之經斷乎無疑也。至下文五節，皆以『所謂』云云者起，語不過舉經之目，而不能别爲之説，雖曰釋經之旨，而未必深詳其義，故就其全體觀之，固未免有中不中之分。『明德』『新民』二傳，淇澳、烈文二詩，皆非經之本。而就其中者觀之，亦未免於盡不盡之别也。正心，止言不正之害，而不及正之之工；修身，止言不修之害，而不及修之之事。此其文體之淳漓煩簡，義理之淺深是非，較然明矣。是必曾氏門人所述，而後之講師稍附益之，以附於大學之經，而爲之傳，如戴記之於儀禮之類者也，嘗疑戴記大學之後，受之以冠義、昏義、鄉飲酒義、射義、燕義、聘義諸篇，類從鱗復，何爲而作也？及讀儀禮，而後知此諸篇皆儀禮之傳也。夫所謂大學之經也者，安知其本非儀禮之一，而孔門取而誦習之也耶？儀禮之逸者多矣，安知大學不因孔門所肄，而本書遂逸其篇也耶？又安知非講師引傳附經，與諸篇相次而并存之於記也耶？夫考大學之通篇，其義既如彼，而參戴記之全書，其體又如此，則經傳之分，不可謂無所據也。説者乃欲取而合之曰『渾是一篇文字也』，亦矯枉而過於直矣。抑又有説焉，朱子知分經傳，而未究傳之未盡合乎經也，遂致經之本旨爲傳所戾，鬱而不彰者多矣。夫以傳釋經也，其害如此，而況以傳爲經乎？吁！恐不止於矯枉而過於直也已矣。」

疑曰：「『明德』『親民』之傳，淇澳、烈文之詩，程、朱蓋三移之，而其次始定，子何據而直以爲講師之言，欲刊而去之也耶？」曰：「此亦不待他有所據也。即其屢移而竟不得其所安，益信其爲講師之言，而當刊而去之也決矣。使如其他傳之辭，確而義精也，孰能以義而前却之，亦孰敢以意而欲刊而去之也耶？」曰：「明德、親民，大學之首也，今之傳，既非其傳矣，則此二者遂無正傳，何也？」曰：「明德、親民、止至善者，大學之綱也；格、致、誠、正、修、齊、治、平者，綱之目也。傳其目，則綱在其中矣，非目之外別有所謂綱也。知者觀此，而大學綱目之義益明矣。」曰：「然則『止至善』獨有正傳可信者，何也？」曰：「止至善者，明德、親民之本，而格、致、誠、正、修之成也。止至善之義明，則明德以親民者有所造端，而格、致、誠、正以修身者知所歸趣矣。傳者所以獨注意於止至善也。知者觀此，而大學本末之意益明矣。」

疑曰：「或者謂：『大學一書，全在格物，誠正而下，無非格致事也。』或又謂：『大學之要，只是誠意而已。』何如？」曰：「不知也。聖人以一言而包涵盡天下之理，則有之矣，未有理已盡而多言以支之也。使大學之道全在格物，直曰在格物可矣；使大學之要只是誠意，直曰在誠意可矣，何必爲此節目之支離耶？今如或者之說，舉一以蓋乎衆，是以此陵奪乎彼也。驅衆而歸乎一，是以彼假借於此也。孟子曰：『所惡於智者，爲其鑿也。』其斯之謂夫？」

按字書，「格」有二體，有從木者，有從手者。其訓亦有二義，從木之訓曰「式也，正也，來也，感通也，化也，變革也」，皆「取之」之義也，又曰「止也，阻隔不行也，角戲也，以我格獸也」；與從手之訓曰「擊也，鬬也，止也」，皆「舍之」之義也。二字音同，而義亦相通，然「取之」之義，經訓用者甚多。惟學記「扞格不勝」與大學「格物」二字相類，皆爲「舍」義。其見於史，則「廢格阻事」「其義遂格」「形格勢禁」之類，皆是也。

泰泉黄氏①

記曰："[一]「物至知知，而後好惡形焉。」何者？[二]好善惡惡，感於物理者也；好妍惡媸，好富惡貧，感於物欲者也。道不離物，物不離事，盈天地間，物物各有一理存焉。[三]去欲求理，豈以空談悟哉？不曰理而曰物者，踐其實耳。[四]鄭玄曰："「格，來也。物，猶事也。」程子因言："「物來知起。」象山曰："「格，至也。研磨考索，以求其至。」朱子因言："「窮至事物之理。」温公曰："「扞禦外物，[五]以物爲外，[六]非合内外之道。」黄潤玉曰："「格，正也。義取格其非心，心正矣，奚用誠意致知爲哉？」是數説皆

---

① 此篇又見明黄佐庸言卷一（以下簡稱「庸言」），顧氏多有删減。參見續修四庫全書第九三九册，上海古籍出版社，二〇〇二年版，第二三一頁下至第二三二頁上。

[一]「記曰」，底本作「日記」，據庸言改。

[二]「何者」，底本無，據庸言補。

[三]「盈天地間，物物各有一理存焉」，底本無，據庸言補。

[四]「不曰理而曰物者，踐其實耳」，底本無，據庸言補。

[五]「禦」，庸言作「格」。

[六]「以物爲外」，庸言作「以物至爲外」。

因記而億者也。〔一〕惟説文曰：「格，木長貌，从木，各聲。」取義於木，聲以諧之，其訓精矣。今夫五行之各一其性也，水土金火，〔二〕匯萃鎔合，皆可爲一。惟木不然，挨接暫同，終則必異，理欲同行而異情。正如桃李、荆棘共陌連根，始若相似，及至條長之時，形色别矣。荆棘必翦，猶惡之菑逮夫身者也；〔三〕桃李必培，猶善之欲有諸己也。培其根而達其枝，則木各滋息而長矣；修其本而達其末，則物各觸類而長矣。是故耳目口體，物也，心爲本，而視聽食息其末也。喜怒憂懼無節於内，胡爲物交物引之而去乎？〔四〕必使心能爲身之本，明於庶物而後已。父子兄弟，物也，自孝弟慈推之，則身爲本，〔五〕而絜矩其末也。好惡胡爲而偏乎？〔六〕必使身能爲國家之本，〔七〕至誠動物而後已。天下大矣，始于格物先事者也，理自理，欲自欲，則本根各異。物既格矣，

〔一〕「是數説皆因記而億者也」，底本無，據庸言補。
〔二〕「土」，底本作「上」，據庸言改。
〔三〕「者」，底本無，據庸言補。
〔四〕「喜怒憂懼無節於内，胡爲物交物引之而去乎」，底本無，據庸言補。
〔五〕「自孝弟慈推之，則」，底本無，據庸言補。
〔六〕「好惡胡爲而偏乎」，底本無，據庸言補。
〔七〕「國家」，庸言作「家國」。

至於天下平後得者也。人人親其親，長其長，物各付物，則枝葉亦各不同焉。惟明也，辨物之理欲而至善存；惟誠也，成物之始終而大道得。[一]孔子之成身不過乎物，孟子之萬物皆備，反身而誠，皆知本之謂也。或曰禮樂刑政之道，鳥獸草木之名，莫非物也。泛而格諸曰否，[二]本則身，厚則倫，經不云乎：「其本亂而末治者否矣，其所厚者薄而其所薄者厚，未之有也。」

莊渠魏氏

於乎！道之不明也，而格物之傳亡，學者跬步便錯，校謂：「傳雖亡而實未亡。」知本云者，正教學者第一步功夫，優入聖域，發足在茲。程伯子曰：「事不患不能知，只患不見自己。」朱子嘗取程叔子之意以補傳，校謂：「樂記一章，乃天留之，以補格物致知傳也。」其言曰：「人生而靜，天之性也，感於物而動，性之欲也，物至知知，而好惡形焉，好惡無節於內，知誘於外，不能反躬，天理滅矣。」反躬也者，非大學所謂

[一]「惟明也，……成物之始終而大道得」，底本無，據庸言補。
[二]「否」，底本無，據庸言補。

「知本」耶？反躬，力如萬鈞，把柄在手，可以作聖矣。是故病莫重於知誘物化，藥莫要於格物致知。

格，揆正之也。吾聞諸孟子：「權然後知輕重，度然後知長短。物皆然，心爲甚。」權度非他，即大學之矩也。格物以此始，平天下以此終。

養齋徐氏

或以格物爲正物，如大人格君心非之格，若曰自正其心，則「物」字無着落；若去正人心，與自己知至意無相關，而上文正心意又重疊，推説不去。

鹿園萬氏

聖賢切要工夫，莫先於格物。蓋吾心本來具足，格物者，格吾心之物也，爲情欲意見所蔽，本體始晦，必掃蕩一切，獨觀吾心，格之又格，千態萬狀，愈研愈精，本體之物，始得呈露，是謂格物。格物則知自致也。

心齋王氏

大學是經世完書，喫緊處只在止至善。格物却正是止至善。又曰：「『自天子以至於庶人』數句，是釋格物致知之義。」

行有不得者，皆反求諸己。反己是格物底工夫，其身正而天下歸之，正己而物正也。

格物者，格其物有本末之物；致知者，致其知所先後之知。

彭山季氏

「邦畿」「丘隅」「穆穆文王」三條，釋格物致知也。仁敬孝慈信，至善之大目。天理之在我心，而有象可見者，所謂物也。行之於君臣、父子、朋友之間，則親民也。當明德下手用力之地，而即以親民之事言之，以見德之不外於物，如此止之者，不動於欲，而合於天，則所謂格也。

顧憲成全集卷三十六

大學通考下

雙江聶氏①

陽明先生云：「無善無惡者心之體，有善有惡者意之發，知善知惡者知之良，爲善去惡者物之格。」蓋恐學者墮於解悟聞見之末，故就地設法，令人合下有用力處。若愚意，竊謂：「知，良知也，虛靈不昧，天命之性也。致者，充極其虛靈之本體，而不以一毫意欲自蔽，而明德在我也。格物者，感而遂通天下之故，而修齊治平，一以貫

① 此篇又見明嘉靖四十三年（一五六四）吴鳳瑞刻本雙江聶先生文集卷十答戴伯常（以下簡稱「答戴伯常」）。故此篇以之爲校本。

之，是謂明明德於天下也。正與『知止而後有定』一條脈絡相應。知，譬鏡之明，[一]致則磨鏡，格則鏡之照，妍媸在彼，隨物應之而已，何與焉？是之謂格物。聖學本自簡易，[二]只求復性體，知善知惡，不知從性體上看，[三]亦只隨念頭轉。若從念頭上看，何啻千里？今之以任情爲率性者，[四]類如此。

道林蔣氏

大學之道，必先知止，而其功則始於格物。格物也者，格知身家國天下之渾乎一物也，格知身之爲本，而家國天下之爲末也。格知「自天子至於庶人，壹是皆以修身爲本」也。是故孔氏之學，格物而知止焉，斯道半矣。

[一]「譬」，底本作「辟」，據答戴伯常改。
[二]「本自簡易」，底本無，據答戴伯常補。
[三]「知」，底本無，據答戴伯常補。
[四]「率」，底本作「卒」，據答戴伯常改。

澹泉鄭氏

大學，漢儒所註本是，恐不可更爲銓次。又曰：「石經大學次序亦自可玩。」

念菴羅氏

莫非物也，而身爲本；莫非事也，而修身爲始。知所先後，而後所止不疑。得其一，萬事畢。致知者，至所知也，致知何在？在吾與天下感動交涉，通爲一體，而無有乎間隔。則物格知至，得所止矣。知本故也。是故知所先後，真知也。致知而不於格物，則不足以開物成務，此聖學與二氏端緒同異所繇辨也。

畏齋薛氏

致知是明明德，格物是親民。格物者，致知之驗也。

龍溪王氏

答聶雙江書曰：「伏誦教言謂：『良知自能知能覺，而不以知覺謂良知，故孩提之愛敬，令人於未發處體驗。』師門正法眼藏，得我丈一口道破矣。[一] 竊意良知無分於未發已發，纔認定些子，便有認定之病。後儒分寂分感，所争亦只在毫釐間。所謂『致知在格物』，格物正是致知實用力之地，不可以内外分者也。若謂『工夫只是致知』，而『格物無工夫』，其流之弊，便至於絶物；徒知『致知在格物』，而不悟『格物正是致其未發之知』，其流之弊，便至於逐物，不可不察也。」①

格物致知者，誠意之功，「自天子以至庶人，壹是皆以修身爲本」，言修身，則格致誠正舉之矣。「此謂知本，此謂知之至也」，正所以發格物致知之義，實未嘗亡而有待於補也。

問：「格物之義，或以爲至其理，或訓作無欲，何如？」曰：「『天生蒸民，有物有

[一]「得我丈」，底本無，據答聶雙江補。

① 此段又見明萬曆十六年（一五八八）刻本龍谿王先生全集卷九答聶雙江，顧氏多有删減。

則』，良知是天然之則，物是倫物所感之應跡，應感跡上循其天則之自然，而後物得其理，是之謂格物，非即以物爲理也。人生而静，天之性也。物者，因感而有，意之所用爲物，意到動處，便易流於欲。故須在應跡上用寡欲功夫，寡之又寡，以至於無，是之謂格物。非即以物爲欲也，物從意生，意正則物正，意邪則物邪。認物爲理則爲太過，認物爲欲則爲不及，皆非格物原旨也。」

近溪羅氏

大學原是一章書，其初説「明明德，親民，止至善」，如一破題相似，却接連説，但能知止，則其意自定，其心自静，其身自安，以慮家國天下，而自得其平矣。此即一個承題相似，亦只反説，以見「明」「親」當「止至善」也。於是又申明如何是至善，蓋「明」「親」這個物事，其末終貫徹天下，而其本初却根諸身心，此是一定格則，先知得停當，然後做得停當，惟古之欲明明德於天下者能如是焉，所以身心家國，無不停當，而爲明親之善之至也。又决言自下至上，既皆以身爲本，而後停當，若本亂且薄，則决無停當之理，所以必知本，乃謂知至善也。此却如小講相似，亦不過將「明」「親止至善」衍説一遍。至「所謂誠其意者」以下，則如一大講，逐件物事，詳細條陳一段格則，而格則最停當處，則俱指示以淇澳等詩、帝典等書，又即是以古之明明德於天下者爲至善也。則一章書首尾原自相應，亦自完全，何容補輳？

誤齋吴氏

與陸三巖書曰：昨足下訓「物」爲「獨」，正與鄙人前時説「物爲至善」，此等語甚好，但以己意推測，終非聖經本旨。「有物渾成」，乃是一句虚設話頭，不應將實看他。語至此處，極精極微，又容一個字謎與人猜？物即事物。格者，至也。乃古説文惟是「至」之一字，方體貼得格字正當。自古聖學只一正心，而心所弗正，以意之故，孔門消息，只在王伯誠僞間討。致知者，觀法也，所以考其誠不誠也。著誠去僞，歸之王心而止，故曰明善誠身。誠即王心，即生所謂正念良知，乃王心之靈明，而靈明之照臨處謂之物，王心流行于事事物物之間，斯謂之格。誠之一字，大學真訣，故格於鬼神，只在洋洋如在一念之中。易觀卦即儒門觀法，曰「盥而不薦」，正洋洋如在之物，而王心照格之極處，以此格神，何神弗格？以此事親即格親，以此事君即格君。故誠之至處，謂之格，誠之所至，必有其物，「一以貫之」，所貫即「物至」之一語最妙。惜程、朱二夫子用之，而未究其義。陽明近之，而尚隔一塵。今足下訓「物」爲「獨」，此與陽明語意相合。生謂不必如此說，「慎獨」二字，合「誠意致知」四字在其中。謂獨爲知，而慎即是誠；謂意爲獨，而慎即是知。知之所至，誠必至焉。誠知合下正是慎獨，此謂之格。如好好色，如惡惡臭，此好惡真體，即「盥而不薦」之初念，即無以尚之。好不使加乎其身之惡，正是格，好色惡臭，非物而何？生故曰「誠之至處謂之格」，此語頗自以爲特達孔庭，可質不疑，非足下誰與參？

見羅李氏①

一、〔二〕大學，孔氏遺書，須從此學則不差。又曰：「於今可見古人爲學次第者，獨賴此篇之存，而論、孟次之，明道先生言之矣。三千之徒，蓋莫不聞其說，惟曾氏之傳獨得其宗，晦菴先生言之矣。」故欲明學者必以孔、曾爲宗，〔三〕以大學爲彀。大學不

① 此篇散見於無錫市圖書館藏明萬曆李復陽刻本見羅先生書卷一大學考次序義、卷十六門人記述書、卷十九門人記述，文字略有不同。故此篇以之爲校本。

〔二〕「一」，底本無，據見羅先生書補。

〔三〕「明」，底本無，據見羅先生書補。

明，烏取而識孔、曾之宗。[一]章句定於朱氏，古本復於王氏，孰是孰非，不一考訂，[二]信而從之，[三]即大學章次，尚未覩倫理也，[四]而學何由明乎？

一、謂大學之有錯簡，而考訂序次之者，[五]程、朱也；謂大學之無錯簡，而一循用其古本之舊者，[六]陽明也。古書之有錯簡者多矣，何獨大學、武成最著者？但繇千載而下，遡觀於千載之前，所以考尋而序次之者，非有據莫徵也。經者，傳之案也，假令經而缺焉，傳雖錯，無徵也，無徵誰信？所幸者，經文具在也，以「此謂知本」爲衍文，以「此謂知之至也」爲斷簡，此經文之所以缺也，陽明先生之復古本，是也，今從之。

一、傳者，所以傳經也。經之序，傳之序也，「明德，親民，止至善」，經之首揭也，

[一]「大學不明，烏取而識孔、曾之宗」，底本無，據見羅先生書補。
[二]「不一考訂」，見羅先生書作「非一考訂」。
[三]「信而從之」，底本無，據見羅先生書補。
[四]「覩」，底本作「觀」，據見羅先生書改。
[五]「之」，底本作「第」，據見羅先生書改。下文亦見「序次之者」。
[六]「而一循用其古本之舊者」，底本作「而一循其舊者」，據見羅先生書改。

而傳誤在「没世不忘」之下，此昭然簡之錯也，[一]晦菴先生正之，是矣，今從之。

一、「聽訟」一章，蓋釋經文「知本」之義，正示人以「止」之歸宿也。故次「止」於「信」下，非錯也，今復其舊。

一、「淇澳」一條，以證「明德」之「止至善」，而自兼乎「親民」。「親賢」一條，以證「親民」之「止至善」而實本乎「明德」，皆以明「知本」義也，教人以「知止」之法也。舊本誤在「誠意」章下，亦昭然簡之錯也。晦菴先生正之，是矣，今從之。

一、「致知格物」，孔爲之經，曾不傳者，非缺也。蓋就物而言，實實落落有個物，除却家國、天下、身心、意知，無别有物也；就知而言，實實落落有個知，除却格、致、誠、正、修、齊、治、平，無别有知也。[二]故傳誠正，傳修齊治平，而格致即在其中也，懸空傳格致不得也。晦菴先生補之矣，其是其非，未論也。只所云「即凡天下之物者，不知舍身心意知家國天下，他復何物乎？」故格致無傳也，曾不爲傳，非缺也，今仍其舊。

[一] 「昭」，底本作「照」，據見羅先生書改。
[二] 「無别有知也」，底本脱「也」字，據見羅先生書補。

一、經者，傳之案也。古本復，經無缺矣。以傳釋經，以經印傳，孔、曾雖在千載上，[一]其心固昭然如見也。按經文，採章句，一循其理之序次，是正之而略，箋其義之要者，附之古義諸篇後，[二]俾覽者得詳焉。

近見石經，蓋刻於曹魏之朝，正於賈逵諸人之手，去唐初非遠也，孔穎達、顏師古最博涉，不祖之，必有故。文公引石經，「嗅」作「戞」，見論語必見大學，及註大學，亦不祖用。文成尤註意復古本，亦不祖用。焚書後，簡牘大率支離，註疏本即未善，要之，義順文從，比石本爲勝也。

陳志和問：「孔子作經何以名曰大學？先儒謂八歲入小學，十五入大學，教以修己治人之術，大學之名取此。近亦有駁之者謂：[三]『古有農圃醫卜，[四]爲學之小

[一]「曾」，底本作「經」，據見羅先生書改。
[二]「而略，箋其義之要者，附之古義諸篇後」，底本無，據見羅先生書補。
[三]「近亦有駁之者謂」，底本作「近有謂」，據見羅先生書改。
[四]「古有」，底本無，據見羅先生書補。

者；〔二〕詩書禮樂，爲學之大者。〔三〕『大學之揭，以別於農圃醫卜學之小者也？』先生笑曰：〔三〕「是何言歟？是何言歟？豈有孔子名書而襲用國家名學之理？至謂且與農圃醫卜對説大義，〔四〕尤爲無取。『中庸』兩字，固是子思創新名學；『大學』兩字，亦是孔子專主之見。〔五〕孔子平生只以『大』贊天，到坤便説『至』；以『大』贊堯，到舜便説『君』。以『大』名學，夫豈苟然？大率有對皆非大，惟天無對，惟命無對，惟性無對，知本之學，性命之學也。稱孝稱弟，到此比量，不覺見謂爲小，清任與和，聖地已臻，〔六〕執此稱量，〔七〕不覺見謂爲詖。蓋孔子透性之極，就性立宗，摹性布局，故直與性同其大也。僭嘗謂由孔子而上相天下者，即師天下者，繇孔子而下師天下者，乃未必相天下者。直將崇品編氓，比夷分量，敢以布衣韋帶，肩荷乾坤，則真有見於大之故也。

〔二〕「爲」，底本無，據見羅先生書補。
〔三〕「爲」，底本無，據見羅先生書補。
〔三〕「先生笑」，底本無，據見羅先生書補。
〔四〕「且」，底本無，據見羅先生書補。
〔五〕『中庸』兩字，……亦是孔子專主之見」，底本無，據見羅先生書補。
〔六〕「聖地已臻」，底本無，據見羅先生書補。
〔七〕「執」，底本作「到」，據見羅先生書改。

「自天子以至於庶人，壹是皆以修身爲本」，從古曾有人如此下語者乎？此孔子獨見也，則有見於大之故也。後來只有孟子見得此意，故曰：「君子所性，雖大行不加焉，雖窮居不損焉。」又曰「得天下英才而教育」之三樂也，雖王天下不與存焉，非見大，如何敢道此語？非明大，如何能道此語？此真得孔子傳者。[二] 大哉！學也！斯其至矣。農圃醫卜之小，又烏足爲稱焉。

大學一經，論主意，只是教人止於至善；論工夫，只是修身爲本。又曰：「止其入竅，修其功夫，身其歸宿，善其命脈，而本之一字，又所以點化此身，操柄此善，便止之入竅，不倚爲守寂沉空修之功夫，不只爲補偏救弊也。」又曰：「知本者，盡性之樞；知止者，至命之奧。」又曰：「入手一個知止，合頭一個知本，真可謂不傳之秘。」

年來悟徹此書，斷以語、孟、六經一切盡其註脚。明儒學者，必明此經；明此經，乃實明學。揭致知，忘以爲宗；指格物，誤爲入竅，豈不是經？班見管窺，真所謂不得其門而入，不見宗廟之美、百官之富也。舊語學者謂：「此學分量極大，根底極深，端緒極微，法度極密，試以此四者求之，乃略盡經旨之奧，然總之又只『修身爲本』四

[二]「得」，底本無，據見羅先生書補。

字而已。」每謂明得此四字，則一部大學，又其註脚者，良有以也。

嘗發兩疑：一曰心者身之主，三尺之童子知之矣，聖人不揭「正心」爲本而揭「修身」，何故？何故？一曰「修身爲本」語出，人知之矣，此豈隱昧難知之理？乃曰：「此謂知本，此謂知之至也。」若便以爲「盡性至命」之極則矣，又是何故？故曾有言曰：「『修身爲本』四字缺一不得。」又曰：「『物有本末』之『本』，『其本亂而末治』之『本』爲要，教人以知正之法，尚與末對。『修身爲本』之『本』，『此謂知本』之『本』，益徹天徹地，只有此本，真所謂天之生物也，使之一本，無別有二本矣。萬緒千條，自此而出矣。」

後儒懸空說「致」、說「格」，辨「物」、辨「知」，費了多少頰舌，終於不明。孔子只揭出「修身爲本」，實致實格，而知與物亦當下昭昭矣。學者苟未信「修身爲本」，則請看後儒格致之辨，充棟汗牛，何故終於不明？

黄銓問：「孔子只說『致知』，陽明點出『良』字，似覺警醒。近見董蓉山謂之『畫蛇添足』，何也？」答曰：「不但此也，大率聖賢立說，就如造物生人，片語隻詞，無有不元氣具足者。不但孔子之說不待孟子幫添，即前章之詞，亦不待於下章補湊。[一]

[一]「湊」，底本作「輳」，據見羅先生書改。

牽文泥句，比事屬詞，最爲道理之梗。若必抉摘後賢之言，以足前賢之句，假令後賢未作，將前賢之言竟爲闕文矣。試看堯之授舜，止説『允執厥中』，舜之命禹却説：『人心惟危，道心惟微，惟精惟一，允執厥中』，堯只一言，何曾少了些子？舜復益之三言，何曾多了些子？」

郭華南言必道良知，謂之曰：「公試説『人之所不學而能者』章，孟子之意焉，發明『知』『能』之良乎？抑别有旨乎？」華南愕然良久，答曰：「往時漫説良知，實不曾體勘到此，承公教而思之，似不在於『知』『能』，而在仁義也，敢請教。」曰：「此易知，若果發明良知，只合説到『孩提之童無不知愛其親也，及其長也，無不知敬其兄也』而義備矣，[二]何取更説『親親，仁也；敬長，義也』，宛就『知』『能』之良推進一步而説，只不知公謂『知』『能』是何物？仁義是何物？」華南曰：「仁義自是性，『知』『能』之良亦自是性之用事也。」曰：「誠然誠然，凡物須有根乃有苗，根苗非二體，然決不可指苗便是根；又如有形必有影，形影非二體，然決不可指影即是形。『知』『能』之良，自

[二]「而義」，底本無，據見羅先生書補。

是性之用事，然不可指『知』『能』之用即是性，故曰『親親，仁也；敬長，[一]義也。』所謂「乃若其情，則可以爲善矣，乃所謂善也。[二]」則孟子道性善本旨也。」他日又曰：「『惻隱之心，仁之端也；羞惡之心，義之端也』，正是教人就所發處，[三]而信其性之必仁，性之必義，非直教人執其所發之偶良者，據之以爲立命安身之歸宿也，雲駛月運，舟行岸移，物之感者無停，知之應者亦無停，夫安得執既往之良知，而擴之以爲將來應用之本乎？」

從上立教，未有以「知」爲體者，吾敢無徵而説。陽明曰「良知即是未發之中，即是寂然不動廓然太公的本體」，儘力推向體邊，其實良知必竟是用，豈可移易？向與陳永寧論此，永寧蓋主保守靈明之説者。予曰：「文公訓『知』爲『識』，陽明闢之以『知』爲『良』，予曾謂之知體爲之覺性，兄復易號靈明，總是知之别稱，真所謂鼠遷穴中，非出幽谷而遷喬木者也。」永寧爲發一笑，因曰：「公言良是，只致知之知，必竟如何主判？」予曰：「此處見得，實與先輩不同。竊以爲身之主宰爲心，心之運用爲意，

[一]「長」，底本作「愛」，據見羅先生書及前文改。
[二]「乃所謂善也」，底本無，據見羅先生書及孟子補。
[三]「人」，底本作「入」，據見羅先生書改。

意之分别爲知，知之感觸爲物。分别爲知，良知亦是分别，若以良知爲體。又曰良知是天之明命，則大學一經之内，於致知之外，又揭至善，又點知本，所謂本與善，將何所屬乎？若云知即是本，大學只合説知，知又安得説知本？若云知即是善，大學只合説止知，又安得説知止？大率與萬物同體者，乃能同萬物之體與萬物作對者，即不能同萬物之體，知親知長，畢竟愛行於親，敬行於兄也，有分别即有彼此，非所謂與萬物作對者乎？而欲持之以同萬物之體，以是爲大人之學，所以立教開宗，復命歸根之本也。可乎？不可乎？」

曙臺唐氏①

進石經大學奏，略曰：

臣惟古今學術具載於書，衆言淆亂，必折諸聖。六經、語、孟尚矣，而大

① 此篇又見明别集叢刊第三輯第八十二册清光緒二年湖州金山書院刻本醉經樓集附刻石經疏（以下簡稱「石經疏」），顧氏多有删减。故此篇以之爲校本。

學一書，說者謂：「古人爲學次第，獨賴此篇之存。」顧近代所傳只據鄭玄之註。[一]其書原係錯簡，自宋儒程顥、程頤、朱熹尊尚以來，各有定本，而編次互異。[二]頤不能同於顥，熹不能同於頤，則知熹所定，乃一時之言。其解格物，亦仍頤一端之說，而未嘗遽以爲至當也。豈意正、嘉間，新學頓起，惑世誣民。[三]幸其隙之可乘，極力排詆，至比之爲神奸、爲洪水猛獸，[四]反楊、墨、佛、老之不若，格物一解，既成聚訟。大學一書，若存若亡，雖然程、朱之誤，非必其體認之疏也，以錯簡也。然此駁一出，遂生聞者厭惡之心，而因以禍乎程、朱之道。守仁之視程、朱，如碔砆之於玉也，[五]何可同也？然片言偶中，遂起其徒虛高之念，而因以售其良知之說。是故受錯簡之誤，而程、朱坐詘，使天下見小而害大者，此一解也。因一駁之是，而守仁得伸，使

[一]「註」，底本作「主」，據石經疏改。
[二]「次」，底本無，據石經疏補。
[三]「惑世誣民」，底本無，據石經疏補。
[四]「至比之」，底本作「比」，據石經疏改。
[五]「如碔砆之於玉也」，底本無，據石經疏補。

天下從新而畔舊者，此一解也。悲夫！不意學術得失之判，人心邪正之分，其機乃決於此，[一]則不如并其書缺之無弊也，[二]烏在其獨賴此篇之存也？臣嘗合而觀之，窮理之解，於文義雖稍礙，於學者爲得力，即未敢概於「大學之道」，要不失爲明善之方。循兹以往，固有殊途而同歸者。若守仁之説，則縱横莽蕩，泛泛乎莫知所之矣。況朱熹之學，窮理以致其知，則於「致知在格物」之言爲順，守仁謂「致良知於事事物物」，則是「格物在於致知」。故爲程、朱者，有得有失；而爲守仁者，兩失之者也。此二説之辨也。然則「格物」遂爲不可解之書乎？

臣往爲諸生時，嘗聞之師太僕少卿吕懷曰：「『物有本末』一節，是格物也。」雖未盡解，私心識之。已而得見尚書湛若水進呈聖學格物通序，[三]内述我太祖高皇帝諭侍臣之言曰：「大學一書，其要在修身。」而大學古本以

[一]「人心邪正之分，其機乃決於此」，底本作「人心邪正之機乃決於此」，據石經疏改。
[二]「則不如并其書缺之無弊也」，底本作「則不如并其書缺之之無弊也」，衍文據石經疏删。
[三]「已而得見尚書湛若水進呈聖學格物通序」，底本無「得」「聖」「學」三字，據石經疏補。

「修身」釋「格致」，而曰「此謂知本，此謂知之至也」，臣乃端默而徐思之，正與向所聞符合。竊私自喜以爲千七百年不傳之秘，[二]其盡在高皇一言矣。蓋萬物皆備於我，我亦一物也。事者，物之事也。身與家、國、天下對，而本末繫焉；修身與齊、治、平對，而終始繫焉。知所先後，格之謂也。格，通也。近道者，大學之道也。[三]是故修身爲本，即「物有本末」之本；本亂末治，即「物有本末」之本末，故孟子曰：「行有不得者，皆反求諸己，其身正而天下歸之。」其爲義甚明，其爲學甚約，似的然無復可疑者矣。但以鄭本及程、朱定本觀之，其未敢自信者有二：一則置「知止」「能得」於「格物」之前，似乎先深而後淺；一則以儒者學問思辨之功，無所容於八條目之内，則大學未免爲不完之書，似亦可以姑置也。

又數年，而臣令泰和，[三]而吉安知府張振之者，[四]手一卷授臣，曰：「此

[二]「七」，底本無，據石經疏補。
[三]「近道者，大學之道也」，底本無，據石經疏補。
[三]「泰和」，底本作「秦和」，據石經疏改。
[四]「而吉安知府張振之者」，底本脱一「而」字，據石經疏補。

古石經大學也。」詢其自，乃從今翰林院庶吉士鄒德溥爲舉人時所寄。其書實臣生平未覩也，隨録一册笥之，竊疑好異者之爲，不復詳其旨趣矣。邇來臣官留曹，會有遺豫章李瓚經疑及尚書鄭曉古言二書者，[一]各載古石經大學，其次序則吉安所録之書。夫李瓚，臣不知其何許人。若鄭曉者，端人也，其言必有所據。於是乎竟日觀之，[二]不能釋手。因而考其「知止」「能得」爲申「格物」之義，則其序不差。詳其中庸爲大學之緯，則學問思辨之功不必其備。繇是而復繹我高皇釋「格致」之説，流洽洞貫，若決江河而注之海也。臣以此而嘆千古絶學續自高皇，[三]聖人生知真繇天授。惜當時廷臣無有能推擴而光大之者，遂使疑以傳疑，窮而生變，而邪説者流，得以乘間而行其猖狂無忌憚之私，[四]臣每讀書至此，未嘗不掩卷而三嘆也。向使程、朱不爲鄭本所惑，則格物當不至於錯會。使高皇此解，舊爲大學指南，則如

[一]「會有遺豫章李瓚經疑及尚書鄭曉古言二書者」，底本脱一「會」字，據石經疏補。
[二]「於是乎竟日觀之」，底本脱一「乎」字，據石經疏補。
[三]「而」，石經疏作「則」。
[四]「間」，底本作「問」，據石經疏改。

日中天，有明共見，雖邪説亦無所容，即古石經不存可也。乃程、朱既仍其誤於前，而高皇之説又不得闡明於後。一經指摘，[一]衆口嘵嘵，使大學有開卷之錯，而程、朱受誤人之罪，又何怪乎邪説之易以惑人也哉？嗚呼！朱註之失未遠也，如其不爲新學所奪也，臣固可以無論也；新學之行未甚也，如其不爲朝廷所與也，臣亦可以無憂也。今者守仁祀矣，赤幟立矣，人心士習，從此分矣。在朝廷雖曰「以祀而報功」，在儒生不無因祀而信學。向之延蔓也，止於江南，今之風動也，及乎天下。且皇上以今天下人心何如哉？[二]舉業之士，則誦程、朱矣；中常之士，則誦程、朱矣。其高才敏識，稍號有志，則無有不驅而之新學者，何者？彼其道可以不學而能，其學可以不行而講，其術利於媒進，而捷於取譽。彼其爲之徒也，又方樂其朝及門而暮顔、曾也，何苦而不從也？間有卓然不惑之士，知非而難舉，雖辨而不詳，反

[一]「指摘」，底本作「摘指」，據石經疏改。
[二]「皇上以」，底本無，據石經疏補。

以冒乎學究之誚。[二]其謹願不言學者，漫無可否，又無益於吾道之重輕。他日駕其說以禍天下，皆所謂高才敏識、稍號有志者也。是則可憂也。故程顥曰：「昔之惑人也，乘其暗昧；今之惑人也，因其高明。」又曰：「人才高明，則陷溺愈深，夫人情之好名也，如水之就下。邪說之奪正也，自古以爲憂也。」今天下人心，大率類是矣。執已陳之說，則難以服群心；持無徵之善，則難以垂法守。臣抱有遺經一得之愚，不以此時效芹曝之獻，是忍於下負所學，而上負明時也。敬將石經繕寫二本，略爲小疏其旁，獻上御覽。伏乞皇上存留一本，以備暇豫之觀；[三]其一本乞發下禮部，與各儒臣參看。如果此本可信，則望刊正舊本之誤，不然則請遵依高皇格致之解，獨改一條，以式多士。其古石經姑付史館，[三]以存一種之書。[四]又不然，則望敕諭

[二]「學」，底本作「覺」，據石經疏改。
[二]「以」，底本無，據石經疏補。
[三]「古」，底本無，據石經疏補。
[四]「以存一種之書」，底本脱一「以」字，據石經疏補。

天下士子，一遵朱註，不得輒畔以從邪。[一] 則同文之化廣，[二] 異學之徒息，道德可一，風俗可同，億萬年之太平，端在是矣。

序曰：①

「大學表章，自宋儒始歟？[三]」「非也，韓子原道是已。」「其首章，孔氏遺書歟？」「非也，原道及夫子必稱經，此獨稱傳，是已。」「然則是書曾子作乎？」曰：「曾子作也。」「十目所視，何以云曾子也？」「將意曾子而記，門人乎爲之詞者也。」「誰作之歟？」曰：「按魏政和中，詔諸儒虞松等考正五經，衛覬、邯鄲淳、鍾會等，以古文小篆八分，刻之於石，始行禮記，而大學、中庸傳焉，松表述賈逵之言曰：[四]『孔伋窮居於宋，懼先聖之學不明，而帝王之道墜，故作

[一]「輒」，石經疏作「背」。

[二]「同文」，底本作「文同」，據石經疏補。

① 此序石經疏標題爲「古石經大學序」。

[三]「始」，底本作「如」，據石經疏改。

[四]「按魏政和中，……松表述賈逵之言曰」，石經疏作「虞松校刻石經於魏，表引漢賈逵之言曰」。

大學以經之，中庸以緯之。』則大學、中庸皆子思作也。」

曰：「經緯之説信歟？」曰：「吾讀易，竊疑大學大象，中庸小象也。及見經緯之説，而偶得所同也，是故經緯之説信也。」

曰：「今之所據鄭玄疏也，玄疏行久矣，近代諸儒毋論，蓋二程、朱子於是乎折衷焉爾矣，[一]子何據而獨逵之稽也？」曰：「吾稽其傳受而可據也。[二]按史：玄受之馬融，摯恂而傳之小戴，聖聖所傳，出后蒼、孟卿、高堂生，[三]而非秘府之藏也。逵父徽與其師杜子春，俱受業劉歆。當漢武時，周禮出巖屋間，歸秘府。至成帝朝，歆始表而出之，五家之儒皆不可得見。[四]故逵之傳，歆出也。其後，逵官中秘，又著禮經傳義詁及論難，百餘萬言，爲學者所宗。於時友人鄭衆與逵齊名，俱有解。而馬融推逵最精，逵解故獨行於世，衆解不行。故逵之言可據也。」

[一]「折衷焉爾矣」，石經疏作「盡心焉矣」。
[二]「受而」，底本作「之」，據石經疏改。
[三]「高堂生」，底本作「高生」，據石經疏改。
[四]「皆不可得見」，石經疏作「莫見焉」。

曰：「二書皆子思出也，曷二之也？」曰：「析而故完也，分而故合也，聖人繫易，彖爻不足，而又辭傳也，是故大學略而中庸詳。略者序，而詳者理也。可略而詳，則序淆矣；可詳而略，則理隱矣。淆與隱，而聖賢之意湮矣。是故其二也，乃其所以爲一也。」

曰：「然則子之以『知所先後』爲『格物』也，必石經而明歟？」曰：「非也，吾有所受之也，嘗聞之師曰：『「物有本末」一節，是格物也。』我太祖高皇帝曰：『大學一書，其要在修身。』而大學古本以修身釋格致，曰『此謂知本，此謂知之至也』，皆不必石經解也。雖然猶解也，如石經則可以無解也。」

曰：「原道故遺格物，何也？[一]」曰：「大學，論學也；原道，論道也。原道重於治人，專責佛、老之遺其外；大學先於治己，責及管、商之遺其内。大學者，合内外之學也。夫誠意正心，以修身而已矣；格物致知，以求誠而已矣。淆與隱，立言者之所憂也。善乎，程子之論也，[二]曰：『有天德，便可語王道，

[一]「何也」，底本作「何」，據石經疏改。
[二]「程子之論也」，底本作「程子之論之也」，據石經疏改。

其要只在謹獨。』蓋與原道互發。夫儒者表章大學，必自原道始矣。[一]」

南京户部雲南清吏司署郎中事主事臣唐伯元序。[二]

[一]「蓋與原道互發。夫儒者表章大學，必自原道始矣」，石經疏作「蓋與原道互發而默契乎『知本』之意。學者能由二子之言以會我高皇格物之解，可與言大學矣」。

[二]「南京户部雲南清吏司署郎中事主事臣唐伯元序」，底本無，據石經疏補。

大學題辭

世之説大學者多矣，其指亦無以相遠，而獨「格物」一義，幾成訟府，何也？始於傳之不明也。於是人各就其見窺之，此以此之説爲「格物」，彼以彼之説爲「格物」，而大學之「格物」轉就湮晦，不可得而尋矣。予竊懼焉。因取戴記以下諸本，暨董、蔡諸家之説，互相參校，沉潛反覆，紬繹異同，如是者久之，迺知「格物」之傳昭然具在。或習焉而不察，或語焉而不詳，或擇焉而不精，則雖謂之亡也亦宜。竊不自揆，僭加銓次，私以講於同志。而今而後，庶幾大學獲爲全書，而紛紛之論可息矣。

萬曆戊子秋，錫山涇皋顧憲成題於小心齋。

孫男柄書

顧憲成全集卷三十七

大學質言①

大學質言題辭

余兄叔時既編定大學爲一卷，又集戴記諸本及諸家所嘗論説者爲一卷，同異得失，大要具是矣。或謂余曰：「何不略疏其義？」余以告叔時，叔時曰：「大學正文首尾不過一百二十餘字，而規模廣大，條理精密，自來聖賢論學，未有若是之明且盡者也。即諸釋文，亦惟援古昔、稱先民，稍加抽繹而已，不能別爲之説也。今何從更贊

① 大學質言以無錫文庫第四輯影印清曹楝亭藏明抄本大學質言爲底本。

一辭？」曰：「諸家之説，何如？」曰：「求諸大學可也。求諸大學而合焉，不問而知其是矣；求諸大學而離焉，不問而知其非矣。亦何從更贅一辭？」予曰：「善。」已，謂予曰：「程、朱，命世大儒。其論大學也，猶然在離合之間，不足以盡厭于天下後世，況吾儕乎？顧執己而自遂也。」於是時時進予而商之，予退而籍其語，命曰質言。仲尼不云乎「就有道而正焉」，蓋叔時之志也。

萬曆壬辰孟春，顧允成題。

大學質言

梁溪顧憲成著
男與渟、與沐，孫樞、柄、枉、樣較

大學原不分經傳，然説個「明明德」，便有「克明德」幾條；説個「新民」，便有「日新」幾條；説個「止至善」，便有「惟民所止」幾條。又如「誠意」而下，皆以「所謂」二字發端，明有正文、釋文之别。正文似經，釋文似傳。正文揭「明明德、親民、止至善」爲綱，列「格物、致知、誠意、正心、修身、齊家、治國、平天下」爲目，次第昭然，即釋文次第可知。二程據此改定戴本，良是。但「格物」一義，二程既未經拈出，朱子又從而補之，却似懸斷，此紛紛之議所繇起也。

董、蔡諸君子表章「格物」傳，最爲有見。但「自天子」以下二條，正發「物有本末」之義，不合遺却。至於「知止」一條，明係「止至善」傳，又不合混入，且其所謂「格物」云者，猶仍朱子「窮理」之説爾。

石經本於致知格物之下，隨繫以「物有本末」一條，即「格物」二字意義了然，省却多少閑議論。

鄭玄釋「格物」曰：「格，末也。物，猶事也。」其知於善深，則來善物；其知於惡深，則來惡物，愚誠不知其解。至以爲善去惡言者，侵了誠意、正心、修身；以感通言者，侵了齊家、治國、平天下，是爲疊屋架床；以一草一木言者，又與誠、正、修、齊、治、平不相蒙也，是爲畫蛇添足。惟董、蔡諸君子後先更定，傳文庶幾近之。顧以「物有本末」之物，非「明德」「新民」之物，何也？是爲騎驢覓驢。只此兩字，明白易簡，簡編一錯，千載沉埋，良可嘆也。

王心齋曰：「反己，是格物底工夫。」唐曙臺曰：「猶二之也。格物與反己，旨同而名異。」竊謂格物只是辨個本末，要學者認得人分己分清楚，此是學問大關頭，一是百是，一錯百錯。論語曰：「君子求諸己，小人求諸人。」中庸曰：「知遠知近，知風之自，知微之顯。」孟子曰：「行有不得者，皆反求諸己，其身正而天下歸之。」又曰：「君子之守，修其身而天下平，人病舍其田而芸人之田，所求於人者重，而所以自任者輕。」

或問：「陽明復大學古本，何如？」曰：「此自戴記本爾，非必孔門古本也。觀檀弓、月令諸篇，戴記之駁亂不醇者多矣，學者恐不得概以爲古本而尊之也。」

陽明復大學古本，其意善矣，就其說觀之，又與大學不相似然，何也？大學曰「在明明德，在親民」，曰「物有本末」，陽明曰：「明德必在於親民，而親民乃所以明德也。」是親民爲本，明德爲末矣。大學曰：「致知在格物，物格而後知至。」陽明曰：「所謂致知格物者，致吾心之良知於事事物物也，良知即天理也，致吾心良知之天理於事事物物，則事事物物各得其理矣。致吾心之良知，致知也，事事無物各得其理。格物也，是格物在致知，知致而後物格矣。」然則大學之言不幾於顛倒乎？大學曰「欲正其心者，先誠其意，欲誠其意者，先致其知，致知在格物。」陽明曰：「格物者，格其心之不正以歸於正也。」是以格物爲正心矣。又曰：「意念所在，即欲格其不正以歸於正。」是以格物爲誠意矣。其語梁日孚曰：「着實致其良知便是誠意。」是以誠意爲致知矣。曰：「着實致其良知，而無一毫意必固我，便是正心。」是以正心爲致知矣。然則大學之言，不幾於重復乎？陽明之説大學如此，謂之陽明之大學可也，何以爲古本？「新」「親」古字通用，書曰：「惟朕小子其新逆。」新，即親也。大學曰：「作親民。」親，即新也。易以「慎」爲「順」，以「亯」爲「亨」，中庸以「顯」爲「憲」，以「假」爲「嘉」，凡以字之通用故也。或改「親」爲「新」，或駁「親」非「新」，似皆未考。

大學原自先「格致」而後「誠意」，蔡希淵以爲朱子新本，何也？且大學自「平天下」推到「格物」，則「格物」正下手處也；又自「格物」推到「天下平」，則物格正得手處也。即此便是頭腦，便是下落，若曰大學提個「誠意」來説，是學問的大頭腦。又曰以誠意去格物，工夫始有下落，則何爲不先誠意而後格致乎？

朱子曰：「自小學不傳，伊川只帶補一『敬』字，然則『敬』字補小學，非補大學也。」陽明嘗與學者書曰：「昨所云静坐，非欲坐禪入定也，蓋因吾輩爲事物紛拏，未知爲己欲，以此補小學『收放心』一段工夫爾。」即此意也，若就大學論「格、致、誠、正、修、齊、治、平」，便都是敬，何待人補？亦不得只將「誠」字當個「敬」字也。

鄭澹泉曰：「格、致、誠、正，亦以修身爲本。」本者，對末而言也，果爾心與意，顧爲末乎？

李見羅曰：「格致無傳，非缺也。傳誠正，傳修齊，傳治平，即所以傳格致也。」蓋朱子之説，既臆決而無憑；陽明之説，又儱統而無辨，故委曲推求，别立此議，可謂苦心矣。但「格致」乃大學入門第一義，誠、正、修、齊、治、平，命脈全在於此。作大學者，自誠意而下，支分縷析，各爲之傳，何獨於格致寥寥乎？若曰「除却家國、天下、身心，無别有物；除却誠、正、修、齊、治、平，無别有知，懸空傳格致不得」。則除却誠意、正心、修身，亦無别有明明德也；除却齊家、治國、平天下，亦無别有親民也，又何以各爲之傳乎？

朱子之更定戴本是也，其補格物傳，吾不敢知也。陽明之疑補格物傳是也，其以戴本爲孔門古本，吾不敢知也。

温公所謂「扞禦外物」，朱子所謂「即物窮理」，[二]但非格物本旨爾，於義何嘗不通，乃朱子於温公，陽明於朱子，皆設爲不通之喻，以駁之，甚哉！無我之難也。

朱子揭「格物」，陽明疑其錯看了「物」字，則駁之曰：「物内也，非外也。」陽明揭「致知」，見羅疑其錯看了「知」字，則駁之曰：「知用也，非體也。」大都是有激之言，非究竟義。

[二]「物」，底本作「家」，據文意改。

大學重定①

梁溪顧憲成定
孫柄較

大學之道，在明明德，在親民，在止於至善。古之欲明明德於天下者，先治其國；欲治其國者，先齊其家；欲齊其家者，先修其身；欲修其身者，先正其心；欲正其心者，先誠其意；欲誠其意者，先致其知。致知在格物。物格而後知至，知至而後意誠，意誠而後心正，心正而後身修，身修而後家齊，家齊而後國治，國治而後天下平。

康誥曰：「克明德。」太甲曰：「顧諟天之明命。」帝典曰：「克明峻德。」皆自明也。

湯之盤銘曰：「苟日新，日日新，又日新。」康誥曰：「作新民。」詩曰：「周雖舊

① 大學重定以無錫文庫第四輯影印清曹楝亭藏明抄本大學重定爲底本。

邦，其命維新。」是故君子無所不用其極。詩云：「邦畿千里，惟民所止。」詩云：「緡蠻黄鳥，止於丘隅。」子曰：「於止，知其所止，可以人而不如鳥乎？」知止而後有定，定而後能静，静而後能安，安而後能慮，慮而後能得。詩云：「穆穆文王，於緝熙敬止。」爲人君止於仁，爲人臣止於敬，爲人子止於孝，爲人父止於慈，與國人交止於信。詩云：「瞻彼淇澳，菉竹猗猗，有斐君子，如切如磋，如琢如磨，瑟兮僩兮，[一] 赫兮喧兮，有斐君子，終不可諠兮。」如切如磋者，道學也；如琢如磨者，自修也；瑟兮僩兮者，恂慄也；赫兮喧兮者，威儀也；有斐君子，終不可諠兮者，道盛德至善，民之不能忘也。詩云：「於戲！前王不忘。」君子賢其賢而親其親，小人樂其樂而利其利，此以没世不忘也。

物有本末，事有終始，知所先後，則近道矣。自天子以至於庶人，壹是皆以修身爲本。其本亂而末治者，否矣。其所厚者薄，而其所薄者厚，未之有也。此謂知本，此謂知之至也。子曰：「聽訟，吾猶人也，必也使無訟乎！」無情者不得盡其辭，大畏民志，此謂知本。

[一]「僩」，底本作「們」，據下文改。

所謂誠其意者，毋自欺也。如惡惡臭，如好好色，此之謂自謙。故君子必慎其獨也。小人閒居爲不善，無所不至，見君子而後厭然，揜其不善而著其善，人之視己，如見其肺肝然，則何益矣！此謂誠於中，形於外。故君子必慎其獨也。曾子曰：「十目所視，十手所指，其嚴乎！」富潤屋，德潤身，心廣體胖，故君子必誠其意。

所謂修身在正其心者，身有所忿懥則不得其正，有所恐懼則不得其正，有所好樂則不得其正，有所憂患則不得其正。心不在焉，視而不見，聽而不聞，食而不知其味。此謂修身在正其心。所謂齊其家在修其身者，人之其所親愛而辟焉，之其所賤惡而辟焉，之其所畏敬而辟焉，之其所哀矜而辟焉，之其所敖惰而辟焉。故好而知其惡，惡而知其美者，天下鮮矣。故諺有之曰：「人莫知其子之惡，莫知其苗之碩。」此謂身不修，不可以齊其家。

所謂治國必先齊其家者，其家不可教而能教人者，無之。故君子不出家而成教於國。孝者，所以事君也；弟者，所以事長也；慈者，所以使衆也。康誥曰：「如保赤子。」心誠求之，雖不中，不遠矣。未有學養子而後嫁者也。一家仁，一國興仁；一家讓，一國興讓；一人貪戾，一國作亂，其機如此。此謂「一言僨事，一人定國」。堯、舜帥天下以仁，而民從之；桀、紂帥天下以暴，而民從之。其所令反其所好，而民不從。是故君子有諸己而後求諸人，無諸己而後非諸人。所藏乎身不恕，而能喻諸人者，未之有也。故治國在齊其家。詩云：「桃之夭夭，其葉蓁蓁，之子于歸，宜其家人。」宜其家人，而後可以教國人。詩云：「宜兄宜弟。」宜兄宜弟，而後可以教國人。詩云：「其儀不忒，正是四國。」其爲父子兄弟足法，而後民法之也。此謂治國在齊其家。

所謂平天下在治其國者，[二]上老老而民興孝，上長長而民興弟，上恤孤而民不倍，是以君子有絜矩之道也。所惡於上，毋以使下；所惡於下，毋以事上；所惡於前，毋以先後；所惡於後，毋以從前；所惡於右，毋以交於左；所惡於左，毋以交於右，此之謂絜矩之道。詩云：「樂只君子，民之父母。」民之所好好之，民之所惡惡之，此之謂民之父母。詩云：「節彼南山，維石巖巖，赫赫師尹，民具爾瞻。」有國者不可以不愼，辟則爲天下僇矣。詩云：「殷之未喪師，克配上帝，儀監于殷，峻命不易。」道得衆則得國，失衆則失國。是故君子先愼乎德，有德此有人，有人此有土，有土此有

[二]「在」，底本作「有」，據大學改。

財，[一]有財此有用。德者本也，財者末也。[二]外本内末，争民施奪，是故財聚則民散，財散則民聚。是故言悖而出者，亦悖而入；貨悖而入者，亦悖而出。康誥曰：「惟命不于常。」道善則得之，不善則失之矣。楚書曰：「楚國無以爲寶，惟善以爲寶。」舅犯曰：「亡人無以爲寶，仁親以爲寶。」秦誓曰：「若有一介臣，[三]斷斷兮無他技，其心休休焉，其如有容焉。人之有技，若己有之，人之彦聖，其心好之，不啻若自其口出，實能容之，以能保我子孫黎民，尚亦有利哉！人之有技，媢嫉以惡之，人之彦聖，而違之俾不通，實不能容，以不能保我子孫黎民，亦曰殆哉！」唯仁人放流之，迸諸四夷，不與同中國。此謂惟仁人爲能愛人，能惡人。見賢而不能舉，舉而不能先，命也。見不善而不能退，退而不能遠，過也。好人之所惡，惡人之所好，是謂拂人之性，菑必逮夫身。是故君子有大道，必忠信以得之，驕泰以失之。生財有大道，生之者衆，食之者寡，爲之者疾，用之者舒，則財恒足矣。仁者以財發身，不仁者以身發財。未有上好仁而下不好義者也，未有好義其事不終者也，未有府庫財非其財者也。

[一]「財」，底本作「則」，據大學改。
[二]「財」，底本作「則」，據大學改。
[三]「介」，底本作「个」，據大學改。

孟獻子曰：「畜馬乘，不察於鷄豚；伐冰之家，不畜牛羊；百乘之家，不畜聚斂之臣。與其有聚斂之臣，寧有盜臣。[二]」此謂國不以利爲利，以義爲利也。長國家而務財用者，必自小人矣。彼爲善之，小人之使爲國家，菑害並至，雖有善者，亦無如之何矣。此謂國不以利爲利，以義爲利也。

[二]「盜」，底本作「道」，據大學改。

顧憲成全集卷三十八

大學意①

端文顧公著

學庸辨題辭②

張純修

①大學意以無錫文庫第四輯影印復旦大學圖書館藏清抄本大學意爲底本。該抄本合大學意、中庸意、大學説、中庸説、語孟説略爲一編，封面署「學庸意附學庸説」，行間有校改文字。以美國哈佛大學漢和圖書館藏清康熙間張純修序刻本顧涇陽先生學庸意（以下簡稱「張序本」）爲校本，書名意即大學意、中庸意之合刻本。張序本各節只取引文首數字爲節名，抽去引文，此類異文不出校。

②此篇底本無，據張序本補。

顧端文公未第時授書涇皋，[一]弟子雲集。及虞山、松陵、檇李諸家先後聘主西塾，從而問業者益衆。説書課文，咸有定期。吴越間故設夜航，至日並於清晨來泊館下，諸生羅列聽講，公隨叩隨竭，初無倦容，擇其中可與語上者相與參求性命。微言秘旨，不可得聞，其可得而聞者，則諸生所録講義，固操觚之正的，亦拜獻之先資也。

明自嘉、隆以後，異説滋繁，往往薄傳註爲不足遵。而公以曠代逸才，體曾、思語氣，守程、朱解説，析理最透，敷辭最醇。公自名其齋曰「小心」，即此可謂真能小心者矣。

竊按公年譜所載，[二]門人史玉池曰：「公讀書不作經生意見，蓋沉思默識，自以心通聖賢之奥於遺文，嘗廢枕席者八閲月，而後憬然若有得也。」後學高存之曰：「公文斟酌古今，獨闢乾坤，一世宗之，如山之於嶽，川之於海，而公謂此非安身立命處，惟於四書、五經，濂、洛、關、閩窮探實踐，而其餘皆所不屑。[三]然則區區講義，特公之緒餘云爾，猶能陶鑄英才，綱維正學。當日之師其説而以舉業致通顯者，多卓然爲名

[一]「涇」，原作「徑」，據文意改。
[二]「載」，原作「戴」，據文意改。
[三]「其」，原作「自」，據文意改。

臣，爲名儒。作人衛道之功又寧可量哉？」純修私淑有年，行次第爲之流傳，嘉惠後學，而書公孫梁汾語以當弁言。

古燕後學張純修識。

聖經章[一]

聖經章旨

「近道矣」節截，上是統論綱領旨趣而總結其意；下是細論條目工夫，而兩結其意。細分之，「大學之道」節，是以「明德」「新民」「止至善」爲大學之綱領。「知止」節，是言「明德」「新民」「止至善」之由；「物有」節，是結上文兩節之意；「古之」節，是言大學之條目；「物格」節，是覆説上文條目之意；「自天子」節，是探其本結之；「其本」節，是又以其本申之。總是八條目不外於三綱領，而三綱領不外於明明德。蓋明明德者，明己之德；新民者，明人之德。要其極則，曰「止至善」而已。

大學之道，在明明德，在新民，在止於至善。

夫人不可以不學。方其幼也，既從事於小學之功；及其長也，復進之以大學之

[一] 此標題底本無，張序本作「大學之道章」，此標題係編者據下「聖經章旨」補。按：底本開頭有「聖經章旨」，係總論大學宗旨，張序本僅以章句爲慮而擬題，失却涇陽作文深意。底本各章多無題，僅有「章旨」，編者據之及張序本補或擬。

道。是道也，所以明乎義理者在是，所以措諸事業者在是，而果安在哉？在明明德焉。蓋明德者，人之所得於天，而虚足以具衆理，靈足以應萬事。本若是其明者也，但爲氣拘物蔽，則明者有時昏矣。故學者當因其發見之端，而遂明之以復其初焉。夫然，則大學之體立矣，然是明德也，民與我同有者也。但爲氣拘物蔽，則新者有時而舊矣，故既自明其德，又當推以及人，而鼓舞以啓其同然之良焉，夫然則大學之用行矣。然而「明德」「新民」，莫不有事理當然之極焉，是所謂至善也，故未至於是也，而必求其至，已至於是也，則安止而不遷。以明德，則無一毫之弗明也；以新民，則無一民之弗新也。而大學之道，不在是哉？○「道」字不必作「方」字，見理之當然，如「明德」「新民」「止至善」，固大學理之當然者，故註有三個「當」字。「新民」，重大人身上看。註「使之亦有」句，要看一「使」字。三「在」字，俱承「道」字來。註三「當」字，有勉人意在，非貼三「在」字也。虚是體，靈是用。「止」字以工夫言。下節「知止」「止」字以實理言，即至善也。

知止而後有定，定而後能静，静而後能安，安而後能慮，慮而後能得。

夫大學之道，固當止於至善矣，然不先明諸心以知所往，則亦不能力行以求止也。故必由學問思辨之功，以造於融會貫通之地。於「明、新」之當止者，皆有以知之至焉。由是而馴至於至善也，其機烏容已哉。既曰「知止」，則知之所在，志必趨焉，斷然在此而不移於彼矣。心不於是而能定乎？定則物欲不能爲之動。静固静也，動亦静也，心不於是而能静乎？静則物累忘，而道心自裕，處常可也，處變可也，心不於是而能安乎？既曰能安，則閒暇之餘，足以起精明之識，無物者能覩物，無事者能應事，心不於是而能慮乎？夫由知止而至於能慮如此，則反之身心性情之間，而明德之至善，於是得所止焉。推之天下國家之大，而新民之至善，於是得所止焉。若此者，知止之所致也。然則學者可不以知爲先務乎？○首一而後重，下四而後輕，「知」「止」二字另講，中間輕遞過。「明德」「新民」，只首尾用之，中以「至善」貫。曰「知止」，曰「能得」，首尾相因，中幾句有次第，無工夫，俱就心説。「知止」，舉成效言，不是尋常之知也。此非用工精透，安能到此？「知止」是平時講究工夫。至於「慮」，又是臨時研審工夫，能慮亦尚未及行，此節深切處，只在「知止」二字，「定、静、安、慮」，須講得輕些，恐礙「能得」故也。

物有本末，事有終始，知所先後，則近道矣。

合而觀之，明德者己，新民者人，人己分而形體見。所謂物也，必先明己德，然後可以新民德。物不有本末乎？知止其用力，能得其收功，功力分而作爲見。所謂事也，必先知止，而後得所止。事不有終始乎？本始其所先也，末終其所後也。有志於大學之道者，能知當然之序不可紊，而必循焉以求之，則德可明也，民亦因可新也。止可知也，得亦因可能也，雖未能與道爲一，不亦近道乎？○此結上意，正示人以入德之方也。「知所先後」「知」字，與上「知止」「知」字不同，蓋在「知止」之先也，此非徒知之，乃是進爲之序，屬行上説。道即明德、新民、知止、能得。虚齋以「道」字開説，非也。

古之欲明明德於天下者，先治其國；欲治其國者，先齊其家；欲齊其家者，先修其身；欲修其身者，先正其心；欲正其心者，先誠其意；欲誠其意，先致其知。[一] 致知在格物。

夫大學綱領，固不外「明德」「新民」「止至善」三者矣，然是三者之條目則有八焉。古人以明德爲新，衆人所同得，而欲推己之明德以新民，使之革舊染之污，而有以明其明德也，蓋不自天下始也，以國者；天下之觀望，必先立標準，胥教誨，以治其國焉，然不自國始也，以家者；國人之觀望，必先正倫理，篤恩義，以齊其家焉，又不自

[一]「知」，底本作「致」，據大學改。

家始也，以身者；一家之表率，必先謹舉動，審應接，以修其身焉，欲修身而不遽求之身也，以心者。一身之主，必先敬以直内，虚以應物，務還其有善無惡之真，而正其心焉。正心何先以意者？心之所發，必先於一念發動之始，戒欺求慊，實於爲善去惡，而誠其意焉。誠意何先？以善惡之所由辨者知也，必先推良知之天，以盡此心之量，全體大用無不明，而致其知焉，致知之功又果何在乎？蓋天下之物，莫不有理，人心物理，相爲流通。欲致知者，又在乎即物窮理，究其所當然與其所以然，本之身心性情之微，推之天下國家之大，而莫不有以考之也。○格、致、誠、正、修，明明德也；齊、治、平，新民也。格、致，是求知止；誠、正、修、齊、治、平，是求得止。雖有八條目，總一明明德之貫通耳。六「先」字，不惟見序之不可紊，而功之不可缺意，亦在内了。一「在」字，與「先」字同意，非有異也。物即明德新民，若太説泛了，則豈能盡物而格之乎？「古之」句，要體貼均平意出來。正心兼動静説，意乃心之發慮處。「致知」「知」字，是吾心之良知。格物是逐件事，致知是全體事。

物格而後知至，知至而後意誠，意誠而後心正，心正而後身修，身修而後家齊，家齊而後國治，國治而後天下平。

夫古人有所事而必有所先者，何哉？蓋以於理之在物者無不格，則一真内融，萬境俱徹，而知之在我者，亦隨所在而無不至矣，故致知在格物也。知焉既至，則真妄善惡，皎然明白，意可得而誠矣，故誠意先致知也。意焉既誠，則心無所累，物不能動而可正矣，此正心先於誠意也。心焉既正，則身有所主，物不能累而可修矣。此修身先於正心也。身無不修，則有以儀刑於家，家由是可齊矣，故齊家者必以修身爲先焉。家無不齊，則有以感化乎國，國由是可治矣。故治國者必以齊家爲先焉。國治則篤近而舉遠，而天下由是乎可平矣。平天下者，安得不以治國爲先哉！所謂大學之條目如此。入大學者，焉可紊其序而缺其功哉！○此覆言條目之意，正見人當如此也。覆是丁寧反覆之意，首「而後」字無工夫，後六個「而後」字有工夫在內。自「知至」至末，逐句加一「可」字方是，觀註可見。自「物格」至「身修」，德之所由明也；自「家齊」至「天下平」，民之所由新也；「物格」「知至」，至善之所由知也；「意誠」至「天下平」，至善之所由得也。兩條雖見「知所先後，則近道」意，然数「先」字與數「後」字，與「知所」句意自不同。

自天子以至於庶人，壹是皆以修身爲本。

夫由上文觀之，「明德」之條目有五，而修身有以成其終；「新民」之條目有三，而修身有以成其始。身之係於人也大矣。故概天下之人觀之，上自天子之尊，以至下而庶人之卑，皆以修身爲之本焉。君民雖異位，而成己成物之責則同；上下雖異勢，而以己及人之理則一。蓋一修身而成之，爲明德；有以收格致誠正之功達之，爲新民。有以善齊治均平之用，信乎身之外無餘物，修身之外無餘功矣！○天子，乃有天下國家之責者；庶人，乃有輔天下國家之責者。曰「以至」，則自天子而下，自庶人而上，可知「本」字作「切要緊務」看，非「天下國家之本」之謂也。

其本亂而末治者，否矣。其所厚者薄，而其所薄者厚，未之有也。

彼家國天下非末也，對身而言，則身爲本，而家國天下爲末焉。苟身焉不修，其本亂矣，欲家齊、國治、天下平而末治者，無是理也。國與天下非薄也，對家而言，則家爲厚，而國與天下爲薄焉。苟身不修，而家焉不齊，其所厚者薄矣，欲求國治天下平，而所薄者厚，無是理也。有是責者，可不知所務哉！○「身」「家」並重看。挈一個「身」字，見明德必終於此；挈一個「家」字，見新民必始於此。所謂治天下有本，身之謂也；治天下有則，家之謂也。故兼結於此，欲人知所重也。

克明章

康誥曰：「克明德。」

夫經文「明明德」之言出於夫子，而非始於夫子也。康誥曰「克明德」，言文王敬止之妙，得於緝熙，德之得於天而本明者，夫固不爲氣所拘，物所蔽也。○此章釋「明明德」，三引書，皆有「明」字在内，亦立言之法。宜玩「克明」連看，「克」字不必重。

太甲曰：「顧諟天之明命。」

然言出於周書，而非始於周書也，「太甲曰」云云，言成湯以禮制心，以義制事，而動静皆顧諟明命也。○顧諟，兼動静言，心常在，則目常在。

帝典曰：「克明峻德。」

然言出於商書，而非始於商書也。「帝典」云云，言堯德性所藴，一出於「安安」；「恭、讓」所形，一成於「允、克」。德之本大者，夫固充滿其量，而不爲氣拘物蔽也。○「克明」無工夫。「光被四表」等句，不可入講，恐犯「新民」，就堯一身言之纔是。

皆自明也。

夫歷觀三聖之書，以稽三聖之學，雖不同矣，然不同者書，而所同者言，皆自明己德耳。如曰明德、曰明命、曰峻德，即經文所謂明德也。曰克明、曰顧諟、曰克明峻德，即經文所謂明明德也。文豈有異於湯，湯豈有異於堯乎？○上三引書，只輕敘過，皆爲其有合於「明明德」之説，而引以釋經文耳。此節須串講，方見「皆」字意。曰

「自」者，所以别於「新民」也。或謂三聖之言，皆吾夫子所云「明明德」之意耳，亦通。

盤銘章

湯之盤銘曰：「茍日新，日日新，又日新。」

經文所謂新民者何如？蓋新民之道，不始於自新，則無以爲新民之本；不終於新天命，則無以見新民之極。彼「湯之盤銘曰」，人之有德，猶人之有身也，誠能一日奮然静而存養，動而省察，以滌其舊染之污，是有以自新矣。然人心之出入無常，天理之存亡甚易，故必日日新之，又日新之，而繼功於已新之後。若然則德已新，而新民之本立矣。○此言自新之功，以著新民之本也。蓋所新雖在民，而新之之機則在我，「茍」字用力，下二句須串講，方見略無間意，重去惡邊，舊染之污，指物欲言，不必説氣稟也。

康誥曰：「作新民。」

夫民心雖蔽於物欲，拘於氣稟，然羞惡有時而發見，即此是自新之機也。爲人上者，必迎其機而振作之，爲之衣食，而使俯仰有賴，爲之學校而使講習有地，以去其舊而即於新，則民德以新，而新民之用行矣。○此言新民之事也。講「作」字，不必以商之餘民染紂惡俗言，蓋此乃康誥本旨。傳者引言，只是斷章取義耳。「民」，暗點天下國家，兼教養言。此節雖言新民，要兼推己德意。

詩曰：「周雖舊邦，其命維新。」

詩曰，周自后稷以來，舊爲諸侯之國，[一]至於文王之世，始受天命。夫天命新，固可以見新民之極；民德新，又可以見自新之極矣。○此言自新、新民之極也。「自新」上推出一「新民」，[二]「新民」上推出一「新命」，[三]受命在何處見？只是德化大行，而歸附日衆耳。重新民上，觀註「新」字，於「民」字可見。於旱麓，可見作人之功；於有聲，可見厥成之效。[四]

是故君子無所不用其極。

自新不造其極，則無以爲新民之本。新民不造其極，則無以盡新民之道。是故君子雖未必民德之盡新，而吾所以自新以爲新民之地者，則必用其極而後已也。雖

[一]「侯」，底本作「候」，據張序本改。
[二]「『自新』上推出一『新民』」，底本作「『自新』上推出命一『新民』」，據張序本改。
[三]「新命」，底本原作「自新」，旁點改作「自命」，據張序本改。
[四]「厥成」，張序本作「觀成」。

未必天命之遽新，而吾所以新民以爲受命之基者，則必用其極而後已也，不然烏足以語新民之極功哉！○總承上説，勉君子去盡新民道理，自新新民，並講亦無妨，然必須合講幾股，方發得「極」字意出，而起繳處，則重新民上也。君子是新民者，極即是至善，不可以「受天命」作「極」字。此章釋「新民」，三引書，句句有「新」字在。由此推之，聖經新民，朱註作「新」字，信也。

邦畿章[一]

邦畿章旨

「止於信」截，上是總言「止至善」之理，下是明言「止至善」之實。細分之，首節言物，各有所當止之處；二節言人，當知所止；三節示人，以當止之則；四節言明德之止至善，五節言新民之止至善。總是止至善之學，其理之當循，而功之當盡，有如此者。止至善，總是止至善之學，其理之當循，而功之當盡，有如此者。

詩云：「邦畿千里，惟民所止。」

[一] 此標題底本無，據張序本補。

經文所謂「在止於至善」者，何謂也？「詩云」云云，以此觀之，可見物各有所當止也。○全重一「止」字，註「物」字説得廣，語其綱則明德新民耳。「惟民所止」，是居止之止；物各有所當止，是「至善」之止也。此言物各有當止之處，天理之本然也。

詩云：「緡蠻黄鳥，止于丘隅。」子曰：「於止，知其所止，可以人而不如鳥乎？」

孔子讀此詩而嘆曰：「黄鳥乃一物之微，而止於丘隅，尚知其所當止，況人爲萬物之靈，可以不知所當止之至善而不如鳥乎？」以此觀之，可見人當知所止也。○此即物而言，人當知其所止，人事之當然也。重孔子説詩上，註「知」字，要緊兼「能得」意；註「人」字，正指明德新民之人，但不可露出耳。上三「止」字粗，註「止」字與下「敬止」字精。

詩云：「穆穆文王，於緝熙敬止。」爲人君止於仁，爲人臣止於敬，爲人子止於孝，爲人父止於慈，與國人交止於信。

然人之所當止者，果安在也？詩云「穆穆文王」，能繼續光明，自然無不敬，而安於至善，不待求所止而自得所止也。今自其所止之大者言之，其爲君也，仁非煦煦之仁，而止於仁之至善，君道之極此其定矣；爲人臣而止於敬之至善，臣道之極此其定矣；爲人子而止於孝之至善，子道之極此其定矣；爲人父而止於慈之至善，父道其極矣；與國人交而止於信之至善，交道其極矣。夫文王之敬止，即至善所在，物之各止者此也，人之當知者此也，學者究其蘊於五者之中，而推其類於五者之外，則於天下之事，皆有以知其所止而無疑矣。〇「穆穆」句虛，「緝熙」句正見「穆穆」意。「緝熙」以心言，「敬止」以事言。「緝熙」「敬止」連説，言其常常光明而敬止也。下五句乃敬止之目，每句内人實事講不妨，但要俱見得所止意，五者之德，須隨事合當如此，便是止；非謂必造其極，而後謂之止也。國人以百姓言，上之使下，下之事上，有交道焉，信不專於期必的信，繳要收拾敬止，又挽在經言「止至善」上去。

詩云：「瞻彼淇澳，菉竹猗猗。有斐君子，如切如磋，如琢如磨。瑟兮僩兮，赫兮喧兮。有斐君子，終不可諠兮。」如切如磋者，道學也；如琢如磨者，自修也；瑟兮僩兮者，恂慄也；赫兮喧兮者，威儀也；有斐君子，終不可諠兮者，道盛德至善，民之不能忘也。

文王之敬止如此。以此體之於己，則爲明德之止至善；以此推之於人，則爲新民之止至善也。自其明德之止至善言之，「詩云」云云，詩之所言，果何謂哉？其所謂「如切如磋」者，蓋言君子之爲學，何者爲當然，何者爲所以然，講習以聚之，討論以辨之，精矣，猶以爲未精，而益求其精也；所謂「如琢如磨」者，蓋言君子之自修，何者爲天理，何者爲人欲，省察以審其幾，克治以致其決，密矣，猶以爲未密，而益求其密也。若然，則知行兼盡，而爲求止至善之方矣。其「瑟兮僩兮」之言，則言君子之存於中者，純一嚴整，而無放逸怠惰之失也；其「赫兮喧兮」之言，則言君子之見於外者，光輝明著，而有從容中道之妙也。若然，則表裏俱盛，而爲得止至善之驗矣。所謂「有斐」云云，則又言君子由學問自修之功，以造於恂慄威儀之地，則其身之所得，既有以極其統體之大，而吾德之所止，又有以極其純粹之精。曰「恂慄」，是德盛於内，而内焉一至善也；曰「威儀」，是德盛於外，而外焉一至善也。夫德者，人所同得，今君子既能得之，而充盛宣著又如此，故民不能忘也。德至於不能忘，是明德之止至善，於淇澳之詩而可稽矣。○詩輕敘過，分言之，學是知，包格致事，蓋求知明德之所止也。自修是行，包誠正事，蓋求得明德之所止也。「恂慄」是验明德之得止於中，「威儀」是驗明德之得止於外。切磋琢磨，把許多怠惰放肆妄念私意却除盡了，而此心純是一個嚴敬，終日欽欽，更無放逸。由是發於外者，自然有威可畏，有儀可象，是威儀即此嚴敬之發於外者也。「瑟」訓嚴密，是不粗疏也；「僩」訓武毅，是不怠弛也。「宣著」貼「赫」字，「盛大」貼「喧」字，「戰懼」總解「恂慄」，不可分貼。「德」貼「恂慄」，「容」貼

「威儀」。「盛德至善」串講。所謂至善，即「恂慄」「威儀」也。「德」字不着「澤被於民」說，止是有以感其同然之心，而不能已其企仰之懷意。此以當時言，與下「没世不忘」少異。「民」字包天下國家在内。末句乃得止之應也。一節重「明德」「止至善」，而發新民之端意。〇盛德至善不平，言由學問自修工夫，造恂慄威儀地位，則充積已盛，又悉底於至善也。

詩云：「於戲！前王不忘。」君子賢其賢而親其親，小人樂其樂而利其利，此以没世不忘也。

自其「新民之止至善」言之，「詩云」云云，夫前王果何修而得此哉？蓋前王制禮作樂，而立人極，以垂軌範，是其賢也。爲後賢者，則法其德，而識大識小，有以賢其賢焉，創業垂統，而建丕基，以裕後昆，是其親也。爲後王者，則守其業而宜君宜王，有以親其親焉。休養生息，與民安享太平者，常遺之以樂也，後民則含哺鼓腹而安其樂；分田制里，使民各有定業者，常遺之以利也，後民則鑿井耕田而享其利。夫舉天下之大，歷後世之遠，無失所之民，其餘澤在人如此。此所以既没之後，人猶思之不忘也。新民之止至善，於斯驗矣。然何莫非明德之止至善以使之哉？〇註「所以」二字，指明德言，「能使」二字要緊，蓋此節重前王新民止於至善言，不重後人也。四

「其」字指前王言，「賢」以立極言，「親」以垂統言，樂利不必分教養，親賢樂利，非新民之止至善所以致親賢樂利者，則新民之止至善也，要見「盛德至善」之餘澤意。

本末章

子曰：「聽訟，吾猶人也，必也使無訟乎！」無情者不得盡其辭，大畏民志，此謂知本。

經文所謂「物有本末」者，蓋以明德爲本，新民爲末也，果何以見之？夫子嘗言曰「聽訟」云云，夫聖人不貴聽訟而貴無訟者，何哉？蓋訟之興也，皆虚誕之詞鼓之，而詞之妄也，皆無實之人爲之也。今聖人能使民無訟，則是狡僞者悉獻其誠，而終不敢盡虚誕之辭，非惟無訟於言，而亦無訟於心矣。果何以使之能然哉？吾知民之觀感本於德，而德之觀感甚於刑，惟聖人明德之既明，民志自爲之懾服。由是無情者欲盡其辭，而自無可盡也。聽訟者，欲聽民之盡，而自無可聽也，其諸孔子所謂使民無訟者矣。即此而觀，則知民之無訟者，民德之新也，末也；所以使民無訟者，己德之新也，本也。明德爲本而在所當先，新民爲末而在所當後矣。○首二句，孔子之言，下皆曾子之言，須把「聽訟」一句置了，只就「使無訟」句内討本末出來，内須用有是無非，有直無曲，方見民德新也。「無情者」句申「無訟」字，民德之新也，末也；「大畏」句申「使」字，己德之明也，本也。此句内須用是非直曲，方與上應，此字指孔子所言二句，是結語也。不言末者，舉本以見末也。或曰「此謂知本之言」，最是。

補格物章[一]

此謂知本，此謂知之至也。

間嘗竊取程子之意，以補之曰：「所謂致知在格物者，言欲致吾之知，在即物而窮其理也。蓋人心之靈莫不有知，而天下之物莫不有理，惟於理有未窮，故其知有不盡也。是以大學始教，必使學者即凡天下之物，莫不因其已知之理，而益窮之，以求至乎其極，至於用力之久，而一旦豁然貫通焉，則衆物之表裏精粗無不到，而吾心之全體大用無不明矣。此謂物格，此謂知之至也。」

朱子補此條者，蓋以格物致知，乃學者初用力之地，於此而不用其力，則誠、正、修、齊、治、平，舉無自而用其力，故取程子之意以補之也。分四段看：「言欲致」至

[一] 此標題底本無，據張序本補。

「窮其理也」，釋致知在格物之義；「蓋人心之靈」，至有不盡也，推致知在格物之由；「是以大學」至「求至乎其極」，詳致知在格物之功；「至於用力」至「無不明矣」，著致知在格物之效。末句乃結之也。「始教」，「始」字乃對修、齊、治、平而言，表大綱，裏條目。精，所以然；粗，所當然。「全體」，指具衆理言；「大用」，指應萬事言。

誠意章[一]

誠意章旨

三節截，首節推誠意之功，而要於謹獨。中二節只是言自欺之弊，以見當謹獨也。則是中二節，已包在首節內了。末節言自慊之驗，而結謹獨以誠意也。大意上三節，言獨不慎，則意不誠，故君子必慎其獨；末節言意既誠，則效隨之，故君子必謹獨以誠意。

所謂誠其意者，毋自欺也。如惡惡臭，如好好色，此之謂自慊。故君子

[一] 此標題底本無，據張序本補。

必慎其獨也。

經文所謂「誠其意」者，何也？謂蓋人之常性，莫不有善而無惡；人之一心，莫不好善而惡惡。但其氣拘物蔽，冥然不知善惡之所在者，固無足言矣。乃若知善之可好而好之，未必無不好者以間之於內；知惡之可惡而惡之，未必無不惡者以雜之於中，是自欺也。所謂誠其意者，毋自欺而已。其惡惡也，有如惡惡臭之真；其好善也，有如好好色之真。則惡務決去之，以求快足於己，初非爲人而惡之也。善求必得之，以自快足於己，初非爲人而好之也。不謂之自慊而何？夫欺曰自欺，慊曰自慊，則此心之真僞，人不及知，而己獨知之也。君子於此，即其發動之初，審其幾微之辨，果自欺與？則愈自禁止，抑自慊與？則愈自勉勵，豈待着見而後用其力乎？○此言誠意必在謹獨也，「毋自欺也」句極重，「如惡」三句皆申此句。自欺，自慊不平；不自欺，則能自慊矣。慎獨，是示人以下手工夫處也。慎之之功，即不自欺而求至於自慊處。朱註言爲善去惡，而貫以「知」字，從上章格致來也，君子是自修君子。此處工夫極細，如有九分天理，一分私欲，即是獨之不謹，即自欺，不自慊。註「幾」字，即獨中一念之萌處，實與不實之所由分耳。兩「自」字，對人言，對外言，要看。

小人閒居爲不善，無所不至，見君子而后厭然，揜其不善而著其善，人之視己，如見其肺肝然，則何益矣！此謂誠於中，形於外，[二]故君子必慎其獨也。

欲知獨之不可不慎，盍觀諸小人乎？彼小人不能慎獨，以禁止其自欺之萌，爲不善於閒居，而厭然於君子之見，欲掩而卒不可掩焉，欲詐而卒不可詐焉，則亦何益之有哉？所謂善惡誠於中，則必形於外，正此謂也。是皆小人不能慎獨之所致。故君子謹獨之功，雖非鑒小人而後有，而其所以必謹之至，則亦懲小人而益力矣。○此引小人不能謹獨，重戒君子，非與上平看也。「閒居」，以地言，當不得「獨」字。「爲不善，無所不至」，此惡誠於中也；「人之視己，如見其肺肝然」，此惡形於外也。「慎獨」與上同，但此兼戒小人意，不可以上爲心，以此爲地，誠中形外，兼善惡，亦視命題意何如。

曾子曰：「十目所視，十手所指，其嚴乎！」

觀小人之事，則知「獨」之可畏矣。曾子平日有言曰：「幽獨之中，隱微深僻，然爲善於幽獨者，不求人知，而人自知之；爲惡於幽獨者，惟恐人知，而人無不知。」是即十目共視，十手共指之地也。一目一手不及之地，而曰視以十目，指以十手，則其

[二]「形」，底本作「刑」，據大學改。

視其指也衆矣，可畏孰甚焉？毋曰指視不及，而可無所不爲也。以此觀之，則爲惡於閒居之地，而欲詐善於見君子之時，則誠無益矣。此君子所以不可不謹其獨也。○此節只自是明上文「謹獨」之意，首二句兼善惡平説，即「人之視己」二句意。「其嚴乎」，即「揜不善無益」意。即此觀之，尤見惡之誠中形外，而君子所以必不可不慎獨也。註中「雖」字重。○此節是「誠中」光景，下節是「形外」效驗。

富潤屋，德潤身，心廣體胖，故君子必誠其意。

由此觀之，可見誠意在於謹獨矣。能謹其獨，而其善之形於外者，又當何如？彼富能潤屋，正猶人能誠意而有德，豈不能潤其身乎？潤身如何？蓋惟有德則心無愧怍，而寬裕自如。由是而施於四體，不矜不肆，從容自適矣。意誠之驗如此。故君子有見於此，必戒自欺，求自慊，以誠其意，而全其德也。是則觀誠意之驗，固不可無誠意之功，非盡誠意之功，又何以得誠意之驗？有志於正心之學者，可不知所先乎？○此言「誠意」之驗，而結言君子當謹獨以誠意也。首句輕，不可與下對看。潤身且以積中發外意寬説，心廣從潤身來，體胖從心廣來，歸重體胖意，方見是潤身。心廣體胖，便無消沮閉藏之貌。君子非爲效驗，而誠其意，正以潤身，必由於誠意耳。

正心章[一]

正心章旨

首節言心之所由以不正，二節言身之所以不修，末是述經文以結之。通章言心應物而不察，則用或「不得其正也」重「正心」上，勿以身心平。

所謂修身在正其心者，身有所忿懥則不得其正，有所恐懼則不得其正，有所好樂則不得其正，有所憂患則不得其正。

經文所謂「修身在正其心」者，何謂也？蓋人有虛靈知覺之心，則必有喜怒憂樂之用，於此發之而皆中節，奚不得其正之有？惟夫方寸之間，有欲而未静，本原之地，有主而不虛。於忿懥也，於恐懼、好樂、憂患也，不能隨感而應，而有心以應之，則皆不得其正矣。○四者皆心之用，而人所不能無者，但要以虛待之，未來而不豫期，既來而不偏主，既往而不留滯。「身有」云云，心之不正，多在用上累了，而正心工夫，其

[一] 此標題底本無，張序本作「所謂修身章」，據下「正心章旨」改。

要必在察乎用之有所與否。「察」字甚重，「恐懼」是臨事時，「憂患」是未事時，欲動則情勝，不可分。

心不在焉，視而不見，聽而不聞，食而不知其味。

夫心者，身之主也，苟得其正則無不存，則百體從令，而無不當其理矣。如其不在，則此心與喜怒憂懼而俱馳，蕩然無歸，目雖司視也，耳雖司聽也，食雖在於口也，心既不存，則不見不聞，不知其味矣。推而至於動靜語默，出入起居，將無一得其理者矣，而何以修身也哉？〇首句截「心不在焉」，外馳於四者之用，而中無所主也，「不見」「不聞」「不知味」，非真無所見聞也，非禮而視，便是視之而弗見，下二句亦然。上四者，心之用失其正，則本體之不正隨之矣。「檢」與「修」有分別，「視之」三句，是無所檢也，無所檢，故身不修。

此謂修身在正其心。

夫心不正，則身不修。「此謂修身在正其心」，「正」之云者，察之於方動之時，而敬以直之，務使此心如太虛，應接萬務，各得其所，而我無與焉，可也。〇「此」字指上兩節言，二句一氣説。「在」字有「先」字意在内。此「正心」只在用上加功，要重心上繳，須云：「不然則恐懼、忿懥、好樂、憂患之情，雖有所偏，亦不過病於内耳，而何視之不見，聽之不聞，食之不知味，遂因之也哉？」是則修身固爲大學之本，而正心又爲修身之要也。

齊其家章[一]

齊其家章旨

末節分，上二節俱是言「身之不修，家之不齊」意，總在言外。「故好」三句申上五者之偏言，「故諺」節申上「好而」三句言。上下俱一意，勿以爲上情之偏，下爲偏之害也。末節是總結上文之意，見「身不修，不可以齊其家」意，此所以「欲齊其家者，當先修其身」也。

所謂齊其家在修其身者，人之其所親愛而辟焉，之其所賤惡而辟焉，之其所畏敬而辟焉，之其所哀矜而辟焉，之其所敖惰而辟焉，故好而知其惡，惡而知其美者，天下鮮矣。

[一] 此標題底本無，張序本作「所謂齊其家章」，據下「齊其家章旨」改。

「所謂齊其家在修其身者」，何謂也？蓋身與物接，不免有親愛、賤惡、畏敬、哀矜、敖惰也，然五者在人，本有當然之則也。但常人任其情而不加察，或於其親愛而偏焉，或於其賤惡而偏焉，或於其所畏敬而偏焉，或於其哀矜敖惰而偏焉。[二] 夫偏於親愛、畏敬、哀矜者，是好而不知其惡也；偏於賤惡、敖惰者，是惡而不知其美也。誠能好而知其惡，惡而知其美，則情之所發，各當乎理，則身之所處不陷於一偏，求之天下，蓋亦鮮矣。○五者雖言身與物接，而家人自在其中，辟者，當好而過於好，當惡而過於惡也，惟所向而不加察意重，皆藏於親愛等内也。「故好」二句，只承上意而反言之，申言五者之偏。「鮮矣」，還指情言，通節就常人言。

故諺有之曰：「人莫知其子之惡，莫知其苗之碩。」

所謂好惡而知之鮮者，觀諸諺語而可見矣。諺有曰：「父與子，一體而分者也。」故知子者莫若父，而不知其惡者無他焉，溺愛之情蔽之耳。好而知惡者，天下誠鮮矣。苗與農，始終相信者也，故知苗者莫如農，而不知其美者無他焉，貪得之心奪之耳。惡而知美者，天下誠鮮矣。○「故」字，亦緊承上文「故好」二句來。此兩節當緊

[二] 「敖惰」，底本作「傲惰」，據上下文改。

緊相承，不可以上節爲「身不修」，此節爲「家不齊」，亦不可以上節爲好惡之偏，此節爲偏之害。是言好惡之偏，而身不修，即家之所以不齊也。故上節「天下鮮矣」後，且莫繳「身不修」，直至此節末後，方通繳之。夫人情之偏至此，則身不可得而修矣，尚何以齊其家也哉？

此謂身不修，不可以齊其家。

夫好惡徇於一偏，則吾之所處，且不得其理矣。是謂身不修也，以之處家，豈能使一家之是刑，内外各得其分，而歸於齊乎？欲齊其家者，盍亦公於好惡而修其身哉？○此節乃反結之也。

治國章[一]

治國章旨

「故治國在齊其家」截，上是詳齊治之事，而通結之；下是咏齊治之事，而申結

[一] 此標題底本無，張序本作「所謂治國章」，據下「治國章旨」改。

之。細分之，首節是釋言「治國在齊其家」之義；二節是引書以明立教之本；三節是教成於國之效；四節則承「一人定國」而言，治國者當以身先之也；五節通結上文；六、七、八節則引詩而咏嘆齊治一機之理；九節則又申結之也。

所謂治國必先齊其家者，其家不可教而能教人者，無之。故君子不出家而成教於國。孝者，所以事君也；弟者，所以事長也；慈者，所以使衆也。

「所謂」云云者，何謂也？蓋身修則家可教，而後國可治。苟身不修，而家不可教，乃能教國人者，無是理也。故齊治君子，惟修身以教其家，其身初不出於家，而化自行於國。所以然者何哉？蓋家國無二理，齊治無二機。孝者，君子修身，以教家之事親者也。然國之有君，猶家之有親，事君之道，寧有外於孝乎？弟、慈亦然，惟其理之一，故「君子不出家而成教於國」也。○首四句截，「其家不可教而教人者無之」，便含個修身教家而能教國意了，故承之曰「君子不出」云云，此處且勿涉家國一理意。「孝者」六句，正發明家國一理，以見「不出家而成教於國」意。所謂教國者，非是教其事君、事長、使衆也，原是教之以孝、弟、慈也。教國人以孝，則國之爲人子者皆興起於孝，亦知所以事君矣；教國人以弟，則國之爲人弟者皆興起於弟，亦知所以事長矣；教國人以慈，則國之爲人父母者皆興起於慈，亦知所以使衆矣。[一]　此節非止言齊家以治國，乃究言教國本於家意。

康誥曰：「如保赤子。」心誠求之，雖不中，不遠矣。　未有學養子而後嫁者也。

然是孝、弟、慈也，根諸人心之固有，而非由外鑠，發諸天理之自然，而不假强爲。「康誥曰：『如保赤子』」，誠以赤子有欲，不能有言。爲之母者，惟其中心不容已，是以「心誠求之」，雖或不中，亦不遠矣。是道也，不學而知，其良知也；不學而能，其良能也。未嫁之先，此理存於中；既爲母之時，此理形於外，豈有先學養子而後嫁者哉？慈幼之理，既不待於强爲，則孝、弟、慈亦豈待於强爲哉？但在識其端而推廣之耳。○「如」字輕，只是説一慈幼，不是説保民當如赤子。「心誠」句，正言保赤子之道，此處要見自然意。「未有」句，正繳「心誠」，乃反言以見意。「立教之本」，「本」字指孝、弟、慈説。識其端而推廣之，非是推之以事君、事長、使衆，只是滿其本然之量

[一]「教國人以弟，……亦知所以使衆矣」，底本原作「教國人以弟、以慈亦然」，點去「以慈亦然」四字而於行間補之，則與張序本文字同。

耳。蓋一念之孝推之，念念皆孝，然後成個孝。餘倣此。

一家仁，一國興仁；一家讓，一國興讓；一人貪戾，一國作亂，其機如此。此謂「一言僨事，一人定國」。

信能推廣之，其效何如？均一孝、弟、慈也。自歡然有恩以相愛者謂之仁，自燦然有文以相接者謂之讓。吾能修身於上而以仁教其家，家之人無不仁，則一國之中，莫不興起而爲仁矣，「讓」倣此。此所謂「不出家而成教於國」者也。向使一人貪戾，而不仁不讓，則無以教家，而國之亂隨之矣。是則一國之仁讓，由於一家；一國之作亂，由於一人，其機如此。此謂一言之失足以僨事，一人之正足以定國者也。君子安得不戒貪戾，以絶禍亂之階，而行孝、弟、慈以爲定國之本哉？○上二條，言教家之道即教國之道，此節言能教其家，自可以成教於國也，正是「不出家而成教於國」處。要根上「良心自然，家國一理」意來。講仁讓，俱兼孝、弟、慈言，有躬行意在内。貪是貪欲，戾是悖理，總是仁讓之反也。「作亂」是不仁不讓之極也。「機」字兼善惡，此謂二句是古語，「一言」句是「一人貪戾」二句意。「一人定國」是「一家仁」四句意。「效」是實效，教成於國即是效，非教成於國之外别有效也。「發動」指家國言，「所由」指身言。

堯、舜帥天下以仁，而民從之；桀、紂帥天下以暴，而民從之。其所令反其所好，而民不從。是故君子有諸己而後求諸人，無諸己而後非諸人。所藏乎身不恕，而能喻諸人者，未之有也。

夫一人而足以定一國之大。亦以一國之德化，自一人而出；一國之政令，自一人而推耳。彼堯、舜躬行仁讓，而帥天下以仁，民亦觀感而從其仁；桀、紂躬爲貪戾，而帥天下以暴，民亦效尤而從其暴。若是者，豈民之性仁於唐、虞，而不仁於夏、商哉？蓋令之也，必其身之也而後可。苟所好在暴，而令天下以仁，則民必從所好而爲暴，不從所令而爲仁也。民心從好不從令，如此可以得爲國之道矣。是故君子必修身而有孝、弟、慈之善，可以教家矣，然後出令以責國人之善；無不孝、不弟、不慈之惡，可以教家矣，然後出令以正國人之惡。夫責善本於自責，正人本於正己，恕之道也。恕則以好不以令，而民之喻之也必矣。苟不能推是心，無善於己，而欲求諸人焉；有惡於己，而欲非諸人焉。則所藏乎身不恕矣，乃能曉喻斯民，使去惡而爲善者，未之有也。不然均是民也，在堯、舜之世，何爲而仁？在桀、紂之世，何爲而暴耶？○承上「一人定國」而言，意主善一邊。桀、紂不恕，特反言耳，重君子身教上。「其所令」句承上二邊説，略斷，不可以「所令」承桀、紂，亦不可以「君子」句專承堯、舜。「是故」承「其所令」句來，蓋民惟從好而不從令，故君子惟正身而不專事乎令也。「有諸己」「無諸己」，所好也；「求諸人」「非諸人」「喻諸人」，所令也。蓋非無令，但不專乎令耳。「堯、舜帥天下」，「帥」字内有修、齊意。

故治國在齊其家。

夫自其理之合一而言，則孝、弟、慈之行於家者，即可通於國者也，而況於立教之本，出於自然；自其機之相通而言，則仁讓之始於家者，即可以教於國者也，而況其帥先之化，由於一人。故欲治國者，在乎修身以齊其家也。○通結上文，齊家内含修身意。

詩云：「桃之夭夭，其葉蓁蓁。之子于歸，宜其家人。」宜其家人，而後可以教國人。

上釋「齊家」「治國」之意至矣，然猶未足以盡其意也，故復引詩以咏嘆之。「詩云」云云，是詩也，蓋美賢女之敷化於家也。吾於是而重有感焉。蓋善治國者，能修身齊家，使家人無不宜。由是而推焉，以家人之善者，爲國人之善也。不然内多慚德，道且不行於妻子矣，而況於國之人乎？齊、治一機之妙，於桃夭之詩可稽矣。○三引詩，平平説，只是咏嘆家國同一機之理，欲以感發人之善心而不容已耳。下「宜其家人」，就治國者説，不復指女子也。「宜」字指己善者言，要點修身教家意。「而後」字要玩。

詩云：「宜兄宜弟。」宜兄宜弟，而後可以教國人。

非徒桃夭之詩言之也。詩有曰「宜兄宜弟」，是詩也，美君子令德之篤於親也。吾於是而重有感焉。蓋國之人，猶吾兄弟也；國人之心，猶吾兄弟之心也。爲治者必先修身教家，使一家之兄弟無不宜，由是而達焉，以兄弟之宜爲國人之宜也。否則民彝倫泯亂，道且不行於兄弟也，而況於國之人乎？齊、治一機之妙，於蓼蕭之詩可稽矣。○「宜兄」，悌於兄也；「宜弟」，友於弟也。「而後」字要玩。下「宜兄」句，就治國者説，不必再粘上。

詩云：「其儀不忒，正是四國。」其爲父子兄弟足法，而後民法之也。

非惟蓼蕭之詩言之也。「詩云」云云，[一]是詩也，美諸侯儀刑之孚於人也。吾於是而重有感焉。蓋爲國者，能修身教家，而我之爲父子兄弟，皆足以爲法於家，斯謂「其儀不忒」也。然後下觀而化，國之民皆法之矣。否則一人喪德，下民成風也，又何

[一]「詩云」，底本原即如此，旁點改作「詩又」，則與張序本文字同，據文意改。

法之足言乎？齊、治一機之妙，於鸤鳩之詩可稽矣。○夫三詩之言雖異，而三詩之旨則同，君子咏嘆焉，而齊、治之理，可以深長思矣。

此謂治國在齊其家。

即此觀之，家人兄弟之宜，父子兄弟之法，此家之齊也，而基國之治焉。國人之教，斯民之法，此國之治也，而肇於家之齊焉，可見「治國在齊其家」也。所謂「治國在齊其家」者，其此之謂歟？○「此」字承三引詩言。

平天下章[一]

平天下章旨

分作五大段看：第一段，首二節，言平天下有絜矩之道，而解「絜矩」之義，自此至末，皆自「絜矩」二字推之。第二段，「樂只君子」以下三節，因好惡以明能「絜矩」與不能者之得失，以推廣「絜矩」之意。第三段，「君子先慎乎德」八節，因理財而明能絜

[一] 此標題底本無，據張序本補。

矩與不能者之得失，以推廣「絜矩」之意。第四段，「秦誓」以下四節，因用人而申言好惡公私之極，以明第三節、四節所引論好惡之意；「有大道」節，直從前面「絜矩」以來，合上理財用人之好惡，而以大道之得失，總結天命人心之得失。第五段，「生財」至末五節，又明理財本於用人，其足用之道，不必外本内末，以申第三段論貨財之意，無非推廣「絜矩」之意也。「絜矩」是一章骨子。所謂「絜矩」，只是「與民同欲」四字。然所謂「同欲」，不是同其財貨用人之欲，乃是公財貨、用好人，以遂其孝、弟、慈之願欲也。

所謂平天下在治其國者，上老老而民興孝，上長長而民興弟，上恤孤而民不倍，是以君子有絜矩之道也。

「所謂平天下在治其國者」，何謂也？亦惟驗其同然之心於國人而推之耳，何則？上能老吾之老以孝而教於家也，則一國之人亦觀感而興起於孝焉；上能長吾之長以弟而教於家也，則一國之人亦觀感而興起於弟焉；上能恤孤以慈幼而教於家也，則一國之人亦觀感興起而不倍焉。以是而知老也、長也、孤也，天下之人盡之矣；欲孝也、欲弟也、欲慈也，天下之心盡之矣。使不有以處之，則其所興起者，或不能遂其願，而反有不均之嘆矣。是以君子之於天下，不惟自盡其孝、弟、慈以化之也，必當察彼同然之欲，推己所欲之心以度之，使天下之人各親其親、各長其長、各幼其幼，而得其分之所當爲，願之所欲爲焉。是君子度之以心，而天下無不平，猶工人度之以矩，而萬物無不方者矣。○此條是原其治國之機，而因示平天下之要道也。「不倍」截，上指國言，下就天下言。「上老」至「不倍」，與「一家仁」四句同，但彼言家包身在內，此言身包家在內。「不倍」謂不倍恤孤之道，亦如上之慈幼也。「上老」三句，只是起下「絜矩」意。註「人心」字，指天下之人心言。「矩」就心説，即是孝、弟、慈。度之，便思所以處之也。註「因其所同」四句解「絜矩」，上下四旁三句又是以「絜矩」説出天下所以平也。前章重教，此章重政。「是以」二字承上來。

所惡於上，毋以使下；所惡於下，毋以事上；所惡於前，毋以先後；所惡於後，[二]毋以從前；所惡於右，毋以交於左；所惡於左，毋以交於右，此之謂絜矩之道。

「絜矩」之義何如？不越於同其好惡而已。然知其所惡之同，則知其所好之同，葢即惡之一端言之？上下不同，而同此心也，則所惡勿施而擴其恕於上下；前

[二]「所惡於後」，底本作「所惡惡於後」，衍文當删。

後不同，而同此心也，則所惡勿施而擴其恕於前後；左右不同，而同此心也，則所惡勿施而擴其恕於左右。[二] 夫上下也、前後也、左右也，各有分願，即所謂「矩」也；毋使事也、毋先後從前也、毋交也，各得分願，即所謂「絜矩」也。以一人觀萬人，而人無遺矩矣；以一心觀萬心，而矩無遺絜矣。此之謂「絜矩之道」也，而所以平天下者，胥此矣。○上是以人之同心，而得「絜矩」之由；此是以己之推心，而得「絜矩」之義。但是言「絜矩」模樣，非正言其事也。彼爲我後，我當其前，是曰「先後」；彼爲我前，我承其後，是曰「從前」。所惡之事，不止於不忠無禮，故各以「如」字冠之，不若泛説身之所處至無不方矣。是解「絜矩」正義，未就平天下説。彼同有句下，方歸正意上去。「道」字與首節「道」字同，勿講作義也。「所惡」即是矩，「毋以」即是絜也。

詩云：「樂只君子，民之父母。」民之所好好之，民之所惡惡之，此之謂民之父母。

[二]「前後不同，……則所惡勿施而擴其恕於左右」，底本原作「前後、左右亦云云」，點去「亦云云」三字而於行間補之，則與張序本文字同。

夫是絜矩之道，循之則治，失之則亂者也。「詩云」云云，夫君尊也，而以爲有父母之親者，何哉？蓋言君子有絜矩之道，能以民之好惡爲己之好惡，是上之愛其下，真猶父母之愛其子。彼民之親其上，不猶子之愛父母乎？此能絜矩之效也。○此與下二條是承絜矩而言好惡。此引南山之詩，而申之以明好惡，能絜矩之得也。好惡，泛言即絜矩也。末句勿作稱子民之職，當以得民心説。「愛民如子」句，應白文「此」字，蓋原上意以起下耳。至「民愛」句，方是貼民之父母。

詩云：「節彼南山，維石巖巖。赫赫師尹，民具爾瞻。」有國者不可以不慎，辟則爲天下僇矣。

「爾瞻」，蓋言有國君子之居於民上也，舉動係斯民之觀瞻，好惡關百姓之安危，必兢兢戒懼，惟恐拂民之欲，[二]而失民之心也。苟不能絜矩，而好人之所惡，惡人之所好，則禍及天下，怨歸一人，而爲天下之大僇矣。此不能絜矩之害也。○「民具爾瞻」，望重則責重矣。「有國者」一句，乃承上起下意。「慎」字以好惡貫講「辟」，與「民之所好」三句相反。「天下僇」與「民之父母」相反。「有國者」不專指師尹，就有天下

[二]「拂」，底本作「怫」，據張序本改。

者言。

詩云：「殷之未喪師，克配上帝。儀監于殷，峻命不易。」道得衆則得國，失衆則失國。

夫好惡之公私少異，而民之向背頓殊。如此觀大雅之詩，不尤可見乎？詩云殷未喪師之時，則爲天下君而配上帝，及其子孫，乃失天下。是宜監視於殷，而知天命之難保也。詩言如此，蓋言殷之先王方得衆心而配上帝也，則峻命可保而得國也，此非所謂能絜矩以公好惡，而爲民父母者乎？及殷之後，王既失衆心，而不克配上帝也，則峻命難保而失國也，此非所謂不能絜矩以偏於好惡，而爲天下僇者乎？〇此節結上二條，味一「未」字，則今之喪師可知。「未喪師」者，未失人心也；「監于殷」，監其失人心也。「未喪師」，即得衆也；「配上帝」，即得國也。此題先作釋詩畢後，把上文來講，以見結上文意。「有天下者」數句，是補意。

是故君子先慎乎德，有德此有人，有人此有土，有土此有財，有財此有用。

治天下之道，固在於絜矩，然其所重而當先者，又在於德也。故必格致以啓其「慎之」之端，誠正以致其「慎之」之實。若然，則治平之本端，而絜矩之本立矣。「有德」，則德之所被者，皆於我乎歸附，斯有人矣；「有人」，則人之所處者，皆入我之版圖，斯有土矣；「有土」，則任土作貢，不患財之不足矣；「有財」，則量入爲出，不患用之不周矣。夫一德修而衆善集，德之當慎也，何如哉？○此言財貨能絜矩之得也。在首句截，「是故」不是古語，是承上「不可不慎」説來。但此「慎」字與前「慎」字不同，前「慎」字即是「絜矩」，此「慎」字高「絜矩」一層，不可以「慎德」就作絜矩看。慎德，絜矩之本也。「先」字要看，此句有工夫。「有德」四句，是慎德之效，當相因説。「此」字即斯字。

德者本也，財者末也。

夫能慎德，則有人有土，而有財用。是德者財之基，乃治國平天下之大本也；財者德之致，乃治國平天下之末務也。人君當知所審矣。○此承上文而言，起下意，不甚重本末。論其理如此，此只要見輕重意。

外本内末，争民施奪。

夫德爲本，則當内矣；財爲末，則當外矣。苟或以德爲外，而不謹之以財爲内，而欲專之，此風一倡，民皆效之，不見有德而惟見有財之可争，争鬭之風，劫奪之教，豈非自上所施乎？○此與下二節，是財貨不能絜矩之失也。「奪」是奪其上之財也。

「争民」，是就「施奪」，曰施、曰教，正見其起於上之外本内末也。註「不能絜矩」，貼外本；「欲專」，貼内末。此二句已有「財聚民散」意。

是故財聚則民散，財散則民聚。

義與利不並行，民與財不兼得，故外本内末，而聚財於上，則失民心，而民散於下；苟賤貨貴德，而財散於下，則得民心，而民歸於上。曰民、曰財，互爲聚散，在彼在此，孰爲重輕，有天下者當知所審矣。○承上言争奪興矣，民其有不散者乎？重上句，下句不過帶言之耳。「財散」，非財散於下，只是不聚斂而專利意；「民聚」，只是難散意，非是近悦遠來也。

是故言悖而出者，亦悖而入；貨悖而入者，亦悖而出。

夫財聚則民散固已，然民之散者，財亦豈終於聚乎？是故言以悖理而出者，吾見上有違命，則下有逆詞，亦悖理而入矣，况財貨乎？使或貨以悖理而入，吾見上焉貪利，下焉争奪，亦悖理而出矣，能長守乎？專民利者失其利如此，此謂不能絜矩之失也。○此承「財聚則民散」來。「貨悖」言悖，指君身言；「亦悖」，指民言。「言」是上施於下者，「貨」是上取於下者。通節重「貨悖」意，上句但起下句耳。

康誥曰：「惟命不于常。」道善則得之，不善則失之矣。

夫慎德而能絜矩，則有土有人，而天命之得，從可知也；不慎德而不能絜矩，則悖入悖出，而天命之失，從可知也。康誥不云乎「惟命」云云，何以言之？言人君之於天下也，苟有德而能絜矩，是之謂善，善則財散民聚，得人心，而得此天命矣；務財用而不能絜矩，是謂不善，不善則財聚民散，失人心，而失此天命矣。所謂「峻命不易」者在是，而果何常之有哉？○此節對「殷之未喪師」而言，結上五節，兼「絜矩」「得失」兩意也。須合得失，方見不常也。善不善，俱以財貨講，不必開說。

楚書曰：「楚國無以爲寶，惟善以爲寶。」

既知財貨之公私，係天命之得失，則有國者豈可外本而内末哉？彼晋趙簡子以白珩爲問，楚王孫圉以正對曰：「楚國之於白珩，有之不足爲重，無之不足爲輕。」惟觀射父作訓詞，而寡君不辱，左史倚相獻善政，而先業不忘，是誠楚國之寶也。不外本内末，楚書其得之矣。○此與下條，俱帶上理財看。

舅犯曰：「亡人無以爲寶，仁親以爲寶。」

非特楚書有得於此義也，稽諸檀弓，亦有可見矣。彼秦穆使於晉，狐偃爲重耳對曰：「國家雖重，所寶不存，亡人在憂戚之中，得國恒於斯，不計也；失國恒於斯，不計也。惟思罔極之難，報而求以伸三年之愛，此則亡人之大寶也。」不外本而内末，舅犯其得之矣。夫彼有國之君，猶知所重，況有天下者，而不知外本内末，以盡絜矩之道，其可乎？○「仁親」不宜泛説，指終喪言。

秦誓曰：「若有一个臣，斷斷兮無他技，其心休休焉，其如有容焉。人之有技，若己有之，人之彦聖，其心好之，不啻若自其口出，實能容之，以能保我子孫黎民，尚亦有利哉！人之有技，娼疾以惡之，人之彦聖，而違之俾不通，實不能容，以不能保我子孫黎民，亦曰殆哉！」

夫絜矩之道，豈獨理財爲然哉？至於用人，尤當絜矩，而不可拂衆人之欲也。「秦誓曰」，夫人不在於有天下之才德，而在於有容天下之量。若有一個臣，自其外觀之，斷斷誠一無他技能之可見，而察其心，則己私盡釋，器量寬平，淡然無物，而天下之物無不包，粹然至善，而天下之善無不納，其心休休然，而於物無所不容也。有容何如？人之有技，人之彦聖，不啻口出，如此則實能容天下之有才有德者矣。由是以天下之才德理天下之事，凡我子孫可恃之爲安，黎民可賴之爲命矣。豈特一時一身之利而已哉？若夫無斷斷之誠，休休之量，人之有技，人之彦聖，不通如此，則實不能容天下之有才有德者矣。斯人也，不能保我子孫黎民，社稷無靈長之慶，國本無凝固之休，不亦殆哉？由是觀之，好善之人，誠可好也；妨賢之人，誠可惡也。絜矩君子，可不知所好惡哉？〇自此至「逮夫身」，又以用人而申言好惡公私之極，以明能絜矩與不能者之得失也。此節未有好惡，只是分别一個善人爲可好者，一個惡人爲可惡者，見君天下者當好之惡之也。「無他」句正形容他誠一之至，當粘着「斷斷兮」作一句讀。「其心」二句，非兩平，乃一直意。下五句，正有容之實。「子孫黎民」，平看。「以」字不重。

唯仁人放流之，迸諸四夷，不與同中國。此謂唯仁人爲能愛人，能惡人。

夫觀秦誓，而仁人之有關於國大矣。故唯仁人，私意無蔽，而天下之公在我，故見娼疾小人，當深惡而痛絶之，則加以放流之刑，迸諸四夷之遠，不與之同處於中國。即此惡惡之一端，見好惡之皆當，此正所謂「唯仁人能愛人，能惡人」也，豈不能絜矩者可以與此哉？〇首句言仁人至公無私，只承「惡惡」一邊來。「中國」下要補出「愛」意。「仁人」，指君天下者説。「能愛」「能惡」，平。上「人」字，指「好賢」「利國」者；下「人」字，指「妨賢」「病國」者。「能」字却重，謂好人之所好，而好以天下也；惡人之所惡，而惡以天下也。即下文「能舉」「能先」「能退」「能遠」意，亦須竊用方好。

見賢而不能舉，舉而不能先，命也。見不善而不能退，退而不能遠，過也。

彼世之君子，亦有見有容之賢而不能舉，或舉之而不能先，則是以輕忽放易之心，而待天下之士，不亦慢乎？亦有見娼疾之不善而不能退，退而不能遠，則是以優游含宏之量，而待妨賢病國之臣，不亦過乎？若此者，知絜矩而未盡絜矩之道，蓋未仁而出入於公私之間者也。○「命」與「過」，重「不能先」「不能遠」上。「命」，謂命於事，但可曰「愛人」，而未可曰「能愛人」；「過」，猶之失刑，但可曰「惡人」，而未可曰「能惡人」。此節是承上起下意。

好人之所惡，惡人之所好，是謂拂人之性，菑必逮夫身。

若彼全不能絜矩者，惟徇己見，不顧公私，好惡拂人之性，失人心，失天命，小則身危國削，大則身弒國亡，雖欲免於災患得乎？○此言好惡，私之極也。好惡内，亦承秦誓二等人來，不可泛言。註「申言好惡公私之極」者，蓋上仁人能好惡人，則公之極明矣。至於好惡拂人之性，則私之極明矣。前言好惡公私，所該甚廣，此就用人上「申言好惡公私之極」，蓋好惡公私，固關國之興喪。若用人一節，所關爲甚大，故曰：「明上文所引南山有臺節『南山』之意。」

是故君子有大道，必忠信以得之，驕泰以失之。

夫國之得失，由於衆之得失焉；命之得失，由於善與不善焉。吾固知其機之不可誣矣。然道所以運乎治，以爲凝命保國之本者也。而「得之」「失之」，又豈無其機乎？自今言之，絜矩之道所操者約，而所及者廣，非若私恩小惠之施也。君子之道大矣，其得是道也，惟在於忠信而已。忠信者，誠也，誠則無不明，而能知千萬人之好惡，即一己之好惡，誠則無不公，而能以一己之好惡，爲千萬人之好惡，大道不於是而得乎？若夫驕焉而恣己徇私，泰焉而以人從欲，雖欲絜矩，亦有所不能矣，大道不於是而失乎？〇「是故」二字，直從「樂只君子」以下所言得失來總結之。「大道」即絜矩之道也。註所謂「修己治人」者，猶之推己以及人也，要重治人一邊，但治人脱修己不得耳。忠信只是一理，而有内外之分。自存諸心而無不盡曰忠，自發諸外而無所違曰信，故曰表裏之謂也。矜是自矜，高是自高，總是務外，不復向裏，與發己自盡相反；侈是自放，肆是縱肆，總是恣意妄行，不循法度，與循物無違相反。章内三言得失，謂得衆得國，失衆失國，以人言，見天下之得失，係於人心；善則得，不善則失，見人心之得失，係於絜矩；此得失，以心言，見絜矩之得失，係於吾心。故前言深切，而此益加切也。能絜矩與不能絜矩，天理之存亡也。忠信、驕泰，天理存亡之機也。

生財有大道，生之者衆，食之者寡，爲之者疾，用之者舒，則財恒足矣。

夫理財用人，固絜矩之大端矣，然欲足國家之用，又非必外本内末，而用私智小術爲也，生財自有大道焉。大道維何？蓋必使國無游民，而生之者衆；朝無倖位，而食之者寡。不奪農時，而爲之者疾；量入爲出，而用之者舒。自其生者衆，而爲者疾也。是舉國而勤也，有以開財之源；自其食之寡而用之舒也；是舉國而儉也，有以節財之流，將見國之用恒足矣。豈必外本内末，而後財可聚也？○前只説不可聚財，未及生財之道，故此又云然也。「大道」内含開財之源，節財之流意。此大道，乃上邊「大道」中一事耳。下四句，正是大道。「恒足」，指國家兼足民意。四「之」字，皆指財。

仁者以財發身，不仁者以身發財。

生財之大道，豈容以易能乎？必仁者，乃能不外本内末，以盡絜矩之道。歸其利於下，而不專其利於己，由是民悦之，而享有元后之尊，是「以財發身」也。若彼不仁者，則外本内末，而失絜矩之道。惟務殖財以恣貪得之欲，不知聚財實爲争奪之端，由是天下怨之，是「以身發財」也。○不可以上節爲生財，此節爲散財。蓋生財大道，便是不外本而内末。不聚財便是散財，而可以得民。以財發身，一氣説，不重效上，重仁者能如此。上句是能絜矩之得，下句是不能絜矩之失。

未有上好仁而下不好義者也，未有好義其事不終者也，未有府庫財非其財者也。

「以財發身」之效何如？彼散財於下謂之仁，感恩懷服謂之義。在上者苟能崇本抑末以厚民之生，而好仁以愛其民則爲下者，亦惟義之是好焉，而有媚兹之誠矣。夫既好義，則必終身惟正之供，未有好義而事不終者也；府庫之財，皆君之財，未有好義而非其財者也。是其在君也，以仁利下；在民也，以義利上。其始也，因利以聚天下之民；其終也，因民以聚天下之財矣。仁人之以財發身，如此則雖散財以得民，而卒未嘗無財也，何必外本内末哉？○此承上「以財發身」言，不仁者反是。「好仁」，就「用財」上説；「好義」，泛就「尊君親」上言。重「心」上説，其事不終，非其財俱從好義來。三「未有」字，要見必然意，「有」「終」，非徒一時愛戴，且不變遷於他日也。

孟獻子曰：「畜馬乘，不察於鷄豚；伐冰之家，不畜牛羊；百乘之家，不畜聚斂之臣。與其有聚斂之臣，寧有盗臣。」此謂國不以利爲利，以義爲利也。

「以財發身」之效如此，固由仁者之心公，實由所用得其人也。盍觀獻子之言乎？其曰：「畜馬乘之家，既食君禄矣，則不復察鷄豚而分民之利；伐冰之家，其禄既厚矣，則不復畜牛羊而侵民之利。至於畜聚斂之臣，則横奪民之財矣。百乘之家，其禄益厚者也，豈可畜聚斂之臣乎？與其有聚斂之臣而侵民之利，寧有盜臣而亡己之財。」獻子之言如此，正謂「有國者不當專其利於己而以利爲利，當公其利於民而以義爲利」也。○此引獻子之言，以明不當專利之意。「察鷄豚」二件，是分民之利。「畜聚斂之臣」，是奪民之利。「與其」二句，要發明君子不忍意。「此謂」句，承上數件來泛説。「察鷄豚」，是利也；「不察」等，是義也，正是「國不以利」二句意。

長國家而務財用者，必自小人矣。彼爲善之，小人之使爲國家，菑害並至，雖有善者，亦無如之何矣。此謂國不以利爲利，以義爲利也。

彼長國家者，不知生財有大道，而外本内末，以奪民之財者，豈皆己之所自致哉？必自聚斂之小人，有以導之也。此等小人決不可使者。人主不悟，方且以其善於利國，而使之爲國家，則天菑人害，雜然並至。不惟庸才不能救，雖有賢人出而爲之，勢終不可挽，亦無如之何矣。聚斂之臣，其害一至於此。此謂長國家者，不可以畜聚斂小人之利爲利，當以生財有道之義爲利也。是知理財用人，固爲絜矩之大端，而用人尤其要也。能用人則能理財，而所謂絜矩以公好惡者，無餘術矣。由是人人各得其所，而凡欲爲孝弟不倍者，皆得以自盡其心，而無不均之嘆矣，天下奚有不平哉？○上節就道理説不當求利，此就求利有害説，見不可求利也。末二句，重「有害」邊。「此謂」二句，與上不同，上是釋獻子之言，此是結言。

顧憲成全集卷三十九

中庸意①

中庸意上

天命章[一]

天命章旨

① 中庸意以無錫文庫第四輯影印復旦大學圖書館藏清抄本中庸意爲底本，行間有校改文字。以張序本爲校本。上、下分卷據張序本。

[一] 此標題底本無，據張序本補。

首節截，重「道」字，以道爲主。性、道、教三者，本然之義理。戒懼以致中，謹獨以致和，當然之工夫。天地位，萬物育，自然之效验。合而觀之，性道，教道也；戒懼慎獨者，體道之功也；位天地，育萬物，體道之效也。

天命之謂性，率性之謂道，修道之謂教。

子思子憂道學之失其傳而作中庸也，若曰：「人之學道而昧於從入者，豈其未知斯道之名義乎？」自今言之，人之所以爲性者，何謂也？自夫有陰陽也，而得之爲健順；有五行也，而得之爲五常。由天命，有性之名，而道其統會於此矣。人之所以爲道者，何謂也？率其健順之性，而剛柔之道在我；率其五常之性，而庸行之道在我。由率性，有道之名，而道其散見於此矣。人知聖人之有教，而所以爲教者，何謂也？因其當行之道而品節之，禮樂以正其德，刑政以防其邪，而抑其太過，引其不及焉。由修道，有教之名，而道其裁成於此矣。○三句雖平，實重「道」上，雖兼「人」「物」，只就「人」一邊説。「天命」指理説，「氣」不過帶言之耳。自天之所賦而言，謂之命；自人之所具而言，謂之性。此言道之所從來也。人皆錯認道屬事物，不知道由性出。蓋性之中，萬理咸備，臨事時，只就性之本然者發出來，便自然有個當然之理在，若天素所安排者，這便是人物所當行。可見率其自然者，方是道也。品乃等級，節乃限制，品節雖若出於人爲，而實原於性道之自然本有者，初非有所加損也，此言道之所由成也。註中「人」「知」「已」之幾句，是推子思立言之意，用起處不可入講。〔一〕

道也者，不可須臾離也，可離非道也。是故君子戒慎乎其所不覩，恐懼乎其所不聞。

是可見道原於天而具於心，見諸日用事物之間，無物不有，無時不然。苟靜而須臾離之，則無以爲應用之本；動而須臾離之，則有以累其本體之真。身心不淑，事物失所，人不可須臾而離也。若須臾離之，而於身心，無所關係，事物無所損益，則離之可也，可離則是外物而非道也，若道則決不可離也。然則由教入道之君子，當何如而用其力乎？敬心常存，覩之時固戒慎矣，雖其所不覩，亦惕然而戒慎；畏心常存，聞之時固恐懼矣，雖其所不聞，亦凜然而恐懼。所以存天理之本然者，此矣，曷嘗有須臾之離哉？○此承上教言，正示人以由教入道之功也。「不可離」，是我不可去離他。「戒慎」「恐懼」，是自所覩所聞時用功至此，非專指靜時言也，「戒慎」是不忘，「恐懼」是不怠。註「敬」字貼「戒慎」，「畏」字貼「恐懼」。「常存」字、「雖」字、「亦」字要玩。

〔一〕「不可入講」，底本原作「不可講」，旁點改作「可入講」，據張序本改。

莫見乎隱，莫顯乎微，故君子慎其獨也。

然功固貴乎存養，而幾尤切於隱微，是故幽獨之中，細微之事跡雖未形，而幾則已動，其莫見於隱乎？莫顯於微乎？是以君子既常戒懼，而於此尤加謹焉。其循理歟？則從此而擴充之也，其徇欲歟？則從此而遏絶之也。夫惟戒懼於不覩不聞之時，而尤致慎於莫見莫顯之地，則存養交密，而無須臾之離道矣。所以遏人欲於將萌者，不在此乎？○上節戒懼，①以存天命之性；此節慎獨，以行率性之道。戒懼，是静中主敬；慎獨，是方動研幾。静中主敬，私欲之端不起；方動研幾，私欲無得而滋。蓋戒懼是渾全功夫，謹獨又抽出其中切要者而言之耳。「隱」「微」只是個「獨」字，皆指一念之萌。不覩不聞之終，所覩所聞之始，此正理欲關頭，尤是要緊去處，故君子於此尤加謹以致省察也。若合上節出了，把「道也者」三句另講，下皆承言之，上是存天理以制人欲，下是遏人欲以全天理。

喜怒哀樂之未發謂之中，發而皆中節謂之和。中也者，天下之大本也；和也者，天下之達道也。

① 底本「在此乎？○上節」數字處粘一紙條，上有「張刻不必以動静分」八字。

道之所以不可離者，何哉？蓋道不外於吾心。心統性情，喜怒哀樂，即人之性見於日用之間，隨事隨感，而異其發者也。方其未發，無思無爲，不偏不倚，而天理淵涵，斯則謂之中；及其既發，據理重輕，而施得其宜，物各付物，而我無所與，斯則謂之和。不有靜定，無以制萬動而使之平；不有虛靈，無以鑑衆形而裁之當。是中者理之所從出也，非天下之大本乎？時有古今，而人之應事，皆當順正；地有彼此，而人之處物，皆當合宜。是和者，人之所共由也，非天下之達道乎？中即性，而和即情。大本，道之體；達道，道之用。是道之體用，不外吾心之性情，須臾離道，則性雜而情乖，本心喪矣。此道之所以不可離也。〇上二條只言人不可離道，此方言道本不離於人也。未發時，心下無一物，雖有喜怒哀樂之理在，初未有其事之可言。四者一無所偏，恰在其中間，故謂之曰中。乖違也，戾害也，無所違背侵害於喜怒哀樂之理也。纔發時，不偏於喜，則偏於怒，而不得謂之中節矣。只就此事處得恰好，則無過不及，是謂和而亦中矣。未發之中，全體之中也；已發之和，一事之和也。

致中和，天地位焉，萬物育焉。

夫中爲大本，君子固當戒懼，以存此中；和爲達道，君子亦當慎獨，以達此和矣。

然猶未致也，必也自戒懼而約之，以至於至静之中，無少偏倚，而其守不失，[一]則大本之立日以固，而純乎天命之性矣。自謹獨而精之，以至於應物之處，無少差謬而無適。[二]不然則達道之行日以廣，而純乎率性之道矣。由是以中感中，在天地則覆載不失其常，生成不失其職，有不位焉者乎？以和召和，在萬物則人得其所以爲人，物得其所以爲物，有不育焉者乎？若然，則性自我盡，道自我行，而修道之教，亦在其中矣。〇首句截，上是極致之功，下是自然之效。「致」字有功夫，章句以「中」「和」分屬「位」「育」者，特各推其效耳，意則一也。

君子章[三]

君子章旨

首節截，上節言君子小人之於中庸，有體與不體之異；下節推其所以然也。全

[一]「以至於至静之中，無少偏倚，而其守」，底本原作「云云」，點去而於行間補之，則與張序本文字同。
[二]「以至於應物之處，無少差謬而無適」，底本原作「云云」，點去而於行間補之，則與張序本文字同。
[三]此標題底本無，張序本作「君子中庸章」，據下「君子章旨」改。

章俱是夫子言。

仲尼曰：「君子中庸，小人反中庸。」

夫人皆具是道，體道則存乎人，中庸即天命之性，率性之道也。其體不偏不倚，其用無過不及，而不外乎日用之常，不論君子小人，而皆有之者也。然惟君子爲能體之，而小人反是矣。○中庸，兼體用，重在「用」上。「中」，平常，故帶着「庸」字，非有二也。此君子小人，以人言。反中庸者，小人任其智術作爲，自有一中庸，亦近似乎君子之中庸，然一出於私，其實與中庸之理相反耳。

君子之中庸也，君子而時中；小人之中庸也，小人而無忌憚也。

君子之所以爲中庸者，何也？蓋其靜有所存，而心不逐物，其靜則至靜也，是以動有所擇，而事皆當可。其動不妄動也，德固君子，而又時中如此，此所以無往而非中也。小人之所以反中庸者，何也？蓋其靜則妄思而不靜，動則肆欲而妄動，心則小人，而又無忌憚如此，此所以反中庸也。○此作推原說，不作申言，觀註「所以」字可見，君子以德言，小人以心言。註兩「又」字，正貼本文兩「而」字。戒謹恐懼，推高一層説，不是貼君子之德也。肆欲妄行，正解「無所忌憚」，不對戒謹恐懼也。首節註「中」不偏不倚，未發之中，無過不及，乃已發皆中節之和。故曰中庸之中，實兼中和之義。

中庸章

子曰：「中庸其至矣乎，民鮮能久矣。」

承上章言中庸之道，非特小人反之，衆人亦鮮能之。天下之理，中而已矣，過則失中，不及則非中，皆非至也。惟中庸之德爲至，不容有所加損也。雖人所同得，無甚高遠難行之事。但世教衰，上無建極之君，下無歸極之民，所知所行，非過則不及，鮮能之也久矣。○此以下，中庸俱以用上言，而體在其中。「民」兼上下，「能」兼知行。味「鮮」與「久」字，有惕然省人意。「世教」二句，在下章發之，此處恐未可太露。

道之不行章[一]

道之不行章旨

上節言道之不明不行，由於知愚、賢不肖之過不及；下節言知愚、賢不肖之過不

[一] 此標題底本置於此章末節「子曰：『道其不行矣夫？』」前，顯誤，據張序本改移於此。

及，由其不察也。

子曰：「道之不行也，我知之矣。知者過之，愚者不及也。道之不明也，我知之矣。賢者過之，不肖者不及也。」

承上章，言人之所以鮮能中庸者，以生稟之異，不察之過也。中庸之爲道也，簡而易能，夫人皆可行也，而人之不能行者，我知其故矣，由不明，故不行。蓋知者高明洞達，於人之所當知者，則以爲不足知；愚者氣質昏昧，於人所當知者，又不能知焉。以爲不足知，則以爲不足行；不能知，則不知所以行。此道之所以常不行也。中庸之爲道也，易而易知，夫人皆可明也，而人之不能明者，我知其故矣，由不行，故不明。蓋賢者苦節勵行，於人所當行者，則以爲不足行；不肖者賦質懦弱，於人所當行者，又不能行焉。以爲不足行，則以爲不足知；而不能行者，又不知所以知。此道之所以常不明也。○「不明」「不行」，人不能明、不能行也。「不行」，就事言；「不明」，就心言。知愚等俱就資稟上說。道者，天理之當然中而已矣，用在「我知之矣」下，方發得過不及意思明白，不明不行交互者，是知行之相因也。

人莫不飲食也，鮮能知味也。

然豈道之遠於人哉？人自不察焉爾。彼道在日用之間，猶飲食在日用之間也。

道之有中，猶飲食之有正味也。人莫不飲食也，但富貴者則恣於欲，貧賤者則傷於易，皆不暇察矣，孰知飲食之正味哉？人孰不有是道也，賢知者馳於高遠，愚不肖者諉於昏愚，孰知道之中哉？此道之所以各任其偏，而有過不及之弊也。○不察是不察道之中，「味」字對「中」字，「人」字兼知愚等。此節蓋原其生質之異，而進之以學問之功也。

子曰：「道其不行矣夫？」

此言「道之不行」以起下章也，「不行」承上知愚、過不及一邊説，非總承。然不行之端，實由於不明也，則求斯道之行者，當知所明矣，「夫」作疑詞。

舜其大知章

子曰：「舜其大知也與，舜好問而好察邇言，隱惡而揚善，執其兩端，用其中於民，其斯以爲舜乎？」

承上章，道既不行，必知如大舜，然後可行也。引夫子稱舜之言曰：「天下之理無窮，若自用而不取諸人，則其知有不周，而知亦小矣。惟舜也，好問於人，而言之淺近者，亦好察焉。求善之不遺如此。察其所言，有未善者，則隱而不揚；於其善者，則揚而不匿。容善之不隘如此。於善之中，其論不同，未必皆合於中也，則執其兩端，孰爲太過，孰爲中而非太過也；孰爲不及，孰爲中而非不及也。既得其中，然後以民之中而用之，是能合天下之明以爲明，所以爲大知者，此也。」夫樂取於人，既非知者之太過；執兩端而用中，又非愚者之不及。此道之所以行也。○好問好察，其惓惓求益之心可見。逐句推説去，隱惡則廣大能容，揚善則光明不蔽，俱重在取善上，而人益樂於來告。兩端，舉首尾以該其中，皆是善言，但有過不及處耳。執兩端，如人有功當賞，而衆有厚薄之論，吾執其論而度以本然之權度，如極厚之説是，則極厚之説爲中；極薄之説是，則極薄之説爲中。用中，乃用民之中於我，非即施之政事也。辨别精，而真知中之所在，是擇之審；直頭行去，而他不足以間之，是行之至。註中「然非在我」等句，極要緊語。○兩端，謂衆善不同之極至，非所謂過不及也。譬之武王，伯夷、叔齊，彼武王以紂爲可伐，而夷、齊以紂爲不可伐，是二者之事，其實相反也，而要之，一以仁民爲心，一以忠君爲心，均謂之善而已矣。是聖人執是兩端，或當武王之時，則用武王之中矣；或當夷、齊之時，則用夷、齊之中矣。是用衆善之中於民也，究竟各有過，非其時位則非中，豈非過不及乎？

人皆曰章

子曰：「人皆曰予知，驅而納諸罟獲陷阱之中，而莫之知辟也。人皆曰予知，擇乎中庸，而不能期月守也。」

承上章「大知」而言，又舉不明之端，以起下章也。「人皆曰予知」，蓋自以爲能知禍福之所伏也，顧乃驅於至險而莫知避焉，是其心有所蔽也，安得謂之知乎？亦猶「人皆曰予知」，蓋自以爲能擇中庸而守之也，乃能擇而不能守焉，雖有所擇，終非己有，是知有未真也，又安得謂之知乎？此道之所以不明也。◎驅者，凡事有利必有害，乃自驅之也。「擇」「守」「中」，有行的意思。「不能期月守」，重「無真知」上。

回之爲人章

子曰：「回之爲人也，擇乎中庸，得一善，則拳拳服膺而弗失之矣。」

承上章，言中庸之道，由不行，故不明，必如回之仁，而後可明也。回之爲人也，真知夫中庸之道，散於萬事者，雖無定用而會於一理者，則有定體也，於是辨別衆理，以求所謂中庸焉。而過與不及者，不得而雜之矣，是其擇之也，求以行之也。行之而得一中庸之善於心焉，則服膺弗失，行之而有終矣。是其仁守之學，有以終「知及」之功，豈若「擇乎中庸，而不能期月守」者哉？夫擇乎中庸，則非賢者之太過；服膺弗失，則非不肖之不及矣。斯道之明，不有賴於是人乎？○二句截「擇乎中庸」，是合衆理，而擇之精。「得一善」二句，是得至善而守之固，「能守」邊重，「能擇」邊輕。「回之」句不要講，「一善」闊説，是隨所至而隨得也。

天下國家章

子曰：「天下國家可均也，爵禄可辭也，白刃可蹈也，中庸不可能也。」

承上章，必如舜之知，而後道可行，必如回之仁，而後道可明，可見中庸之難能矣。夫子嘗言之，以爲天下國家如此其大，未易均也，然徒曰均之而已，則資之近於明敏者，皆能勉力以均之；爵禄，人所戀也，未易辭也，然徒曰辭之而已，則資之近於廉潔者，皆能勉力以辭之；白刃，人所畏也，未易蹈也，然徒曰蹈之而已，則資之近於果敢者，皆能勉力以蹈之。至於中庸，雖無難知難行之事，然道而曰中，則一有所加，即爲太過，一有所損，即爲不及。非義之精者，不能察其幾；非仁之熟者，不能致其決。惟精惟一，舜之知，足以用中也，而天下不皆舜；擇善固執，回之仁，可以與幾也，而天下不皆回。天德純全，而非資所能近，養盛自致，而非力所能勉，豈若彼均之、辭之、蹈之之易能也哉？○上三句，只引以形中庸之難能，三者就事言，末句就理言，重末句。仁、知、勇，斷不可分配，亦不可入講。觀註「亦」字，便知非夫子立言之意，三者未必皆偏，而此則主偏者言。「可」字，只期成得事，不問其當理也。中庸，另開説，非真不可能，但不若三者之可力而能耳。「義精」「仁熟」二句，就平日説；「能擇」「能守」，就臨時説。

問强章[一]

問强章旨

在「抑而强與」句截，上「南方」三句，是先告以强有不同，下皆詳其實也。

子路問强

子曰：「南方之强與？北方之强與？抑而强與？」

[一] 此標題底本無，據張序本補。

承上章，言「中庸不可能」，必有待於勇而後能之。子路好勇，故問强於夫子，夫子以其徒知有血氣之剛，而未知有德義之勇也，故歷以强探之。〇「抑而强與」，内竊下「人己常變，善擇守」意講，更妙。

寬柔以教，不報無道，南方之强也，君子居之。

南方之强何如？彼其人有不及也，不問其誠僞，而含容巽順以教之，人有横逆也，不問其是非，而直受之，此南方之强也。蓋南爲陽方，體剛而用柔，故生乎其間，以含忍之力勝人爲强也，是雖囿於風氣，猶近於義理者也，故君子居之。〇此囿於風氣而不及乎？中者也，含容訓寬，巽順訓柔。末「含」字貼首句，「忍」字貼第二句，「含忍」而謂之强者，人所難忍，而獨能忍之，是亦强也。一概含忍，全從氣禀做出來，故失之不及，此君子與下君子不同。

衽金革，死而不厭，北方之强也，而强者居之。

北方之强何如？衽金革，死而不厭，北方之强也。蓋北爲陰方，體柔而用剛，故生乎其間者，以果敢之力勝人爲强也。此固風氣所囿，而純乎血氣者也，故强者居之。〇此純任血氣而過乎中者也。「衽」字，只是「安」字意，上曰君子之道，此曰强者之事，高下自見。

故君子和而不流，强哉矯！中立而不倚，强哉矯！國有道不變塞焉，强哉矯！國無道至死不變，强哉矯！

夫南北方之强如此，汝之所當强者，乃君子之道，而合乎中者也。君子之强何如？其處人也，坦夷平易，可謂和矣。然據理而從，違而不流焉，夫和易至於流，非有以自勝其易流之私，不能擇夫和而守夫和也，豈不矯哉其强乎！其處己也，中立不倚，夫中立易至於倚，非有以自勝其易倚之私，不能擇夫中而守夫中也，豈不矯哉其强乎！國有道而處達也，則不變其平素，而行義以達道，是富貴不能淫也，强哉矯乎！國無道而處變也，則不變其平生，而終身以履道，是貧賤不能移也，强哉矯乎！此則得於涵養之素，而超乎風氣之外；安於義理之正，而劑其剛柔之偏。生於南而不囿於南，生於北而不囿於北，汝之所當强者此也，不當愼所居乎？○「故」字，承上文來。「君子」，就成德者説，以人己窮達作關鍵。四平看，「和」與「中立」「有道」「無道」皆輕，全在「不」字上見他强處，勝其人欲之私，在「强哉矯」内。「不流」等，内有擇守意，非有以勝其人欲之私，則蔽於物而不能擇，奪於物而不能守。此君子四樣强，任天下國家，可以均則均；遇爵禄，可以辭則辭；遇白刃，可以蹈則蹈。可以柔則柔，非一於柔也；可以剛則剛，非一於剛也。舜之知，卓然不惑於此；回之仁，毅然不息於此也。學者有如此之强，則中庸之不可能者，庶乎其能之矣。

素隱章[一]

素隱章旨

首節是知、仁、勇之過乎中，二節是知、仁、勇之不及乎中，三節是知、仁、勇之得中，皆兼知行説，總見君子之體道，當以過不及者爲戒，而以知盡仁至，不賴勇而成德者爲的，庶乎「中庸之可能」矣。

子曰：「素隱行怪，後世有述焉，吾弗爲之矣。」

上數章，分言知、仁、勇爲入道之門，至此合言以結之，道本易知易能者也。深求隱僻，而知人之所不能知；過爲詭異，而行人之所不能行。是本不足以致譽也，然足以欺世而盜名，故後世或有稱述之者。知之過而不擇乎善，非知也；行之過而不用其中，非仁也；不當强而强，非勇也。吾則寧無所成名，而索隱行怪，豈屑爲之哉？

[一] 此標題底本無，張序本作「索隱章」，據下「素隱章旨」改。

○「述」是稱述也，如有爲神農意，末繳「陷於賢知之偏」出來。

君子遵道而行，半塗而廢，吾弗能已矣。

若夫君子之於道也，循其顯，不趨其所僻，而知其所當知，率其常，不攻其所異，而行其所當行，則能擇乎善而行之矣。然或限於期月之守，阻於服膺之難，是其知之所能至，而行有不逮，當强而不强者也。吾則有弗知，知之弗得弗措也；有弗行，行之弗篤弗措也。惟學之不厭耳，而豈能已哉？○「遵道而行」，行因知而有始，是能擇乎善矣；「半塗而廢」，知因行而無終，是力之不足也。「至誠無息」，不可用出。「弗能已」，重勉力上。

君子依乎中庸，遯世不見知而不悔，唯聖者能之。

君子所知「依乎中庸」，而非索隱之知；所行「依乎中庸」，而非行怪之行。雖遺佚於世，而不見知於人，其依中庸以知以行者自如，而初無所悔焉，則知盡仁至，不賴勇而裕如者也，吾豈敢當哉？惟聖人生知安行者能之耳。然夫子既自謂不爲素隱行怪，[二]是能「依乎中庸」，既謂不能半塗而廢，則是「遯世不見知而不悔」也，雖不自居

[二]「素隱行怪」，底本及張序本均作「索隱形怪」，據前文及中庸改。

於聖，實有不容掩者矣。中庸豈真不可能哉？○「君子」，是成德之君子。「依乎中庸」，是知行無太過。「遯世不悔」，是知行無不及。「依乎中庸」，只說得仁知，至「遯世不悔」，方是知盡仁至，勇即在其中矣。「不悔」者，惟依中庸以爲知行，真認得己分內事也。「君子」且輕講，因有末句在。知盡仁至，正貼末句講，不必另生别意也，皆就自然者說。

費隱章[一]

費隱章旨

首節論斯道用廣而體微，二節是詳著其實，三節引詩以足其意，四節總言以結之也。○以下至「哀公問政」九章，是第二支，所以申明首章道不可離之意。

君子之道費而隱。

命於天，率於性，君子之道也。是道也，即物而觀其用，則充周而不可窮；因用

[一] 此標題底本無，張序本作「費而隱章」，據下「費隱章旨」改。

而究其體，則密微而不可見。無物不有也，而實無形跡之可見；無時不然也，而實無聲臭之可聞。其費而隱乎？〇道在天地，無一非君子分内事，故曰君子之道，體用不相離，即用而體在其中，非「費」之外，復有所謂「隱」也。「費」即率性之謂，「隱」即天命之謂，串講不必分。

夫婦之愚，可以與知焉，及其至也，雖聖人亦有所不知焉；夫婦之不肖，可以能行焉，及其至也，雖聖人亦有所不能焉。天地之大也，人猶有所憾。故君子語大，天下莫能載焉；語小，天下莫能破焉。

何以見之？彼其小有所入，而大或有不包，外焉體統可觀，而内焉空疏無物，皆不足以言「費」也。以此道言之，夫婦之愚，於道宜若無所知也，然居室一端，彼亦可以與知焉；至於生知之聖人，若無不知也，及道之全體，亦有所不知焉。或遠近異地，而阻於聞見之弗周；或古今異時，而病於文獻之無考。聖人豈盡知之乎？夫婦之不肖，於道宜若無所能也，然居室一端，彼亦可以能行焉；至於安行之聖人，若無不能也，及道之全體，亦有所不能焉。或分有限，而無以布綏來動和之化；或勢所阻，而無以遂博施濟衆之心。聖人豈盡能之乎？豈惟聖人，以天地言之，天地至大，亦囿於形氣者也。故職司有所偏，而彼此不得以相兼，運化有不齊，而感應或失其當可，天地亦不能盡道，而人猶有憾也。故君子之道，語其全體之大，至於天地聖人，亦有不能盡，則是道也，無一物之不包者也。通於形氣之表，而有形者不足以盡其神；運於法象之外，而有象者不足以盡其化，舉天下之物莫能載之者矣。語其一事之小，至於愚夫愚婦之所能知能行，則是道也，無一物之不體者也。貫徹於幾微，而即物有理存之妙；兼體於庶物，而隨在有静正之機，舉天下之物莫能破之者矣。道之極於大小如此，可謂費矣，而其所以然者，則隱而莫之見也。道豈可離乎哉？○此言道之「費」，而「隱」自在其中，「有所憾」以上皆言「費」，「故君子」四句申其意。「天地之大也」二句以道言，[二]不以形體言。此二句特因聖人不能盡道而更推上一步，所以甚言君子之道之費耳。「故君子」，「故」字要緊。「故君子語大」者，言君子之道也，非言君子去語道也。大莫能載，合而言之；小莫能破，分而言之也。兩「夫婦」對做，「天地」二句另做，末繳「道不可離」意，在「所憾」分。

詩云：「鳶飛戾天，魚躍于淵。」言其上下察也。

[二]「『天地之大也』二句以道言」，底本原作「『天地之大』『大』字以道言」，點去「『大』字」二字而於行間補「也」「二」「句」三字，則與張序本文字同。

夫子思之言，至此極矣，然又以爲不足以盡其意也，故又引詩云「鳶飛戾天，魚躍于淵」，是豈爲鳶、魚咏哉？蓋言道之無所不在也。「鳶飛戾天」，見化育之流行於上，凡在上之物，無一而非斯道之昭著也；「魚躍于淵」，見化育之流行於下，凡在下之物，無一而非斯道之昭著也。所謂「大莫能載」者，非即此察於上下者之統會乎？「小莫能破」者，非即此察於上下者之散殊乎？道無不在，何其費也，而所以然則隱矣。○此引詩只是次節之意，飛躍非道，所以飛躍處乃道也。「上下察」，解「鳶」「魚」兩句，就説開去，則遠近大小，皆包之也，勿專指鳶、魚。化育流行，就物言，引此以明道之無物不有，無時不然。凡形於天地間者，皆天機也，令人有不敢須臾離之心，即夫子「川上」之意。

君子之道，造端乎夫婦，及其至也，察乎天地。

總而言之，君子之道，語其一節，則托始於夫婦之間，而夫婦之愚不肖，可以與知與能，極其全體，則昭著於天地之大，而天地聖人，有所不能盡。夫其費如此，而其所以然者，不得而知也，此道之費而隱也。○君子之道，自夫婦處起頭，及至盡頭處，則著乎天地之間而無不在也。造端無工夫，「察」字對「造端」字看，須要收拾上文意思周盡，方得結意。蓋造端處，即是聖人天地不能盡中分出來的，乃鳶、魚各率其性之機括；及至盡處，即是夫婦所能而無不統者，乃盡鳶、魚之類而同率其一性之機括也。○讀此章，令人有惕然不敢離道意。蓋夫婦之愚不肖者，且與知與能此道也，而況非愚不肖者乎？聖人生知安行，猶有未盡道處，況未及於聖者，獨可自足乎？天地雖大，而於道且有不能。吾身雖微，乃備天地而無不足，則所以贊化育，而使天地得其位者，不容已矣。鳶、魚率飛躍之性，且有道存，況人爲萬物之靈乎？然則道可須臾離乎？

道不遠人章[一]

道不遠人章旨

首節作主，乃下三節之綱。下三節，皆言君子不遠人以爲道之事：「伐柯」節，是言治人之道不遠於人也；「忠恕」節，言愛人之道不遠於人也；「君子」節，言責己之道不遠於人也，重「不遠人以爲道」上，「道不遠人」意輕。

[一] 此標題底本無，據張序本補。

子曰：「道不遠人，人之爲道而遠人，不可以爲道。」

此以其費之小者而言道也，子思引言以明道不可離之意。謂夫道者，率性而已，切於人倫日用之常，而其原根諸性，散於事物當然之理，而其體蘊諸心，易而易知，簡而易從，故常不遠於人也。人能反而求之，則道即此而在矣。若爲道者，厭其人之所能知者卑近也，而求之高遠，以爲索隱之知；厭其人之所能行者卑近也，而求之高遠，以爲行怪之行。是知其所不必知，而非率性之知也；行其所不必行，而非率性之行也，其可以爲道哉？信乎，道不遠人，而人不可遠人以爲道也！〇「道不遠人」，以道言也。「人」指衆人，説得廣。二「爲」字不同，上「爲」字着力，兼知行；下「爲」字無工夫，猶言不足爲道也。註「率性」二字，重看。

詩云：「伐柯伐柯，其則不遠。」執柯以伐柯，睨而視之，猶以爲遠。故君子以人治人，改而止。

自其治人者言之，詩云「伐柯伐柯，其則不遠」，夫執柯伐柯，彼柯長短之法，在我所執之柯耳。然自伐者睨而視之，則兩物之相形，而二體之自別，雖近而猶以爲遠也，要之，特自伐柯者言之耳。若夫人所以爲人之道，各在當人之身。故君子之治人也，因夫人固有之良知而教之知，因夫人固有之良能而教之行。其人能去夫昏迷之失，而知所能知；復其允蹈之德，而行所能行。即止不治，無厚望焉，不責之以難知難行也。是知人本有能知能行，可見道不遠人，可見不遠人以爲道。由是言之，治人之道，不遠於人而得之矣，道何遠之有哉？○「伐柯」二句勿講，「執柯」至「爲遠」，是仍詩詞，而反其意以起下「以人治人」，非釋詩也。重「以人治人」，「改而止」不甚重。「改」亦不可輕看。聖人望人，必欲人之盡其性，而無一毫之不當其則，然後止也。註「若以人治人」四句，是「道不遠人」意；「即以其人」二句，乃不遠人爲道意。「治人」即教人也。

忠恕違道不遠，施諸己而不願，亦勿施於人。

以愛人言之，道之本體涵於心，而忠則所以盡此者也；道之大用達於心，而恕則所以推此者也。惟忠，則心之所存無不實；惟恕，則心之所發無不當。雖未能與道爲一也，而天命之性，胥此焉會之；率性之妙，胥此焉體之，而違道不遠矣。忠恕何如？彼物感之來，施諸己而有所不願者，此吾之真心也，由是以我觀物，推己及人，而勿施之以所不願者焉，是之謂忠恕也。而道之所由近也，以己之心，度人之心，未嘗不同，則道之不遠於人可見。「己所不欲，勿施於人」，則不遠人以爲道之事也。○「忠恕」串講，皆就心上說。恕雖在外，而亦心之所發也，此題上句虛說。下句雖言忠恕之事，正所以發明「違道不遠」之意耳。「施諸己」等事乃恕也，而朱子以爲忠恕，何也？蓋其所不顧慮，無一毫虚假，便是忠也。忠恕，盡天下之道；推心，盡忠恕之事也。

君子之道四，丘未能一焉：所求乎子以事父，未能也；所求乎臣以事君，未能也；所求乎弟以事兄，未能也；所求乎朋友先施之，未能也。庸德之行，庸言之謹，有所不足，不敢不勉，有餘不敢盡。言顧行，行顧言，君子胡不慥慥爾！

以責己言之，君子之道，語其大端有四焉，是人所當兼體者。某也非惟不盡能乎四者，而且一無所能焉，何以見之？孝者，君子爲子之道也，吾嘗以孝而責子矣，反求於己之所以事父者，則未能如其責子也；忠者，君子爲臣之道也，吾嘗以忠而責臣矣，反求於己之所以事君者，則未能如其責臣也；弟者，君子爲弟之道也，我之所以爲弟者，未能如其責弟也；信者，君子交友之道也，我之所以先施於友者，則未能如其責友也。然道不獨私於君子，豈敢以之自諉哉？彼以子、臣、弟、友之道體之於身者，庸德也，吾於庸德而行之，以踐其實；以子、臣、弟、友之道宣之於口者，庸言也，吾於庸言而謹之，以擇其可。行常不足也，則益慮其所終，而不敢不勉；言易至於有餘也，則益稽其所弊，而不敢盡。夫有餘不敢盡，則謹之益至，言爲有實，而顧行矣；

不足不敢不勉，則行之益力，行爲有恒，而顧言矣。君子之言行如此，則吾向之所責於人者，皆君子之所備於己者矣，豈不慥慥乎其篤實哉？某今固未能一也，而敢以自諉乎？○首二句略分，都就夫子身上説，所求四項，便要含得言行意。「庸德」二句，是即其所以自責者，而修於言行之間。「有所不足」三句，益自加勉意。「先施」句截，上是自責，下是自修。末補「不遠人以爲道」意。

素位章[一]

素位章旨

以首二句爲主，言其安分而無求也。二節詳「素位而行」之事，三節詳「不願乎外」之意，四節承上文而結其意，五節引聖言以明之，全重「道」上。

君子素其位而行，不願乎其外。

天下之無常在者，位也；無不在者，道也。君子但因見在所居之位，而順應無

[一] 此標題底本無，張序本作「君子素其位章」，據下「素位章旨」改。

違，率履不越，以行其所當行。自是而外，凡窮通得喪，進退予奪，屬天與人，而非吾分者，則安以聽之，而未嘗妄有所願焉。○此「君子」，要根首章來講，如言「天命之性」已全，有以明乎内外之分；「率性之道」已盡，有以純乎義命之正是也。「素位」，乃目前所居之位，居其位而行其道，吾願畢矣，何外慕哉？二句雖有心、事之分，其實事在此，則心在此，當作一氣説下，暗將「順逆常變」意抑揚發之。

素富貴，行乎富貴；素貧賤，行乎貧賤；素夷狄，行乎夷狄；素患難，行乎患難。君子無入而不自得焉。

所謂「素其位而行者」何如？「素富貴」，而行義以達道焉；「素貧賤」，而隱居以求志焉；「素夷狄」，而忠信篤敬焉；「素患難」，而文明柔順焉。是則身之所在，道與之俱；道之所在，心與之安。其順也，不能有所加也；其逆也，不能有所損也，又何入而不自得哉？○「素富貴」四句，言見在富貴，則爲富貴之所當爲，當爲處即是道，非謂道行乎富貴也。餘倣此，是乃舉其概。下「無入」字寬，推開一步自得，不可涉不願乎外之意。道者，吾心所欲，吾能盡是道，則吾欲遂矣。一節重事上説。

在上位不陵下，在下位不援上，正己而不求於人，則無怨。上不怨天，下不尤人。

所謂「不願乎外者」何如？身在上位，則心安於上，而不作威以陵下；在下位，則心安於下，而不越分以援上。陵下也，援上也，皆不正己而求於人。所謂願外也，求而不得，則怨生矣。今安上下之分如此，則無求於上，而上無不我副之嫌，何怨也？無求於下，而下無不我應之非，何怨也？順適於物我兩忘之天，而不平之念盡泯。故窮通得喪順乎天，而上焉不怨於天也，進退予奪聽於人，而下焉不尤乎人也。〇重心上說，一直說下，勢不容截斷，全是一段安分的意思。「正己」句，緊緊承上說。「不求」，即不陵不援也。「無怨」，由於不陵不援來。末二句正詳「無怨」意。「陵」，有「徼求」「狎侮」二意。「援」，有「趨其勢」「利其有」二意。

故君子居易以俟命，小人行險以徼幸。

由是觀之，可見君子所爲順理，而置身於平安之地；中心無累，而聽命於難必之天。其居易以俟命者乎？若夫小人，則騁其私智，以行傾險之途，而不能居易也；思出其位，以求苟得之幸，而不能俟命也，豈可與君子同語哉？〇「故」字承上二節來。「居易」，應「素富貴」節；「俟命」，應「在上位」節。「居易俟命」，不平，相帶講。「易」，非位也，對「險」字看。如「素富貴」，則富貴中有坦夷當行之道，乃安穩地也。上句重，「小人」句輕。

子曰：「射有似乎君子，失諸正鵠，反求諸其身。」

夫君子所爲如是，蓋惟有見於道之在我者耳，不觀孔子之言乎，以爲射一藝之微也。而其立心，亦有似乎君子之道焉，何則？賓射而失諸正，大射而失諸鵠，皆反求諸身，以爲内志之未正，外體之未直，弓矢之未能審固也，而初不怨勝己者焉。夫射者之立心，其與「君子之行有不得而反求諸己」者，不有似乎？即是觀之，所謂「素位而行不願乎外」者，豈不信哉？○首句略斷，不可多講。「失諸」以下，正言射之事以見之也，但只以射意講，君子皦處見之。「素位」二句意，又當作子思口氣補出。此節總結上意，非專結「正己而不求於人」也。

行遠章[一]

行遠章旨

首節截，首言君子進道之有序，下二節分言，[二]以明其意。○此章明費之小也。

[一] 此標題底本無，張序本作「辟如行遠章」，據下「行遠章旨」改。
[二] 「分言」，張序本作「合言」。

君子之道，辟如行遠必自邇，辟如登高必自卑。

君子進爲之道，自知之始，而漸進於知之極；自行之始，而漸至於行之極。由近而及遠也，由下而及上也。「辟如行遠必自邇」者乎，蓋近者，遠之積也，而求之於近，固所以致夫遠也，天下容有舍近而能遠者哉？「辟如登高必自卑」者乎，蓋卑者，高之漸也，而求之於卑，固所以幾於高也，天下容有舍卑而能高者乎？入道者，烏可以躐等爲哉？○「君子之道」，就説「進爲有序」意，不可講在「之道」下。夫道有高遠、有卑近，高遠即聖人之道，卑近即始學之事，此求道者所以自卑近始也。

詩曰：「妻子好合，如鼓瑟琴。兄弟既翕，和樂且耽。宜爾室家，樂爾妻帑。」

子曰：「父母其順矣乎！」

果何以見其然哉？且舉一事言之，詩曰「妻子好合，如鼓瑟琴」，和之至也；「兄弟既翕，和樂且耽」，樂之極也。如此自能「宜爾室家，樂爾妻帑」。夫所和者，不過妻子而已；所宜者，不過兄弟而已。未及於父母也。夫子乃讀而贊之曰：「父母其順矣乎！」夫人之處家，則以「和妻子」「宜兄弟」爲事之卑近，而以「順父母」爲高且遠也，必能和之宜之，而後父母順。是亦「行遠自邇」「登高自卑」之意也。○「宜爾室家」，申「兄弟」二句。「樂爾妻帑」，申「妻子」二句。「父母其順矣乎」，内亦自有個道理，非是「和妻子」「宜兄弟」，即是所以「順父母」也。觀註「行遠自邇」二句可見，蓋遠處亦須行得方到，未有止自邇而遠即到者也，當體認。

鬼神章[一]

鬼神章旨

首節贊鬼神爲德之盛，二節言其實，三節言鬼神體物不遺之驗，四節引詩以著其體物之驗，五節則推本其所以盛也。○此章兼費、隱、大、小而言。

子曰：「鬼神之爲德，其盛矣乎！」

道雖妙於無形，而用實彰於有象。觀道者，亦觀之鬼神而已。是鬼神也，以二氣言，則分陰分陽，而對待之體以立；以一氣言，則根陰根陽，而流行之用以神。其爲德也，翕闢無方，而有以爲造化之樞紐；變化無窮，而有以爲品彙之根柢。[二]何其盛

[一] 此標題底本無，據張序本補。
[二] 「根柢」，底本作「棍柢」，張序本作「根底」，據文意改。

矣乎！○「鬼神」，説得廣，凡天地間皆有鬼神，此處不必多講，要含「體微而用廣」及「合散大小」意。註「天地之功用」，天地覆載於上下，而其中許多屈伸往來，皆鬼神之爲也。非鬼神不能成個天地。故曰天地之功用也，造者自無而有，化者自有而無，鬼神是其跡也。「二氣之良能」，鬼神之能屈能伸，能聚能散，能往能來，皆非安排者，故曰良。「性情功效」，不可用出，觀「猶」字可見。「鬼神」，即認作「陰陽」看。

視之而弗見，聽之而弗聞，體物而不可遺。

何以見之？隱焉而或淪於無，顯焉而或滯於有，皆不足以言德之盛也。鬼神則屈伸無象，雖正目以視之而弗見也；闔闢無端，雖傾耳以聽之而弗聞也。夫不見不聞，若至隱矣。然蘊於無形者，妙發見之機；而泯於無聲者，彰造化之用。故物之始也，不自始也，陰陽之合爲之也，蓋所謂精氣爲物，非是無以爲始矣；物之終也，不自終也，陰陽之散爲之也，蓋所謂游魂爲變，非是無以爲終也。是其爲物之體，而物所不能遺也。其德之盛何如哉！○此正言其爲德之盛也，上是言其體之微，下是言其用之廣，不見不聞，即是體物之妙用不可見聞也，非有二事。一節總承，方見盛意，體物須將鬼神作主，物作賓。鬼神雖無形也，而實有以形天下之形，且併其形而形之；雖無聲也，而實有以聲天下之聲，又併其聲而聲之。此用在過接處。此節雖兼費隱説，要知「隱」在「費」中。

使天下之人齊明盛服以承祭祀，洋洋乎如在其上，如在其左右。

所謂體物不遺者，蓋嘗驗之於祭祀矣。鬼神之靈，能使天下之人齊明以潔其内，而心志不敢以不一；盛服以齊其外，而威儀不敢以不謹，於以承祭禮焉。斯時也，精光浮動，英爽昭明，本非有在上也，而洋洋乎如在其上；本非有在左右也，而洋洋乎如在其左右。此可見鬼神之無往不在，而體物不遺驗矣。〇「能使」二字極重，正見他靈處。「驗」字非效驗，乃徵驗之「驗」也。「天下之人」，極説得廣。「洋洋」略斷，此二句正見體物不遺也，此是就無所不包中之鬼神，抽出所當祭之鬼神説。「祭祀」處截，要見「盛」意。

詩曰：「神之格思，不可度思！矧可斁思！」

斯義也，嘗於詩而有徵矣。詩曰：「神之來格也，既無定時定處之可測度，雖不顯亦臨，猶懼有失，況可厭斁而不敬乎？」然則所謂「洋洋如在」者，其神之格而不可度思者也；所謂「齊明盛服」以承祭祀者，其神之格而不可厭斁者也。此可見鬼神之妙，充滿於宇宙之間。故能如此，否則安能使人無不祭，祭無不敬如此哉？體物不遺，可驗矣。〇引詩，只明其可驗意，但不可專指祭祀言。末須繳上節意。

夫微之顯，誠之不可揜如此夫！

夫不見不聞，可謂微矣，而體物不遺，則又顯而不可揜也。信乎其爲德之盛矣！然果何爲其然哉？亦曰一誠之所爲耳。鬼神雖無形聲，而實有是理，陰陽之合，實有是合，故合則爲物之始，而不可揜於始者如此也。陰陽之散，實有是散，故散則爲物之終，而不可揜於終者如此也。不然何以微而能顯，而爲德之盛也哉？費隱之意，於此可見，而道之不可離者，從可知矣。○「不可」，以「微」「顯」平看，重「顯」上。「誠」，亦不出乎德之外，不可揜，正應「顯」字。「誠」，以實理言。「誠之」句，總結上幾節，非只結此節之意也。

大孝章[一]

大孝章旨

首節截，首節只言舜孝在德福之兼隆，次節言舜以盛德而獲福之必然，中二節即

[一] 此標題底本無，張序本作「舜其大孝章」，據下「大孝章旨」改。

天道，以明必然之意，末節又申言之也。

子曰：「舜其大孝也與？德爲聖人，尊爲天子，富有四海之内，宗廟饗之，子孫保之。」

中庸明費之大也，以爲夫孝亦難矣。若舜也者，其殆孝不徒孝，而爲天下之大孝與？何以見之？凡有三德六德者，皆足以顯親，舜則温恭允塞，濬哲文明，而德爲聖人之德焉，以聖人爲之子，使其親爲聖人之父，所以顯其親者至矣；凡爲諸侯大夫者，皆足以尊親，舜則歷數在躬，允陟帝位，而尊爲天子之尊焉，以天子爲之子，使其親爲天子之父，所以尊其親者至矣；凡有一邑一國之奉者，皆足以養親，舜則奄有天下，任土作貢，而有四海之富焉，所以養其親者又至矣。上而宗廟，親之本也，則上祀先公以天子之禮，而宗廟榮享其祀，敬親之所尊者，何如也？下而子孫，親之支也，下則有虞思、陳胡公之封，而子孫世保其業，愛親之所親者，何如也？德福兼隆如此，舜之所以爲大孝也與？○首句虚，下正言其實也。下五句作五平看，俱要揭得「孝」字意出，逐句皆大孝之實，非兼五者而後爲大孝也。作文以「德」字另講，下「尊」對「富」，「饗」對「保」。「保之」，作「保宗祀」説。

故大德必得其位，必得其禄，必得其名，必得其壽。

夫德福兼隆，固舜之所以爲大孝矣。然德者福之基，福者德之致，故舜有大德，則元后終陟，而必得其位也；任土作貢，而必得其禄也；四海謳歌，而必得其名也；令終有俶，而必得其壽也。蓋有辭之而不可得者矣。○就舜説，此以下雖反覆推以德獲福之理，而大孝意自不可遺。四「必」字重。「大德」截。

故天之生物，必因其材而篤焉，故栽者培之，傾者覆之。

舜之以德獲福者，非倖致也。不觀諸天乎，彼天之生物，雖曰無心而成化，亦必因材而篤焉。故物之栽者，植本完固，有生道也，則培之焉；物之傾者，本實先撥，有息道也，則覆之焉。天何心哉？然則舜之大德，物之栽者也；衆福之臻，天培之也。觀於天之生物，而舜之以德獲福，宜矣。○此與下節俱發明「以德獲福」必然之意，或培或覆，蓋在物之材質，有能受與不能之殊，非天實有心於栽培也。下二句不平，重「栽」「培」説。「篤焉」截。

詩曰：「嘉樂君子，憲憲令德。宜民宜人，受禄于天。保佑命之，自天申之。」

舜之以德獲福，又嘗觀之詩矣。詩言可嘉可樂之君子，有憲憲之令德，而其德足以宜於在下之民，宜於在上之人。故受禄於天而奄有於四海，保佑命之而申重之不已，是禄之申也。雖由於天，而所以然者，實由於君子也。觀此則知舜之德，固憲憲之令德也，則福之致，固天命之保佑也，夫豈倖得者哉？○「宜人」截，上是言德之美，下是言福之隆，此亦發明舜獲福必然之意也。

故大德者必受命。

夫由物理觀之，則舜之大德，固物之栽者也，而天安得不培之也？由人事觀之，則舜之大德，固憲憲之德也，而天安得不申之也？故受天命而爲天子，禄位名壽，於焉而攸固；尊富饗保，於焉而畢備，豈非出於必然者哉？○承上二節言，就著舜講。夫孝者，庸行之常也，而推之以極其至，則其道之用廣矣。所以然者則隱也，不亦費而隱乎？命題搭上兩節，則上二節對。末節總上意結之。

無憂章[二]

無憂章旨

三節三事平看，不重相承，總見三聖之事，無非道之所在，費之大也，而其所以然

[二] 此標題底本無，據張序本補。

者則隱矣。首節言文王之無憂，乃父道、子道之所在，是中庸之道見於處常也；次節言武王之纘緒，乃君道之所在，是中庸之道見於處變也；三節言周公之成先德，乃相道之所在，是中庸之道見於制作也。

子曰：「無憂者其惟文王乎！以王季爲父，以武王爲子，父作之，子述之。」

天下之事，莫非吾分之所當爲，而聖人欲以一身致之，宜不能無憂也。文王何以能無憂也？蓋上焉無其人，則將苦於創業之難；下焉無其人，則將病於令緒之失，欲無憂不可得也。文王之所遇何如哉？以父則王季焉，以子則武王焉。有是賢父以作之，而所以篤周家之祐者，莫非開仁天下之源；有是聖子以述之，而所以揚先代之烈者，莫非廣仁天下之化。凡其所當爲者，王季先爲之；其所欲爲者，武王代爲之。文王惟觀厥成焉耳。此所以無憂也。文王之事，非道之所在乎？〇「王季」二句，以德言；「父作」二句，以業言。「無憂」意，起繳處見。上句虛，下四句正言其所以無憂。無憂謂之道者，蓋文王有父作子述，則當無憂，有憂非道矣。「子述」，勿以「伐商」言。

武王纘太王、王季、文王之緒，壹戎衣而有天下，身不失天下之顯名，尊爲天子，富有四海之内，宗廟饗之，子孫保之。

以武王之事言之，太王肇基王跡，王季其勤王家，文王三分有二，而緒猶未成也。武王從而繼其緒焉，當是時也，紂惡不悛，於是應天之命，順人之心，一戎衣以伐之，而有天下焉。夫武王之聖，本有顯名矣，而今以臣伐君，宜失此顯名也，然人皆知其爲應天順人之舉，而無利天下之心，其身終不失天下之顯名焉。以言其尊，則四海攸同，而尊爲天子；以言其富，則尺地一民，莫非其有，而富有四海。上而宗廟享王祀，有以昭配天之業；下而子孫宜君宜王，有以衍豐芑之傳，此武王之事，孰非道之所在乎？○首句是繼先業，下段是成王業。不可以下爲纘緒之實，「纘」字只是承守舊業，開大意不可於「纘」字上發之。「子孫保」，與上舜不同，上只是保其爵土，此是保王業也。「戎衣」句不重成功之速上。「身不失」三字有斟酌。邵文莊謂：「曰『身』，則心猶有歉也；曰『不失』，亦險矣哉。」

武王末受命，周公成文、武之德，追王太王、王季，上祀先公以天子之禮。斯禮也，達乎諸侯、大夫，及士、庶人。父爲大夫，子爲士，葬以大夫，祭以士；父爲士，子爲大夫，葬以士，祭以大夫。期之喪，達乎大夫；三年之喪，達乎天子；父母之喪，無貴賤，一也。

以周公之事言之，文王以服事殷，固未嘗違時而制禮也；武王既老而受命，亦未及因時而制禮也。使文、武當周公之時尚在，必將制禮以孝其先，而以孝治天下，此文、武之德意也。故周公體其心，而成其未成之德焉，成之何如？太王、王季，向特列於侯爵耳，[二]然欲尊其親者，固武王意，亦文王意也。公於是尊古公曰太王，尊季歷爲王季焉，王者之名稱，而文、武之德，其成乎！組紺以上至后稷，向特祀以侯禮耳，然欲厚其親者，固文、武意，亦太王、王季意也。公於是祀后稷於太廟，祀群公於夾室焉，推太王、王季之意，非即所以成文、武之德乎？然尊祖敬宗者，天下之同情，禮行於上而不達於下，則凡有孝親之心者，不得各伸其情，則非文、武以孝治天下之意？而吾之成先德者，亦有窮矣，於是以上祀之禮，天下雖不得而僭也，然必因其分而制其禮，自天子達於有國之諸侯、有家之大夫，及有位之士、無位之庶人焉。且以葬祭之禮言之，諸侯以爵土相承，庶人以名分自守，禮無隆殺，固不必言矣；父子皆大夫，父子皆士者，禮無所異，亦不必言矣。乃若父爲大夫，子爲士，則葬用死者之爵，使得以安其分；祭用生者之禄，使得以盡其情也。以喪服之禮言之，如期之喪，由庶人以

[二]「列於」，底本原作「謚以」，旁點改作「列於」，則與張序本文字同。

達於大夫，大夫降，諸侯絶，天子不必言矣，親不敵貴也。惟夫三年之喪，則下自庶人，上達於天子，何也？三年之喪，父母之喪也，貴不敵親，故無貴賤一也。夫曰追王，曰上祀，則有以體先王孝事先人之心，子道也；曰制禮以及天下，則有以體先王孝治天下之心，臣道也。此正所謂成文、武之德也。周公之事，非道之所在乎？夫是道也，文王爲之前，武王承之後，至周公而大備焉。蓋斯道之大，聖人有所不能盡者，而費之大可見矣。○「末受命」上，須放出文王來，在「文、武之德」截，[二]下正詳其實也。謂之德者，尊祖敬宗，人子之德也。斯禮也，亦承祭祀説，達乎諸侯，自天子而達於下也。「父爲」八句，舉其祭祀之例，而以葬禮相形言之，不可平，重祭上，達乎大夫，自庶人而達之也，達於天子亦然。要看註三「推」字與「及」字，一則推文、武之意，以及於王跡之所起；二則推太王、王季之意，以及於無窮；三則推己以及人也。制爲禮法以及天下，無非體前人之心而已。

[二]「文、武之德」，底本作「文王、武之德」，據張序本及中庸改。

達孝章[一]

達孝章旨

「孝之至也」截，首二條是論武、周之達孝在於繼述之善。然繼述之善在於制爲祭祀之禮，以通於上下者耳，故「春秋」二節，正詳言其所制爲祭祀之禮。「踐其」節，是結其意。末節又舉其禮制，而深贊其意義之深遠也，見得非武、周不能制此禮也。總是詳其善繼善述，見其所以爲達孝也。

子曰：「武王、周公，其達孝矣乎！」

武、周之爲孝也，事之所創者，不失吾常；典之所制者，永錫爾類。尊吾尊，而人皆得以尊其尊也；親吾親，而人皆得以親其親也。在一人，則爲一人之孝；在天下，則爲天下之孝；在千萬世，則爲千萬世之孝。其達孝矣乎！○此章亦明費之大也。「武王、周公」，有爲君爲相意。「達」者，言其孝之通人心，人皆可以自盡者，非是天下通稱其孝意。此節且虛講，舜之孝，以全體至極言，故曰大；此以流通周徧言，故

[一] 此標題底本無，張序本作「武王周公章」，據下「達孝章旨」改。

曰達。

夫孝者，善繼人之志，善述人之事者也。

所謂達孝者，何如？蓋自心之所存謂之志，即所以主其事者也，思不出位。先王之心，而武、周所處，非其時矣，何以繼之？吾知時有不同，而所同者理，理之所在，先王志之所在也。彼則廣因心之孝，不惟持守，而且變通以繼之，不謂之善繼乎？行之可見謂之事，即所以行其志者也，隨遇而安。先王之事，而武、周所處，異其時矣，何以述之？吾知勢有不同，而所同者理，理之所在，先王事之所在也。彼則廣孝行之心，不惟率由，而且化裁以述之，不謂之善述乎？此其所以爲達孝也。○此言達孝之實。「夫孝者」，指武、周而言，兩句平說。內有是志，故外有是事，非有二也。然作文須有分別，重兩「善」字，「達孝」全在此處，要看得圓活，非必先王有此志事而後爲之也。但度先王處此之時，合有此志事，遂因時變通之也。此節雖言上章之事，實起下章之意，註「所制祭祀之禮」，俱在上章周公成文、武之德內了，此詳之耳。

春秋修其祖廟，陳其宗器，設其裳衣，薦其時食。

武王之纘緒，周公之成德，固繼述之大者也。然自其所制祭祀之禮，通於上下者言之。當春秋之時，舉祭祀之禮。「祖廟」，先靈之所棲也，則爲之修飾，以致其潔；

「宗器」，先王之所傳也，則隨所有而陳之，以示其守。「設其裳衣」，使神有所依；「薦其時食」，使神有所享。武、周祀先之禮，其重以周如此。○此與下節不必以禮義分，但備言所制祭祀之禮，而此節見敬其所尊，下節見愛其所親也，亦不可以上下分。但就上言而通於下，俱繳在後可也，四時皆祭，獨舉春秋，錯舉以見義也。「春秋」截，下四句平。

宗廟之禮，所以序昭穆也；序爵，所以辨貴賤也；序事，所以辨賢也；旅酬下爲上，所以逮賤也；燕毛，所以序齒也。

夫備物致用，固先王所以飾禮，而其經制之周悉，何如哉？當祫祭肇行，則子姓咸集，其準祖考之次，以列左右之位者，何爲哉？蓋昭穆乃生人之大倫，而明倫乃祀法之大典。於群昭而左之，弗使混於穆也；於群穆而右之，弗使混於昭也。庶乎世次於是而定矣，謂非親親之義乎？時而助祭有諸臣也，故列公、侯、卿、大夫之衆而序其爵者，正以分之貴賤由爵而昭也。爵之尊者，列之於先，而無失其爲尊；爵之卑者，列之於後，而無失其爲卑。貴貴之義，不於是昭乎？時而執事有諸臣也，則列宗祝有司之職而序其事者，正以賢之大小由事而見也。賢之大者，使得顯其位事之能；賢之小者，使得效其一能之美。賢賢之義，不於是彰乎？夫爵以序貴矣，於祭畢之時，則旅酬之禮行焉。主欲酬乎賓也，則同姓之子弟，爲其上以舉觶；賓欲酬乎主也，則異姓之子弟，爲其上以舉觶。俾無爵之可序者，得因事以彰其榮也，非以明幼幼之義哉？夫序事以辨賢矣，於祭畢之後則燕毛之禮行焉。倫之同者，尚之以齒；分之均者，別之以毛。俾無事之可序者，亦得因年以享其尊也，非以明老老之義也哉？以此觀之，可以知繼述之善矣。○此言所制祭祀之禮極其周也。上是時祭，此是祫祭，雖分交神明待群下，須知待臣下不出交神明之中。「宗廟」句另講，下皆相對。首句以同姓言，序爵以異姓言，序事兼同姓異姓。「旅酬」句亦然。「燕毛」，是祭畢而異姓皆退之後，同姓燕於在廟之後寢也。「序齒」者，昭與昭序，穆與穆序，亦非混而爲序也。宗人甚衆，以毛髪別之，取其易辨也。註「有事於太廟」四句，正貼「宗廟之禮」；「子孫亦以爲序」，正貼「序昭穆」。註又用「宗廟之次」三句在前者，蓋昭穆乃死者之位號，今生者亦以之爲序。故先以三句原起，全重在生者看，此以大祫言，故群廟之子孫咸在也。總意，上節乃廟中陳説一定之禮，爲先王祖考設者；此節乃禮儀曲盡之妙，爲子孫臣庶設者。

踐其位，行其禮，奏其樂，敬其所尊，愛其所親，事死如事生，事亡如事存，孝之至也。

夫祭祀之禮，武、周所制以通於上下者也，而謂之善繼善述者，何哉？亦惟善體先王而不違耳。是故先王之所以對越祖考者，有位也，今也以位則天子矣，位雖不同而理同，則踐其所當踐，亦猶夫先王之位焉；先王之所以奉祀祖考者，有禮也，今也以禮則用大禘矣，禮雖不同而理同，則行其所當行，亦猶夫先王之禮焉；先王之所以和平祖考者，有樂也，今也以樂則用八佾矣，樂雖不同而理同，則奏其所當奏，猶夫先生之樂焉。以至祖考者，先王之所尊也，今也祖廟修而宗器陳焉，衣裳設而時食薦焉，是敬其所尊矣。子孫臣庶，先王之所親也，今也親親而貴貴焉，賢賢而幼幼焉，長長焉，是愛其所親矣。若此者，皆武、周不忍死先王之心也，其真可謂「事死如事生，事亡如事存」，善繼善述，而爲「孝之至也」，謂之曰達孝，宜哉！○此結上兩節意也。「禮」「樂」「位」，俱就祭言。五「其」字，俱指先王説。王侯不同位，而謂之「踐其位」，何也？蓋使先王在此時亦必踐其位者，故曰「踐其位」。「敬其所尊」，應「春秋」節；「愛其所親」，應「宗廟」節。「事死」二句，承上五句來。「孝之至」，亦承上來，轉應「達孝」。自其孝之極至而無以加，則曰至；自其通乎人心，則曰達。首二句，以事言；「敬其」二句，以人言。

郊社之禮，所以事上帝也；宗廟之禮，所以祀乎其先也。明乎郊社之禮，禘嘗之義，治國其如示諸掌乎！

然武、周所制祭祀之禮，不特此也。冬至有事於圜丘以事天，惟天子得以行之；夏至有事於方澤以祭地，則通上下而行之。斯禮也，蓋以天施地生，造化萬物者，其德至大。故用是以事上帝后土，而昭其生成之報也。五年一禘，惟天子得以行之；三月一嘗，則通上下而行之。斯禮也，蓋以祖功宗德，啓佑後人者，其恩至深，故用是以祀乎其先，而昭其發育之報也。然是尊尊親親之禮，無非繼述中來，而其意義之深遠，未易明也。有能明燭乎幽隱，誠感乎神明。明於郊社之禮，所謂惟仁人爲能享帝也；明於禘嘗之義，所謂惟孝子爲能享親也。則能以此仁而格天者，即能以此仁而育天下；以此孝而事先者，即能以此孝而治天下。又何人道之不可明，人心之不可感也？其於治國，不猶視諸掌之易乎？夫武、周之制禮，意義深遠如此，所以爲達孝，而莫非道之所在也，道之費也見矣。○上條已結盡矣，此條是就制禮中推極而言之，重達於治上，郊社之禮，宗廟之禮且虛説，報功在下句，宗廟中入禘嘗無妨，上帝内要補后土，禮屬郊社，義屬禘嘗，互見也。「明」字重看，非徒知之而已，要説仁人與天爲一，孝子與親爲一。「治國」句，言能仁孝即能治國，不可以神人幽明低昂看。

問政章[一]

問政章旨

此章分二段，在「知斯三者」節截，以前是人存不患政不舉，以後是政舉必本於人存。然人存之本在修身，修身之功在求誠，通章以身爲主。○首句分，哀公之意在正人，孔子之意在正己，宜分三段看：自「文、武之政」至「國家矣」，是言須正己以正人也；自「凡爲」至「一也」，是備言正人之事，又本之正己也；自「凡事」至末，是詳言正己之事。總是正己正人一意，反覆推説。自「修身」中細看，又有三層意，修身不外以智、仁、勇行達道而已：自「修身以道」推，至於「知天」之「知」，有其意矣，未言其實；自「天下之達道五」至「知斯三者」，已言其實矣，未言其詳；「凡爲」至末，始盡其詳也。

子曰：「文、武之政，布在方策。其人存，則其政舉；其人亡，則其

[一] 此標題底本無，張序本作「哀公問政章」，據下「問政章旨」改。底本此章首節前有「哀公問政」標題，顯誤，改移於此。

政息。」

此子思引夫子之言，以繼大舜、文、武、周公之緒，蓋以終十章之意也。哀公問政，蓋徒欲正人而未知正己者也，夫子乃舉其本而告之曰：「政莫善於文、武，文、武之政，自身而家而國而天下，紀綱法度，布在方策之間，未嘗不存也，但文、武之人不存耳。」誠使當今之時，有君如文、武者出焉，有臣如輔文、武者以爲之輔焉，則致治有本，王道具於天德，推行有基，良法成於美意，而文、武之政，不在方策，而在天下矣。若上無是君，下無是臣，則文、武之政，徒在方策之陳跡而已，如之何其可行耶？○獨舉文、武者，以哀公是周人，欲其守祖宗之家法也。「方策」截，「政」字泛説，須點出躬行意。「人存」「政舉」，以見任法不如任人也。末二句輕。

人道敏政，地道敏樹。 夫政也者，蒲盧也。

夫人存政舉，政固以人而立矣，而人存政舉之易何如？蓋明良合德人之謂也，而其道則敏政焉，推之即準，動之即化，其猶地道之敏樹乎？然政之敏，果何樹足以擬之耶？如蒲盧之易生，無俟灌溉之力也。○上二句重人説，言人易舉乎政；下二句重政説，言政之易舉，然人更脱不得。 人道兼君臣言。「人道敏政」，泛説道理。「夫政也者」，須指文、武之政説。「敏」字不必作兩層。

故爲政在人，取人以身，修身以道，修道以仁。

夫人道敏政如此，以是知人也者，政之紀也，君人者，誠欲爲文、武之政，不能以獨任也，惟在於臣得其人焉，股肱良而庶事康也；然身也者，人之則也，君人者，誠欲得文、武之臣，亦不必於遠求也，而惟在於吾身焉，取舍精而邪正辨也。然身不可以徒修，必以天下共由之道焉，則蕩蕩無偏，而大經以正，身可得而修矣；道又不可以徒修，必以本心生理之仁焉，則肫肫懇切，[一]而至恩以宣，道可得而行矣。仁以修身，是有君也；身以取仁，[二]是有臣也。文、武之政，有不舉哉！○「故」字承上「人道敏政」來。「道」，即五達道，言律此身於民彝之内也。「仁」是惻怛慈愛之意，可以聯屬此道者也。須知身也道也仁也，乃一時事。故註曰：「能仁其身，則有君有臣，而政無不舉矣。」

仁者人也，親親爲大；義者宜也，尊賢爲大；親親之殺，尊賢之等，禮所生也。

[一]「懇切」，底本誤作「懇切」，據張序本改。
[二]「仁」，底本原即如此，旁點改作「人」，則與張序本文字同，據上文改。

夫行道固本於仁，而仁身亦有其要。仁也者，非他也，蓋人具乎生理，自然有惻怛慈愛之意，是仁不外乎人也。夫仁，主於愛矣。而親睦隆於一本，惇敘洽於九族，乃其愛之獨隆而不容緩焉者。親親，非仁之大乎？夫有仁，必有義也。義也者，非他也，蓋分别事理，各有所宜，是即義之所在也。夫義雖主於宜矣，而有師以隆其啓沃，有友以資其切磋，乃其所甚宜而不容緩焉者。「尊賢」，非義之大乎？然親親必有殺，父兄宗族，因分而爲厚薄；尊賢必有等，而大賢次賢，因人而爲輕重。若此者，非有所强也。蓋其一定之序，品節之而使不流；當然之則，範圍之而使不過。又吾性之禮所生也，體乎仁義而行之以節文，修身之要有在矣。〇此承上「仁」字來，而言其大處，因併及「義」與「禮」也。「人也」「宜也」，皆就用上説得廣；「親親」「賢賢」，又就用中之大者言。「親親爲大」，對五達道説，非以民物對也，但此處不可露出耳。親親之心，必由賢者啓沃以輔之，故宜尊之而爲義之大也。禮所生，聚岡謂：「非是禮在性中而生此等殺出來。」猶言禮乃發生在此耳。親之尊之，其中自有個等殺，不假安排者，等殺處即是禮。夫親親者，盡仁之實也；尊賢者，求仁之輔也，而禮又所以達仁之分也。人君能仁其身，則有禮有義而身修矣，何患於人之不得，政之不舉哉？

故君子不可以不修身；思修身，不可以不事親；思事親，不可以不知人；思知人，不可以不知天。

夫爲政在人，取人以身。是身也者，取人之準也，爲政之本也。身有不修，則權衡既失其本，而官使皆失其當，故不可以不修身。修身以道，修道以仁，苟不能仁其親，則所厚者薄，而無所不薄矣。故思修身者，不可以不事親，欲盡親親之仁，必由尊賢之義，苟不能知人，則善類孤而義理無以講明，親不可得而事矣，故「思事親，不可以不知人」。親親之殺，尊賢之等，皆天理也，苟不知天，則本原不徹，不惟所以爲隆殺者莫知其所從，體統不明，所以爲等級者亦莫知其所自，而恩或至於倒施，禮或至於泛加矣，故思知人以爲事親之助者，不可以不知天。由知天以知人，由知人以事親，則仁自親始，道以仁行，而修身之事盡矣。修身則有君矣，以是而爲取人之則，則有臣矣。有君有臣，文、武之政有不舉哉？○此申上二節修身爲立政之本，而推其要也，蓋上節不過推其理，此則勉以當盡其功也。首一句分，重「修身」上。四「不可以不」字亦重。「事親」，是親親中舉其又重者而言。自「事親」至「知天」，皆修身事也，此節當收拾上二節來講，觀註可見。註「修身以道，修道以仁」，兼「仁者人也」「親親爲大」在內。「知人」，是知其賢之大小也；「知天」，非徒知，乃真知也，以格物窮理講。

天下之達道五，所以行之者三。曰君臣也、父子也、夫婦也、昆弟也、朋友之交也，五者天下之達道也；知、仁、勇，三者天下之達德也。所以行之者一也。

上言修身之要，此詳言修身之事也。身之修固以道，而道不止於親親也，天下之達道有五焉；道之修固以仁，而德不止於仁也，所以行此達道者有三焉。五達道何？外而君臣有義焉，一道也；內而父子有仁焉，一道也；至於昆弟、夫婦、朋友，皆一道也。是五者，天下古今共由之路，非達道乎？三達德何？自其有覺而言曰智，所以知此道者；自其無私而言曰仁，所以體此道者；自其强毅而言曰勇，所以强此道者。是三者天下古今之所同，得非達德乎？夫三達德，固所以行乎五達道，然要之達德之所以行乎達道者，一本於誠焉。知爲實知，仁爲實仁，勇爲實勇，則德誠而道行矣。德以誠而立，道以德而行，則修身之事備矣，尚何取人之則有未定，而文、武之政有不舉哉？〇上三節言修身之要，此備舉修身之道也。「達道」之道，即上「修身以道」；而「達德」之仁，即上「修道以仁」。而知則仁之始事，勇則仁之收功。要之，總不出「修身以道，修道以仁」二句意。「所以行之者一」，此「行」就「達德行達道」說。「五者」，就自然之倫説，勿著力。「知、仁、勇」，亦須就渾成説，實有是知、仁、勇，便是誠，便是行處。獨朋友曰之交者，友以交而合也。

或生而知之，或學而知之，或困而知之，及其知之，一也；或安而行之，或利而行之，或勉强而行之，及其成功，一也。

夫達德之所以行乎達道者，何如？道，率於性者也；德，命諸天者也。德以知乎道，良知本無不知也，而氣之所稟，則有清而有濁，於是有聰明之盡，而生知乎達道者焉；或致善反之功，而學知乎達道者焉；或有生而不明，學而未達，必思慮困衡，而後知乎達道者焉。所知雖有蚤暮之不一，然及其知之也，同歸於一理之貫通而已，固不問其孰爲生知，孰爲學知，孰爲困知也，有不一乎？德以行乎道，良能本無不能也，而質之所賦，則有純而有駁，於是有不待習，而安行乎達道者焉；或安有未能，必待利而行乎達道者焉；或不獲所安，未知所利，必待用力矯强，而後行乎達道者焉。所行雖有難易之不一，然及其成功也，同歸於一理之渾合而已，固不問其孰爲安行，孰爲利行，孰爲勉行也，有不一乎？夫入道之異等者，以氣質之異稟也，至道之同歸者，以智、仁、勇之德同也。達德之所以行達道者如此。[二] ○此條只詳達德行達道之事

[二]「達德」，底本作「達道」，據張序本改。

也。上言達德之行在於智、仁、勇，[一]此復有三知三行之説者，見得人之氣禀不同，智、仁、勇在人亦有三等也。然氣質雖不同，畢竟人性本無不善，所以知行之成功一也。此處講，須要重「學知利行」「困知勉行」上。三知三行，皆自己知己能者言。知以氣之清濁爲早暮，行以質之純駁爲難易也。分者，知與行各自分爲一項也；等者，逐句中各有高下等級也。觀註，當重分邊緻。由是觀之，道之知也，不必生知而後知，而學知、困知者，亦可知矣。道之行也，不必安行而後行，而「利行」「勉行」者，亦可行矣。

子曰：「好學近乎知，力行近乎仁，知耻近乎勇。」

夫達德固行乎達道，而未及乎達德者當何如？彼於達道無不知者，智也，[二]吾未能知，而好學以求知乎達道焉，則雖未即爲智，亦足以破愚而近於智矣，[三]由是達道，庶乎其可知也；於達道無不體者，仁也，吾未能仁，而力行以求體乎達道焉，則雖未

[一]「智」，底本作「知」，據張序本及文意改。

[二]「智」，底本、張序本均作「知」，據文意改。

[三]「則雖未即爲智，亦足以破愚而近於智矣」，底本二「智」字均作「知」；張序本「未」字作「非」，又脱一「亦」字，據文意改。

即爲仁，亦足以忘私而近於仁矣，由是達道，庶乎其可體也，智、仁各詣其極，[一]而無不能之可耻者，勇也，吾未能勇，耻其智不若人，[二]而好學無怠焉，耻其仁不若人，而力行無替焉。將見「及其知之，一也」、「及其成功，一也」，不近於勇乎？由是達道，庶乎其可強也。審如是，則達德入，達道行，而身其可修矣。○上言三達德之行五達道者，以成德言也，此只就困勉始用工夫時説。不然，豈又有一等人耶？「好」字、「力」字、「知」字極重。「好學」等，俱以達道等入講，自其方求以入德之事而言，而未要其成，故曰「近」。此節蓋爲哀公氣禀庸下而發。

知斯三者，則知所以修身；知所以修身，則知所以治人；知所以治人，則知所以治天下國家矣。

三者，固入德之事矣。果能「知斯三者」，而好學力行知耻焉。吾見好學足以近智，[三]力行足以近仁，知耻足以近勇，而達德自是其可進。近智足以知道，[四]近仁足

[一]「智」，底本、張序本均作「知」，據文意改。
[二]「智」，底本作「知」，據張序本及文意改。
[三]「智」，底本作「知」，據張序本及文意改。
[四]「智」，底本作「知」，據張序本及文意改。

以體道，近勇足以强道，而達道自是其可行，事親、知人、知天，一以貫之矣，不亦知所以修身乎？既知所以修身，則以己觀人，亦此德也，此道也，而人知所以治矣；既知所以治人，則以我觀衆人，皆此德也，此道也，而亦知所以治天下國家矣。是可見爲政者不可以不修身，而修身者不可不知所以入德也。○此結上文「修身」之意，起下文「九經」之端也，不必分屬。通節「知」字只作「行」字看。修身内重以德，行道亦要歸重在修身上。要結得上文「爲政在修身」之意。看三「所以」字，見得無非修身之推也。

凡爲天下國家有九經，曰：修身也，尊賢也，親親也，敬大臣也，體群臣也，子庶民也，來百工也，柔遠人也，懷諸侯也。

夫達德以行達道，固所以修其身而治天下國家矣。然自古以來，凡爲天下國家者，有九經焉，其道有常而不可易，其序有條而不可紊者也。其目何如？身者，萬化之原也，故修身其先也；賢者，修身之道所賴以明者也，故尊賢次之；又其次則親親焉，蓋修身之道莫先於家也。由家以及朝廷，大臣者，賴之論道經邦者也，當敬之以隆其禮，而信任之必專；群臣者，賴之分理庶職者也，當體之以察其心，而恩禮之必至。由朝廷以及其國，庶民者，所當子也，則子之而俾得遂其生；百工者，所當來也，則來之而俾農末相資。由其國以及天下，有遠人焉，則柔之，統馭有方，而四方賓旅，各遂其願也；有諸侯焉，則懷之，□□□□□，[一]而萬邦群后，各安其職也。此九經之目，而自有其序者然也。○目中有次序，賢在大臣群臣之外，非臣之也，兼師友二意説。「親親」，兼九族，非止是二親也。「大臣」「群臣」，即前所謂取人者。「來」者，聚之以作事也。「遠人」訓「賓旅」，「賓」謂有交禮於國者，「旅」謂道經於國者。每句出了，當竊下面意講。九件平看，其實歸重在「身」上。前面許多説話，爲修身而説也；後面許多説話，自修身而推也。

修身則道立，尊賢則不惑，親親則諸父昆弟不怨，敬大臣則不眩，體群臣則士之報禮重，子庶民則百姓勸，來百工則財用足，柔遠人則四方歸之，懷諸侯則天下畏之。

有天下之大道，必有天下之效驗。惟修身也，則道自我立，而可爲民表矣。吾能尊賢，則納誨之功深，而疑有所質，不惑於道矣；吾能親親，則恩篤九族，上而諸父，下而昆弟，咸得其歡心，而不我怨矣，經道行於家之效如此；能敬大臣，則信任專一，而聰明有寄，臨大事，斷大謀，皆有所資而不眩矣；能體群臣，則感恩者事專報主，戴

[一] 底本此處有五字空格未抄，張序本無，正文連屬，姑存其舊。據前文，此處當有四字。

德者志存立功，而士之報禮重矣，經道行於朝廷之效如此；能子庶民，則民心愛戴，有餘力以終事，有餘財以供國，而百姓無不勸矣；來百工，則有無得以相濟，農末得以相資，而財用無不足矣，經道行於國之效如此；柔遠人，則澤之所被者衆，而風之所動者遠，四方之人有不歸焉者乎？懷諸侯，則德之所施者博，而威之所及者廣，天下諸侯有不畏焉者乎？經道行於天下之效如此；何莫非修身以爲之本歟？九經行而自有其效，爲君者亦何憚而不行乎？○「修身」等輕，重「道立」等上。「不惑」，以君心言，是先事而講明其理也；「不眩」，以君政言，是臨事而區畫其宜也。「財用」，財之用也，百工做出器具，皆謂之財，財皆資於日用。天下之旅，則賓在其中矣。「德」靠「懷」字，「威」靠「畏」字，未言事而先言效，亦歆動哀公之意也。

齊明盛服，非禮不動，所以修身也；去讒遠色，賤貨而貴德，所以勸賢也；尊其位，重其禄，同其好惡，所以勸親親也；官盛任使，所以勸大臣也；忠信重禄，所以勸士也；時使薄斂，所以勸百姓也；日省月試，既稟稱事，所以勸百工也；送往迎來，嘉善而矜不能，所以柔遠人也；繼絶世，舉廢國，治亂持危，朝聘以時，厚往而薄來，所以懷諸侯也。

夫有天下之大效驗者，必有天下之大事功，九經之中，固有所謂修身矣，而身奚以修乎？心者，身之主，必齊明以爲德焉；服者，身之章，必盛服以爲容焉。非禮者，身之累，必視聽言動，勿以非禮動焉，則内外交養，動静不違，達德入而達道行，所以修吾身也。君能盡之，而道立之效可致矣。賢何自而尊也？蓋任讒邪則用賢不專，徇貨色則好賢不篤，故必去讒遠色賤貨，而一於貴德，純心乎上下之交，啓沃盡師友之誠，所以爲勸賢之道也，君能盡之，而不惑之效可致矣。親何由而勸也？蓋恩有所靳，情有所壅，則親者離，故必親之欲其貴也，愛之欲其富也，而尊位重禄以隆其恩，所欲與聚也，所惡勿施也，而同其好惡以協其願，所以勸親親之道也，君能盡之，而不怨之效可致矣。大臣不當親細事，充其官屬之盛，給其使令之役，則多事不擾，而得盡其以道事君之職，所以勸大臣之道也。君而能是，則不眩之效不可得乎？士之所賴於上者，必有在也，以心體之，而待之忠信以盡其誠，養之厚禄以恤其私，是所以勸士也。君而能是，不可以獲報禮之效乎？人情莫不欲逸，則力役之征以其時，而不盡人之力；人情莫不欲富，則惟正之斂從其薄，而不盡人之財，是所以勸百姓也，而百姓勸之效得矣。日有所省，月有所試，而課功之典行，程其功能，上下其食，而賞功之典明。則勤者益篤成事之志，無淫巧也；惰者亦懷怠事之恐，無偷慢也，是所以勸百工也，而財用足之效可得矣。往則授符節以送之，來則豐委積以迎之，善而願留於國者，則因能授職，嘉之使得展其才，不能而不願留於國者，則順而使去，亦矜之而不强其不欲，則撫之者厚，體之者周，非所以柔遠人乎？君於此加之意，吾見四方歸之矣。無後者續之，亡滅者封之，治其亂使上下相安，持其危使大小相恤，朝聘以時而不竭其力，厚往薄來而不匱其財，斯有以堅其藩翰之志，非所以懷諸侯乎？君於此加之意，吾見天下畏之矣。九經之事蓋如此。則君欲收其效，盍於此而先盡之乎？○此告以用力處。前言修身以道，而此以「齊明盛服」爲修身者，蓋内外動静交養，則道乃可修也。「齊明盛服」，雖有内外，總是静。「非禮」句，指動言。「去讒」「遠色」「賤貨」，皆所以爲「貴德」之地者，故加一「而」字，蓋不分心於彼，則能純心於此也。「尊位」二句，以爵禄好惡平講。「勸親親」，是勸親來親我。「官盛」句，不以細務勞之也，此是優待大臣，蓋專以決疑斷事資之也。士者，群臣之總稱，省試所以程能，廩事所以賞功也。「絶世」，有國無子孫者，取旁支續之；「廢國」，有人而無國者，復封建之。「治亂」，使上下相安，以臣民言也；「持危」，使大小相恤，指鄰國言也。此節雖是説九經之事，而九個「所以」字内，則包效説，意方完。

凡爲天下國家有九經，所以行之者一也。

「凡爲天下國家有九經」如此，而所以行之者，道豈多乎哉？亦在於一誠而已。

本無妄之心，以爲推行之本。合九經言之，無一經之不誠也；析九經觀之，無一事之不誠也。然後推之無不準，行之無不利矣，不然其何以行之哉？此九經之實也。○此約言「九經」，而歸於「誠」也，重下句。「行」字指行九經説。註「一有不誠」，是萬一之謂，與「或」字同，非「一件不誠，則九者皆不誠」之謂也。

凡事豫則立，不豫則廢，言前定則不跲，事前定則不困，行前定則不疚，道前定則不窮。

以達德而行達道，以九經而爲天下國家，固皆本於誠矣，然豈襲取可得哉？蓋宰天下之事者存於誠，立天下之誠者存乎豫。故凡道德九經之屬，若能先立乎誠，則道可凝，德可據，而九經莫非實事，事斯立矣。苟不能先立乎誠，則凡事以無本而廢矣，誠其可以不豫乎？如言焉而先定乎誠，則心之安者，其辭重以舒，内之平者，其言平以達，而言以之不跲矣；事焉而先定乎誠，則慮善以動，而推之則準，相機以赴，而達之則順，[二]而事以之不困矣；行焉而先定乎誠，則舉動合天理之正，施爲即人心之

[二]「相機以赴，而達之則順」，底本原作「達則順」，點去「達」字而於行間補「相機以赴，而達之」七字，則與張序本文字同。

安，反之於心而不疚矣；道焉而先定乎誠，則資深有逢源之用，淵泉沛時出之機，取之於心而不窮矣。凡事之不可不豫如此。○此是總承上文，而推言誠之當豫也。此節乃是一意，言事行道，皆在凡事中，但未可露出耳。發之於口爲言，行之於身爲行，見之施爲爲事。「道」字包得甚廣。「不跆」等字，即「立」字。

在下位不獲乎上，民不可得而治矣；獲乎上有道，不信乎朋友，不獲乎上矣；信乎朋友有道，不順乎親，不信乎朋友矣；順乎親有道，反諸身不誠，不順乎親矣；誠身有道，不明乎善，不誠乎身矣。

夫誠之所以當素定者，何哉？嘗自在下位者推之矣，彼君子之在下位，上有君，下有民，內有親，外有友，其感通之機，則係於吾身也。故在下位，欲治乎民者，其道在豫有以獲乎上，不獲乎上，則無以安其位而行其志，民不可得而治矣。然獲上又非可以諛悦取容也，其道在豫有以信乎友，不信乎友，則志行不孚，名譽不聞，不獲乎上矣；然信友又非可以便佞苟合也，其道在豫有以順乎親，不順乎親，則所厚者薄，無所不薄，不信乎友矣；然順親又非可以阿意曲從也，其道在豫有以誠其身，反身不誠，則外有事親之禮，內無愛敬之實，不順乎親矣；然誠身又非又以襲取强爲也，其道在豫有以明乎善，苟察識未精，於人心天命之本然，未能真知至善之所在，則善惡不免於混淆，好惡每病於自欺，不誠乎身矣。夫自下位推之，其事皆出於素定如此。然則吾君在上位者也，其事可不本於誠之素定乎？○此條指在下位者言之，以推素定之意，欲哀公以是而反觀也。只重在推言素定之意，重在誠身上，誠身是素定也；不重「不獲乎上」等句，「不獲乎上」則非素定矣。餘倣此。「所存所發」，指心言，「所存」，静而涵養時也；「所發」，動而省察時也。「善」字乃人心之善。註以「人心」置於「天命」上可見。「本然」，即至善之所在也。此節只是推言「所當豫」意，不必泥定「誠」字，句句以「誠」貫也。

誠者，天之道也；誠之者，人之道也。誠者，不勉而中，不思而得，從容中道，聖人也。誠之者，擇善而固執之者也。

夫誠，固貴乎素定矣，而其所以當先立乎誠者，何也？盍亦反其本而觀之？蓋此理之在人，真實無妄，所謂誠也。誠者，非有待於人也，蓋純一無僞，乃天之畀於我者本如是耳，屬於人而實純乎天，夫固爲天之道矣；其未能真實無妄，而復之於無妄也，有所謂誠之者也。誠之者，非不本於天也，然著誠去僞，乃功之盡於人者當如是耳，是付於天而實待於人，不爲人之道乎？是故誠者之爲天道也，[一]不勉而自中焉，不思而自得焉。蓋誠應而妙，無待於執也；誠精而明，無暇於擇也。其諸從容中道之聖人乎？而天道斯其全矣。「誠之者」之爲人道也，其於善則始而擇之精焉，[二]既而守之一焉，蓋以思而學聖人之不思也，以勉而學聖人之不勉也，其諸擇善固執之賢人乎？而人道斯其全矣。人將由聖以達天也，而可不有以盡人之力也哉？○此承上「誠」字而論，誠本於天，人當有以體之也，重「誠之」一邊。「誠者」，是自然；「誠之者」，是勉然。「從容」，貼「不思不勉」；「中道」，貼「而中」「而得」。「擇善」者，不使人欲或混於天理也；「固執」者，不使天理或奪於人欲也。「者」字，兼學、利、困、勉等人。「誠者，天之道」，原賦稟之初，就人身上説。

博學之，審問之，慎思之，明辨之，篤行之。

然誠者之德，一以貫之，天下一人而已矣。若夫誠之之事，其目有五，而其功則

[一]「是故誠者之爲天道也」，底本原作「誠者之爲天道何如？於道也」，先於行間補「是」「故」二字，又點去「何」「如」「於」「道」四字，則與張序本文字同。

[二]「也其」，底本原作「何如」，旁點改作「也其」，則與張序本文字同。

盡人而皆可致也。誠之之人，其等有二，自學知利行者言之，蓋天下之理無窮，必博而學之，以備事物之理；學之博，然後有可問也，必審而問之，以盡師友之詳；既問矣，然後有可思也，必繹其精微之藴，慎思而不失諸泛焉；既思矣，然後有可辨也，必窮其纖悉之故，明辨而不失諸粗焉。由是以學、問、思、辨之得於己者，篤行以踐之，本諸心以體之身，務使善皆集於我而後已焉。夫學、問、思、辨，則有以先明諸心，而所以力行者有其地矣；篤行則有以體諸身，而所以學、問、思、辨者有其終矣。此學知利行者擇善固執，以盡求誠之功者也。〇此是學知利行者擇善固執之事也。五句知行並進，有節次而無先後。「之」字，皆指理言，俱以天道人道貫亦可。「辨」，是辨別於己，不惟辨其孰爲天理，孰爲人欲，至於天與理處，辨之極纖毫之精，方是明辨。「審問」者，不粗疏也。學而又問，此取於人者詳也；思而又辨，此求於心者精也。此四句，所以擇善也。「篤行」，承上來，是固執其善也。總之，無非求誠之功也。

有弗學，學之弗能弗措也；有弗問，問之弗知弗措也；有弗思，思之弗得弗措也；有弗辨，辨之弗明弗措也；有弗行，行之弗篤弗措也；人一能之，己百之，人十能之，己千之。

以困知勉行者言之，夫擇之於學、問，欲其必能且知也；擇之於思、辨，欲其必得且明也。苟有不至，則心無窮而功亦無窮也。擇而得之於學、問，欲其執而行之也；擇而得之於思、辨，欲其執而體之也。[一]苟有弗篤，則心無盡而功亦無盡矣。志期於上達，而不知在人者之爲逸；心切於有爲，而不知在己者之爲勞。故人或以一能之矣，[二]己則倍其功於百，何也？己之百，正所以進於人之一者也。人或以十而能之矣，己則倍其功於千，何也？己之千，正所以進於人之十者也。夫學、問、思、辨，知之事；篤行，仁之事；而至於弗措而百倍其功者，非即勇之事乎？立志之堅，用功之鋭如此，此困知勉行之事也，是可以觀勇矣。◎第五段分，上是立志之堅，下是用功之極。志堅，故其功倍也。註「故」字不可脱。二「能」字兼知行。「人一」「人十」，只作一人説。曰「百」曰「千」，特狀用功之勤如此，非真有是事也。全節不必以立志用功分對，百倍其功，即在「爲則必要其成」上看出。謂之曰爲，則已着用功上了，不必更添立志。更詳之。

[一] 上四句之「擇而」「欲其」，底本原均無，均爲行間增補文字。
[二] 「故人或以一能之矣」，底本原作「人之學知利行者，以一能之矣」，點去「之」「學」「知」「利」「行」「者」六字而於行間補「故」「或」二字，則與張序本文字同。

果能此道矣，雖愚必明，雖柔必强。

夫天下有不齊之分，而無不一之理。故凡學知者果能從事於學、問、思、辨之功，困知者又百倍其功以擇夫善矣；利行者果能從事於篤行之功，勉行者又百倍其功以執夫善矣。吾知雖愚而不足於明者，睿知自起於察識之餘，必與不思而得者同歸矣，況於始之未愚者，豈有不明乎？雖柔而不足於强者，德性自足於持循之後，必與不勉而中者同歸矣，況乎始之未柔者，豈有不强乎？明也者，智也；强也者，仁也；而勇即在其中者也。誠之之功效一至於此，夫是之謂「至於成功一也」。可見學之有益於人，而凡爲天下國家者，可不務此以爲立政之本乎？○此總承上二節而言也，意還重「困知勉行」上。此道只是「擇善固執」之事，此句只是過文耳，非至此方勉也。「愚」，以氣言，屬知；「柔」，以質言，屬行。大抵此節重效上。兩「必」字，要繳出「勇在其中」意。「明」字、「强」字，即誠也。

顧憲成全集卷四十

中庸意下

自誠明，謂之性；自明誠，謂之教。誠則明矣，明則誠矣。

此承上章「天道」「人道」之意而立言也。謂夫道有天人之殊，名有性教之别。故自誠明者言之，德之在我者，真實無妄，而有以完純粹之精。明之所照者，旁燭無疆，而有以極貫通之妙，此則聖人之德，「不勉而中，不思而得」者也，斯固謂之性焉。而天道之所以爲天道者，由此其選矣。自明誠者言之，善之在我者，有以明諸心而理無不窮；德之所進者，有以造其極而理無不實。此固賢人之學，由擇而精，由執而固者也，斯固謂之教焉。而人道之所以爲人道者，由此其在矣。雖然，及其成功，一也。蓋誠明者，非曰誠而後能明也，誠之所至，明即至焉。誠復而明，藏於静虚也；誠通而明，著於順應也。聖人所以先天下而開明善誠身之準者，此也。是故誠則明矣。

知誠之無不明，而何天之非人也耶？夫明誠者，非曰明而即能誠也，明之所至，誠斯至焉。靜觀之不蔽，而誠之體可復也；動察之不眩，而誠之用可通也。賢人所以繼往聖而造誠明合一之地者，此也。是故明則誠矣。知明之可以至於誠，而何人之非天也耶？始也，同而異；終也，異而同。顧人自勉何如耳。○上二句著聖賢之異其等，下是要聖賢之同其歸也。性者，全於天之付與；[一]教者，成於己之學力。上「則」字，當「即」字看。註「無不」字重。下「則」字，當「可以」字看。觀註可見兩句有抑揚意，在誠則無不明，而天無待於人矣。明則可以至於誠，而人豈終異於天哉？「自誠明」「自明誠」處，且不可謂明，生於誠明，亦可以至於誠，留在下面用。聚岡云：「下二句宜作申上二句，誠明何以謂之性誠即明矣？無工夫，亦非兩事。蓋德無不實者，即明無不照之本也，斯以謂之性也。明誠何以謂之教？明，則可至於誠，兩項工夫，兩時事，蓋先明諸心，然後力行以求至也，斯以謂之教也。」二說皆通，作文不拘。

唯天下至誠，爲能盡其性；能盡其性，則能盡人之性；能盡人之性，則能盡物之性；能盡物之性，則可以贊天地之化育；可以贊天地之化育，則

[一]「付與」，底本原即如此，旁點改作「付予」，據張序本改。

可以與天地參矣。

此自誠而明者之事。天道也，吾性之理，統於人物，原於天地，而所以宰之者，心之誠也。人惟誠有未至，而盡性之全功泯矣。惟天下至誠，爲能德極其純，而渾全乎降衷之體；心極其粹，而完具乎繼善之公。誠精故明，而真性於我乎昭融也；誠應故妙，而萬善於我乎會通也。斯則人物之所同原，而天地之所均賦者，皆自吾性而統會之矣。吾知盡性者，即盡吾左右斯民之理也，故不出盡己之中，而所以盡人之性者寓焉，誠其有以立人極矣；盡性者，即盡吾曲成萬物之理也，故不出盡人之中，而所以盡物之性者寓焉，誠其有以彰軌物矣。人物之生，非天地之化育乎？而有是兼成之妙，則天地之生物有全能，而至誠之成物有全用，所以贊化育者，此盡性也。誠不與天地而同用耶？化育流行，非天地之定位乎？而有是默贊之機，則天地成位於上下，而至誠成位於其中，所以參天地者，此盡性也。誠不與天地而同體耶？要之，吾性之外無餘物，而人物天地，此性之一貫也；盡性之外無餘事，而範圍曲成，立此性之兼該也。至誠功用之全，於此可見矣。○首二句分，上言德極其盛，下言用極其妙，以知行貫，宜發出自然意。「爲能」字，貫下三「能」字，皆本「誠」來。「能」字，是已然者，盡人物之性，皆一時事，總是一個至誠，非至誠後然後能盡人物之性也。知無不明者，人情物宜罔不達也，處無不當者，人情物宜罔不若也。「贊天地」，以功言；參天地，以位言。此下十一章，言「誠」者，便贊其與天爲一；言「誠之」者，便贊其與至誠爲一，皆以贊其妙也。

其次致曲，曲能有誠，誠則形，形則著，著則明，明則動，動則變，變則化，唯天下至誠爲能化。

此自明而誠者之事，人道也，意謂人之性無不同，而氣則有異。故惟至誠，聖人能舉所性之全體而盡之焉。其次未及乎聖，而未至於誠者，當何如也？其必善反以爲功，而因其發見之端，以充滿其本然之量，執復以爲能，而就其一偏之善，以各造夫極致之歸，是能致曲矣。曲者，一偏之善也，曲無不致，則德無不實，而全體皆誠矣。既誠矣，則不能不形於身焉，而和順積中，英華發外也；既形矣，不能不著焉，而日新月盛，睟面盎背也；既著矣，不能不明焉，而光輝發越，嚇喧盛大也。由是而驗之於物，不能不動焉，有感必應，其機通也。既動矣，不能不變焉，遷善敏德，其勢順也；既變矣，則必化焉，大順之施，不見其跡，大化之運，莫知其然也。夫感人而至於化，豈易能哉？唯天下之至誠也，天德造於不顯，而體信有以裕達順之機，故王道泯於無形，而存神有以妙應物之感，今致曲而至於是焉，則因明以致誠，致學以成聖，擬之至誠之天道，亦通一而無二矣。○此言人道，欲人加擴充之功也。在「有誠」截，「則化」又截，總是推誠之者之極功，而要其同歸於至誠也。功夫只在致曲上，形、著、明在己，動、變、化在人。致曲是自一念以至萬念，隨其事以求至於天理之極，而無一毫人欲之私。致曲亦不外擇善固執，不擇乎善，則理欲混淆，固無以知其爲曲而致之。擇善而不固執，則雖知其爲曲，終爲私欲所奪，不能致之也。「誠則形」，「誠」字直貫到「則化」，是舉成功而言。「形」「著」「明」，自有分别，不可混了，俱着身上説，不可着事業上；「動」「變」「化」，方就事業言。「動」只是有遷善的意思，未及遷善也。「變」則遷善矣，猶有跡也。「化」則無跡，此是其分别處。「爲能」二字極重，蓋惟「至誠」，故能然也。

至誠之道，可以前知。國家將興，必有禎祥；國家將亡，必有妖孽；見乎蓍龜，動乎四體。禍福將至，善，必先知之；不善，必先知之。故至誠如神。

此自誠而明之事，天道也。凡知有未至者，皆誠之未至也。惟至誠之道，天理渾融，私欲浄盡，可以前事而知其幾。然其所謂前知，豈意想測度之私哉？蓋自有可知之理也，彼國家將興也，必有禎祥之兆；將亡也，必有妖孽之萌。不特此也，或見於蓍龜有吉凶，或動乎四體有得失。如禎祥也，蓍龜所見之吉也，威儀所動之得也，皆福之將至也，所謂善也；如妖孽也，蓍龜所見之凶也，威儀所動之失也，皆禍之將至也，所謂不善也。至誠則善必先事而知之，不待善既至而後知也；不善必先事而知之，不待不善既至而後知也。夫知來莫過乎鬼神，今至誠亦能知來焉，則是鬼神涵天地之實理，而泄其機於朕兆之間。至誠亦全天地之實理，而炳其幾於著見之始。方禍福之未至，鬼神與至誠同一寂然不動之體也；及禍福之將至，鬼神與至誠同一感而遂通之妙也，孰謂至誠而非天道乎？○首二句截。「至誠」，用註「誠之至極，而無一毫私僞留於心目之間者」句講。「道」字即就誠說。「前知」者，知將來之禍福也，是自然能知者。「禎祥」「妖孽」「蓍龜」「四體」一例看，皆理之先見者也。「禎」，正也，天地正氣精英所鍾。兆乃朕兆，萌乃萌芽。「將」字要發。「禍福將至」，總承上四句說。「禎祥」「妖孽」，以國家之與亡言；「蓍龜」，以人事之利害言；「動乎四體」，以人身之存亡言。鬼神實理，聖人實心，以實心觀實理，有默契焉。蒙引云：「聖人胸中無一物芥蔕，無一事係累，空空浄浄，如太虛然。故禍福之將至，感於吾心，融於吾氣，如有萌焉，無不前知。」此說甚妙。

誠者章[一]

誠者章旨

首節言人當體乎誠，次節言當誠之由，末節言能誠之妙。通章重「誠」字，「道」特不可脱落耳，非兼重道也。

誠者自成也，而道自道也。

理一而已。自其道之具於心，而純乎不雜者謂之誠；自其誠之發於事，而燦然各當者謂之道。誠也者，豈離乎物者哉？爲性命之原，民秉之彝，乃物之所以自成者也。道也者，豈由乎人者哉？率性以完衷，體誠以立德，乃人之所當自道者也。夫誠以心言道之體也，道以理言誠之用也。欲行道者，可不先盡乎誠哉？○此論誠之切於人，而責人以體之也。「誠」字，只就心言；「自成」，只就人言。「自成」者，言人心之誠者，乃所以自成其爲人。觀「而」字，則二句原相聯，不可板板作兩對。上「自」

[一] 此標題底本無，據張序本補。

字，乃自然之「自」；下「自」字，乃自己之「自」。「誠」，即天命之性；「道」，即率性之道。淺説謂：「實理無往而不在，人心當無往而不實。」以此緻便好。

誠者，物之終始，不誠無物。是故君子誠之爲貴。

何以見其當誠也？天下之物，莫不有終，而其所以終者，乃實理之盡而斂於無也，豈能外此誠以爲終乎？莫不有始，而其所以始者，乃實理之至而立其有也，豈能外此誠以爲始乎？夫物必依誠而立如此，使人之心，一有所妄，而戾乎誠通誠復之體，則事皆不實，而無以自適其成始成終之天，有物之名，而無物之理矣，誠之不可已如此。故君子必貴擇善以研幾，而務去其有妄之累，固執以爲守，而期復吾固有之良。夫然則誠自我立，道自我行，而有以成乎己也。○「誠者」句，泛就理言。全章五「誠」字，餘四字俱指實心，獨此「誠」字着理。「不誠無物」，方着人説。「物之終始」，雖兼天地人物，而指歸重人上。蓋指誠之源頭在天道上説，以見人之當誠，故遂頂以不誠無物。蓋所存不是實心，所發不是實理，雖有所爲，亦虚僞而已，豈得爲有物乎？「故」字，承上來。「誠之爲貴」，内有功夫，以擇善固執講，未便説自成地位。註「天下之物」二句，統解「物之終始」；「故必」二句，解「始」字；「所得之理」二句，解「終」字；二「盡」字，作「終」字看。通章全不及道，見非以誠自成，則不能自道也。

誠者，非自成己而已也，所以成物也。成己，仁也；成物，知也。性之德也，合外内之道也，故時措之宜也。

夫君子固以誠爲貴，而有以自成矣。然誠也者，萬物一原，非有我之得私也。成之於身，既兼體而不累，則推之於物，自曲成而不遺，非自成己之性而已也，亦所以成物之性也。夫物我兩事也，而君子乃能一以貫之者，何也？以誠之道無二致也，蓋語其成己也。私欲浄盡，天理流行，一誠之公溥也，仁之存也，語其成物也；知無不明，處無不當，一誠之明通也，智之發也，是仁也、智也，皆吾性之德也。仁以成己，疑若專於内矣，而仁之昭融，即智之有覺，則内未始不外也；智以成物，疑若專於外矣，而智之無私，即仁之本體，則外未始不内也。夫惟其爲合内外之道，由是以時措之，而處己處物無所不宜，而人也己也，皆於是乎成矣。可見仁智一道，物我一原，而信乎成不獨己也。推其至，則雖化育之贊，天地之參，亦不出此矣。然兼成之妙，實能誠之功致之者，君子可不以誠爲貴乎？〇「道也」分，「成己」「成物」，俱是一時自然之功用。「成物」，即在「成己」内，不就感化言。物，兼人物；仁、智，即「成己」「成物」，見其爲仁、智也，非謂「成己」「成物」由於仁、智也。「成己」「成物」，以事言；仁、智，以德言。「總是一誠」而已。「故」字，承上意，既得於己，是得仁、智於己也。「時措」，就

「成己」「成物」説，不必推開。

無息章[一]

無息章旨

故「至誠」至「無爲而成」言至誠無息之功用，下即天地以明至誠無息之功用，末又即詩以明至誠無息合天之意。細分之，首節言至誠之德之盛；二節言其德積於中，而業自見於外也；三節言至誠功業之驗於外者，極其盛也；四節言其功業與天地同用；五節言其功業與天地同體；六節言其功業一出於自然也。以上皆是言至誠之功用，而以天地明之，下則專言天地以明至誠無息之功用。七節言天地之本於誠，八節言天地之道以誠而極其盛，九節言天地以誠而能生物，十節又引詩以明「至誠無息」之意，天地聖人不可以差殊觀也。總見，非至誠不足以贊天地之化，非天地無以擬至誠之能。信乎天之未始不爲人，人之未始不爲天矣！

[一] 此標題底本無，據張序本補。

故至誠無息，不息則久，久則徵，徵則悠遠，悠遠則博厚，博厚則高明。

此亦發明天道之意，謂夫體用妙於一原，内外合於無間，則至誠德業之盛，其容已乎？彼德有未實者，不免於間斷，惟至誠也，天理既純，則人欲不得以間之，而無息矣，誠有未至者，未必能久也，今曰「不息」，則自始至終，皆一誠之運而能久矣。久則積盛而化自光，有以徵於政治之間而爲功業矣。然其徵於外也何如哉？但見從容不迫而爲悠也，長久不替而爲遠也。既悠遠矣，則大化覃敷於無外，至恩浹洽於人心，其積也不亦博厚矣乎？既博厚矣，則成功昭峻極之神，文章昭焕發之盛，其發也不亦高明已乎？○「至誠」，以實心言，而實理在其中矣。誠之既至，則無復虚假，既無虚假，則自無間斷，此處當説得細。「不息」，是無私欲之間。「久」，是常常如此也。「不息」與「久」有分别。「徵」，就事業上説。「久則徵」，猶有兩節事；「徵則悠遠」，却無兩節事，只是其所徵者悠遠也。「悠」，是寬緩不迫；「遠」，是長遠也。「博」，是横説，如東漸西被是也；「厚」，是直説，如浹於肌膚、淪於骨髓是也。「高」，是巍乎其有成功也；「明」，是焕乎其有文章也。「博」字，根「悠」字來；「厚」字，根「遠」字來；「高」字，根「博」字來；「明」字，根「厚」字來，都是一時事。

博厚，所以載物也；高明，所以覆物也；悠久，所以成物也。

夫至誠功業既極其盛，則即此所積之博厚，乃所以載物，天下無不被其澤也；即此所發之高明，乃所以覆物，天下無不仰其休也；即是博厚高明之悠久，乃所以成物，天下莫不得其所也。夫至誠之功用，與天地同流如此，則驗於外者何盛哉？○「載物」「覆物」「成物」，皆就聖人功業説。「載物」等就在「博厚」等内。天地同用意，中間不必用，至末方繳出。「悠久」，即「博厚」「高明」之有終處。「成物」，即「覆」「載」之有終處。註曰「兼内外而言」者，「久」是在内，「悠」是在外也，業本於德，故云然。作文亦當融會。

博厚配地，高明配天，悠久無疆。

夫地之載物，以博厚爲體也，而至誠亦有以載乎物焉，則其博也，即含弘之體；其厚也，即貞静之基，而聖人即載物之地矣。天之覆物，以高明爲體也，而至誠亦有以覆乎物焉，則其高也，即其峻極之隆；其明也，即其下濟之光，而聖人即覆物之天矣。天地之成物，以無疆爲體者也，而至誠亦有以成乎物焉，則其常載乎物者，一地道之不息；其常覆乎物者，一天道之不窮，而聖人與天地相爲終始矣。不亦與天地同體乎？○「博厚」等乃是至誠功用，而此又言體者，蓋就至誠之功業論之，則至誠其體，功業其用；自功業之及物言之，則及物其用，功業其體也。先以天地之體提起，然後講「聖人」「博厚」等句，切避「載物」等句，蓋此言體也。

如此者，不見而章，不動而變，無爲而成。

夫至誠之功業，同天地之體用。「如此者」，豈强勉之所爲哉？吾知博厚所積而章生焉，一誠之精而明也，無待於見也，其即坤以簡能，而萬物爲之化光者乎？高明所發而變生焉，一誠之應而妙也，無待於動也，其即乾以易知，而性命爲之各正者乎？悠久所需，物於是乎成焉。一誠之運而不已也，無待於爲也，其即天地之無心而成化者乎？夫其一出於自然如此，信非天地不足以擬之矣。○此總承上兩節説來。「章」「變」「成」，上文已有了。重「不見」「不動」「無爲」上。説「不見」「不動」，便是「無爲」。「章」「變」，便是「成」。「章」，是宣著；「變」，是變化；「成」，是各遂其生，各復其性，而無一不得其所也。非真是一無所爲，只自順萬事而無情意。

天地之道，可一言而盡也：其爲物不貳，則其生物不測。

夫至誠之功用，固有同於天地，而天地之道果何如哉？誠以天地大矣廣矣，其體極於莫禦，其用極於無外，宜累言之有所不能盡也。而易知易能之理，則有一言可以盡之者，一言維何？不過曰誠而已。蓋天地之爲物也，純一而不貳，惟不貳也，[一]夫是以誠運而不息；惟不息也，夫是以生物而不窮。萬物資之以始焉，而其所爲始者不可知也；資之以生焉，而其所以生者不可知也。孰得而測之乎？究其所以然，則誠而已矣。○此言天地以誠而妙萬物也。「爲物不貳」，正是一言而盡也。「物」，指天地説，下「物」字乃天地所生之物，與此不同。「生物」，亦重在「誠」上看，不重在「生物」上。「不測」，是莫知其所以然，非言生物之多不可測也。「不貳」，對前面「至誠無息」；「生物」，對前面「徵」字看。

天地之道，博也，厚也，高也，明也，悠也，久也。

天地固以誠而妙生物之化矣，則其盛何如哉？是故地之道惟其誠也，是以含宏普翕受之量，静深立敦化之基，博也而又厚也；天之道惟其誠也，是以運而爲神功之峻，著而爲下濟之光，高也而又明也。其博厚高明者，又且變化推遷，有漸而不迫；往來始終，有常而弗替，悠也而又久也。其盛有如此者。○「博」「厚」等俱兼性情形體言，須要根誠來，發揮地之道，既博且厚，而博厚又悠久，地道極其盛也。下倣此。

[一]「不貳」，底本及張序本均作「不二」，據中庸改。下同。

今夫天，斯昭昭之多，及其無窮也，日月星辰繫焉，萬物覆焉。今夫地，一撮土之多，及其廣厚，載華嶽而不重，振河海而不泄，萬物載焉。今夫山，一卷石之多，及其廣大，草木生之，禽獸居之，寶藏興焉。今夫水，一勺之多，及其不測，黿鼉、蛟龍、魚鼈生焉，貨財殖焉。

夫天地之道，以誠而各極其盛如此，則生物之妙又何如哉？今夫天，以一處言，斯昭昭之多耳，未足以言高明也，及其至於無窮也，但見日月星辰繫焉，以至萬有不齊之物皆覆焉，天之生物如此。今夫地，以一處言，一撮土之多耳，未足以言博厚也，及其至於廣厚也，但見載華嶽而不見其重，振河海而不見其泄，以至萬有不齊之物皆載焉，地之生物如此。然天地之間至大者，莫山川若也，而天地之生物皆在焉。今夫山，以一處言之，一卷石之多耳，未足以言廣大也，及其廣大，草木生於斯，禽獸居於斯，寶藏興於斯，觀山而天地之生物見矣；今夫水，以一處言，一勺之多耳，未足以言不測也，及其不測，黿鼉、蛟龍生焉，魚鼈生焉，貨財亦於此乎殖焉，觀水而天地之生物見矣。夫其生物不測者，天地之功用也，所以生物者，不貳之理爲之也，即天地不可以知聖人乎？○「日月星辰」「萬物」分開，不必相承，四段不平。山水，不過天地中之一物，并言之，亦明天地耳。自天地之道可一言而盡至此，條條繳轉聖人身上去，方是以天地明至誠無息之功用本旨，若題長則總繳爲是，切不可脱却了。

詩云：「維天之命，於穆不已。」蓋曰天之所以爲天也。「於乎不顯！文王之德之純！」蓋曰文王之所以爲文也，純亦不已。

觀天地固足以見聖人矣，是義也，嘗於詩而有以見合一之妙焉。詩有之曰：「維天之命，於穆不已。」夫謂命之不已者，蓋曰：「惟不已，則陰陽無始，變化無端，是天之所以爲天也。」外是而蒼蒼者，特其形；大生者，特其用耳。豈天之所以爲天者乎？又曰：「於乎不顯！文王之德之純！」夫謂德之純者，蓋曰：「惟純則私欲浄盡，而萬理皆融，是文王之所以爲文也。」外是而西土之光，特其跡；丕顯之謨，特其緒耳。豈文王之所以爲文者乎？蓋不已固天之道也，而文王之德純乎天。是「亦不已」矣。是「純」即至誠也。「不已」，即不息也。「天地」「聖人」，同一至誠無息如此，則其功用之盛也宜哉！〇「天地」「聖人」雖並舉，重「聖人」一邊。註引此詩以明「至誠無息」之意，亦要看得明白。天之所以爲天，只在「於穆不已」，則天道之至誠無息可見矣。「純亦不已」另講。重二個「所以」字。天命不已與「文王之德」，俱要説在内者。「不顯」，要入德之純内去，不要説顯之於外。天命至誠也，不已無息也；德之純至誠也，不已無息也。不言功用者，是乃天道聖人之本體也。舉文以該群聖，舉天以該地。

大哉章[一]

大哉章旨

作三大段看。首五節是詳聖道之大，而「凝」是道者存乎德；「故君子」節正言修德凝道之功；末節言修德凝道之效，以見修德凝道之不容已也。此章最是大關鍵，首言道體之大，所以申首章「性」「道」「教」之意；中言功夫之詳，所以申首章「戒謹恐懼」之意；末言效驗之廣，所以申首章「位」「育」之意。前後數章，惟此章切要。

大哉聖人之道！

此章言人道也。道之爲道也，語其賦命之全，雖各足於人性，要其會歸之極，實則管於聖人。是道也，言其體統則範圍而不過也，曲成而不遺也，言其散殊則至賾而不可悉也，至動而不可亂也。夫固不囿於形，不拘於象者矣。大矣哉，聖人之道乎！○「大哉」，宜虛虛包下兩節而言，只以大小兼該意發之。「道」，即率性之道。謂之

[一] 此標題底本無，張序本作「大哉聖人章」，據下「大哉章旨」改。

「聖人之道」，以聖人能體是道耳，此道是爲勉人用功張本。

洋洋乎！發育萬物，峻極于天。

優優大哉！禮儀三百，威儀三千。

何以見其爲大也？蓋使語大而或有外，則必有以加乎其外者，非所以爲大也；語小而或有内，則必有入乎其内者，非所以爲小也。今自統體觀之，洋洋乎，流動而不拘，充滿而無間焉。是故飛潛動植，萬物至多也，而道之流行有以發育之，包含徧覆。天至高也，而斯道之高，有以峻極之，夫其洋洋如此，則大極於無外矣。自其散殊者言之，優優乎充足而無歉，周徧而有餘焉，是故言乎禮儀，如朝覲會同之類，則有三百焉，三百之中，無一而非道也；言乎威儀，如升降揖遜之類則有三千焉，三千之中，無一而非道也。夫其優優如此，則小入於無内矣，聖人之道何其大也哉！〇「發育」二字宜平，「發育」兼發生、收斂，不可專就春生説。「發育」句，以道之功用言，萬物發生，養育於陰陽五行之氣，道即陰陽五行之理，是氣之所流行，即理之所流行也，不要説聖人使他發育。「峻極」句，以道之體段言，天下之物，高大無過於天者，天之所以爲天，不過陰陽五行，渾淪磅礴之氣，而有是氣，必有是道，理是氣之充塞，即此理之充塞也。「優優」對上「洋洋」看。「大哉」只是個「多」字，充足有餘，不可分説。

或言充足而無遺，有餘而不盡，非也。自綱言之，謂之禮儀；自目言之，謂之威儀。「威儀」，乃「禮儀」中者，然亦兩平。

待其人而後行。

然是道也，豈能以自行哉？道具乎人，人載乎道，其本原之地，固合一而不離。而道體無爲，人心有覺，其凝成之責，必有待而後體。君子於此，當盡弘道之功矣。○此總結上文，亦起下意也。待人後行，當兼大小，又須含下意。謂道之優優者，必待學問細密之人而可行；道之洋洋者，必待德性宏大之人而後行。如此含下講便好。

故曰：「苟不至德，至道不凝焉。」

夫道之所以行者，人也；人之所以行是道者，德也。苟德性未底於宏大，而心不存，則道之洋洋者，終散之天地萬物而已，而不爲我凝也；學問未底於精密，而知不致，則道之優優者，終歸之禮儀威儀而已，而不爲我凝也。故曰：「苟不至德，至道不凝焉。」然則道必待人而行也，其可弗信矣哉？○此只是反上起下，正見道必待人而後行也。「凝」字與「行」字不同：「行」是發於事，「凝」是會於身，凝則能行也。註解「聚也成也」，二字有淺深，一串説，道非德不凝，故下遂言修德之功。「故曰」，非古語，只作「所以」字看便是。

故君子尊德性而道問學，致廣大而盡精微，極高明而道中庸，温故而知新，敦厚以崇禮。

夫道必待人而後行如此，則君子修德以凝道也，果何以用其力乎？以爲道雖及於發育峻極，而實具於德性中也，必從而尊之，而不使有一毫之怠忽，於以全夫心體之本然；道雖散於三千三百，而實學問足以該之也，必從而道之，而不使有一毫之鹵莽，於以極夫事理之當然。然尊德性而道問學，非可以一端盡也。是故德性本自廣大也，不有以致之，不免於狹小矣，吾其包涵萬理，不以一毫私意自蔽焉，而精微之極，寓於廣大之中者，又必盡之，而析理無毫釐之差也，非學問之所以造其理乎？德性本自高明也，不有以極之，不免於卑暗矣，吾其同體太虛，不以一毫私欲自累焉，而中庸之則，即寓於高明之内者，又必道之，而處事無太過不及之謬也，非學問之所以履其實乎？洞然虛靈，德性本不慮而知也，然故而不温，則良知雖得於天啓，久之而漸遺亡矣，於是温之，而涵泳之功深，若夫義理之繁，有待於問學而後知者，則必於温故之中，而日知其所未知，不敢諉於已知而遂已也；渾然全具，德性本不慮而能也，然厚而不敦，則良能雖得於天賦，而日趨於薄矣，於是敦之，而持守之力固，若夫節文之詳，有待於學問而後能者，則必於敦厚之中，而日謹其所未謹，不敢諉於已能而遂已也。内外本末，交相培養，而至德有不修，至道有不凝乎？○「尊德性而道問學」句，是一節之主，下四句都是此事，但不必以此爲綱、下爲目也。「尊德性」與「致廣大」等，是大段工夫；「道問學」與「盡精微」等，是細密工夫。下八者雖平，只作四段看，不可段段用泛説。「道中庸」「崇禮」，如何亦屬致知？蓋必知之而後能道、能崇也。存心以極道體之大，應前「洋洋」節；致知以盡道體之細，應前「優優」節。存心，是存其心體之本然者，致廣大也，極高明也，温故也，敦厚也，皆存心也；致知，是推極夫事理之當然者，盡精微也，道中庸也，知新也，崇禮也，皆致知也。不必於其中又分知行。心思廣大者，多忽略細微，故致廣大而以盡精微補之，私意自蔽，意是萌動之始，故止可言蔽，爲私意所蔽，則廣大處已被窒塞了。私欲自累，終不止於意而爲物所昏，無所謂高明者矣，所以方可言自累。朱子曰：「『致廣大』，謂心胸開闊，無彼疆此界之殊；『極高明』，謂無一毫人欲之私以汩之，纔有累，便卑污矣。」[二]高明者多

[二] 此處引朱子語，張序本脱一「致」字。朱子語類卷六十四中庸三作「『致廣大』，謂心胸開闊，無此疆彼界之殊。『極高明』，謂無一毫人欲之私以累於己，纔汩於人欲便卑污矣」（宋黄士毅編，徐時儀、楊艷彙校朱子語類彙校，上海古籍出版社，二〇一六年版，第一六四六頁）。

過高，故以「道中庸」補之。「厚」是資質純樸，「敦」是愈加厚重，培其本根，有一般人，實是敦樸，然或箕倨不恭，便是不崇禮，然去理會節文而不敦厚，則又無以居之，所以忠信之人可以學禮。「大小相資」者，「大」是每句上半截，存心也；「小」是每句下半截，致知也。「相資」者，非存心無以爲致知之地，非致知無以收存心之功也。「首尾相應」者，「首」是「尊德性」一句，「尾」是下四句；「相應」者，首一句固大小相資，下四句亦然也。句中「而」字，即相資意。末句「以」字，亦無異義。「崇」是積小以高大之意。

是故居上不驕，爲下不倍，國有道，其言足以興；國無道，其默足以容。詩曰：「既明且哲，以保其身。」此之謂與！

既能修德凝道，無所不至如此，則亦聖人矣，其何所往而不宜哉？以之居上，則必能制禮作樂，以立於無過之地矣，奚其驕？以之居下，則不敢踰制僭作，以取及身之災矣，奚其倍？以處國之有道，則有可爲之具，而言足以興；以處國之無道，則無自取之禍，而默足以容。夫隨在皆善如此。詩曰：「既明且哲，以保其身。」言其知機而順理也，其此句只頂此一節，其即德修道凝，而上下治亂皆宜之謂與？○此條是修德凝道之效。「是故」，承上來。「居上」四句平看，引詩正明此也。或云專證「無道」

邊者，非是默足以容，非是保守祿位，取容於世，亦是道理當如此默耳。若到舍生取義時，又不如此論也。「明哲」，只是曉天下之事理，順理而行，自然災害不及其身也。「其」字，指詩；「此」字，指「居上」等，重「無往不宜」意。蒸民之詩，爲仲山甫作也。

愚而章[一]

愚而章旨

首節言倍上之禍，中三節詳不倍之事，末節證不倍上之人也。

子曰：「愚而好自用，賤而好自專，生乎今之世，反古之道，如此者，烖及其身者也。」

承上章「爲下不倍」而言人道也。聞夫子之言曰：「愚而無德，無制作之本，自用不可也，乃恃意妄作，而好自用焉；賤而無位，無制作之權，自專不可也，乃擅權自恣，而好自專焉。生今之世，從今之道可也。乃違時獨立，而欲反古之道焉，如此者，

[一] 此標題底本無，據張序本補。

非明哲保身之人，裁及其身者也，然則爲下者信不可倍矣。」〇此承上「不倍」而言。「愚」「賤」「生今」三平看，是爲下也。「自用」「自專」「反古」，是倍也。「自用」「自專」與「道」字，即下文「議禮制」「度考文」，俱要根不能修德凝道來。「如此者」，「此」字通指「愚自用」三句言。

非天子，不議禮，不制度，不考文。

由夫子之言觀之，可見凡欲制作者，必有德焉，以立制作之本；有位焉，以操制作之權；又有時焉，以值世道維新之會。所謂聖人受天命而爲天子可也。苟非有德、有位、有時之天子，則於禮不得私議之，以定親疏、貴賤、相接之體也；度不得私制之，以别宫室、車旗、服色之等也；文不得私考之，以正聲音、點畫、形象之差也。不然則是愚而自用，賤而自專，反古之道矣，可乎哉？〇此爲下「不倍」之實也。天子正是德、位、時之兼隆者，相接之間，莫不有禮。其分限、節度、經制大備，猶人體之全具，故曰體也。「制度」，「制」字當活看，即作也。與註中「品制」「制」字不同，謂之「品制」者，以其不相混而各有倫也。「書名」者，即「字」也，「名」則「字」之聲也。「考」者，考其字形及聲音。「非天子」，正指爲下者言。

今天下車同軌，書同文，行同倫。

試以今時驗之，「今天下」何時也？文、武創其制於前，既立夫一代之章程；後王守其制於後，又遵夫一統之紀律。以其車言之，則頒之冬官，掌之輿人者有成度，而今天下由之以馳驅焉，作之者遵其廣狹之軌，而不能異其體也，因之者循其大小之軌，而不能異其用也，天下之車同矣，車同而度無私制可知矣；以其書言之，則内史達書名於四方，行人諭書名於九歲者有成命，而今天下信之以爲書焉，音律齊而輕重協於五聲也，點畫定而多寡協於一體也，天下之書同矣，書同而文無私考可知矣；以其行言之，則司徒明其教，宗伯秩其典者有定體，而今天下因之以敦倫焉，恩以相與，親疏之殺均也，禮以相接貴賤之體一也，天下之行同矣，行同而禮無私議可知矣。夫爲下者皆不敢倍，上之所制、所議、所考如此，則制作之任，非天子其誰歸哉？○此「爲下不倍」之驗也，重下人守法意。「今天下」略斷，下三句平。「車」應上「制度」，獨言車者，舉一以該其餘也。「書同文」，應上「考文」；「行同倫」，應上「議禮」。「次序」，如等威節文之類，體尊卑、貴賤相接之體，皆是可見。作禮樂者，必聖人在天子之位而後可。不然，非天子而議禮、制度、考文，即自用自專，反古矣。

雖有其位，茍無其德，不敢作禮樂焉；雖有其德，茍無其位，亦不敢作禮樂焉。

由此觀之，可見雖有天子之位，苟無聖人之德，則不免於愚也，如是，而議禮、制度、考文以作禮樂，是愚而自用也，而有所不敢也，有位無德者且然，并其位而無之者可知矣；雖有聖人之德，苟無天子之位，則不免於賤也，如是，而議禮、制度、考文以作禮樂，是賤而自專也，而有所不敢也，有德無位者且然，并其德而無之者可知矣。○承上文而言，作禮樂者，必聖人在天子之位而後可也。「雖有其位」三句，應上「愚而好自用」；「雖有其德」三句，應上「賤而好自專」。兩「不敢」字，應上「災及其身」意。「禮樂」，即制度等事。此節重在賤一邊，作文當知此意。

子曰：「吾説夏禮，杞不足徵也；吾學殷禮，有宋存焉；吾學周禮，今用之，吾從周。」

且以夫子之聖亦曰：吾能説有夏制度文爲之禮，而杞之賢才凋謝，典籍廢壞不足徵也，不可從也；吾嘗學有殷制度文爲之禮，而宋之文獻未盡泯，雖猶存什一於千百，然非今之所用也，吾亦不從也；吾學周禮，乃時王之制，今日所用者也，吾惟從之以安其時而已矣。夫夫子必曰「吾從周者」，時之所在，有不得而違焉，是生今反古之戒，夫子言之，而未嘗蹈之也。夫孔子之聖且然，況吾人乎？信乎，爲下不可倍上也已！○此條應「生今」「反古」看，「説」「學」二字互見，註中「皆嘗學」句甚明。有宋雖曰有存，其所存焉者已寡矣。

王天下章[一]

王天下章旨

「王天下」三句且虚看，下文乃詳言之。「上焉者」節，言德、位、時不相符者，不可制作。「故君子」以下，乃詳言有德有位，宜於時者之事。「君子動」節，即是明德以寡過意。「詩曰」節，言其有六事之善，然後有聲譽於天下，可見君子當盡修凝之功也。

王天下有三重焉，其寡過矣乎？

此承上「居上不驕」而言，亦人道也，謂夫君子之王天下，其事莫重於議禮、制度、考文也。有此三重之道，則有以新天下之耳目，一天下之心志。國不異政，家不殊俗，同軌、同文、同倫，而民得以寡過矣乎？○「王天下」者，乃有德、有位、有時之人也。「有」字重看，所謂惟天子得以行之是也。「寡過」，重在上者，使他寡過説。註

[一] 此標題底本無，據張序本補。

「國不異政」二句，正解「寡過」。諸侯有國，大夫以下有家，政以所於施言，俗以習尚言，政在上，俗在下。「有三重」句，包「本諸身」兩條意。「寡過」包「動而」一節，「寡過」須兼天下後世。

上焉者，雖善無徵，無徵不信，不信民弗從；下焉者，雖善不尊，不尊不信，不信民弗從。

夫所謂王天下者，謂其有德而又有時與位也。如使「三重」出於時王以前之制作，吾見雖善矣，然世遠人亡，非其時而「無徵」也，無徵則不足取信於民，民將駭之而弗從矣，能使之寡過乎？又使「三重」出於聖人在下者之制作，吾見雖善矣，然道在而位不在，無其位而不尊也，不尊則不足取信於民，民將玩之而弗從矣，能使之寡過乎？此節承上起下之詞。註「夏、商」，孔子勿用。「上焉者」，有德與位而無時者；「下焉者」，有德而無位、時者。時不講也罷。二個「善」字，雖指制作言，其實本德來。民不從，是不足取信於民也，此節只輕遞過。

故君子之道：本諸身，徵諸庶民，考諸三王而不謬，建諸天地而不悖，質諸鬼神而無疑，百世以俟聖人而不惑。

夫有德，而非時非位，則民不從如此，故君子之議禮、制度、考文也，皆本諸身焉，非徒法而難行也，以此徵諸庶民，皆從信焉，非無徵而不尊也。不特此也，「考諸三王」，則三王亦此道，而與其已然者不謬也；「建諸天地」，則天地亦此道，而與其自然者不悖也。「鬼神」無形而難知者也，以此質諸鬼神則無疑焉，而幽則有以驗乎明矣，後聖未至而難料者也，以此俟諸後聖則不惑焉，而遠則有以驗乎近矣。所以然者，亦惟理而已矣。循其理而推之，無不準「居上不驕」也，不可見乎？〇此與下節，正應「王天下」句。「君子」乃有時有位者。「故」字，承上來。「本」者，外之制作，根本於中之德也，從修凝來，徵諸庶民而信從者，以其有時有位也。「本」字、「徵」字俱作已然看，對下「不謬」「不惑」「無疑」「不悖」字眼。「不謬」者，與之無所差；「不悖」者，與之無所拂。「無疑」者，決其不能外吾之範圍，而別有一造化也；「不惑」者，信其不能外吾之規矩，而別有一建立也。「質」，證也。「不謬」等字，皆就自身上説，不必言彼與我不謬也。一節重一個「理」字。「本諸身」，是有德而善於禮，先得同然之理也，徵諸庶民，乘時、德、位以行其理，此理通於民心而見從也。由是則「考諸三王而不謬」，雖損益未必盡合，而因時立政之理則不謬也；由是則「建諸天地而不悖」，雖象數未必盡合，而三才之理則不悖也；由是而「質諸鬼神」，雖幽明未必盡合，而往來屈伸之理則無疑也；由是而「俟諸後聖」，雖遠近未必盡合，而因革之理則不惑也。若以跡言，

則豈能一一皆同？六事雖並言，然「徵諸庶民」以下，皆根「本諸身」一句做出來的，但口氣則當平看耳。[二]

質諸鬼神而無疑，知天也；百世以俟聖人而不惑，知人也。

夫鬼神幽矣，而君子「三重」之制作，乃能質之而無疑者，何哉？由其知天之理也。蓋天之理，盡於鬼神，知天之理，故制作合天之理，所以質諸而無疑也。後聖遠矣，而君子「三重」之制作，乃能俟之而不惑者，何哉？由其知人之理也。蓋人之理，盡於聖人，知人之理，故制作合人之理，所以俟之而不惑也。夫鬼神之幽且無疑，況明而天地乎？後聖之遠且不惑，況近而三王乎？而本諸身徵諸庶民，又不足言矣。

○此推上文意，言君子之制作所以「質諸鬼神而無疑」「百世以俟聖人而不惑」，非徒然也，由其知天知人也。知天知人，雖止言「鬼神」「後聖」，實總結上四句之義。「知」字，皆就理言，非徒泛泛之知而已也，直是深知灼見，從「尊德性」「道問學」來。然「知天」「知人」，又非兩節事。

是故君子動而世爲天下道，行而世爲天下法，言而世爲天下則。遠之

[二]「口氣」，底本原作「作文」，旁點改作「口氣」，則與張序本文字同。

則有望，近之則不厭。

夫君子盡「三重」之道，而備「六事」之善如此。既已立於無過之地矣，而民之寡過當何如耶？是故君子不以「三重」而動於己則已，動則世爲天下之所共由焉。如動而見於日用事爲，是行也，則世爲天下之法度焉，無不遵其所行也；動而見於號令訓誥，是言也，則世爲天下之準則焉，無不遵其所言也。後世之民，有不因之而寡過矣乎？至於一世之人，有四海之遠者焉，遠者則慕其行以爲法也，仰其言以爲則也，吾見其人不同，而同有企慕之意矣；有畿甸之近者焉，近者則法其行而與之相安也，則其言而與之相忘也，吾見其人不同，而皆無厭射之意矣。當世之民，有不因之而寡過乎？○此正見民得以寡過也。首句貫下二句，「道」貫下「法」「則」意。「世」字只作本朝相承而言。「道」者，共由之謂；「法」者，丕式之謂；「則」者，取正之謂。「世」以時言。「遠」「近」以地言。遠者悦其德之被，故有望；近者習其行之常，故不厭。繳亦脱不得「居上不驕」意。

詩曰：「在彼無惡，在此無射；庶幾夙夜，以永終譽！」君子未有不如此而蚤有譽於天下者也。

夫世爲法則，君子之譽在後世矣；遠近望悦，君子之譽在當時矣。嘗得之詩曰「在彼無惡，在此無射」，而隨處之皆善；「庶幾夙夜，以永終譽」，而令名之無窮。夫永終其譽，而必本於「無惡」「無射」如此。然則君子之所以得天下後世之譽者，正以其六事之善如此耳，未有不如此之世法世則、遠望近悅。其行爲法，言爲則，遠有望，近不厭，而蚤有譽於天下者也，是王制之盡善者，居上不驕也。天下寡過者，居上不驕之化也，君子修德凝道之效如此乎？○上言制作之善，而後民信，從此引詩而申之，明人之信從，由於制作之善也，未有不如此。捲轉「故君子」節，「譽」非稱詞，即上動而節事也。「蚤」字，以「先」字、「遽」字看他，重明君子致譽之有本意。

仲尼章[一]

仲尼章旨

首言聖人之德之全，次節則以造化擬之，末節則言造化之所以大，以見聖人與之

[一] 此標題底本無，張序本作「仲尼祖述章」，據下「仲尼章旨」改。

同其大也。

仲尼祖述堯、舜，憲章文、武，上律天時，下襲水土。

上數章發明「天道」「人道」之意盡矣，於此復以仲尼之事終之，見中庸之道，盡於群聖人而會於孔子也。謂夫精一執中，道實始於堯、舜也，仲尼則遠宗其道焉；謨烈重光，法莫備於文、武也，仲尼則近守其法焉。天時有自然之運也，仲尼則變易從道，而循其盈虛消息之度；水土有一定之理也，仲尼則安土敦仁，而不失其流行艮止之常。夫然則有以兼體乎帝王，出入乎造化矣。○此言仲尼會帝王天地之全。四句平看，「述」「憲」「律」「襲」等字無工夫，只是道極其盛，合四事而一之者也。「時」，說以制器尚象，斷自唐、虞，爲述堯、舜；問禮問官，爲憲文、武；風雷必變，爲律天時；如居魯逢掖，居宋章甫，爲襲水土。雖此數事亦在內，然專以此講，是視仲尼之道反支離矣。註中於堯、舜言道，於文、武言法者，以其既往，則謂之道；以當世所遵，則謂之法，非有二也。「律」「襲」者，聖人統體太極，自然與天同運而不違，與地並止而不易也。註中言「兼內外，該本末」者，存帝王天地之理於心，則爲內爲本；措帝王天地之理於事，則爲外爲末。內外皆有大小，非謂以內本爲大德，外末爲小德也。

辟如天地之無不持載，無不覆幬，辟如四時之錯行，如日月之代明。

夫堯、舜、文、武、天時、水土，皆道之所在也，仲尼「祖述」「憲章」、「上律」「下襲」如此，則其於天下之理，巨細精粗，無毫髮之不盡，自始至終，無頃刻之間斷矣。自其無一毫之不盡者觀之，彼大而無外，天地之覆載也，聖人之舉萬物而皆備者，則與「天地之無不持載，無不覆幬」者同流焉；自其無一時之間斷者言之，彼運而不息，四時日月之行明也，聖人之應萬變而不窮者，則與「錯行」「代明」者合一焉。觀仲尼者，觀之天地而已矣。○此言夫子之德，同乎天地也。承上節來，蓋上已具聖人之德，非至此方有聖人之德也。作文先講「天地」字，以聖德配之。前二句，以廣大悉備言；後二句，以流行不息言。「持載」「覆幬」，「錯行」「代明」，即下「並育」「並行」，只是「大德」一邊意，而「不害」「不悖」，「小德」一邊意在其中。「錯行」，四時更迭無止息也。

萬物並育而不相害，道並行而不相悖，小德川流，大德敦化，此天地之所以爲大也。

夫仲尼之德，固天地之德也，而不觀天地之所以爲大，抑何以形容之哉？誠以天覆地載，萬物並育於天地之間，而不相侵害焉；四時日月，道並行於天地之間，而不相違悖焉。夫「並育」「並行」，若幾於無辨矣，而顧不害、不悖者，果孰爲之區別哉？蓋太極判而爲陰陽，陰陽判而爲五行，一本散於萬殊者，有小德焉，以物則各一其性也，以道則各一其運也，萬乎天下之氣者，亦萬乎天下之理，而所以不害、不悖者胥此矣，不曰小德之川流矣乎？夫不害、不悖，若幾於無統矣，而又「並育」「並行」者，果孰爲之綱維哉？蓋五行一陰陽，陰陽一太極，而萬殊原於一本者，有大德焉，物得之以立其本也，道得之以運其神也，貞乎天下之一者，統乎天下之萬，而所以「並育」「並行」者胥此矣，不曰大德之敦化矣乎？夫有小德以主其分，則言用而體在其中；有大德以主其合，則言體而用在其中矣。此天地之所以爲大也。若乃輕清之浮，重濁之凝，特其形氣耳，可以言天地，而豈天地之所以爲大哉？由是觀之，聖人之泛應曲當，即小德之川流也；一理渾然，即大德之敦化也。此所以帝王天地之兼該，而與天地同其大與！○此言天地之道，以見上文取譬聖德之意也。「物」，指萬物言。「道」，指四時日月言。「不害」「不悖」，就「並育」「並行」處見得。「並育」「並行」，統而言之也；不害、不悖，析而言之也。此是同時事，故以分合論，不可以先後言。「並育」句，指上文「天地」二句講；「並行」句，指上文「四時」二句講。「萬物」二句，俱就跡言；「川流」二句，俱就理言。「此」字，指「大德」「小德」言，交互說。「所以」字，亦非推高言，只就「大德」「小德」上見之。

至聖章[一]

至聖章旨

首節言聖德之全，二節言其能積中而發於外，三節是形容其積中發外之盛，末節則指其發外之盛者，而贊其同乎天也。此章爲「小德川流」。「時出」二字極重。

唯天下至聖，爲能聰明睿知，足以有臨也；寬裕温柔，足以有容也；發强剛毅，足以有執也；齊莊中正，足以有敬也；文理密察，足以有別也。

此承上章而言「小德川流」，亦天道也。謂夫聖有未至者，德有未備也，唯天下之至聖也，具生知之質，爲能聰無不聞，明無不見，睿無不通，知無不至，足以居上而臨下也。自其仁之德言之，廣大而不狹隘，優厚而不急迫，和粹而不慘刻，巽順而不乖戾，斯則仁之至，而天下皆吾度内矣，不足以有容乎？以義之德言之，奮發而不因循，有力而不委靡，直遂而不屈撓，矜持而不間斷，斯則義之至，而事變雖多，莫能奪之

[一] 此標題底本無，張序本作「惟天下至聖章」，據下「至聖章旨」改。

矣，不足以有執乎？以禮之德言之，齊焉而心思之純一，莊焉而心體之端嚴，中焉而無過不及，正焉而不偏不倚。是能有禮之德，所謂篤恭而天下平，端拱而天下治者，其本已豫於此也。以智之德言之，文焉而焕乎其有章，理焉而井乎其不紊，密焉而極其詳細，密察焉而極其明辨，是能備智之全。所謂見天下之賾，斷天下之疑者，其本已定於此也。是則聰明睿知之質，既妙於生知；仁義禮知之德，獨全於固有，聖德之備有如此。○此歷舉聖人之德。在「至聖」截，爲能貫下五者説，作文以「聰明」句另講，下四項分對字眼，俱要明白。「足以」字，宜玩，皆就未發時言。「聰明」句是質，下四句是德。聰屬耳，明屬目，然所以視聽者，則本於心也。「睿知」，則純以心言，睿者，思慮之通微知，是其心體之明處。「臨」，謂君臨天下也。此二句是包説，下四段是細分仁義禮知説。「聰明睿知」及「寛裕」等，俱就心上言。或曰「生知之知屬知，仁義禮知之德屬行」，非也，生知中包得安行意。五者之德，所謂全體之分，各有脈絡者，故曰「小德川流」。質與德，皆是自然者，勿以用功言也。然總來只是一個德，非真大分别也。

溥博淵泉，而時出之。

聖人於五者之德，而能充積於中也，吾見盡事物之多而無所不該，極天下之大而皆爲吾有，何溥博也！萬感俱寂，杳乎莫窺其兆；一源停蓄，取之不見其窮，何淵泉也！夫惟溥博淵泉也，由是時，當居上臨下也，則聰明睿知之德出焉，時當容執敬別也，則仁義禮知之德出焉，隨其事之所至，而應以理之當然，泛應曲當，無少差謬，孰非溥博淵泉者爲之哉？〇此總上節而言，其積中發外之盛也。「積中」指上句，「發外」指下「出」字。「淵泉」，是借字眼，非譬喻也。「溥博」四字，即上「聰明」等，非深一層也。「時出」，即上「足以」字，蓋足於用者，皆見於用矣。「時」，蓋可用出來之時也，天下萬事萬物，巨細精粗，無不兼該，是溥也。所謂周徧，近自几席之間，遠至天下之大，無不備具，是博也。所謂廣闊，大本者，天命之性，天下之理，皆由此出，道之體也，此淵泉之説也。「淵泉」二字俱重，只是萬物皆備於我。「溥博淵泉」，俱要體貼心上説。「時出」，方在外也。此節事，上節已有了，若總上節出了。串講，無淺深，有開合。

溥博如天，淵泉如淵。見而民莫不敬，言而民莫不信，行而民莫不悦。

夫聖人之德如此，果何以擬其積之盛，而驗其出之時哉？溥博莫如天，而聖德之溥博則如之，外此不足以擬之也。淵泉莫如淵，而聖德之淵泉則如之，外此不足以擬之也，其充積之盛有如此。以時出言之，其見焉而爲德容之動，非以施敬於民也，而民莫不作肅；其言焉而爲德音之秩，非以施信於民也，而民莫不作孚；其行焉而爲德政之施，非以求合於民也，而民莫不作愛。此不足以驗其發之時耶？蓋「時」者，

「當其可」之謂也，使所出者有一之未當，安能使天下之人皆敬之信之悦之之若是乎？○此只申明上節意，非深一層也。「天」與「淵」，以形言。「見」謂動作威儀，「言」謂號令訓誥，「行」謂禮樂刑政，[一]此皆聰明睿知，仁義禮知所發也。「敬」「信」「悦」，重在上之人聖德時出意，不重民也。

聲名章[二]

是以聲名洋溢乎中國，施及蠻貊；舟車所至，人力所通；天之所覆，地之所載，日月所照，霜露所隊；凡有血氣者，莫不尊親，故曰配天。

夫以充積之盛，而發見當可如此，則其所及寧有窮乎？以言乎内，則聲名洋溢乎中國焉；以言乎外，則蠻貊亦且施及焉。極其地而言之，舟車所可至，人力所可通，誠不得而測其際也；天之所覆，地之所載，日月所照，霜露所隊，誠不得而窮其極也。其間惟物類之無情者斯亦已矣，凡有血氣而爲人者，莫不仰其君臨之化，而宗之以爲

[一] 「刑」，底本作「形」，據張序本改。
[二] 此標題底本無，據張序本補。按，此章底本作爲至聖章之一節，張序本别爲一章，從之。

天下王者，有同尊焉；莫不賴其子惠之仁，而怙之以爲民父母者，有同親焉。是則體萬物而不遺者，天也；仁萬物而無外者，聖人也。謂之「曰配天」，不其然乎？是則聖德備於己，而功用及於天下。備於己者，積之而如天淵，則天德純矣；及於天下者，極之而至於配天，則王道溥矣。非天下之至聖，其孰能之？〇上言所發之當，此承言所及之廣，而贊其同乎天也。「尊親」截，是以承上來，聲名貫中國。「蠻貊舟車」以下，只是極「中國」「蠻貊」而言也。「聲名洋溢」「施及」，是華夷之人皆敬信悦也。「莫不尊親」，正見其有聲名也，是盡天下而皆敬信説，此即是德之所到也。「配天」，不以形體言，就德之所及言。

至誠章[一]

至誠章旨

首節言至誠功用之自然，次節是申言其妙，三節則極贊其妙也。總見天道之極，

[一] 此標題底本無，張序本作「惟天下至誠章」，據下「至誠章旨」改。

要體認大德敦化意。

唯天下至誠，爲能經綸天下之大經，立天下之大本，知天地之化育，夫焉有所倚？

承上章「大德敦化」而言，亦天道也。謂夫天下之理，原於造化，具於人性，見於人倫，固夫人之所同得者也，但誠有未至，則倫有未協，性有弗盡，而與造化不相通矣。惟天下之至誠，極誠無妄，故於五品之人倫，而爲天下之大經者，爲能經綸之。爲父而慈，爲子而孝，爲君而仁，爲臣而忠，爲朋友交而信，[一]於所性之全體而爲天下之大本者，爲能立之。雖未見於事也，而所以應事接物而不窮者，其理莫不包括於中，是有以立本矣，於一元造化而爲天地之化育者，則又爲能知之。蓋天地化育，即大本之所自來，而大經之所從出，亦一誠而已。聖人之誠與之默契，其感而遂通者，即其誠之通。其寂然不動者，即其誠之復，非但聞見之知而已也。夫若此者，豈倚着於物而後能哉？經綸者，道以誠立也；立本者，性以誠盡也。知化則具誠之至於命也，一皆自然之功用耳。○此言至誠之功用，一無爲而成也。「至誠」略斷，「化育」

[一]「爲子而孝，……爲朋友交而信」，底本原作「云云也」，點去而於行間補之，則與張序本文字同。

截，「爲能」二字貫下，「經綸」三句平看，俱要在「至誠」身上說。「大經」，是率性之道也；「大本」，是天命之性也；「化育」，是天之命也。「經綸」便是致和。經者，理其緒而分之，如君是君，臣是臣，父是父，子是子，各有條理，一定而不亂也；綸者，比其類而合之，如君臣之相敬，父子之相親，其倫類自有相合也。「立」，便是致中，重無一毫人欲之僞以雜之上。「知」，非聞見之知，要說得天人無二道意。蓋天地有此至誠之道，聖人亦有此至誠之道，然亦自經綸立本處知之也，夫焉有所倚者？朱子曰：「自家都是實理，無些少欠缺，經綸是經綸，立本是立本，知化是知化，不用倚著別物，然後能如此也。」上章以五德分說，非小德川流乎？此章經綸、立本、知化，是以五德合說，非大德敦化乎？

肫肫其仁，淵淵其淵，浩浩其天。

夫至誠之功用，既出於自然矣，而其盛何如哉？是故自經綸而言之，固至誠之仁也，是仁也，豈粗略云乎哉？本之以不容解之心，而恩無不篤；發之以不容已之意，而愛無不周，何其肫肫而懇至也！[二] 自其立本者言之，固至誠之淵也，

[二]「懇」，底本作「貌」，據張序本改。

是淵也，豈淺近云乎哉？凝湛一之真，裕逢源之用，其淵淵而莫測乎！自其知化育言之，固至誠之天也，是天也，豈可以限量窺哉？達觀乎大經之所自來，而溥博之中涵者，自底於莫禦之盛，洞察乎大本之所從出，而含宏之内藴者，自極夫無外之神，其浩浩而廣大者乎！〇此申言至誠功用之各極其盛也。上文經綸、立本、知化處，已説「其仁」「其淵」「其天」了。講此節，須先提「仁」等字，重把「肫肫」「淵淵」「浩浩」上發揮，三句通以心言，至誠貫。「肫肫其仁」，道以誠行也；「淵淵其淵」，性以誠盡也；「浩浩其天」，命以誠立也。一心之誠，而功用各極其盛如此，其斯爲天道之極致與？

苟不固聰明聖知達天德者，其孰能知之？

夫其經綸、立本、知化如此其盛，此惟天下之至誠而後能全之，亦惟天下之至聖而後能知之也。苟質非生知，而未能實有乎聰明睿知之資，德非天德，而未能妙契乎仁義禮智之極，則心非至誠之心，而見不免於凡近，知猶滯於推測，所謂經綸而「肫肫其仁」，立本而「淵淵其淵」，知化而「浩浩其天」者，其孰能知之？夫是「肫肫」「淵淵」「浩浩」也，必以聖人而後能知，則至誠之道，真至妙而無以加矣。〇此重至誠功用之妙意，不重聖人能知上。「聰明聖知」，即上章「生知」之質。「天德」，即上章「仁義禮智」之德。「達」是通達無間，當輕輕看。「者」字指至聖之人言。至誠至聖，本是一人，但此語意作兩人看耳。「知之」字，要總接上文來講。

衣錦章[一]

衣錦章旨

首節言入德由於爲己，知幾也。次節引詩言謹獨之事，所以著入德之功也。三節言存養之事，見爲己之益密也。四節引詩言民化之事，所以著爲己之效也，即入德之效。五節引詩言化成之事，見效之愈遠也。末節引詩申贊「篤恭」「不顯」之妙，所以極下學之功。

詩曰「衣錦尚絅」，惡其文之著也。故君子之道，闇然而日章；小人之道，的然而日亡。君子之道：淡而不厭，簡而文，温而理，知遠之近，知風之自，知微之顯，可與入德矣。

[一] 此標題底本無，據張序本補。

君子之爲學也，自期固貴於高遠，用功實始於卑近。故此章承上章天道之極致，而反求其本於爲己謹獨，遂推之以致其極，蓋約一篇之意，而再敘入德、成德之事也。謂夫爲學莫先於立心，立心莫先於爲己，觀諸詩曰「衣錦尚絅」，夫衣錦則文外著矣，而必加之以絅者，其心正惡夫文之著，而故晦之，以崇其質也。故君子之爲道也，務實而不務名，務内而不務外，闇然而已，而美不容藏，自爾其日章焉。若小人之爲道也，無而爲有，虚而爲實，的然示人矣，而有不可繼，終歸於日亡而已。然所謂「闇然日章」者何如？蓋凡淡者易至於厭，簡者難乎有文，温者難乎有理也。以君子之道言之，動率乎所性，高遠非所尚矣，而道腴之真寓焉，淡而實不可厭也。質任乎自然，縟非所事矣，而篤實之光存焉，簡而未始不文也，和厚以近人，圭角非所眩矣，而是非之辨明焉，温而未始不理也，君子立心爲己，而闇然之中，有日章之美如此，以其有真實之心，而又有真實之功也。使或不知當謹之地，而盡乎下學之功，則無以充其爲己之心，卒終於闇然而已，何以能日章乎？是故「近」者，遠之幾也，君子以我而觀物，則知遠而在物之是非，由近而在身之得失。蓋遠不始於遠，近不終於近也。「自」者，風之幾也，君子以心而觀身，則知風之在身者有得失，由其所自之在心者有邪正。蓋其外如此，所存可知也。「微」者，顯之幾也，君子以内而觀外，則知邪正之存於心雖甚微，而見之身與物則甚顯，蓋有諸中者必形諸外也，知幾如此。夫既有爲己之心，而又有知幾之明，則知其所謂「自」者、「近」者、「微」者，不可不謹。能知所謹，則見於外者，亦將有得而無失；見於彼者，亦將有是而無非。可與入德，而馴至於聖人之域矣，是爲己者入德之本，知幾者其入德之門乎？○此章是結尾，與首章相應，所謂一部「小中庸」也。此節言君子之學，而要其德之所由進。「著也」截，詩不可講，「惡其文之著」，正解詩意，未説君子身上。文非君子所惡，但惡其著耳。「惡」字，正見其立心處，註「古之學者」二句正應此。二「君子之道」，「道」字皆虛，只是言君子之所以爲君子，小人之所以爲小人也。「小人」二句輕。自「闇然」至「温而理」，言君子爲己之心也。「淡而」三句，「闇然日章」之實，然只是君子立心爲己之模樣，非是實事。「闇然」，指在外説。「淡」「簡」「温」，闇然處也，由其絅之襲於外也；「不厭」「文」「理」，日章處也，由其錦之美在中，而自見於外也。大凡立心爲己之人，不求人知，無許多炫耀動人處，本淡也；無許多賁飾觀美，本簡也；無許多圭角異人，本温也。然實心所存，自有耐久之味則不厭，自經緯而不陋則文，自條理而不混則理，此皆根立心爲己發揮，皆以知行貫。遠以人言，近以身言，兼得心風以身言。上行下效謂之風，出身加民亦謂之風。「自」以心言，「微」亦以心言，不出乎近與自之外，顯以身與物言，不外乎風與遠也。此是知幾入德，重知幾上，而爲己則其大本也。蓋知遠之近，則不敢忽乎近矣；知自知微，則不敢忽乎自與微矣。觀「可與」字，尚未有工夫，只是言其可入德耳。註「謹」字，且未可露出。「德」字，未可輕看，即下不顯之德也。

詩云：「潛雖伏矣，亦孔之昭。」故君子内省不疚，無惡於志，君子之所不可及者，其唯人之所不見乎？

夫然則知所謹，而可與入德矣，然謹之之事何如？詩云「潛雖伏矣，亦孔之昭」，蓋言獨之當謹也。君子之實心，知其當謹而致謹於此，故内省不疚。而有順理之休，然後無惡於志，而無愧怍之累，此正君子之不可及者。而要其所以能然，惟在於人所不見之地，而致其謹，以遏人欲於將萌，所以内省不疚，無惡於志，而爲人之所不可及也，此省察之事，爲己之功也。○此引詩，與别引詩不同。要講透他所謂「莫見乎隱，莫顯乎微」，「潛伏」是隱微意，「孔昭」是莫見莫顯意。「孔」，甚也，此與下條俱要根上爲己而知幾來，蓋有爲己之心，必須用爲己之功。知所當謹，必須能謹，方是實下手處。謹獨工夫，藏在「故」字上。「内省」二句，作己能者看。連講「不可及」，指「内省」

二句也。「人所不見」，有謹獨工夫，在詩詞與不及見，[一]皆以獨言。

詩云：「相在爾室，尚不愧於屋漏。」故君子不動而敬，不言而信。

夫致謹於人所不見，其功密矣。而猶未也，抑之篇有曰：「相視爾所獨之室，庶幾不愧於屋漏。」觀詩之言，則戒謹恐懼之功，尤不可忽於不覩不聞之際矣。故君子實心爲己，而謹之又謹。動固敬矣，雖未動之先，而敬心常存，不待動而始敬；言固信矣，雖未言之先，而信心常存，不待言而始信也。此則存養之事，爲己之功益加密矣，德不於是而入乎？○上言致謹於人所不見，此言致謹於己所不見也。「不動」「不言」，即不覩不聞也。「敬」「信」，即戒懼也。「不動」「不言」，串「爾室」意。此時未有事，「而敬」「而信」，串「不愧屋漏」意，俱在心上説。看來此兩節亦不宜分動静。只是説工夫已密而益密便了，都是就静邊説，動處頗略。

詩曰：「奏假無言，時靡有争。」是故君子不賞而民勸，不怒而民威於鈇鉞。

夫爲己之功既盡，則德成於己而化自及於人矣。詩有曰：主祭者極其誠敬，而

[一]「不及」，張序本作「所不」。

無有言說；助祭者咸無失禮，而時靡有爭。蓋言顯若速於有乎，而下觀昭於有象也。是故君子密存省之功，以造於成德之地，雖不必賞之使民勸也，而民之遷善者自勸焉，而甚於賞之也；雖不必怒之使民威也，而民之去惡者自威焉，而甚於鈇鉞也。夫「不賞」「不怒」，無言之體立矣；「民勸」「民威」，靡争之用行矣。即是而不可以觀成德之化及於人乎？○此下兩節，乃成德之效也，亦不可缺工夫。「不賞」「不怒」，申「無言」意，須入德意與下「篤恭」一例，但此則淺些耳。「不賞」二句平。「民勸」「民威」，申「無争」意。

詩曰：「不顯惟德，百辟其刑之。」是故君子篤恭而天下平。

夫謂之曰勸，則猶知有感；謂之曰威，則猶知有懼，未見其化之神也。周頌之詩有曰「有不顯之德者，百辟其刑之」，蓋言天子不肅而嚴，諸侯無爲而化也。是故君子充尚絅之心，敦闇然之實，由存省而造其極，會動静而全其功，至於篤恭之地焉，幽深玄遠，[二]非若奏格之猶可以形容也。由是敬德薰蒸，誠意感召，而天下自平，則天地可位，萬物可育，而不見其跡，豈但民勸民威而已哉？夫一人篤恭於上，不顯之德妙

[二]「玄遠」，底本避清聖祖玄曄諱改作「元遠」，據張序本改。

矣，而要即闇然之心充之也； 天下治平於下，百辟之刑昭矣，而要即日章之美致之也，即是不可以見德之愈盛，而化之愈神乎？○「君子」，即謹獨之君子。「篤恭」，是篤厚其恭敬，而無形跡之顯，與「恭己」不同，彼有形跡，而此就德言也。「天下平」説得廣，「篤恭」即致中和，「大下平」即位育也。 末當繳出「德妙於無跡，而化及於無外」意，然細看「天下平」内，亦當説得好，蓋亦無心之化也。○潛雖至此，以功效作主，以敬爲要，其惟人之所不見者，敬於將萌也。 不動而敬，不言而信者，敬於不覩不聞也。不賞民勸，不怒民威者，敬之深而效之遠也。 「篤恭而天下平」者，敬愈深而化愈廣也，始終一於敬而已，然不過自「爲己之心」推之也。

詩云：「予懷明德，不大聲以色。」子曰：「聲色之於以化民，末也。」詩曰「德輶如毛」，毛猶有倫。「上天之載，無聲無臭」，至矣！

然是不顯之德，未易形容也。 皇矣之詩云「予懷明德，不大聲以色」，斯言也，若可以擬其妙矣，然孔子則謂之曰「聲色，特化民之末耳」，而此曰「不大」，則經綸之跡，難以擬至德之淵微，而所謂不顯者，未也； 蒸民之詩曰「德輶如毛」，斯言也，若可以擬其妙矣，然吾以爲毛猶有比類之可言，則法象之粗，難以盡至德之淵微，而所謂不顯者，未也。 惟夫文王之詩曰「上天之載，無聲無臭」，夫「聲」「臭」，有氣無形，至微妙者也，而猶曰無之，則微而又微，妙而又妙，非若不大聲色，又非若德輶如毛，而猶有倫者也。以是而形容「不顯」「篤恭」之妙，則無以復加，至此乃有以會天命之性，而中爲庸之極功矣。然非有爲己之心，而加下學之功，亦安能至是乎？○重形容上，要見一節深一節意，宜相推説去。「不必」截，「聲」是號令，「色」是威儀。「輶」字訓「輕」字，引來只重細微意。「毛」尚涉於形跡也，以聲色貫亦好。「至」字，當「以上」二字説。「未盡其妙」伴講，謂以此形容未至也，惟「上天之載，無聲無臭」，[二]乃爲至而足以盡其妙，須知雖形容「不顯」「篤恭」，①「而天下平」的意思，自該於其中矣。按中庸一書，作五項看，首章是一個冒頭，「君子中庸」以下十章是第一支，「費隱」以下九章是第二支，「自誠明」以下十二章是第三支，末章是一個結尾也。其節解即在首尾支體中，而脈絡貫通於其間矣。

[二]「之載，無聲無臭」，底本原作「云云」，點去而於行間補之，則與張序本文字同。

① 張序本卷末缺一葉，現存內容至「不顯」止。